Sammlung

der

in Elsaß-Lothringen geltenden

Gesetze.

Registerband.

Sammlung

der

in Elsaß-Lothringen geltenden

Gesetze.

Auf Anregung des Wirklichen Geheimen Raths

Dr. von Möller

bearbeitet und herausgegeben in Verbindung mit anderen reichsländischen Juristen

von

F. Althoff, Professor, **R. Förtsch**, Landgerichtsdirektor,
A. Harseim, Justizrath und Gouvernementsauditeur,
A. Keller, Oberlandesgerichtsrath, und **A. Leoni**, Landgerichtsrath.

Registerband.

I. Sachliche Uebersicht der Gesetze.

II. Alphabetisches Register.

Straßburg,
Verlag von Karl J. Trübner.
1881.

I.

Sachliche Uebersicht der Gesetze.

Sachliche Uebersicht der Gesetze.

Anordnung.

Armenwesen.
Allgemeines 1.
Armenräthe 2.
Armenrecht s. Nr. 69.
Pflegehäuser 3.
Unterstützte Kinder 4.
Unterstützungswohnsitz 5.
Auslieferungsverträge 6.
Auswanderung 7.
Beamte.
Allgemeines 8.
Diensteid 9.
Disziplinarkammern 10.
Kautionen 11.
Ortszulagen 12.
Pensionen 13.
Reisekosten 14.
Umzugskosten 15.
Vorgerichtstellung der agents du gouvernement 16.
Zinsverpflichtung der Enreg.=B. 17.
Bergrecht 18.
Civilrecht.
Abwesenheit 19.
Adelstitel 20.
Anfechtung von Rechtshandlungen 21.
Annahme an Kindesstatt 22.
Bürgerlicher Tod 23.
Bürgschaftsstellung des Staats 24.
Civilgesetzbuch 25.
Dienstmiethe 26.
Ehescheidung 27.
Eheverträge 28.
Fremdlingsrecht 29.
Früchte auf dem Halme 30.
Gesetze 31.
Großjährigkeit 32.
Grundrenten 33.
Haftpflicht 34.
Hypothekareintragungen 35.
Hypothekenreinigung 36.
Ledige Erbschaft 37.
Majorate 38.
Namen 39.
Personenstand 40.
Privaturkunden 41.
Schenkungen, Vermächtnisse an Gemeinden 2c. 42.
Substitutionen 43.
Theilungen, außergerichtliche 44.
Tod durch Hinrichtung 45.
Ueberschreibung 46.
Urheberrecht 47.
Vaterschaft, Verleugnung 48.
Viehmängel 49.
Vormundschaft 50.
Vorzugsrechte des Staats 51.
Zinsen 52.
Domänen s. Staatsgut.
Eisenbahnen 53.
Feiertage 54.
Fischerei 55.
Forstwesen 56.
Fuhrwesen 57.
Gemeinden.
Allgemeines 58.
Abgaben s. Nr. 42.
Feuerwehr 59.
Gemeinderechner 60.
Pachtverträge 61.
Wahlen 62.
Gemeinnützige Anstalten.
Bodenkredit = Gesellschaften 63.
Hülfsgenossenschaften 64.
Leih= (Pfand=) Häuser 65.
Pachtverträge der G. s. Nr. 61.
Pflegehäuser s. Nr. 3.
Sparkassen 66.
Gendarmerie 67.
Genossenschaften 68.
Gerichtliches Verfahren.
Abwesenheit s. Nr. 19.
Armenrecht 69.
Aufgebotsverfahren 70.
Beglaubigung 71.
Civilprozeß 72.
Hypotheken = Reinigungsverfahren s. Nr. 36.
Rechtshülfe 73.
Revision 74.
Siegelung 75.
Theilungsverfahren, außerger. s. Nr. 44.
Verkäufe von Liegenschaften 76.
Vertheilungsverf. betr. das unbew. Verm. 77.
Vollstreckung der Urtheile, Hülfeleistung 78.
Vornahme gerichtlicher Handlungen in kaiserl. Palästen 79.
Zwangsvollstreckung in das unbew. Verm. s. Nr. 77.
Gerichtsverfassung.
Allgemeines 80.
Amtsgerichte 81.
Gerichtsschreiber 82.
Gerichtsvollzieher 83.
Gewerbegerichte 84.
Kassationshof 85.
Kompetenzkonflikte 86.
Kriegsgericht 87.
Rangverhältnisse 88.
Reichsgericht 89.
Verkäufliche Stellen im Justizdienst 90.
Geschäftssprache 91.
Gesellschaften 92.
Gewerbe.
Anlage von Fabriken und Werkstätten 93.
Arbeitsbücher 94.
Ausstellungen 95.
Bäcker 96.
Berathungsausschuß für Künste und Fabriken 97.
Berathungskammern für Fabriken 98.
Dampfapparate 99.
Denkmünzen 100.
Fabrikarbeit 101.
Gasanstalten 102.
Gefährliche Waaren 103.
Gewerbebetrieb im Umherziehen 104.
Gold= und Silberwaaren 105.
Kinderarbeit s. Nr. 101.
Lehrverträge 106.
Metzger 107.
Patente 108.
Pulverfabriken 109.
Schankwirthschaften 110.
Schlachthäuser 111.
Stellenvermittelung 112.
Waffenschmiede s. Nr. 250.
Handel.
Aufgebotsverfahren s. Nr. 70.
Banken 113.
Börsen 114.
Branntwein, Kleinhandel 115.
Cheks 116.
Handelsgebräuche 117.
Handelskammern 118.
Handelsrecht 119.
Handelsverträge 120.
Inhaberpapiere mit Prämien 121.
Lagerhäuser 122.
Mäkler 123.
Markenschutz 124.
Märkte 125.
Mineralöle 126.
Nahrungsmittel 127.
Oberrath für Handel, Ackerbau und Industrie 128.
Pulver s. Nr. 109.

Reben 129.
Sackgebühr 130.
Sklavenhandel 131.
Trödler 132.
Verkäufe, öffentliche 133.
Versicherungsgesellschaften 134.
Viehmängel s. Nr. 49.
Wechselagenten 135.
Wechselrecht 136.
Zahlungen 137.
Hinterlegungswesen 138.
Hypothekenwesen 139.
Internationale Verträge 140.
Jagd 141.
Konkurs 142.
Kostengesetze.
Allgemeines, ältere Gesetze 143.
Gebühren der Gerichtsschreiber 144.
Gerichtskosten 145.
Gerichtsschreibereigebühren 146.
Gerichtsvollzieher 147.
Rechtsanwälte 148.
Reisekosten s. Nr. 14.
Zeugen und Sachverständige 149.
Konsulatswesen 150.
Landwirthschaft, Feldpolizei.
Allgemeines 151.
Feldhüter 152.
Feldpolizei 153.
Früchte auf dem Halme s. Nr. 30.
Gestütswesen 154.
Oberrath für Handel, Ackerbau und Industrie s. Nr. 128.
Raupen 155.
Reblaus 156.
Zuchthengste 157.
Zuchtstiere 158.
Lotterien 159.
Maß und Gewicht 160.
Marksteine 161.
Medizinalwesen und Gesundheitspflege.
Apotheker, Aerzte, Hebammen 162.
Begräbnisse, Begräbnißplätze 163.
Geisteskranke 164.
Geheimmittel, Giftstoffe 165.
Gesundheitspflege 166.
Viehseuchen 167.
Militärwesen.
Allgemeines, Militärgrundgesetze 168.
Belagerungszustand 169.
Beschränkungen in der Umgebung von Festungen 170.
Eisernes Kreuz 171.
Militärstrafprozeß 172.
Militärstrafrecht 173.
Naturalleistungen 174.
Versorgungswesen 175.
Verschiedenes 176.
Mineralwasser 177.
Münzwesen 178.
Notare 179.
Oeffentliche Arbeiten 180.
Papiergeld 181.
Polizeikommissare 182.
Post und Telegraphie.
Post 183.
Telegraphie 184.
Presse, Buchhandel, Theater.
Allgemeines 185.
Anschläge 186.
Ausrufer 187.
Buchhändler, Drucker 188.
Pflichtexemplare 189.
Theater 190.
Zeitungen 191.
Rechnungswesen.
Allgemeines 192.
Abgaben der Gemeinden und Bezirke 193.
Rechtsanwälte 194.
Religionswesen.
Geistliche, katholische 195.
Geistliche, protestantische 196.
Israelitische Religionsdiener 197.
Kirchenfabriken 198.
Kongregationen 199.
Kultus, israelitischer 200.
Kultus, katholischer 201.
Kultus, protestantischer 202.
Paläste, bischöfliche 203.
Seminare, geistliche 204.
Simutaneum 205.
Schatzanweisungen 206.
Sicherheitspolizei.
Entzündliche Stoffe 207.
Höllenmaschinen 208.
Paßwesen 209.
Staatsangehörigkeit 210.
Staatsgut 211.
Steuerempfänger 212.
Steuerkontrolöre 213.
Steuern und Zölle.
I. Zollvereinigungsverträge; Eintritt von E.-L. 214.
II. Zoll- und Steuerbehörden. Verwaltung der Zölle und indirekten Steuern 215.
III. Verkehr mit zollpflichtigen Gegenständen zwischen E.-L. und den übrigen Zollvereinsstaaten 216.
IV. Zölle und gemeinschaftliche Steuern des D. Reichs.
Zölle 217.
Branntweinsteuer 218.
Salzsteuer 219.
Spielkartenstempel 220.
Tabacksteuer 221.
Wechselstempel 222.
Zuckersteuer 223.
V. Innere indirekte Steuern.
Allgemeines 224.
Biersteuer 225.
Enregistrement 226.
Gerichtsschreibereigebühren s. Nr. 146.
Hypothekengebühren s. Nr. 139.
Kasernirungskostenbeiträge 227.
Lizenzgebühr 228.
Siegelgebühren 229.
Stempel 230.
Weinsteuer 231.
VI. Oktroi 232.
VII. Direkte Steuern.
Allgemeines 233.
Bergwerksteuer 234.
Gewerbesteuer 235.
Grundsteuer 236.
Hundesteuer 237.
Personal- und Mobiliarsteuer 238.
Thür- und Fenstersteuer 239.
Todte Hand 240.
Strafprozeß und Strafvollstreckung.
Allgemeines 241.
Gefängnisse 242.
Hinrichtung, Scharfrichter 243.
Strafzuweisung 244.
Wiedereinsetzung in die früheren Rechte 245.
Strafrecht.
Allgemeines 246.
Aufläufe 247.
Sozialdemokratie 248.
Täuschungen im Handel 249.
Waffen 250.
Wucher 251.
Straßenwesen.
Allgemeines 252.
Bauflucht 253.
Vizinalwege 254.
Unterricht 255.
Vereins- und Versammlungsrecht 256.
Verfassungsrecht 257.
Versteigerer, amtliche 258.
Versteigerungen s. Nr. 133, 76.
Verwaltung.
Allgemeines 259.
Archive 260.
Dezentralisation 261.
Generalräthe, Bezirks-, Kreistage 262.
Kaiserlicher Rath 263.
Präfekten, Bezirkspräsidenten 264.
Präfekturräthe 265.
Unterpräfekten, Kreisdirektoren 266.
Staatsrath 267.
Wahlen 268.
Wasserrecht.
Allgemeines, Austrocknung, Drainirung 269.
Rheinschifffahrt 270.
Schiffbare Wasserläufe 271.
Wechselrecht s. Nr. 136.
Zwangsenteignung 272.

Sachliche Uebersicht der Gesetze.

1—5. Armenwesen.

1. Allgemeines.

		Band.	Seite.
II. 24. Vend.	(15. Okt. 1793). G. enthaltend Maßregeln z. Unterdrückung der Bettelei.	II	72
1814. 31. Okt.	O. w. den Frauenverein für arme Wöchnerinnen zu Paris wieder unter die vor dem D. v. 5. Mai 1810 maßgebenden Vorschriften stellt	II	361
1850. 10. Dez.	G. betr. Erleichterung der Eheschließung für Arme, der Legitimation ihrer natürlichen Kinder u. der Zurücknahme solcher Kinder, welche in Pflegehäusern untergebracht sind	II	678
1874. 16. Jan.	Bkm. des RK. betr. die Ausdehnung der Eisenacher Konvention 2c. auf E.=L.	III	465

2. Armenräthe.

		Band.	Seite.
V. 7. Frim.	(27. Nov. 1796). G. welches die Erhebung von einem Zehntel vom Frank außer dem Preis der Eintrittskarten in sämmtlichen Schaubuden zu Gunsten der Armen während sechs Monaten anordnet .	II	88
V. 8. Therm.	(26. Juli 1797). G. welches die für Eintrittskarten zu Theatern, Bällen, Feuerwerken, Konzerten 2c. festgesetzten Abgaben auf längere Zeit verlängert	II	93
VII. 6. Ergänzungstag.	(22. Sept. 1799). G. welches die Erhebung der auf den Eintritt in Schaubuden gelegten Abgaben verlängert.	II	154
VIII. 25. Flor.	(15. Mai 1800). V. welche verfügt, daß die zur Unterstützung der Armen und für die Krankenhäuser bestehenden Antheile von Geldstrafen u. Einziehungen zur Bezahlung der den Ammen verlassener Kinder zukommenden Vergütungen verwendet werden	II	160
VIII. 7. Frukt.	(25. Aug. 1800). V. welche die zu Gunsten der Armen den Theatern auferlegte Abgabe auf weitere Zeit ausdehnt	II	163
XI. 10. Therm.	(29. Juli 1803). V. welche die zu Gunsten der Armen auf den Eintritt in Theater, Bälle, Konzerte 2c. festgesetzte Abgabe auf ein weiteres Jahr ausdehnt	II	208
XII. 19. Vend.	(12. Okt. 1803). V. betr. die Verfolgungen, welche die Rechner der Gemeinden und Pflegehäuser behufs Einnahme und Beitreibung der Einkünfte dieser Anstalten zu bewerkstelligen haben.	II	209
XII. 4. Pluv.	(25. Jan. 1804). V. betr. die Annahme von Vermächtnissen, welche den Pflegehäusern und den Armen vermacht sind.	II	211
1806. 23. Juni.	D. betr. die Anlegung von Geldern in den Bürger=Pflegehäusern oder anderen mildthätigen Anstalten	II	240

			Band.	Seite.
1806.	12. Sept.	D. betr. die Sammlungen in den Kirchen	II	243
1808.	21. Dez.	StRG. über die Rückzahlung von Renten und Forderungen der Gemeinden und Fabriken	II	277
1809.	9. Dez.	D. betr. die Erhebung der Abgabe zu Gunsten der Armen- und Pflegehäuser von den Eintrittskarten zu Theatern, Bällen, Konzerten, Tanzbelustigungen und Festlichkeiten	II	290
1817.	2. April.	O. welche die Regeln für Annahme u. Verwendung von Schenkungen bestimmt, die zu Gunsten von kirchlichen Anstalten oder einer andern gemeinnützigen Anstalt auf Grund des G. v. 2. Jan. 1817 u. des Art. 910 CGB. ausgesetzt werden	II	395
1820.	6. Sept.	O. welche die Grundsätze angibt, nach welchen die Pensionen der Angestellten v. Pflegehäusern u. mildthätigen Anstalten zu berechnen sind	II	409
1821.	31. Okt.	O. betr. die Verwaltung der Pflegehäuser und Armenräthe	II	412
1833.	28. Juni.	O. betr. die Einziehung von Renten, welche Pflegehäusern u. anderen Wohlthätigkeitsanstalten von Personen geschuldet werden, die außerhalb des Bezirks wohnen, in dem jene Anstalten liegen	II	483
1840.	16. Juli.	G. enthaltend Festsetzung des Einnahmevoranschlags für das Rechnungsjahr 1841 (Art. 9)	II	539
1846.	16. Juli.	O. betr. die Wohlthätigkeits- und Armenanstalten	II	636
1852.	17. Juni.	D. betr. die Zusammensetzung der Verwaltungskommissionen der Armenräthe	II	728
1874.	16. Jan.	Bkm. betr. die Ausdehnung der Eisenacher Konvention 2c. auf E.-L.	III	465

Armenrecht s. Nr. 69.

3. Pflegehäuser.

			Band.	Seite.
V.	16. Vend.	(7. Okt. 1796). G. welches Pflegehäusern den Fortgenuß ihrer Güter sichert und die Art ihrer Verwaltung regelt	II	86
VII.	16. Messid.	(4. Juli 1799). G. betr. die Verwaltung der Bürgerpflegehäuser	II	154
VIII.	24. Therm.	(12. Aug. 1800). B. welche vorschreibt, kranke Soldaten in die bürgerlichen Pflegehäuser aufzunehmen, wenn in der Gemeinde sich keine Militär-Krankenhäuser befinden	II	162
IX.	7. Messid.	(26. Juni 1801). B. betr. die den Pflegehäusern überlassenen Renten und Staatsgüter	II	169
X.	9. Vent.	(28. Febr. 1802). B. welche Urtheile des Gerichts zu Marseille wegen Unzuständigkeit aufhebt	II	172
XI.	11. Frukt.	(29. Aug. 1803). B. betr. das Gehalt der Vikare, Kapläne u. Hausgeistlichen, welche für die Ausübung des Kultus in Wohlthätigkeitsanstalten verwendet werden	II	209
XII.	19. Vend.	(12. Okt. 1803). B. betr. die Verfolgungen, welche die Rechner der Gemeinden und Pflegehäuser behufs Einnahme und Beitreibung der Einkünfte dieser Anstalten zu bewerkstelligen haben	II	209
XII.	4. Pluv.	(25. Jan. 1804). B. betr. die Annahme von Vermächtnissen, welche den Pflegehäusern und den Armen vermacht sind	II	211
XII.	17. Messid.	(6. Juli 1804). D. welches die Pflegehäuser von Zahlung der für Errichtung von Privatbethäusern geforderten Gebühr befreit	II	222
XII.	11. Therm.	(30. Juli 1804). D. betr. die Aufhebung von Beschlagnahmen, welche zur Wahrung der Rechte der Armen oder der Pflegehäuser bewirkt sind	II	223
XIII.	15. Pluv.	(4. Febr. 1805). G. betr. die Vormundschaft über die in ein Pflegehaus aufgenommenen Kinder	II	225
XIII.	7. Flor.	(27. April 1805). D. betr. die Rechnungsablegungen, zu welchen die Rechner der Pflegehäuser u. mildthätigen Anstalten verpflichtet sind	II	230
XIV.	10. Brum.	(1. Nov. 1805). D. betr. Bauten, Umbauten und Ausbesserungen an Gebäuden, welche Pflegehäusern u. anderen mildthätigen Anstalten gehören	II	234

		Band.	Seite.
1806. 23. Juni.	D. betr. die Anlegung von Geldern in den Bürger-Pflegehäusern oder anderen mildthätigen Anstalten	II	240
1806. 31. Juli.	D. betr. die Gründer von Pflegehäusern und anderen mildthätigen Anstalten	II	242
1808. 21. Dez.	StRG. über die Rückzahlung von Renten und Forderungen der Gemeinden und Fabriken	II	277
1809. 7. Febr.	G. betr. die Ruhegehälter der Angestellten bei den Pflegehäusern zu Paris	II	279
1809. 3. Nov.	StRG. über die Rechte an dem beweglichen Eigenthum von Personen, welche in einem Pflegehause gestorben sind und insbesondere solcher, zu deren Nachlaß sich keine Erben melden	II	289
1810. 16. Juli.	D. betr. die Art der Ermächtigung für die Anlegung der den Gemeinden, Pflegehäusern oder Fabriken zurückgezahlten Kapitalien .	II	312
1817. 2. April.	O. welche die Regeln für die Annahme und Verwendung von Geschenken u. Vermächtnissen bestimmt, die zu Gunsten von kirchlichen Anstalten oder einer anderen gemeinnützigen Anstalt auf Grund des G. v. 2. Jan. 1817 und des Art. 910 CGB. ausgestellt werden .	II	395
1820. 6. Sept.	O. welche die Grundsätze angibt, nach welchen die Pensionen der Angestellten von Pflegehäusern und mildthätigen Anstalten zu berechnen sind	II	409
1821. 31. Okt.	O. betr. die Verwalter der Pflegehäuser und Armenräthe.	II	412
1831. 29. Nov.	O. welche die Geschäftsführung der Oekonomen in den Bürger-Pflegehäusern den Vorschriften des Rechnungswesens unterstellt	II	466
1833. 28. Juni.	O. betr. die Einziehung von Renten, welche Pflegehäusern u. anderen Wohlthätigkeitsanstalten von Personen geschuldet werden, die außerhalb des Bezirks wohnen, in dem jene Anstalten liegen	II	483
1846. 6. Juli.	O. betr. die Wohlthätigkeits- und Armenanstalten	II	636
1847. 8. Aug.	G. enthalt. Feststellung d. Einnahmevoranschlags für 1848 (Art. 13).	II	639
1850. 8. März.	G. enthalt. endgült. Feststellung d. Budgets d. Jahres 1847 (Art. 13).	II	650
1850. 10. Dez.	G. betr. Erleichterung der Eheschließung für Arme, der Legitimation ihrer natürlichen Kinder und der Zurücknahme solcher Kinder, welche in Pflegehäusern untergebracht sind	II	678
1851. 7. Aug.	G. über die Pflege- und Krankenhäuser.	II	693
1852. 23. März.	D. betr. die Verwaltungskommissionen der Pflege- u. Krankenhäuser.	II	715
1863. 30. Juli.	D. betr. die Vermächtnisse zu Gunsten v. Gemeinden, Armen, öffentl. oder gemeinnützigen Anstalten, religiösen Genossenschaften 2c. . .	II	904
1864. 8. Juni.	G. enthaltend Festsetzung des allgemeinen Ausgabe- und Einnahmevoranschlags für 1865 (Art. 25).	II	910
1874. 16. Jan.	Bkm. betr. die Ausdehnung der Eisenacher Konvention auf E.-L. .	III	465

4. Unterstützte Kinder.

V. 30. Vent.	(20. März 1796). G. über Erziehung u. Unterricht hülflos verlassener Kinder	II	90
1811. 19. Jan.	D. betr. die Findelkinder od. verlassenen Kinder u. d. armen Waisen.	II	324
1869. 5. Mai.	G. betr. die Auslagen für unterstützte Kinder. .	II	983

5. Unterstützungswohnsitz.

II. 24. Vend.	(15. Okt. 1793). G. enthalt. Maßregeln z. Unterdrückung d. Bettelei.	II	72

6. Auslieferungsverträge.

1845. 21. Juni.	Auslieferungsvertrag zwischen Preußen und Frankreich	II	626
1871. 31. Okt.	Desgl. zwischen dem Deutschen Reich und Italien . . .	III	146
1872. 14. Mai.	Desgl. mit Großbritannien	III	220
1874. 24. Jan.	Desgl. mit der Schweiz .	III	466

			Band.	Seite.
1874.	24. Dez.	Desgl. mit Belgien	III	561
1876.	9. März.	Desgl. mit Luxemburg	III	764
1877.	17. Sept.	Desgl. mit Brasilien	III	837
1878.	19. Jan.	Desgl. mit Schweden und Norwegen	III	849
1878.	2. Mai.	Desgl. mit Spanien	III	868

7. Auswanderung.

1860.	18. Juli.	G. über die Auswanderung	II	856
1861.	9. März.	D. betreffend die Bedingungen, unter welchen die Ermächtigung zur Unternehmung von Geschäften der Anwerbung und Beförderung der Auswanderer ertheilt werden kann	II	863
1861.	15. März.	D. enthaltend Vollzugsbestimmungen zu dem Gesetze v. 18. Juli 1860 über die Auswanderung	II	864
1868.	15. Jan.	D. betr. Festsetzung des Entschädigungsbetrags, welcher den Auswanderern bei Verzögerung der Abfahrt des Schiffes zukommt	II	963

8—17. Beamte.

8. Allgemeines.

III.	24. Vend.	(14. Okt. 1794). G. über die Unvereinbarkeit der Verwaltungs- und richterlichen Amtsthätigkeit	II	75
X.	7. Therm.	(26. Juli 1802). B. betr. die Uebertragung ꝛc. von Pensionen ꝛc.	II	188
1817.	27. Aug.	O. betr. denselben Gegenstand	II	397
1854.	23. Mai.	G. betr. die Gehälter der gerichtlichen Beamten ꝛc.	II	755
1858.	1. Mai.	RK. Entscheidung betr. Absetzung von Präfekten ꝛc.	II	830
1871.	3. Aug.	Allerh. Erl. betr. die Bezeichnung der Behörden ꝛc. des D. Reichs	III	121
1872.	6. Sept.	Regul. betr. Befähigung zur Anstellung im höheren Verwaltungsdienste.	III	265
1873.	31. Mai.	G. betr. die Rechtsverhältnisse der Reichsbeamten	III	430
1873.	23. Dez.	G. betr. die Rechtsverhältnisse der Beamten und Lehrer	III	429
1874.	11. Febr.	V. betr. Anrechnung der Ortszulagen	III	469
1874.	23. Febr.	V. betr. Zuständigkeit der Behörden bei Handhabung des G. v. 23. Dez. 1873	III	471
1874.	25. Mai.	Regulativ betr. die Dienstwohnungen	III	523
1874.	2. Nov.	V. über den Urlaub der Reichsbeamten und deren Stellvertretung.	III	542
1874.	23. Nov.	V. betr. Zuständigkeit der Reichsbehörden zur Ausf. des G. v. 31. Mai 1873 ꝛc.	III	551
1875.	26. April.	V. über Urlaub der Beamten und deren Stellvertretung	III	640
1875.	6. Juni.	Bestimmungen betr. Urlaubsbewilligung	III	688
1875.	19. Dez.	V. betr. Anstellung der Beamten ꝛc. der Reichsbank	III	732
1879.	29. April.	Bkm. betr. Ausf. des Art. VII des G. v. 23. Dez. 1873.	III	969
1880.	20. Febr.	V. betr. die Beurlaubung der Beamten der Justizverwaltung	III	1067
1880.	20. März.	Vf. betr. die Beurlaubung der Beamten der Justizverwaltung	III	1070

9. Diensteid.

XII.	24. Meſſ.	(13. Juli 1804). D. über die Eidesleistung der Gerichtsbeamten	II	223
1852.	8. März.	D. betr. den Eid der Minister ꝛc. und übrigen Beamten	II	712
1852.	5. April.	D. betr. die Eidesleistung der Gerichtsschreiber, minister. Beamten ꝛc.	II	724
1871.	20. Sept.	D. betr. Vereidigung der Staatsbeamten	III	137

10. Disziplinarkammern.

1874.	7. Jan.	V. betr. Errichtung einer Disziplinarkammer in Straßburg	III	465
1874.	10. Juni.	V. betr. Errichtung von Disziplinarkammern für die elsaß-lothr. Beamten und Lehrer	III	531

				Band.	Seite.
1874.	5.	Nov.	V. betr. Disziplinarkammern für die Beamten der Reichseisenbahnverwaltung, welche im Auslande ihren Wohnsitz haben	III	542
1880.	18.	April.	Bkm. betr. die Geschäftsordnung bei den Disziplinarbehörden	III	1085

11. Kautionen.

1816.	28.	April.	Finanzgesetz	II	373
1818.	9.	Jan.	O. betr. die Kautionen der Wechselagenten und Mäkler	II	397
1834.	6.	Febr.	O. betr. die Schaffung zweier Stellen von Wechselagenten in Mülhausen.	II	484
1869.	2.	Juni.	G. betr. Kautionen der Bundesbeamten	III	174
1869.	29.	Juni.	V. betr. die Kautionen der bei den Verwaltungen der Post, der Telegraphen und des Eichungswesens angestellten Beamten	III	176
1871.	14.	Juli.	V. betr. Aenderung einiger Bestimmungen der V. v. 29. Juni 1869.	III	177
1871.	11.	Dez.	G. betr. Einführung des G. und der V. über die Amtskautionen der Reichsbeamten in E.-L.	III	174
1872.	27.	Febr.	V. betr. die Kautionen der bei der Verwaltung der Reichseisenbahnen in E.-L. angestellten Beamten	III	211
1873.	15.	Okt.	G. betr. die Kautionen der Beamten des Staats, der Gemeinden und der öffentlichen Anstalten	III	397
1873.	22.	Nov.	V. betr. die Amtskautionen	III	403
1873.	15.	Dez.	Bkm. betr. die Höhe der Amtskautionen der Steuerempfänger	III	411
1874.	29.	März.	Erlaß betr. Amtskautionen der Rendanten der Forstkassen	III	477
1874.	6.	Juli.	V. betr. Kautionen der bei dem Auswärt. Amte angestellten Beamten.	III	532
1875.	23.	Dez.	V. betr. Pensionen und Kautionen der Reichsbeamten.	III	737
1876.	3.	April.	V. betr. Kautionen der Telegraphenbeamten	III	775
1876.	16.	Aug.	V. betr. Kautionen der bei der Militärverwaltung angestellten Beamten.	III	796
1877.	8.	Aug.	Bkm. betr. Höhe der Amtskautionen der Steuerempfänger	III	835
1879.	4.	März.	V. wegen Ergänzung bezw. Abänderung der V. v. 16. August 1876.	III	930
1879.	20.	Juni.	V. über die Kaution der Rendanten der Patentamts-Kasse	III	976
1880.	31.	März.	V. wegen Abänderung und Ergänzung der V. v. 23. Dez. 1875	III	1083

12. Ortszulagen.

1873.	26.	Dez.	G. betr. die Feststellung des Landeshaushalts-Etats von E.-L. für 1874.	III	451

13. Pensionen.

X.	7.	Therm.	(26. Juli 1802). V. betr. die Uebertragung 2c. von Pensionen	II	188
XI.	15.	Flor.	(5. Mai 1803). V. über die Ruhegehälter	II	206
1817.	27.	Aug.	O. betr. die Uebertragung 2c. von Pensionen.	II	397
1853.	9.	Juni.	G. über die bürgerlichen Ruhegehälter	II	748
1853.	9.	Nov.	D. enth. Staatsverwalt.-Verord. zur Ausführung des G. v. 9. Juni 1853 über die bürgerlichen Ruhegehälter	II	752
1873.	31.	März.	G. betr. die Rechtsverhältnisse der Reichsbeamten	III	430
1873.	23.	Dez.	G. betr. die Rechtsverhältnisse der Beamten und Lehrer	III	429
1873.	24.	Dez.	G. betr. Pensionen der Wittwen u. Waisen der Beamten u. Lehrer.	III	446
1875.	23.	Dez.	V. betr. Pensionen und Kautionen der Reichsbeamten	III	737
1880.	31.	März.	V. wegen Abänderung und Ergänzung der V. v. 23. Dez. 1875	III	1083

14. Reisekosten.

1844.	2.	Mai.	O. betr. die Entschädigung für Reisen zur Besichtigung von Irrenanstalten	I Anh.	23
1872.	3.	Febr.	G. betr. die Gewährung von Tagegeldern und Reisekosten bei Dienstreisen der Civilbeamten in E.-L.	III	194
1872.	7.	Febr.	V. betr. die den Civilbeamten in E.-L. zustehenden Tagegelderfätze bei Dienstreisen	III	195

				Band.	Seite
1873.	11.	Jan.	G. betr. die Reisegebühren der Friedensrichter und Friedensgerichtsschreiber in Sachen der freiwilligen Gerichtsbarkeit und in Civilrechtsstreitigkeiten	I Anh.	29
1875.	21.	Juni.	V. betr. Tagegelder, Fuhrkosten und Umzugskosten der Reichsbeamten.	III	691
1875.	5.	Juli.	V. betr. Tagegelder, Fuhr- und Umzugskosten von Beamten der Reichseisenbahnverwaltung und Postverwaltung	III	696
1877.	29.	Juni.	V. betr. Tagegelder und Fuhrkosten von Beamten der Reichspost- und Telegraphenverwaltung	III	833
1879.	23.	April.	V. betr. Tagegelder 2c. der gesandtschaftlichen und Konsularbeamten .	III	965
1879.	19.	Nov.	V. betr. Abänderung und bezw. Ergänzung der Bestimmungen über Tagegelder	III	1046
1880.	31.	März.	G. betr. die Vergütung der Reisekosten für die Geschworenen, die Vertrauensmänner und die Schöffen	I Anh.	58
1880.	20.	Mai.	V. betr. nähere Festsetzungen über die Gewährung von Tagegeldern, Fuhrkosten an die Beamten der Militär- und Marineverwaltung .	III	1109
1880.	25.	Okt.	V. betr. die Tagegelder, Fuhrkosten und Umzugskosten der Beamten und Lehrer	III	1158
1880.	29.	Nov.	V. betr. die Tagegelder und Reisekosten der Beamten in E.-L.	III	1171

15. Umzugskosten.

1875.	21.	Juni.	V. betr. Tagegelder, Fuhrkosten und Umzugskosten der Reichsbeamten.	III	691
1875.	5.	Juli.	V. betr. Tagegelder, Fuhr- und Umzugskosten von Beamten der Reichseisenbahnverwaltung und der Postverwaltung	III	696
1880.	25.	Okt.	V. betr. Tagegelder, Fuhr- und Umzugskosten der Beamten und Lehrer.	III	1158

16. Vorgerichtstellung der agents du gouvernement.

VIII.	22.	Frim.	(13. Dez. 1799). Verfassung der französischen Republik	II	155
1806.	9.	Aug.	D. betr. die Förmlichkeiten für die Vorgerichtstellung der Verwaltungsbeamten	II	242
1807.	16.	März.	StRG. betr. die aus dem Amte entlassenen Rechnungsbeamten .	II	245
1816.	28.	April.	G. über die Finanzen (Art. 244) .	II	380
1818.	15.	Mai.	G. über die Finanzen (Art. 95) . .	II	398
1877.	27.	Jan.	Gerichtsverfassungsgesetz (§ 70 Abs. 3)	I C	3
1877.	27.	Jan.	Einführungsgesetz zum Gerichtsverfassungsgesetz (§ 11) . .	I C	21
1878.	4.	Nov.	Ausführungsgesetz zum Gerichtsverfassungsgesetz (§§ 11, 16)	I C	24

17. Zinsverpflichtung der Enregistrements-Beamten.

1808.	20.	Juli.	StRG. über die Zinsen, welche von den Beamten der Enregistrements- 2c. Verwaltung zu entrichten sind	II	273

18. Bergrecht.

1871.	7.	Sept.	Bkm. über die Reviereintheilung in Elsaß-Lothringen .	III	137
1873.	16.	Dez.	Berggesetz für E.-L.	III	412
1873.	21.	Dez.	Bkm. betr. Abänderung der Bergreviereintheilung	III	429
1879.	6.	Sept.	Allg. Bergpolizei-V. für E.-L.	III	1019
1879.	7.	Sept.	Polizei-V. über den Betrieb der Steinbrüche . .	III	1027
1879.	8.	Sept.	Polizei-V. über den Tagebau auf Eisenerze .	III	1032

19 — 52. Civilrecht.

19. Abwesenheit.

II.	11.	Vent.	(1. März 1794). G. betr. die Siegel, welche nach dem Tode von Bürgern angelegt worden sind, die zu Erben Vertheidiger des Vaterlandes haben	II	73

		Band.	Seite.
II. 16. Frukt.	(2. Sept. 1794). Ergänzungsgesetz zu dem G. v. 11. Vent. II . . .	II	75
V. 6. Brum.	(27. Okt. 1796). G. betr. Maßregeln für das Vermögen der Vertheidiger des Vaterlandes	II	88
XIII. 17. Germ.	(7. April 1805). StRG. über die zur Feststellung des Todes von Militärpersonen zulässigen Beweise	II	230
1817. 13. Jan.	G. betr. das Verfahren behufs Feststellung des Schicksals der abwesenden Militärpersonen	II	394
1872. 10. April.	Bk. betr. Bekanntmachungen der Urtheile über Abwesenheitserklärungen und Besitzeinweisung des Staates in ledige Erbschaften	III	218
1873. 21. Okt.	G. betr. die Erklärung der Verschollenheit von Personen, welche an dem Kriege der Jahre 1870 und 1871 theilgenommen haben . .	III	400

20. Adelstitel.

1852. 24. Jan.	D. betr. Aufhebung des D. v. 29. Febr. 1848	II	699
1859. 8. Jan.	D. betr. die Wiedereinsetzung des Rathes für Adelstitel	II	844
1859. 5. März.	D. betr. die von ausländischen Herrschern verliehenen Adelstitel.	II	845

21. Anfechtung von Rechtshandlungen.

1879. 21. Juli.	G. betr. die Anfechtung von Rechtshandlungen eines Schuldners außerhalb des Konkursverfahrens	III	1015

22. Annahme an Kindesstatt.

XI. 25. Germ.	(15. April 1803). G. betr. die vor Verkündigung des Titels VII CGB. vorgenommenen Annahmen an Kindesstatt . . .	III	204

23. Bürgerlicher Tod.

1854. 31. Mai.	G. betr. Abschaffung des bürgerlichen Todes .	II	756

24. Bürgschaftsstellung des Staates.

1827. 21. Febr.	G. welches die Staatskasse von Anbietung und Stellung eines Bürgen entbindet, wenn in dem Falle der Artikel 2185 CGB. u. 832 fr. CPO. im Namen des Staates eine Versteigerung beantragt wird .	II	438

25. Civilgesetzbuch.

	Civilgesetzbuch	I B	3
XII. 30. Vent.	(21. März 1804). G. betr. die Vereinigung der bürgerlichen Gesetze zu einem einheitlichen Gesetzbuche unter dem Titel „Civilgesetzbuch der Franzosen"	II	215

26. Dienstmiethe.

1868. 2. Aug.	G. betr. Aufhebung des Art. 1781 CGB.	II	974

27. Ehescheidung.

1873. 27. Nov.	G. betr. die Wiedereinführung der Ehescheidung . . .	III	405

28. Eheverträge.

1850. 10. Juli.	G. betr. die Veröffentlichung der Eheverträge. . .	II	668

29. Fremdlingsrecht.

1819. 14. Juli.	G. betr. die Abschaffung des Fremdlings- und Abschoßrechtes .	II	405

30. Früchte auf dem Halme.

III. 6. Mess.	(24. Juni 1795). D. betr. Verbot der Verkäufe von unreifen und noch nicht vom Boden getrennten Früchten	II	77
III. 23. Mess.	(11. Juli 1795). D. enthaltend Ausnahmen von dem Verbote der Verkäufe von unreifen und noch nicht vom Boden getrennten Früchten 2c.	II	78

31. Gesetze.

		Band.	Seite.
1816. 27. Nov.	G. betr. die Ausfertigung der Gesetze und Ordonnanzen . .	II	393
1817. 18. Jan.	Zusätzliche Ordonnanz zu derj. vom 27. Nov. 1816.	II	394
1870. 9. Sept.	V. betr. die amtlichen Nachrichten für das Generalgouvernement im Elsaß	III	10
1871. 16. April.	Reichsverfassung (Artt. 2 u. 17)	I A	6
1871. 9. Juni.	G. betr. die Vereinigung von E.-L. mit dem Deutschen Reiche (§ 3).	I A	3
1871. 3. Juli.	G. betr. die Verkündung der Gesetze und Verordnungen . . .	I A	4
1871. 25. Sept.	V. betr. die amtliche Zeitung für Deutsch-Lothringen	III	138
1872. 18. März.	V. betr. die Aufhebung der Verpflichtung der Behörden und Beamten zum Halten der Straßburger Zeitung und der Zeitung für Deutsch-Lothringen	III	215
1879. 4. Juli.	G. betr. die Verfassung u. die Verwaltung Elsaß-Lothringens (§ 22).	I A	34
1879. 10. Juli.	G. über die Konsulargerichtsbarkeit (§ 47).	III	977

32. Großjährigkeit.

1875. 17. Febr.	G. betr. das Alter der Großjährigkeit . . .	III	615

33. Grundrenten.

1790. 29. Dez.	G. betr. die Ablösung der Grundrenten.	II	47

34. Haftpflicht der Eisenbahnen rc.

1871. 7. Juni	G. betr. die Verbindlichkeit zum Schadenersatz für die bei dem Betriebe von Eisenbahnen, Bergwerken rc. herbeigeführten Tödtungen und Körperverletzungen	III	292
1872. 1. Nov.	G. betr. die Einführung des Reichsges. v. 7. Juni 1871 . .	III	292

35. Hypothekareintragungen.

XII. 11. Therm.	(30. Juli 1804). D. betr. die Aufhebung der für Arme oder Pflegehäuser bewirkten Beschlagnahmen	II	223
XII. 25. Therm.	(13. Aug. 1804). StRG. betr. Ausdehnung der Bestimmungen über die gerichtliche Hypothek auf die von den Verwaltungsbehörden ausgehenden Akte	II	223
1807. 3. Sept.	G. betr. die hypothekarischen Eintragungen aus Urtheilen über Klagen auf Anerkennung der Unterschrift auf Privatschuldverschreibungen .	II	250
1808. 22. Jan.	StRG. über die Dauer der auf die Güter von Ehemännern, Vormündern und rechnungspflichtigen Beamten genommenen Hypothekareintragungen	II	262
1810. 26. Dez.	StRG. betr. die Berichtigung von Irrthümern und Unregelmäßigkeiten in den Hypothekenregistern	II	323
1811. 12. Nov.	StRG. betr. die Hypothekareintragungen auf Grund von Zwangsbefehlen der Zollverwaltung	II	329
1812. 24. März.	StRG. über die Vollstreckbarkeit der Beschlüsse der Präfekten, welche den Sollbestand der rechnungspflichtigen Beamten der Gemeinden und der öffentlichen Anstalten festsetzen	II	337

36. Hypotheken-Reinigungsverfahren.

1807. 1. Juni.	StRG. über die Mittel, durch welche die Schwierigkeiten bezüglich der von der Eintragung unabhängigen gesetzlichen Hypotheken vermieden werden können	II	247
1812. 8. Mai.	StRG. betr. das Hypotheken-Reinigungsverfahren, wenn gesetzliche Hypotheken rc. bestehen	II	338
1880. 30. April.	G. über die Zwangsvollstreckung in das unbew. Verm. rc., das Hypotheken-Reinigungsverfahren rc.	III	1089

37. Ledige Erbschaft.

		Band.	Seite.
1872. 10. April.	Vf. betr. Bekanntmachungen der Urtheile über Abwesenheitserklärungen und Besitzeinweisung des Staates in ledige Erbschaften	III	218

38. Majorate.

1806. 30. März.	Botschaft Seiner Majestät des Kaisers an den Senat	II	237
1806. 14. Aug.	Senatsbeschluß	II	242
1835. 12. Mai.	G. über die Majorate	II	490
1849. 7. Mai.	G. über die Majorate und die Substitutionen	II	644

39. Namen.

II. 6. Frukt.	(23. Aug. 1794). D. enthaltend die Bestimmung, daß kein Bürger einen andern Familien- oder Vornamen als den in seiner Geburtsurkunde angegebenen führen darf	II	74
XI. 11. Germ.	(1. Apr. 1803). G. betr. die Vornamen u. Aenderung von Familiennamen.	II	200

40. Personenstand.

XI. 12. Brum.	(3. Nov. 1802). StRG. betr. die Förmlichkeiten bei Eintragungen in die Standesregister, wenn es sich um Urkunden handelt, welche nicht in den vorgeschriebenen Fristen eingetragen wurden	II	190
XI. 20. Prair.	(9. Juni 1803). V. über Dispensationen bezüglich der Ehescheidung .	II	206
XIII. 4. Therm.	(23. Juli 1805). D. betr. die Erlaubniß zu Beerdigungen durch die Standesbeamten	II	232
1823. 26. Nov.	O. enthaltend Vorschriften bezüglich der Prüfung der Standesregister.	II	423
1825. 10. März.	O. betr. die (den Gerichtsbeamten zukommenden) Gebühren für Reisen in den durch die Ordonnanzen v. 5. u. 26. Nov. 1823 vorgesehenen Fällen 2c.	II	431
1870. 4. Mai.	G. betr. die Eheschließung und die Beurkundung des Personenstandes von Bundesangehörigen im Auslande	III	587
1871. 1. März.	Instruktion zu dem G. v. 4. Mai 1870, betr. die Eheschließung und die Beurkundung des Personenstandes von Bundesangehörigen im Auslande	III	16
1872. 25. Febr.	G. betr. die Dispensation von Ehehindernissen sowie die Gültigkeit gewisser Ehen	III	210
1875. 6. Febr.	G. über die Beurkundung des Personenstandes und die Eheschließung.	III	576
1875. 8. Febr.	G. betr. die Einführung von Reichsgesetzen in Elsaß-Lothringen .	III	586
1875. 22. Juni.	Ausführungsverordnung zu dem Gesetze v. 6. Febr. 1875 über die Beurkundung des Personenstandes und die Eheschließung	III	693
1875. 4. Nov.	V. betr. die Beurkundung von Sterbefällen solcher Militärpersonen, welche sich an Bord der in Dienst gestellten Schiffe oder anderen Fahrzeuge der Marine befinden	III	724
1875. 19. Nov.	V. betr. Ausführung des Gesetzes über die Eheschließung v. 6. Febr. 1875	III	727
1875. 22. Nov.	V. betr. die Ausübung der Befugniß zur Dispensation von Ehehindernissen und vom Aufgebot	III	729
1876. 8. Jan.	V. betr. das Verfahren und die Kosten bei Dispensationen von Ehehindernissen und vom Aufgebot	III	742
1879. 20. Jan.	V. betr. die Verrichtungen der Standesbeamten in Bezug auf solche Militärpersonen, welche ihr Standquartier nach eingetretener Mobilmachung verlassen haben	III	923

41. Privaturkunden.

1808. 1. April.	StRG. enthaltend die Bestimmungen, daß die Notare, Gerichtsschreiber sowie andere Rechtskundige und Praktiker trotz der alten Verordnungen für andere Personen Urkunden unter Privatunterschrift schreiben und als Zeugen unterzeichnen dürfen	III	270

42. Schenkungen und Vermächtnisse.

		Band.	Seite.
XII. 4. Pluv.	(25. Jan. 1804). V. betr. die Annahme der den Pflegehäusern und Armen zugewendeten Vermächtnisse	II	211
1807. 12. Aug.	D. über die (Art der) Annahme der den Kirchenfabriken, öffentlichen Unterrichtsanstalten und Gemeinden ausgesetzten Schenkungen und Vermächtnisse	II	248
1817. 2. Jan.	G. über Schenkungen und Vermächtnisse für kirchliche Anstalten . .	II	393
1817. 2. April.	O. über die Annahme und Verwendung der auf Grund des G. v. 2. Jan. 1827 u. Art. 910 CGB. kirchl. Anstalten ꝛc. ausgesetzten Schenkungen und Vermächtnisse	II	395
1826. 7. Mai.	O. über die Annahme der den kirchlichen Anstalten gemachten Schenkungen, wenn die in d. O. v. 2. April 1817 bezeichneten Personen selbst die Schenkgeber sind	II	437
1831. 14. Jan.	O. betr. Schenkungen und Vermächtnisse, Erwerbungen und Veräußerungen v. Gütern bezügl. der kirchl. Anstalten u. Frauen-Kongregationen	II	459
1862. 15. Febr.	D. betr. die Annahme v. Vermächtnissen u. Schenkungen zu Gunsten der Kirchenfabriken	II	873
1863. 30. Juli.	D. betr. die Vermächtnisse zu Gunsten v. Gemeinden, Armen, öffentl. oder gemeinnützigen Anstalten, religiösen Gesellschaften ꝛc. .	II	904

43. Substitutionen.

		Band.	Seite.
1808. 30. März.	Botschaft Seiner Majestät des Kaisers an den Senat .	II	237
1826. 17. Mai.	G. über die Substitutionen	II	438
1849. 7. Mai.	G. über die Majorate und Substitutionen .	II	644

44. Theilungen, außergerichtliche.

		Band.	Seite.
1873. 1. Dez.	G. betr. außerger. Theilungen u. gerichtl. Verkäufe v. Liegenschaften.	III	406

45. Tod durch Hinrichtung.

		Band.	Seite.
IV. 20. Prair.	(8. Juni 1796). G. betr. die Ermöglichung einer Entscheidung über das Vorversterben v. mehreren wechselseitig zur gesetzlichen Erbfolge berufenen Personen, welche zusammen hingerichtet worden sind . .	II	85

46. Ueberschreibung.

		Band.	Seite.
1855. 23. März.	G. betr. die Ueberschreibung in Bezug auf Hypotheken	II	803

47. Urheberrecht.

		Band.	Seite.
1865. 24. März.	Uebereinkunft zwischen Baiern und Frankreich wegen gegenseitigen Schutzes d. Rechte an literarischen Erzeugnissen u. Werken d. Kunst.	II	921
1869. 13. Mai.	Uebereinkunft zwischen d. Norddeutschen Bunde u. d. Schweiz wegen gegenseitigen Schutzes der Rechte an literarischen Erzeugnissen und Werken der Kunst	III	386
1870. 11. Juni.	G. betr. das Urheberrecht an Schriftwerken, Abbildungen, musikalischen Kompositionen und dramatischen Werken.	III	308
1870. 12. Dez.	Instr. über die Zusammensetzung und den Geschäftsbetrieb der Sachverständigen-Vereine.	III	314
1871. 11. Dez.	Zusatzkonvention zu d. am 10. Mai 1871 zu Frankfurt abgeschlossenen Friedensvertrage (Art. 18)	III	164
1873. 27. Jan.	G. betr. die Einführung des Reichsgesetzes über das Urheberrecht an Schriftwerken ꝛc. v. 11. Juni 1870 in E.-L.	III	308
1873. 19. Sept.	Bkm. betr. die Ausdehnung der Uebereinkunft v. 13. Mai 1869 auf das Verhältniß zwischen E.-L. und der Schweiz	III	386
1876. 9. Jan.	G. betr. das Urheberrecht an Werken der bildenden Künste	III	743
1876. 10. Jan.	G. betr. den Schutz der Photographien gegen unbefugte Nachbildung.	III	745

			Band.	Seite.
1876.	11. Jan.	G. betr. das Urheberrecht an Mustern und Modellen	III	746
1876.	29. Febr.	Bkm. betr. Bestimmungen über die Zusammensetzung u. d. Geschäftsbetrieb der künstlerischen, photographischen und gewerblichen Sachverständigenvereine	III	760
1876.	29. Febr.	Bkm. betr. Bestimmungen über die Führung des Musterregisters . .	III	761
1876.	23. Juli.	Bkm. betr. Bestimmungen über die Führung des Musterregisters . .	III	795
1879.	16. Juli.	Bkm. betr. die Abänderung des § 6 der Instr. über die Sachverständigenvereine	III	1012
1879.	16. Juli.	Bkm. betr. die Abänderung des § 4 der Bestimmungen über die künstlerischen, photographischen u. gewerbl. Sachverständigenvereine.	III	1012

48. Vaterschaft, Verleugnung.

1850.	6. Dez.	G. betr. die Verleugnung der Vaterschaft im Falle der Trennung von Tisch und Bett	II	677

49. Viehmängel.

1838.	20. Mai.	G. betr. die Wandelungsfehler bei Kauf u. Tausch von Hausthieren .	II	522

50. Vormundschaft.

XII.	28. Flor.	(18. Mai 1804). Organischer Senatsbeschluß	II	218
1806.	20. Nov.	StRG. über die Entbindung der Geistlichen von der Vormundschaft.	II	244
1873.	22. Okt.	G. betr. d. Beaufsichtigung u. d. Kosten d. Vormundschaftsverwaltung.	III	400

51. Vorzugsrechte des Staates.

1807.	5. Sept.	G. betr. die Beitreibung der Gerichtskosten in Kriminal-, Zuchtpolizei- und Polizeisachen für die Staatskasse.	II	251
1807.	5. Sept.	G. betr. die Rechte der Staatskasse an den Gütern der rechnungspflichtigen Beamten	II	251

52. Zinsen.

1807.	3. Sept.	G. betr. den Zinsfuß des Geldes.	II	250
1809.	24. März.	StRG. über die v. d. Schuldentilgungskasse zu zahlenden rückständigen Zinsen	II	282

Domänen s. Staatsgut.

53. Eisenbahnen.

1845.	15. Juli.	G. über die Eisenbahnpolizei	II	627
1865.	12. Juli.	G. betr. die Eisenbahnen von örtl. Bedeutung	II	930
1871.	9. Dez.	Allerh. Erl. betr. die K. General-Direktion der E. in E.-L. .	III	164
1871.	29. Dez.	Bkm. betr. Einführung des Bahnpolizei-Reglements .	III	181
1874.	11. Mai.	Betriebs-Reglement .	III	496
1875.	4. Jan.	Bahnpolizei-Reglement	III	565
1875.	4. Jan.	Signalordnung	III	575
1876.	25. Febr.	G. betr. die Beseitigung von Ansteckungsstoffen bei Viehbeförderung .	III	758
1877.	23. Juni.	V. betr. Ernennung der Bezirkspräsidenten zu Kommissaren der Sicherheitsordnung rc.	III	831
1878.	27. Mai.	Allerh. Erlaß betr. die Errichtung des Reichsamts für die Verwaltung der R.-E.	III	873
1878.	12. Juni.	Bkm. betr. Aenderungen des BPR.	III	879
1878.	12. Juni.	Bahnordnung für deutsche Eisenbahnen untergeordneter Bedeutung	III	880
1879.	13. Juli.	Bkm. des RK. über Verladung und Beförderung lebender Thiere . .	III	981

(S. auch Nr. 183, 252.)

54. Feiertage.

			Band.	Seite.
X. 29.	Germ.	(19. April 1802). V. welche die Verkündung eines die Feiertage betreffenden Indults verfügt.	II	182
1810. 20.	März.	StRG. über die Frage, ob Handelspapiere, welche am 31. Dezember verfallen, am 1. Januar mangels Zahlung protestirt werden dürfen.	II	305
1814. 18.	Nov.	G. betr. die Feier der Feiertage und Sonntage	II	362

55. Fischerei.

1829. 15.	April.	G. betr. die Flußfischerei . .	II	446
1835. 10.	Juli.	O. betr. die Flußfischerei	II	492
1840. 6.	Juni.	G. welches das G. v. 15. April 1829 abändert	II	538
1840. 28.	Okt.	O. betr. die Verpachtung des dem Staate zustehenden Fischereirechts.	II	540
1862. 29.	April.	D. welches die Oberaufsicht, Polizei und Ausbeutung der Flußfischerei dem Minister für Ackerbau, Handel und öffentl. Arbeiten überträgt.	II	874
1865. 31.	Mai.	G. betr. die Fischerei	II	924
1865. 26.	Aug.	D. betr. das Verfahren bei Prüfung der Maschenweite erlaubter Fischnetze	II	931
1865. 2.	Dez.	D. betr. die Belohnung für Protokolle über Fischereifrevel .	II	933
1868. 25.	Jan.	D. enthaltend die Vorschriften über die Flußfischerei . . .	II	967
1876. 21.	Dez.	G. betr. die Festsetzung der Fischereischonstrecken	III	808
1876. 24.	Dez.	V. betr. die Fischerei im Rheine	III	808
1877. 26.	Sept.	V. betr. die Fischerei in der Moder	III	840
1878. 16.	Nov.	V. betr. das Verbot des Fischens in Wasserläufen von U.-E., O.-E. u. Lothr.	III	918
1878. 24.	Dez.	Desgl. von U.-E. .	III	922
1879. 19.	März.	Desgl. von O.-E. .	III	960
1879. 20.	Mai.	Desgl. von U.-E.	III	972
1880. 9.	April.	V. betr. die Fischerei im Rheine	III	1085
1880. 28.	Mai.	V. betr. Verbot des Krebsfangs in den lothringischen Gewässern .	III	1115
1880. 12.	Nov.	V. betr. das Verbot des Krebsfangs in den Gewässern des O.-E.	III	1161
1880. 18	Dez.	Desgl. in den Gewässern des U.-E.	III	1177

56. Forstwesen.

1814. 8.	Nov.	G. betr. die Civilliste und die Ausstattung der Krone .	II	361
1827. 21.	Mai.	Forstgesetzbuch	I L	3
1827. 1.	Aug.	O. zur Ausführung des Forstgesetzbuchs.	I L	18
1830. 23.	Juni.	O. betr. Abänderung der Bestimmungen des Art. 104 der O. vom 1. August 1827	II	456
1831. 10.	März.	O. betr. die Behandlung auf dem Verwaltungswege und die Entscheidung der auf den Forstdienst bezüglichen Angelegenheiten	II	461
1834. 15.	Okt.	O. betr. die Versteigerung von mit Gabholzberechtigungen belasteten Schlägen oder Theilen derselben rc.	II	488
1836. 26.	Nov.	O. betr. die Verkäufe der ordentlichen oder außerordentlichen Schläge in den der Forstordnung unterworfenen Waldungen	II	501
1837. 4.	Mai.	G. betr. Abänderungen des Forstgesetzbuchs	II	503
1837. 20.	Mai.	O. betr. die Versteigerung von Windfällen und gefreveltem Holze in den Staatswaldungen	II	504
1838. 15.	Sept.	O. betr. den Verkauf von Windfällen in Gemeindewaldungen . . .	II	531
1840. 10.	Juni.	O. betr. die Versteigerungen der außerordentlichen Schläge in den Gemeindewaldungen.	II	538
1840. 24.	Aug.	O. betr. den Verkauf der ordentlichen und außerordentlichen Schläge in den Gemeindewaldungen	II	539

				Band.	Seite.
1841.	25.	Juni.	G. betr. die Festsetzung d. Einnahmevoranschlags für das Jahr 1842.	II	553
1841.	3.	Okt.	O. betr. Abänderung des Art. 104 der Ausführungsordonnanz zum Forstgesetzbuche	II	555
1844.	14.	Juli.	O. betr. Aufhebung der O. v. 2. Febr. 1844	II	621
1844.	4.	Dez.	O. betr. die Uebertragung verschied. Befugnisse an d. Konservatoren der Forsten	II	623
1845.	23.	März.	O. betr. die Kosten der Abgrenzung und Abmarkung der Waldungen der Gemeinden und der öffentl. Anstalten	II	623
1845.	19.	Juli.	G. enthaltend Festsetzung des Einnahmevoranschlags für 1846	II	630
1845.	2.	Dez.	O. betr. die Aufstellung von Betriebsplänen für die Waldungen der Gemeinden und öffentlichen Anstalten	II	632
1846.	5.	Febr.	O. betr. die in Natur abzugebenden Erträgnisse der Waldungen der Gemeinden und öffentlichen Anstalten	II	632
1850.	31.	Mai.	D. betr. die Bewilligung der Verlängerung der Abtriebs- oder Räumungsfristen durch die Konservatoren der Forsten	II	662
1854.	12.	April.	D. betr. die Nutzungsrechte in den Staatswaldungen sowie in den Waldungen der Gemeinden und der öffentlichen Anstalten	II	754
1856.	14.	Juli.	G. enth. Festsetzung des allgem. Ausgabe- und Einnahmevoranschlags für 1857	II	813
1857.	19.	Mai.	D. betr. die Ablösung v. Nutzungsrechten in d. Staats- und Gemeindewaldungen durch Abtretung von Waldgrundstücken	II	822
1858.	16.	Okt.	D. betr. Ermächtigung der Forstverwaltung, die in den Staatswaldungen gewonnenen Hölzer, welche für den Schiffsbau geeignet sind, jährlich zurückzubehalten u. der Marineverwaltung unmittelbar zu liefern	II	843
1859.	18.	Juni.	G. betr. verschiedene Abänderungen des Forstgesetzbuchs	II	851
1859.	22.	Nov.	D. betr. Abänderung des Titels XII der O. v. 1. August 1827	II	851
1859.	21.	Dez.	D. betr. die Vergleiche in Untersuchungen wegen Forstfrevel und die durch das G. v. 18. Juni 1859 gestatteten Arbeiten	II	851
1860.	28.	Juli.	G. betr. die Wiederbewaldung der Berge	II	858
1861.	25.	Aug.	D. betr. die Ausführung des Betriebsplanes in den Waldungen von Gemeinden und öffentlichen Anstalten ꝛc.	II	872
1864.	8.	Juni.	G. betr. die Berasung der Berge, zur Ergänzung des G. v. 28. Juli 1860 über die Wiederbewaldung der Berge	II	909
1864.	10.	Nov.	D. zur Ausführung der zwei G. v. 28. Juli 1860 u. 8. Juni 1864.	II	913
1870.	24.	Dez.	V. betr. die Verwerthung der Forstprodukte	III	13
1871.	25.	Jan.	V. betr. den Verkauf von Holz	III	14
1871.	25.	Febr.	V. betr. die Vereidigung des Forstschutzbeamten	III	14
1871.	14.	Nov.	Uniformsreglement für die Forstbeamten in E.-L.	III	158
1871.	30.	Dez.	G. betr. die Einrichtung der Forstverwaltung	III	185
1872.	21.	Febr.	Erl. zur Ausführung d. G. betr. die Einrichtung d. Forstverwaltung.	III	198
1872.	21.	Febr.	Geschäftsanweisung für die Forstdirektionen	III	198
1872.	2.	März.	Erl. betr. die Abgrenzung der Oberförsterei-, Forstmeister- und Forstdirektionsbezirke	III	213
1873.	8.	April.	Bkm. betr. die Ermächtigung der Forstdirektionen zur Führung von Prozessen	III	327
1873.	3.	Sept.	Reglement für die Försterprüfungen in E.-L.	III	382
1873.	31.	Okt.	Bkm. betr. Beschluß d. gemischten Liquidationskommission v. 6. Sept. 1873 über die Einziehung der rückständigen Holzkaufgelder	III	402
1874.	21.	Febr.	Bkm. betr. die Zerstörung der französischen Holzgeldwechsel	III	471
1874.	24.	März.	Erl. betr. Vorschriften über die Ausbildung und Befähigung zur Anstellung im höheren Forstverwaltungsdienste	III	472
1874.	9.	Juni.	Erl. betr. Vorschriften über die Feldmesserprüfung	III	529

		Band.	Seite.
1874. 12. Aug.	Erl. betr. d. Genehmigung d. ordentl. Hauungspläne f. d. Waldungen der Gemeinden und der öffentlichen Anstalten	III	533
1875. 1. Okt.	Bkm. betr. die Ermächtigung der Forstdirektionen zum Abschluß von Verträgen	III	716
1875. 5. Okt.	Erl. betr. Vorschriften für die forstwissenschaftliche Vorprüfung .	III	717
1875. 5. Okt.	Erl. betr. Prüfungsvorschriften über die forstliche Staatsprüfung . .	III	720
1878. 12. Jan.	Erl. betr. Zusätze zu dem Uniformsreglement für die Kaiserlichen u. Gemeinde-Forstbeamten in E.-L.	III	849
1879. 15. Febr.	Regulativ über Ausbildung, Prüfung und Anstellung für die unteren Stellen des Forstdienstes	III	930
1880. 31. März.	V. über die Ausbildung, Prüfung und Anstellung für die unteren Stellen des Forstdienstes	III	1084
1880. 28. April.	G. betr. das Forststrafrecht und das Forststrafverfahren .	I L	35
1880. 4. Juli.	V. betr. die Forststrafarbeiten	III	1136
1880. 10. Dez.	V. betr. die Abgabe von Holz und anderen Waldprodukten .	III	1177

57. Fuhrwesen.

1810. 13. Aug.	D. betr. das Verfahren, wenn Ballen, Kisten, Koffer, Packete oder andere Gegenstände, welche Fracht- oder öffentl. Personenfuhrwerks-Unternehmern anvertraut sind, nicht binnen 6 Monaten nach ihrer Ankunft am Bestimmungsorte abgefordert worden sind	II	313
1810. 18. Aug.	D. betr. die Feststellung von Uebertretungen, welche sich auf das große Straßenwesen, das Gewicht der Wagen und die Polizei des Frachtfuhrwerkes beziehen	II	314
1851. 30. Mai.	G. üb. d. Polizei d. Frachtfuhrwerks u. d. öffentl. Personenfuhrwerks.	II	686
1852. 10. Aug.	D. enthaltend Vorschriften über die Polizei 2c.	II	730
1858. 24. Febr.	D. welches einige Bestimmungen d. D. v. 10. Aug. 1852 abändert u. vervollständigt.	II	829
1863. 29. Aug.	D. betr. die Errichtung von Schlagbäumen auf den Staats- und Bezirksstraßen sowie auf den Vizinalstraßen für d. großen Verkehr, um bei Thauwetter den Verkehr zu beschränken	II	905

58—62. Gemeinden.

58. Allgemeines.

1769. Juni.	Edikt welches den Gemeinden der Provinz Les Trois Évêchés die Theilung der in ungetheiltem Besitze befindlichen Gemeindegüter gestattet	II	29
1789. Dez.	(D. v. 14. Dez.). Kgl. Handschreiben betr. ein D. d. Nationalversammlung v. 14. Dez. über die Bildung der Munizipalitäten . .	II	37
1790. 16-24. Aug.	(D.) G. über die Gerichtsverfassung	II	39
1791. 22. Juli.	(D. v. 19-22. Juli). G. betr. die Einrichtung einer Gemeinde- u. einer Zuchtpolizei	II	53
1793. 10. Juni.	(D. v. 10-11. Juni). G. betr. das Verfahren bei Theilung der Gemeindegüter	II	65
II. 19. Brum.	(9. Nov. 1793). G. betr. die Art der Theilung der Gemeindegüter .	II	72
IV. 10. Vend.	(2. Okt. 1795). G. üb. die innere Polizei d. Gemeinden d. Republik.	II	79
IV. 21. Prair.	(9. Juni 1796). G. betr. die vorläufige Einstellung der auf Grund d. G. über die Theilung der Gemeindegüter v. 10. Juni 1793 angestellten Verfolgungen	II	85
V. 2. Prair.	(21. Mai 1797). G. welches den Gemeinden die Befugniß nimmt, ihre Güter zu veräußern oder zu vertauschen	II	92
X. 17. Vend.	(9. Okt. 1801). V. betr. d. z. Erhebung einer Klage gegen Gemeinden erforderlichen Förmlichkeiten	II	170

		Band.	Seite.
XII. 21. Frim.	(13. Dez. 1803). V. betr. die Fömlichkeiten, welche bei Vergleichung zwischen Gemeinden und Privatleuten über Eigenthumsrechte zu beobachten sind	II	210
XII. 9. Vent.	(29. Febr. 1804). G. betr. die Theilung von Gemeindegütern, welche auf Grund des G. v. 10. Juni 1793 bewerkstelligt wurden	II	212
XIII. 9. Brum.	(31. Okt. 1804). D. betr. die Art u. Weise d. Genusses v. Gemeindegütern	II	224
XIII. 4. Ergänzungstag.	(21. Sept. 1805). D. betr. einen Zusatz zu dem G. über die Theilung von Gemeindegütern v. 9. Vent. XII	II	233
1807. 20. Juli.	StRG. über die Art der Theilung von Gemeindegütern, welche in ungetheiltem Eigenthum von zwei Gemeinden stehen	II	247
1808. 26. April.	StRG. über die Art der Theilung von Waldungen, welche in ungetheiltem Eigenthume mehrerer Gemeinden stehen	II	272
1808. 17. Juli.	Kaiserl. Dekret	II	272
1808. 17. Juli.	StRG. üb. die Anwendung d. Art. 9 d. G. v. 9. Vent. XII auf die getheilten Gemeindegüter	II	273
1818. 15. Mai.	G. über die Finanzen	II	398
1830. 31. Aug.	O. welche bestimmt daß der Preis für Erwerbungen v. Grundstücken durch Gemeinden, wenn er 100 Fr. nicht überschreitet, ohne vorheriges Hypotheken-Reinigungsverfahren bezahlt werden kann	II	456
1837. 18. Juli.	G. über die Gemeindeverwaltung	II	504
1837. 14. Nov.	O. enthaltend Vorschriften über Unternehmungen von Arbeiten und Lieferungen im Namen der Gemeinden u. Wohlthätigkeitsanstalten.	II	515
1838. 18. Dez.	O. betr. die Beschlüsse der Gemeinderäthe über einen der im Art. 17 d. G. v. 18. Juli 1837 angeführten Gegenstände	II	531
1840. 15. Juli.	O. betr. die Beschlüsse der Gemeinderäthe, durch welche die Bürgermeister ermächtigt werden, d. Streichung v. Hypothekareintragungen zu bewilligen	II	539
1846. 18. April.	O. welche die Gemeinden v. dem Hypotheken-Reinigungsverfahren bei gütlichen Erwerbungen v. Grundstücken entbindet, wenn der Preis 100 Frank nicht übersteigt	II	634
1851. 5. April.	G. über die Unterstützungen und Ruhegehälter, welche den Gemeinde-Feuerwehren ꝛc., sowie deren Wittwen u. Kindern zu gewähren sind.	II	683
1852. 12. Febr.	D. welches bestimmt, daß andere Gemeinden als Kantonalhauptorte in Zukunft an Stelle des Gesetzblattes ein Blatt erhalten werden, welches die Gesetze, die Dekrete u. d. Instruktionen d. Reg. enthält.	II	706
1852. 25. Juni.	D. betr. die Vorschrift daß der „Moniteur universel" an die Bürgermeister aller Kantonalhauptorte geschickt werde.	II	728
1855. 5. Mai.	G. über die Gemeindeverfassung	II	806
1866. 14. Juli.	D. welches die Gemeinden von dem Hypotheken-Reinigungsverfahren bei freihändigen Erwerbungen von Grundstücken entbindet, wenn der Preis 500 Frank nicht überschreitet	II	942
1867. 24. Juli.	G. über die Gemeinderäthe	II	959
1870. 22. Juli.	G. betr. die Ernennung der Bürgermeister und Beigeordneten	II	1003
1872. 24. Febr.	G. betr. die Ernennung außerordentl. Kommissare zur Verwaltung einzelner Gemeinden	III	210

Abgaben s. Nr. 193.

59. Feuerwehr.

1792. 5. Nov.	D. welches d. Feuerwehrdienst f. einen Gegenstand d. örtl. Ausgaben erklärt	II	65
1861. 13. April.	D. betr. die Abänderung des D. v. 25. März 1852 über die Dezentralisation der Verwaltung (Art. 1 Nr. 12)	II	864
1872. 23. Okt.	V. betr. die Uniformirung der freiwilligen Feuerwehren	III	279

60. Gemeinderechner.

		Band.	Seite.
XII. 19. Vend.	(12. Okt. 1803). V. betr. die Verfolgungen, welche die Rechner der Gemeinden und Pflegehäuser behufs Einnahme und Beitreibung der Einkünfte dieser Anstalten zu bewerkstelligen haben . . .	II	209
1839. 17. April.	O. betr. die Gehaltsbezüge der Rechner von Gemeinden 2c. . . .	II	532
1839. 23. Mai.	O. welche diejenige vom 17. April 1839 abändert	II	533
1869. 18. Aug.	D. welches den Gemeinderechnern die Inkasso-Gebühr für die den Gemeinden vom Staat und den Bezirken behufs Vollendung der Vizinalwege bewilligten Gelder entzieht	II	993

61. Pachtverträge von Gemeinden und Wohlthätigkeitsanstalten.

VII. 16. Messid.	(4. Juli 1799). G. betr. die Verwaltung der Bürger-Pflegehäuser . .	II	154
IX. 7. Germ.	(28. März 1801). G. betr. die Verpachtungen auf lange Jahre v. ländl. Gründstücken, welche Pflegehäusern, öffentl. Unterrichtsanstalten und Gemeinden angehören	II	167
XI. 14. Vent.	(5. März 1803). V. betr. die Förmlichkeiten, welche bei Pachtverträgen über Güter d. Armen- u. Pflegehäuser zu erfüllen sind	II	193
1807. 12. Aug.	D. betr. die Pachtverträge von Pflegehäusern und öffentlichen Unterrichts-Anstalten	II	248
1818. 7. Okt.	O. welche die Verpachtung von Gemeindegütern gestattet, die zum Weiden der Herden nicht nöthig sind	II	401
1835. 25. Mai.	G. betr. Pachtverträge von Gemeinden, Pflegehäusern 2c. .	II	490

Schenkungen s. Nr. 42.

62. Wahlen.

1855. 5. Mai.	G. über die Gemeindeverfassung	II	806
1870. 22. Juli.	G. über die Ernennung der Bürgermeister und Beigeordneten .	II	1003

63—66. Gemeinnützige Anstalten.

63. Bodenkredit-Gesellschaften.

1852. 28. Febr.	D. über die Bodenkredit-Gesellschaften	II	708
1852. 28. März.	D. betr. die Bodenkredit-Gesellschaften	II	724
1852. 18. Okt.	D. welches die Aufsicht über die Bodenkredit-Gesellschaften regelt .	II	739
1852. 31. Dez.	D. welches das D. v. 28. Febr. 1852 abändert	II	744
1853. 10. Juni.	G. betr. die Bodenkredit-Gesellschaften	II	748
1854. 26. Juni.	D. welches die Bodenkredit-Ges. dem Finanzminister unterstellt . .	II	760
1857. 19. Juni.	G. betr. die von der Bodenkredit-Gesellschaft von Frankreich gegen Hinterlegung von Pfandbriefen gemachten Vorschüsse	II	824
1872. 18. März.	Erl. betr. Bestätigung der Aktiengesellschaft für Boden- und Kommunalkredit in E.-L.	III	215
1876. 26. Juni.	Allerh. Erl. betr. Rechtsverhältnisse der Aktiengesellschaft für Boden- und Kommunalkredit	III	791

64. Hülfsgenossenschaften.

1850. 15. Juli.	G. über die Hülfsgenossenschaften auf Gegenseitigkeit .	II	669
1851. 14. Juni.	D. betr. die Hülfsgenossenschaften auf Gegenseitigkeit . . .	II	689
1852. 26. März.	D. betr. die Hülfsgenossenschaften auf Gegenseitigkeit	II	719
1864. 18. Juni.	D. betr. die Amtsdauer der Vorsitzenden von Hülfsgenossenschaften auf Gegenseitigkeit	II	910
1876. 7. April.	G. über die eingeschriebenen Hülfskassen	III	776
1877. 14. Febr.	Bkm. betr. eingeschriebene Hülfskassen . .	III	814

			Band.	Seite.

65. Leih-(Pfand-)häuser.

XII. 16.	Pluv.	(6. Febr. 1804). G. betr. die Pfandleihhäuser	II	212
XII. 24.	Mess.	(13. Juli 1804). D. betr. die Pfandhäuser und Pfandleihhäuser	II	222
1807. 12.	Juli.	StRG. über die Gründung von Pfandhäusern	II	247
1823. 18.	Juni.	O. betr. das Rechnungswesen der Pfandhäuser	II	417
1851. 24.	Juni.	G. über die Pfandhäuser	II	691

Pachtverträge s. Nr. 61.

Pflegehäuser s. Nr. 3.

66. Sparkassen.

1835. 5.	Juni.	G. betr. die Sparkassen	II	490
1837. 31.	März.	G. betr. die Sparkassen	II	503
1845. 22.	Juni.	G. betr. die Sparkassen	II	627
1851. 30.	Juni.	G. über die Sparkassen	II	692
1852. 15.	April.	D. welches die Aufsicht über die Geschäftsführung und das Rechnungswesen der Sparkassen regelt	II	725
1853. 7.	Mai.	G. betr. die Sparkassen	II	746

67. Gendarmerie.

1872. 20.	Juni.	G. betr. die Einrichtung der Gendarmerie in E.-L.	III	225
1872. 26.	Sept.	Allerh. Erl. betr. Dienstvorschriften für die Gendarmerie	III	266
1874. 19.	Dez.	Allerh. Erl. betr. die Abänderung der §§ 16 ff. der Dienstvorschriften v. 26. Sept. 1872	III	557

68. Genossenschaften.

1868. 4.	Juli.	G. betr. die privatrechtliche Stellung der Erwerbs- und Wirthschaftsgenossenschaften	III	236
1871. 19.	Mai.	G. betr. die Deklaration des § 1 des G. v. 4. Juli 1868	III	21
1872. 12.	Juli.	G. betr. die privatrechtliche Stellung der Erwerbs- und Wirthschaftsgenossenschaften	III	235
1872. 28.	Sept.	V. zur Ausführung des Reichsgesetzes v. 4. Juli 1868	III	271

69—79. Gerichtliches Verfahren.

Abwesenheit s. Nr. 19.

69. Armenrecht.

1873. 22.	Okt.	G. betr. die Vormundschaftsverwaltung (§§ 8—10)	III	400
1878. 18.	Okt.	Uebereinkunft zwischen dem Deutschen Reich und Belgien wegen Zulassung zum Armenrecht	III	908
1879. 12.	Juni.	Desgl. zwischen dem Deutschen Reich und Luxemburg	III	974
1879. 1.	Okt.	Desgl. zwischen dem Deutschen Reich und Italien	III	1045
1880. 20.	Febr.	Desgl. zwischen dem Deutschen Reich und Frankreich	III	1066
1880. 3.	April.	AG. z. GKG. und den Gebührenordnungen (§ 17)	I Anh.	59

70. Aufgebotsverfahren.

1873. 12.	Mai.	G. betr. das Aufgebot und die Amortisation verlorener oder vernichteter Schuldurkunden des Norddeutschen Bundes und des Deutschen Reichs	III	603
1875. 8.	Febr.	G. betr. die Einführung von Reichsgesetzen in E.-L. (Nr. 4)	III	586
1877. 30.	Jan.	EG. zur Civilprozeßordnung (§ 11)	I D	92
1879. 8.	Juli.	G. betr. die Ausführung der CPO., der KO. und der StPO. (§§ 25—29)	I D	96

Band. Seite.

71. Beglaubigung.

1861. 2. Mai	G. betr. die Beglaubigung von Unterschriften der Notare und Standesbeamten	II	871
1872. 14. Juni.	Dekl. betr. die Legalisation von Urkunden im Geschäftsverkehr mit Frankreich	III	224
1878. 1. Mai.	G. betr. die Beglaubigung öffentlicher Urkunden	III	866
1880. 25. Febr.	Vertrag zwischen dem Deutschen Reich und Oesterreich-Ungarn wegen Beglaubigung der von öffentlichen Behörden ausgestellten oder beglaubigten Urkunden	III	1067

72. Civilprozeß.

1806.	Französische Civilprozeßordnung	I D	3
1862. 3. Mai.	G. betr. die Aenderung der Fristen in Civil- und Handelssachen	II	874
1877. 30. Jan.	Civilprozeßordnung	I D	19
1877. 30. Jan.	G. betr. die Einführung der CPO.	I D	92
1879. 8. Juli.	G. betr. die Ausführung der CPO., KO. und StPO.	I D	96
1880. 23. Juli.	Vf. des Min. betr. den Begriff „Militärbehörde" im Sinne der CPO. und StPO.	III	1138

73. Rechtshülfe.

1846. 16. April.	Staatsvertrag zwischen Baden und Frankreich über die wechselseitige Vollstreckbarkeit der Urtheile in bürgerlichen Rechtssachen, sowie die Zustellung gerichtlicher Akte und Ersuchschreiben	II	633
1869. 21. Juni.	G. betr. die Gewährung der Rechtshülfe	III	170
1871. 11. Dez.	Zusatzkonvention zu dem am 10. Mai 1871 zu Frankfurt a. M. abgeschlossenen Friedensvertrage (Art. 18)	III	164
1871. 11. Dez.	G. betr. die Ausdehnung des G. v. 21. Juni 1869 auf Elsaß-Lothringen	III	170
1877. 27. Jan.	Gerichtsverfassungsgesetz (§§ 137—169)	I C	3
1878. 4. Nov.	AG. zum Gerichtsverfassungsgesetz (§ 32)	I C	24
1879. 8. Juli.	AG. z. CPO., KO. und StPO. (§ 46)	I D	96

74. Revision.

1877. 27. Jan.	Gerichtsverfassungsgesetz (§§ 123, 135, 136)	I C	3
1877. 27. Jan.	EG. z. GVG. (§§ 8, 9)	I C	21
1877. 30. Jan.	EG. z. CPO., (§§ 6, 7)	I D	92
1879. 28. Sept.	V. betr. die Begründung der Revision in bürgerlichen Rechtsstreitigkeiten	III	1043
1880. 11. April.	Bkm. des RK. betr. die V. über die Revision	III	1085

75. Siegelung.

III. 6. Vend.	(27. Sept. 1794). D. welches bestimmt, daß Frauen nicht als Siegelwächterinnen angestellt werden dürfen	II	75
III. 21. Vend.	(12. Okt. 1794). G. betr. die Frauen als Siegelwärterinnen u. s. w.	II	75
X. 13. Niv.	(3. Jan. 1802). V. betr. die Siegelanlage nach dem Ableben von Generälen, Stabsoffizieren rc.	II	171

Theilungen, außergerichtliche s. Nr. 44.

76. Verkäufe von Liegenschaften.

1841. 2. Juni.	G. über gerichtliche Verkäufe von Liegenschaften	II	551
1873. 1. Dez.	G. betr. außergerichtliche Theilungen und gerichtliche Verkäufe von Liegenschaften	III	406

77. Vertheilungsverfahren, betr. das unbewegliche Vermögen.

		Band.	Seite.
1880. 30. April.	G. über die Zwangsvollstreckung in das unbewegliche Vermögen ꝛc. und über das Vertheilungsverfahren	III	1089

78. Vollstreckung der Urtheile, Hülfeleistung dabei.

IV. 22. Germ.	(11. April 1796). G. betr. die Requisition von Handwerkern zum Vollzug der Urtheile	II	84

79. Vornahme gerichtlicher Handlungen in kaiserlichen Palästen.

1817. 20. Aug.	Ordonnanz über die Vornahme gerichtlicher Handlungen und Amtsbefugnisse in den königlichen Palästen ꝛc.	II	307

Zwangsvollstreckung in das unbewegliche Vermögen s. Nr. 77.

80 — 90. Gerichtsverfassung.

80. Allgemeines.

1790. 16-24. Aug.	G. (D.) über die Gerichtsverfassung (Tit. II Art. 13)	II	39
III. 24. Vend.	(15. Okt. 1794). G. über die Unvereinbarkeit der Verwaltungs- und richterlichen Amtsthätigkeit	II	75
III. 16. Frukt.	(2. Sept. 1795). D. welches den Gerichten verbietet über Handlungen der Verwaltung zu erkennen ꝛc.	II	79
VIII. 27. Vent.	(18. März 1800). G. betr. die Gerichtsverfassung	II	158
X. 16. Therm.	(4. Aug. 1802). Organischer Senatsbeschluß betr. die Verfassung	II	188
XI. 2. Niv.	(23. Dez. 1802). Verordnung über die Amtstracht der Mitglieder der Gerichte ꝛc.	II	191
XII. 29. Messid.	(18. Juli 1804). D. betr. die Amtstracht der Mitglieder der Gerichtshöfe.	II	223
1807. 2. Okt.	D. betr. die Justizbeamten, welche wegen körperlicher Gebrechen ein Recht auf Ruhegehalt haben	II	261
1808. 30. März.	D. enthaltend Vorschriften über die Verfassung und die Disziplin der Gerichtshöfe und Gerichte	II	266
1810. 20. April.	G. über die Gerichtsverfassung und die Justizverwaltung	II	306
1810. 6. Juli.	D. betr. die Verfassung und den Dienst der Appellations-Gerichtshöfe und der Schwurgerichtshöfe	II	309
1810. 18. Aug.	D. betr. die Verfassung d. Gerichte erster Instanz u. d. Polizeigerichte.	II	315
1811. 6. Jan.	D. betr. die Amtstracht der Mitglieder der Appellations-Gerichtshöfe und Gerichte erster Instanz	II	323
1824. 16. Juni.	G. betr. die Versetzung der mit schwerer und dauernder Krankheit behafteten Richter in den Ruhestand	II	427
1838. 11. April.	G. über die Civilgerichte erster Instanz (Artt. 9 und 11)	II	516
1841. 18. April.	O. betr. die Formen, nach welchen die Gerichte bei Gutachten über einen Gesetzentwurf ꝛc. zu verfahren haben	II	542
1846. 18. Jan.	O. betr. die Plenarversammlungen der Senate der königl. Gerichtshöfe.	II	632
1852. 1. März.	D. über die Versetzung der Richter in den Ruhestand und die Disziplin derselben	II	712
1853. 20. Juli.	D. betr. die Maßregeln zur Erhaltung des Mobiliars der Gerichtshöfe und Gerichte	II	751
1871. 14. Juli.	G. betr. Abänderungen der Gerichtsverfassung	III	23
1871. 14. Juli.	V. zur Ausführung des Gesetzes betr. Abänderungen der Gerichtsverfassung	III	25
1871. 19. Sept.	Bkm. über den Beginn der Wirksamkeit der Kollegialgerichte	III	137
1872. 17. Febr.	Regulativ über die Vorbereitung zum höheren Justizdienste in Elsaß-Lothringen	III	195

Datum		Band.	Seite.
1873. 22. Sept.	G. betr. die Ernennung der Untersuchungsrichter, sowie die Bestellung zeitweiliger Vertreter eines richterlichen Beamten oder eines Beamten der Staatsanwaltschaft	III	391
1877. 27. Jan.	Gerichtsverfassungsgesetz	I C	3
1877. 27. Jan.	Einführungsgesetz zum Gerichtsverfassungsgesetze	I C	21
1877. 11. April.	G. über den Sitz des Reichsgerichts	III	816
1878. 4. Nov.	G. für Elsaß-Lothringen betr. die Ausführung des Gerichtsverfassungsgesetzes	I C	24
1879. 13. Juni.	V. zur Ausführung der Reichs-Justizgesetze	I C	27
1879. 16. Juni.	G. betr. den Uebergang von Geschäften auf das Reichsgericht	III	976
1879. 29. Juli.	Vf. betr. die Vertheilung der Geschworenen und Schöffen	III	1018
1879. 27. Sept.	V. betr. die Einrichtung von Hülfssenaten bei dem Reichsgericht	III	1043
1879. 1. Dez.	V. betr. die Titel der gerichtlichen Beamten in Elsaß-Lothringen	III	1052
1880. 26. Jan.	V. betr. Hülfsbeamte der Staatsanwaltschaft	III	1065
1880. 18. Febr.	V. betr. die für die Bestimmung des Dienstalters der richterlichen und staatsanwaltschaftlichen Beamten maßgebenden Grundsätze	III	1066
1880. 29. April.	V. betr. die Bildung von Senaten bei dem Oberlandesgericht in Colmar	III	1089
1880. 20. Mai.	Geschäftsordnung des Oberlandesgerichts	III	1111
1880. 30. Juli.	G. betr. die Ernennung der Subalternbeamten bei den Gerichten	III	1141

81. Amtsgerichte.

Datum		Band.	Seite.
1791. 27. März.	(D. v. 6-27. März). G. betr. die neue Gerichtsordnung	II	51
IV. 26. Frim.	(17. Dez. 1795). G. über den Verwahruugsort der Urschriften der Friedensgerichte	II	83
VI. 28. Brum.	(18. Nov. 1797). V. betr. die Führung der Repertorien und die jährliche Hinterlegung der Urschriften der Friedensgerichte	II	99
IX. 29. Vent.	(20. März 1801). G. über die Wahl der Friedensrichter	II	167
IX. 29. Vent.	(20. März 1801). G. betr. Aufhebung der Assessoren der Friedensrichter und Zuweisung von zwei Ergänzungsrichtern für jeden Friedensrichter	II	167
X. 28. Flor.	(18. Mai 1802). G. betr. die Friedensgerichte	II	184
XI. 25. Vent.	(16. März 1803). G. betr. die Notariatsverfassung (Art. 7)	II	195
XII. 16. Vent.	(7. März 1804). G. betr. Ersetzung der Friedensrichter und ihrer Ergänzungsrichter im Falle rechtmäßiger Verhinderung	II	214
1813. 6. Nov.	D. betr. die Erhaltung und Verwaltung der Güter, welche die Geistlichkeit in mehreren Theilen des Reiches besitzt (Artt. 16—19, 37, 46)	II	349
1838. 25. Mai.	G. betr. die Friedensgerichte	II	524
1845. 21. Juni.	G. betr. Aufhebung der den Friedensrichtern bewilligten Gebühren und Vakationen rc.	II	626
1861. 2. Mai.	G. betr. die Beglaubigung der Unterschrift der Notare und Standesbeamten durch die Friedensrichter	II	871
1871. 7. Aug.	V. betr. die Eintheilung der Friedensgerichte	III	131
1872. 2. Juni.	Erl. betr. die Verlegung des Sitzes des Friedensgerichtes für den Kanton Geispolsheim nach Illkirch	III	222
1873. 7. Juli.	V. betr. die Errichtung eines dritten Friedensgerichtes in Straßburg	III	358
1873. 7. Juli.	V. betr. die Trennung des Kantons Vigy von dem Friedensgerichtsbezirke Courcelles-Chaussy und die Vereinigung dieses Kantons mit dem Friedensgerichtsbezirke Metz II	III	358
1875. 26. April.	V. über den Urlaub der Beamten und die Stellvertretung (§ 8)	III	640
1876. 12. Mai.	V. betr. die Errichtung von Friedensgerichten	III	788
1877. 9. Jan.	V. betr. die Trennung der Gemeinden Oberseebach, Niederseebach und Schleithal von dem Friedensgerichtsbezirke Selz und die Vereinigung derselben mit dem Friedensgerichtsbezirke Weißenburg	III	809

			Band.	Seite.
1877.	17. Febr.	V. betr. die Errichtung von Friedensgerichten	III	814
1878.	27. Jan.	V. betr. die Verlegung des Sitzes des Friedensgerichtes Gorze nach Ars.	III	854
1878.	23. März.	V. betr. die Verlegung des Sitzes des Friedensgerichtes Sekz nach Lauterburg.	III	857
1878.	4. Nov.	Ausführungsgesetz zum GVG. (§§ 12, 13, 15)	I C	24
1879.	7. Juli.	V. betr. die Sitze und Bezirke der Amtsgerichte	III	977
1879.	23. Sept.	Erl. betr. die Abhaltung von Gerichtstagen außerhalb der Sitze der Amtsgerichte	III	1042
1880.	17. April.	Erl. betr. die Abhaltung von Gerichtstagen in Geispolsheim durch das Amtsgericht zu Illkirch	III	1085
1880.	22. Juni.	V. des OLG.-Pr. und des Oberstaatsanwalts betr. Vertretung der Amtsrichter	III	1120
1880.	23. Juli.	V. betr. die Abgrenzung der Amtsgerichtsbezirke Colmar und Münster	III	1138
1880.	9. Sept.	V. betr. die Vereinigung der Gemeinde Oberkontz mit dem Amtsgerichtsbezirke Sierck und der Gemeinde Jungholz mit dem Amtsgerichtsbezirke Sulz	III	1157
1880.	6. Okt.	V. betr. die Abgrenzung der Amtsgerichtsbezirke Groß-Tänchen und Albesdorf	III	1158

82. Gerichtsschreiber.

IV.	26. Frim.	(17. Dez. 1795). G. über den Verwahrungsort der Urschriften der Friedensgerichte (Art. 3)	II	83
V.	5. Vend.	(26. Sept. 1796). V. über die Führung von Registern bei den Gerichten zur Eintragung der Gesetze und amtlichen Schreiben. . .	II	86
VII.	27. Germ.	(16. April 1799). G. betr. die Ernennung der Gerichtsschreiber an den Gerichten und den Friedensgerichten	II	147
1808.	30. März.	D. enthaltend Vorschriften über die Verfassung und die Disziplin der Gerichtshöfe und Gerichte (Artt. 90—93)	II	266
1810.	6. Juli.	D. enthaltend Vorschriften über die Verfassung und den Dienst der kais. Appellations-Gerichtshöfe und der Schwurgerichtshöfe (Artt. 54, 56, 57, 60)	II	309
1810.	18. Aug.	D. enthaltend Vorschriften über die Verfassung der Gerichte erster Instanz und der Polizeigerichte	II	315
1821.	23. Jan.	O. (Art. 25) über den Verkauf hinterlegter Gold- u. Silbersachen ꝛc.	II	410
1823.	5. Nov.	O. betr. die Führung und Prüfung der Register und gerichtlichen Urkunden bei den Gerichtsschreibereien ꝛc.	II	422
1826.	15. Jan.	O. betr. Dienstordnung des Kassationshofes	II	435
1829.	22. Febr.	O. betr. die auf Gerichtsschreibereien in Civil- oder Strafprozessen verwahrten Fahrnißgegenstände	II	445
1831.	9. Juni.	O. enthaltend neue Bestimmungen über den Verkauf der auf den Gerichtsschreibereien verwahrten Fahrnißstücke	II	466
1862.	8. Dez.	D. über die den Gerichtsschreibern ꝛc. als Ersatz für Verwendung von Stempelpapier zustehenden Gebühren	II	896
1871.	14. Juli.	G. betreffend Abänderung der Gerichtsverfassung (§ 17)	III	23
1871.	14. Juli.	V. zur Ausf. des G. betr. Abänderung der Gerichtsverfassung (§ 7).	III	25
1872.	10. Juli.	G. betr. die Erfordernisse zur Anstellung als Gerichtsschreiber und Gerichtsvollzieher	III	235
1872.	18. Juli.	Regul. betr. die Erfordernisse zur Anstelluug als Gerichtsschreiber und Gerichtsvollzieher	III	252
1877.	4. Okt.	Vf. betr. die Unvereinbarkeit der Stelle eines Konsuls mit derjenigen eines Gerichtsschreibers	III	840
1878.	4. Nov.	AG. zum GVG. (§§ 28—31)	I C	24
1879.	13. Juni.	V. zur Ausführung der Reichsjustizgesetze (§ 16)	I C	27

			Band.	Seite.
1879.	20. Dez.	Geschäftsordnung für die Gerichtsschreibereien	III	1052
1880.	30. Juli.	G. betr. die Ernennung der Subalternbeamten bei den Gerichten . .	III	1141

83. Gerichtsvollzieher.

1793.	17. Sept.	G. (D.) betr. Ermächtigung der Notare 2c. und Gerichtsvollzieher, die Abschätzungen und Verkäufe von Fahrnißgegenständen vorzunehmen	II	471
IV.	12. Frukt.	(28. Aug. 1796). V. enthaltend das Verbot an Jedermann mit Ausnahme der Notare, Gerichtsschreiber und Gerichtsvollzieher, sich mit der Abschätzung und dem öffentlichen Verkaufe von Fahrnißgegenständen abzugeben	II	86
X.	28. Flor.	(18. Mai 1802). Gesetz betr. die Friedensgerichte	II	184
1808.	30. März.	D. betr. die Verfassung und die Disziplin der Gerichtshöfe und Gerichte (Artt. 94—99, 102—104).	II	266
1810.	6. Juli.	D. betr. die Verfassung und den Dienst der kais. Appellationsgerichtshöfe und der Schwurgerichtshöfe (Artt. 116, 118, 119)	II	309
1811.	18. Juni.	D. betr. die Verwaltung der Rechtspflege in Kriminal-, Zuchtpolizei- und Polizeisachen und einen allgemeinen Kostentarif (Artt. 65—67, 85 und 86)	II	328
1813.	14. Juni.	D. betr. die Verfassung und den Dienst der Gerichtsvollzieher . .	II	342
1813.	29. Aug.	D. betr. die von den Gerichtsvollziehern zuzustellenden Abschriften .	II	348
1822.	26. Juni.	O. betr. Abänderuug der V. v. 14. Juni 1813 bez. der gemeinschaftlichen Kasse der Gerichtsvollzieher	II	415
1832.	6. Okt.	O. betr. die Bildung der Disziplinarkammern der Gerichtsvollzieher .	II	475
1838.	25. Mai.	G. über die Friedensgerichte (Artt. 16, 18, 19)	II	524
1862.	2. Juli.	G. betr. d. Festsetzung des allgem. ordentl. Voranschlags d. Ausgaben und Einnahmen für 1863.	II	890
1864.	19. März.	G. betr. Ausdehnung des G. über die Wiedereinsetzung in die früheren Rechte v. 3. Juli 1852 auf die aus dem Dienste entlassenen Notare, Gerichtsschreiber und ministeriellen Beamten	II	907
1871.	14. Juli.	G. betr. Abänderungen der Gerichtsverfassung (§§ 10, 17, 18). . .	III	23
1871.	14. Juli.	V. zur Ausführung des Gesetzes betr. Abänderungen der Gerichtsverfassung (§ 11).	III	25
1871.	20. Sept.	G. betr. die Vereidigung der Staatsbeamten	III	137
1872.	8. Juli.	Vf. betr. das von den Gerichtsvollziehern bei Aufnahme von Wechselprotesten zü führende Amtssiegel	III	235
1872.	10. Juli.	G. betr. die Erfordernisse zur Anstellung als Gerichtsschreiber und Gerichtsvollzieher	III	235
1872.	18. Juli.	Regul. betr. die Erfordernisse zur Anstellung als Gerichtsschreiber und Gerichtsvollzieher	III	252
1874.	16. Dez.	Vf. betr. die Führung eines Geschäfts- und Gebührenregisters durch die Gerichtsvollzieher	III	556
1878.	21. Juni.	Gebührenordnung für Gerichtsvollzieher .	I Anh.	44
1878.	4. Nov.	AG. zum GVG. (§§ 30 u. 31)	I C	24
1879.	13. Juni.	V. zur Ausführung der Reichsjustizgesetze (§ 16) . . .	I C	27
1879.	16. Sept.	Geschäftsanweisung für die Gerichtsvollzieher. .	III	1042
1880.	3. April.	AG. zum GKG. 2c.	I Anh.	59
1880.	30. Juli.	G. betr. die Ernennung der Subalternbeamten bei den Gerichten .	III	1141

84. Gewerbegerichte.

1806.	18. März.	G. betr. Einsetzung eines Gewerbegerichts in Lyon . . .	II	236
1808.	7. Mai.	D. betr. Einsetzung eines Gewerbegerichts in Mülhausen	III	272
1810.	20. Febr.	StRG. über die neue Fassung des D. v. 11. Juni 1809 betr. die Ordnung der Gewerbegerichte	II	303

			Band.	Seite.
1813.	17. Mai.	D. betr. Einsetzung eines Gewerbegerichts in der Stadt Straßburg, Bezirk Niederrhein	II	341
1821.	9. Jan.	O. betr. Einsetzung eines Gewerbegerichts in Thann	II	410
1825.	10. Aug.	O. betr. Einsetzung eines Gewerbegerichts in der Stadt Markirch	II	434
1826.	22. Nov.	O. betr. Einsetzung eines Gewerbegerichts in Metz	II	438
1828.	12. Nov.	O. betr. Ermächtigung der Mitglieder der Gewerbegerichte zum Tragen einer Auszeichnung bei Ausübung ihres Amtes	II	444
1848.	20. Febr.	O. betr. Einsetzung eines Gewerbegerichts in Bischweiler	II	639
1849.	21. Febr.	V. betr. die Zusammensetzung des Gewerbegerichts in Markirch	II	644
1852.	24. Jan.	D. betr. Abänderung der Zusammensetzung des Gewerbegerichts in Mülhausen	II	699
1853.	1. Juni.	G. betr. die Gewerbegerichte	II	747
1855.	10. Dez.	D. betr. Abänderung der Zusammensetzung des Gewerbegerichts in Straßburg	II	813
1858.	26. Juli.	D. betr. Abänderung der Zusammensetzung des Gewerbegerichts in Bischweiler	II	835
1863.	22. April.	D. betr. Abänderung der Zusammensetzung des Gewerberichts in Metz.	II	897
1873.	22. Febr.	V. betr. die Zutheilung mehrerer Gemeinden zu dem Bezirke des Gewerbegerichts zu Metz	III	316
1874.	7. Dez.	V. betr. die Errichtung eines Gewerbegerichts zu Colmar	III	556
1877.	27. Jan.	Gerichtsverfassungsgesetz (§ 14 Nr. 4)	I C	3
1880.	23. März.	G. betr. die Gewerbegerichte	III	1070
1880.	21. Dez.	Geschäftsordnung für die Gerichtsschreibereien der Gewerbegerichte	III	1177

85. Kassationshof.

			Band.	Seite.
1737.	Aug.	O. betr. die Evokationen und Bestimmungen des zuständigen Richters in Civil- und Strafsachen	II	13
1738.	28. Juni.	V. betr. das Verfahren im Rathe.	II	14
1790.	1. Dez.	(D. v. 27. Nov. — 1. Dez.). G. betr. Einsetzung eines Kassationsgerichtes, Zusammensetzung, Verfassung und Zuständigkeit desselben	II	43
1793.	19. Aug.	G. (D.) betr. Aufhebung der Förmlichkeiten eines Gutachtens von Anwälten behufs der Einlegung des Rechtsmittels der Kassation	II	70
1793.	2. Sept.	G. (D.) betr. die Kassationsfristen für Seeleute bezüglich der während ihrer Abwesenheit ergangenen Urtheile	II	71
II.	4. Germ.	(24. März 1794). G. welches die Fälle bestimmt, in denen die Urtheile in Civilsachen vernichtet werden können und müssen	II	73
IV.	2. Brum.	(24. Okt. 1795). D. betr. die Verfassung des Kassationsgerichts	II	82
V.	7. Niv.	(27. Dez. 1796). G. betr. Auslegung der Bestimmungen des Art. 4 des Gesetzes v. 4. Germ. II 2c.	II	89
V.	2. Prair.	(21. Mai 1797). V. betr. Berichtigung eines Artikels des Dekrets v. 27. Nov. 1790	II	92
VIII.	27. Vent.	(18. März 1800). G. betr. die Gerichtsverfassung (Tit. VI)	II	158
1806.		Fr. Civilprozeßordnung (Art. 504)	II	15
1810.	20. April.	G. über die Gerichtsverfassung u. d. Justizverwaltung (Art. 7).	II	306
1826.	15. Jan.	O. betr. Dienstordnung des Kassationshofes	II	435
1836.	21. Mai.	G. betr. die Vizinalwege (Art. 16)	II	497
1838.	25. Mai.	G. betr. die Friedensgerichte (Art. 15)	II	524
1841.	3. Mai.	G. betr. die Zwangsenteignung (Artt. 20, 42)	II	542
1852.	2. Febr.	Organ. D. betr. die Wahl der Abgeordneten zum gesetzgebenden Körper (Art. 23).	II	700
1852.	7. Juli.	G. über die Erneuerung der Generalräthe, Kreistage und der Gemeinderäthe sowie über die Ernennung der Bürgergeister und Beigeordneten.	II	728
1855.	5. Mai.	G. über die Gemeindeverfassung (Art. 36).	II	806

			Band.	Seite.
1862.	2. Juni.	G. betr. die Fristen für Einlegung der Kassation in Civilsachen . .	II	889
1871.	14. Juni.	G. betr. die Bestellung des Bundesoberhandelsgerichts zum obersten Gerichtshofe in E.-L.	III	22
1871.	14. Juli.	G. betr. Abänderung der Gerichtsverfassung (§ 7) . .	III	23
1878.	4. Nov.	G. betr. die Ausführung des GVG. (§ 22) . . .	I C	24
1880.	30. April.	G. betr. die Ausführung des GKG. ꝛc. (§§ 5 u. 26) . .	I Anh.	59

86. Kompetenzkonflikte.

1828.	1. Juni.	O. betr. die Kompetenzkonflikte zwischen richterlichen und Verwaltungsbehörden.	II	441
1831.	12. März.	O. welche diejenige vom 2. Febr. 1831 ꝛc. abändert ꝛc. . .	II	462
1871.	30. Dez.	G. betr. die Einrichtung der Verwaltung (§ 9 Abs. 2, § 23)	III	181
1877.	17. Jan.	Gerichtsverfassungsgesetz (§ 17).	I C	3

87. Kriegsgericht (zu Straßburg).

1870.	12. Sept.	V. betr. die Kompetenz der Kriegsgerichte .	III	11
1873.	12. Juli.	G. betr. die Kriegsgerichte .	III	372

88. Rangverhältnisse.

XII.	24. Messid.	(13. Juli 1804). D. betr. die öffentlichen Feierlichkeiten, den Rang, sowie die bürgerlichen und militärischen Ehrenbezeugungen . . .	II	222
1811.	27. Febr.	D. über die den Schwurgerichtspräsidenten zukommende Wohnung und Ehrenbezeugungen.	II	326
1811.	1. Juni.	StRG. betr. den Rang der Mitglieder der kaiserl. Gerichtshöfe, welche zur Abhaltung des Schwurgerichts abgeordnet sind, bei öffentlichen Feierlichkeiten	II	328
1812.	13. Okt.	StRG. betr. Lösung von drei Fragen bezüglich der den Schwurgerichtspräsidenten durch das D. v. 27. Febr. 1811 eingeräumten Vorrechte.	II	339
1814.	23. Jan.	StRG. betr. die Einladungen zu öffentlichen Feierlichkeiten .	II	355

89. Reichsgericht.

X.	16. Therm.	(4. Aug. 1802). Organ. Senatsbeschluß betr. die Verfassung (Art. 82).	II	188
1810.	20. April.	G. über die Gerichtsverfassung und die Justizverwaltung (Artt. 56 u. 59)	II	306
1852.	1. März.	D. über die Versetzung der Richter in den Ruhestand und die Disziplin derselben (Art. 4)	II	712
1871.	14. Juni.	G. betr. die Bestellung des Bundes-Oberhandelsgerichts zum obersten Gerichtshofe für Elsaß-Lothringen.	III	22
1877.	27. Jan.	Gerichtsverfassungsgesetz	I C	3
1877.	27. Jan.	EG. z. GVG. (§§ 3, 8, 11, 14—17). . .	I C	21
1877.	11. April.	G. über den Sitz des Reichsgerichts	III	816
1879.	16. Juni.	G. betr. den Uebergang von Geschäften auf das Reichsgericht . . .	III	976
1879.	27. Sept.	V. betr. die Einrichtung von Hülfssenaten bei dem Reichsgericht .	III	1043
1880.	8. April.	Bkm. betr. die Geschäftsordnung des Reichsgerichts	III	1085

90. Verkäufliche Stellen im Justizdienste.

1871.	14. Juli.	G. betr. Abänderung der Gerichtsverfassung (§ 18).	III	23
1872.	10. Juni.	G. betr. die Entschädigung der Inhaber verkäuflicher Stellen im Justizdienst.	III	223
1875.	29. Nov.	G. wegen Abänderung des G. v. 10. Juni 1872	III	729
1879.	31. März.	G. betr. die Feststellung des Landeshaushaltsetats von Elsaß-Lothringen für das Etatsjahr 1879/80 (§ 10)	III	962

91. Geschäftssprache.

1872.	14. Juli.	G. betr. Abänderungen der Gerichsverfassung (§§ 10—15)	III	23
1872.	31. März.	G. betr. die amtliche Geschäftssprache . . .	III	217

		Band.	Seite.
1872. 21. Juni.	V. betr. die amtliche Geschäftssprache	III	228
1873. 24. Jan.	G. betr. die Bezirksvertretungen, die Kreisvertretungen und die Wahlen für die Gemeinderäthe (§ 4)	III	307
1873. 28. Mai.	V. betr. den Mitgebrauch der französischen Sprache als Geschäftssprache der Bezirksvertretung von Lothringen und der Kreisvertretungen im Landkreise Metz und in den Kreisen Diedenhofen, Saarburg, Chateau-Salins und Bolchen	III	340
1874. 17. Sept.	V. betr. die Geschäftssprache der Gerichte und gerichtlichen Beamten	III	539
1874. 15. Nov.	Bkm. betr. die Kaiserliche Verordnung wegen der Geschäftssprache der Gerichte und gerichtlichen Beamten	III	550
1874. 17. Dez.	Vf. betr. die amtliche Geschäftsspache	III	557
1877. 27. Jan.	Gerichtsverfassungsgesetz (§§ 186 u. 187)	I C	3
1877. 27. Jan.	Einführungsgesetz zum Gerichtsverfassungsgesetz (§ 12)	I C	21
1877. 5. Dez.	V. betr. die amtliche Geschäftssprache	III	844

92. Gesellschaften.

1809. 1. April.	StRG. betr. die Tontinengesellschaften	II	283
1857. 30. Mai.	G. betr. Ermächtigung der in Belgien in gesetzlicher Weise gegründeten anonymen und anderen Handels-, Industrie- und Finanzgesellschaften zur Ausübung ihrer Rechte in Frankreich	II	824
1867. 24. Juli.	G. über die Gesellschaften	II	962
1872. 19. Juni.	G. betr. die Einführung der allgemeinen deutschen Wechselordnung und des allgemeinen deutschen Handelsgesetzbuchs in E.-L. (§ 1)	I E	110
1873. 19. Sept.	Vereinbarung zwischen Deutschland und Italien über die Zulassung von Aktiengesellschaften 2c.	III	386
1873. 1. Okt.	Bkm. betr. die Geltung der am 13. Mai 1859 zwischen dem Norddeutschen Bunde und der Schweiz bezüglich der Aktiengesellschaften getroffenen Verabredung für E.-L.	III	392
1874. 18. April.	Bkm. betr. Vereinbarung zwischen Deutschland und Großbritannien über die Zulassung von Aktiengesellschaften 2c.	III	480
1875. 16. Dez.	G. betr. die Umwandlung von Aktien in Reichswährung	III	731

(S. auch Nr. 134.)

93—112. Gewerbe.

93. Anlage von Fabriken und Werkstätten.

1810. 15. Okt.	D. betr. die Fabriken und Werkstätten, welche einen gesundheitsschädlichen oder belästigenden Geruch verbreiten	II	319
1815. 14. Jan.	O. enthaltend Vorschriften bezüglich der Fabriken, Anlagen und Werkstätten, welche einen gesundheitsschädlichen oder belästigenden Geruch verbreiten	II	372
1823. 25. Juni.	O. betr. Maßregeln gegen die Gefahren, welche aus der Anfertigung und dem Verkaufe verschiedener Arten Pulver, sowie explodirender und Knallstoffe entstehen können	II	420
1836. 30. Okt.	O. enthaltend Vorschriften bezüglich der Fabriken von Knallquecksilber, Zündhütchen und anderen Stoffen, bei deren Herstellung das Knallquecksilber verwendet wird	II	500
1862. 13. Dez.	D. betr. den Betrieb der Sodafabriken	II	896
1866. 18. April.	D. enthaltend eine Verordnung bezüglich der Benutzung der Niederlagen und Magazine von mineralischen Oelen und anderen Kohlenwasserstoffverbindungen	II	934
1866. 31. Dez.	D. enthaltend die als gesundheitsschädlich, gefährlich oder belästigend erachteten gewerblichen Anlagen	II	948
1867. 9. Febr.	D. enthaltend Vorschriften über die Gasbeleuchtungs- und Gasheizungsanstalten	II	955

(S. auch Nr. 99, 102, 111.)

94. Arbeitsbücher.

				Band.	Seite.
XI.	22.	Germ.	(12. April 1803). G. betr. die Fabriken und Werkstätten (Artt. 12 u. 13).	II	203
XII.	9.	Frim.	(1. Dez. 1803). V. betr. die Arbeitsbücher ꝛc.	II	210
XII.	10.	Vent.	(1. März 1804). Zusatzordnung zu der Verordnung v. 9. Frim. XII.	II	213
1806.	18.	März.	G. betr. Errichtung eines Gewerbegerichtes in Lyon (Artt. 20 ff.)	II	236
1850.	7.	März.	G. über die Mittel zur Feststellung der Verträge zwischen Arbeitgebern und Arbeitern in der Weberei und Spulerei	II	649
1851.	14.	Mai.	G. betr. Abänderung der Verordnung v. 9. Frim. XII bezüglich der den Arbeitern gewährten Vorschüsse	II	685
1854.	22.	Juni.	G. betr. die Arbeitsbücher	II	758
1855.	30.	April.	D. enthaltend Vorschriften bezüglich der Arbeitsbücher	II	805
1856.	21.	Juli.	G. welches das G. v. 7. März 1850 auf das Reißen des Baumwollsammts, sowie das Färben, Bleichen und Appretiren der Stoffe ausdehnt	II	820

95. Ausstellungen.

1868.	23.	Mai.	G. betr. den Schutz der Erfindungen ꝛc. und der Fabrikmuster, welche zu öffentlichen Ausstellungen zugelassen sind ꝛc.	II	971

96. Bäcker.

1791.	22.	Juli.	(D. v. 19—22. Juli). G. betr. die Einrichtung einer Gemeinde- und einer Zuchtpolizei (Art. 30)	II	53
1863.	22.	Juni.	D. betr. die Aufhebung verschiedener Bestimmungen ꝛc. über die Bäckerei	II	904

97. Berathungsausschuß für Künste und Fabriken.

1861.	5.	Jan.	D. betr. Neubildung des Berathungsausschusses für Künste und Fabriken	II	860

98. Berathungskammern für Künste und Fabriken.

XI.	22.	Germ.	(12. April 1803). G. betr. die Fabriken und Werkstätten (Artt. 1—3).	II	203
XI.	10.	Therm.	(29. Juli 1803). V. betr. die Einrichtung der Berathungskammern für Fabriken, Künste und Handwerke	II	207
1848.	19.	Juni.	V. betr. die Berathungskammern für Künste und Fabriken	II	640
1852.	30.	Aug.	D. betr. die Art der Wahl der Handelskammern und der Berathungskammern für Künste und Fabriken	II	735
1863.	24.	Okt.	D. betr. die Erneuerung der Berathungskammern für Künste und Fabriken	II	906

99. Dampfapparate.

1843.	23.	Mai.	O. betr. die Dampfschiffe, welche auf Strömen und Flüssen fahren	II	563
1844.	15.	Juni.	O. betr. Ergänzung zweier Artikel der Ordonnanzen v. 22. u. 23. Mai 1843	II	621
1846.	17.	Jan.	O. betr. die französischen Seedampfer	II	632
1856.	21.	Juli.	G. betr. Zuwiderhandlungen gegen die Verordnungen über die Dampfapparate und Dampfschiffe	II	817
1865.	25.	Jan.	D. betr. die Dampfkessel mit Ausnahme der an Bord der Schiffe befindlichen	II	918
1872.	21.	Juni.	Bkm. zur Ausführung des Dekrets über die Dampfkessel v. 25. Jan. 1865.	III	228
1872.	21.	Aug.	V. zur Ausführung des Dekrets über die Dampfkessel v. 25. Jan. 1865.	III	259
1872.	21.	Aug.	Bkm. zur Ausf. des Dekrets über die Dampfkessel v. 25. Jan. 1865.	III	261

100. Denkmünzen.

XII.	5.	Germ.	(26. März 1804). V. betr. die Anfertigung von Denkmünzen	II	216

		Band.	Seite.

101. Fabrikarbeit.

XI. 22. Germ.	(12. April 1803). G. betr. die Fabriken und Werkstätten	II	203
1841. 22. März.	G. betr. die Beschäftigung der Kinder in den Fabriken, Hüttenwerken und Werkstätten	II	540
1848. 9. Sept.	D. betr. die Arbeitszeit in den Fabriken und Hüttenwerken	II	642
1851. 17. Mai.	D. betr. Ausnahmen von Art. 1 des G. v. 9. Sept. 1848	II	685
1866. 31. Jan.	D. betr. die Arbeitszeit in den Seidenspinnereien	II	933
1868. 7. Dez.	D. betr. die Aufsicht über die Arbeit der Kinder in den Fabriken	II	982
1871. 18. April.	V. über das Schulwesen (§ 3)	III	16

102. Gasanstalten.

1867. 9. Febr.	D. enthalt. Vorschriften über die Gasbeleuchtungs- u. Gasheizungsanstalten	II	955

103. Gefährliche Waaren.

1870. 18. Juni.	G. über d. Transport gefährlicher Waaren zu Wasser und auf Landwegen	II	1002

(S. auch Nr. 207.)

104. Gewerbebetrieb im Umherziehen.

1869. 1. Juli.	Vereinszollgesetz (§ 124)	III	48
1877. 14. Mai.	G. betr. das Aufsuchen v. Waarenbestellungen u. den Gewerbebetrieb im Umherziehen	III	818

105. Gold- und Silberwaaren.

1749. 26. Jan.	Auszug aus einer Deklaration zur Erläuterung der V. über die Stempel- und Aufsichtsgebühr von Gold- und Silberwaaren	II	26
1791. 3. April.	D. betr. Ausführung der Gesetze und Verordnungen über die Polizei und Verwaltung der Goldschmiederei	II	51
VI. 19. Brum.	(9. Nov. 1797). G. betr. die Ueberwachung des Feingehalts der Gold- und Silberwaaren 2c.	II	94
VI. 15. Prair.	(3. Juni 1798). V. betr. die Einrichtung v. Gewährämtern z. Prüfung u. Feststellung des Feingehalts von Gold- und Silberwaaren	II	101
VI. 1. Messid.	(19. Juni 1798). V. betr. die Bezeichnung der Juwelierwaaren in Gold und Silber, welche von der Prüfung des Feingehalts 2c. befreit sind	II	101
XIII. 28. Flor.	(28. Mai 1805). D. betr. die Uebertretungen und Vergehen bezüglich der Prüfung des Feingehalts von Gold- und Silberwaaren	II	230
1819. 5. Mai.	O. betr. die Einführung neuer Stempel	II	403
1820. 5. Mai.	O. betr. den Dienst bei d. Gewährämtern f. Gold- u. Silberwaaren	II	407
1821. 19. Sept.	O. betr. die Uhrmacherei	II	412
1824. 5. Mai.	O. betr. die Anwendung v. Privatdrahtziehereien für die Anfertigung unächter Gold- und Silberfäden	II	425
1829. 13. Sept.	O. welche die Gold- und Silberdrahtzieher ermächtigt, die unter dem Namen „Halbfein" (mi-fin) bekannten vergoldeten oder versilberten Kupferdrähte auf Seide zu spinnen oder zu zetteln	II	554
1830. 6. Juni.	O. betr. das Probeverfahren, um den Feingehalt d. Gold- u. Silberwaaren zu bestimmen	II	456
1838. 7. April.	O. welche eine neue Stempelung der Gold- und Silberwaaren u. den Gebrauch neuer Stempel vorschreibt	II	516
1860. 26. Mai.	D. betr. Anwendung der Artt. 14 u. 95-100 des G. v. 19. Brum. VI auf die Fabrikanten von galvanisch oder elektrochemisch vergoldeten oder versilberten Waaren	II	854

			Band.	Seite.
1864.	13. Jan.	D. betr. Abänderung der Bezeichnung, Zahl und Form der Stempel, welche ausschließlich z. Bezeichnung der aus dem Auslande kommenden Gold- u. Silberwaaren bestimmt sind	II	907
1873.	21. Mai.	G. betr. Steuerermäßigungen (§ 1 Nr. 8)	III	340

Kinderarbeit s. Nr. 101.

106. Lehrverträge.

1851.	22. Febr.	G. betr. die Lehrverträge	II	680

107. Metzger.

1791.	22. Juli.	(D. v. 19-22. Juli). G. betr. die Einrichtung einer Gemeinde- und einer Zuchtpolizei	II	53

108. Patente.

1844.	5. Juli.	G. über die Patente	II	621
1856.	31. Mai.	G. betr. Abänderung des Art. 32 des G. v. 5. Juli 1844	II	813
1871.	11. Dez.	Zusatzkonvention zu d. am 10. Mai 1871 zu Frankfurt abgeschlossenen Friedensvertrage (Art. 10 Abs. 2 u. Schlußprotokoll Art. 5)	III	164
1872.	13. Nov.	G. betr. die Erfindungspatente und die Fabrik- und Handelszeichen	III	294
1872.	13. Nov.	V. betr. die Erfindungspatente und die Fabrik- und Handelszeichen	III	294
1877.	25. Mai.	Patentgesetz	III	822
1877.	18. Juni.	V. betr. die Einrichtung, das Verfahren und den Geschäftsgang des Patentamts	III	829
1878.	1. Mai.	V. betr. das Berufungsverfahren beim Reichsoberhandelsgericht in Patentsachen	III	867
1879.	16. Juni.	G. betr. den Uebergang von Geschäften auf das Reichsgericht	III	976

109. Pulver- und Knallquecksilberfabriken.

V.	13. Frukt.	(30. Aug. 1797). G. betr. die Ausbeutung, die Fabrikation und den Verkauf von Pulver und Salpeter	II	93
1823.	25. Juni.	O. betr. Maßregeln gegen die Gefahren, welche aus der Anfertigung und dem Verkaufe von Pulver ꝛc. entstehen	II	420
1836.	30. Okt.	O. enthalt. Vorschriften bezüglich der Fabriken v. Knallquecksilber ꝛc.	II	500

110. Schankwirthschaften.

1851.	29. Dez.	D. über die Kaffeehäuser, Schankwirthschaften und Verkaufsstellen v. Getränken	II	698
1875.	16. Nov.	G. betr. die Abänderung des D. v. 29. Dez. 1851	III	727

111. Schlachthäuser.

1838.	15. April.	O. betr. die öffentlichen und gemeinschaftlichen Schlachthäuser	II	517
1864.	1. Aug.	D. welches die Präfekten ermächtigt über die Anträge auf Anlegung von Schlachthäusern zu entscheiden	II	911

112. Stellenvermittelungsgeschäfte.

1852.	25. März.	D. betr. die Stellenvermittelungsgeschäfte	II	718

Waffenschmiede s. Nr. 250.

113—137. Handel.

Aufgebotsverfahren s. Nr. 70.

113. Banken.

1871.	4. Juli.	G. betr. den Betrieb von Bankgeschäften in E.-L. durch die Preußische Bank	III	23

		Band.	Seite.
1875. 14. März.	Bankgesetz	III	626
1875. 17. Mai.	Vertrag zwischen Preußen und dem Deutschen Reich über die Abtretung der Preußischen Bank an das Deutsche Reich	III	677
1875. 21. Mai.	Statut der Reichsbank	III	684
1875. 19. Dez.	V. betr. die Anstellung der Beamten und die Zuständigkeit zur Ausführung des Gesetzes v. 31. März 1873 bei der Verwaltung der Reichsbank	III	732
1875. 27. Dez.	Bkm. betr. die Verpflichtung der Reichsbank durch die Unterschrift einer Reichsbankstelle	III	741
1875. 29. Dez.	Bkm. betr. die Reichshauptkasse	III	741
1875. 29. Dez.	Bkm. betr. die Anwendung der §§ 42 und 43 des Bankgesetzes v. 14. März 1875	III	741
1876. 7. Jan.	Bkm. betr. die Anwendung der §§ 42 und 43 des Bankgesetzes v. 14. März 1875	III	742
1876. 1. April.	Bkm. betr. den Antheil der Reichsbank an dem Gesammtbetrage des steuerfreien ungedeckten Notenumlaufs	III	768
1876. 23. Juli.	Bkm. betr. den Antheil der Reichsbank an dem Gesammtbetrage des steuerfreien ungedeckten Notenumlaufs	III	796
1877. 13. Okt.	Bkm. betr. den Antheil der Reichsbank an dem Gesammtbetrage des steuerfreien ungedeckten Notenumlaufs	III	842
1879. 3. Sept.	Bkm. betr. die Einlösung der Banknoten der Sächsischen Bank	III	1019

114. Börsen.

1785. 7. Aug.	V. betr. die Erneuerung der auf die Börse bezüglichen Verordnungen rc.	II	35
1785. 12. Okt.	V. betr. die Erneuerung des Verbots der Geschäfte auf Ziel über öffentl. Werthpapiere	II	36
1786. 22. Sept.	V. über die Frist in welcher Verkäufe auf Ziel von Werthpapieren ihren Vollzug finden müssen	II	36
1792 29. Juli.	(D. v. 27—29. Juli) betr. die Anstände, welche sich an den Gerichten bezüglich der Wechselagenten ergeben haben	II	63
III. 6. Flor.	(25. April 1705). D. betr. die Eigenschaft der Gold- und Silbermünzen als Waare und die Ermächtigung zur Eröffnung der unter dem Namen „Börse“ bekannten Orte	II	77
IV. 20. Vend.	(12. Okt. 1795). D. wonach der Wechselkurs und derjenige des Goldes und Silbers rc. täglich am Schlusse der Börse bestimmt werden soll	II	81
IV. 28. Vend.	(20. Okt. 1795). D. über die Polizei der Börse	II	81
IV. 15. Pluv.	(4. Febr. 1796). V. betr. die Börse	II	83
IX. 28. Vent.	(19. März 1801). G. betr. die Errichtung von Handelsbörsen	II	165
IX. 29. Germ.	(19. April 1801). V. betr. die Bezeichnung der Städte, in denen Handelsbörsen eingerichtet werden sollen rc.	II	168
IX. 7. Frukt.	(25. Aug. 1801). V. betr. die Errichtung einer Handelsbörse in Straßburg	II	170
X. 25. Pluv.	(14. Febr. 1802.) V. betr. die Errichtung einer Handelsbörse in Metz.	II	171
X. 27. Prair.	(16. Juni 1802). V. betr. die Handelsbörsen	II	186
XI. 12. Brum.	(3. Nov. 1802). V. betr. die Erhebung und Verwendung der Beiträge für Unterhaltung der Börsengebäude	II	190
1807.	Französisches Handelsgesetzbuch (Artt. 71 ff.)	I E	3
1820. 23. Juli.	G. über die Festsetzung des Einnahme-Voranschlags für 1820 (Artt. 11—16)	II	407
1838. 14. Juli.	G. enthaltend Festsetzung des Einnahme-Voranschlags für 1839 (Art. 4).	II	530
1844. 25. Jan.	O. betr. die Errichtung einer Handelsbörse in Colmar	II	574
1844. 25. April.	G. über die Gewerbesteuer (Art. 33)	II	574

			Band.	Seite.
1851.	3. Sept.	D. betr. die Verfassung der Handelskammern (Art. 13)	II	695
1858.	22. Mai.	D. betr. den Umsatz ausländischer Eisenbahnpapiere an den Börsen .	II	830
1859.	16. Aug.	D. welches den Art. 4 des D. v. 22. Mai 1858 abändert	II	851
1862.	15. Sept.	D. betr. die Einrichtung von besonderen Plätzen für die Wechselagenten ꝛc.	II	895
1873.	4. Dez.	V. betr. die Genehmigung der zur Deckung des Kostenaufwands der Handelskammern und Handelsbörsen erforderlichen Umlagen .	III	409

(S. auch Nr. 123 und 135.)

115. Branntwein, Kleinhandel.

1877.	16. Mai.	G. betr. den Kleinhandel mit Branntwein oder mit Spiritus . .	III	820

116. Cheks.

1865.	14. Juni.	G. betr. die Cheks .	II	925

117. Handelsgebräuche.

1866.	13. Juni.	G. betr. die Handelsgebräuche	II	936
1867.	15. Juni.	D. betr. Festsetzung der gesetzlichen Tara für gewisse Waaren	II	958

118. Handelskammern.

XI.	3. Niv.	(24. Dez. 1802). V. betr. Bildung von Handelskammern in mehreren Städten	II	192
1806.	23. Sept.	D. betr. die auf Handelskammern bezüglichen Ausgaben .	II	244
1815.	19. Mai.	D. betr. Bildung einer Handelskammer in Metz	II	373
1820.	23. Juli.	G. über die Festsetzung des Einnahme-Voranschlags für 1820 (Artt. 11—16)	II	407
1828.	29. Okt.	O. betr. die Bildung einer Handelskammer in Mülhausen	II	444
1838.	14. Juli.	G. enthaltend Festsetzung des Einnahme-Voranschlags für 1830 (Art. 4)	II	530
1844.	25. April.	G. über die Gewerbesteuer (Art. 33)	II	574
1851.	3. Sept.	D. betr. die Verfassung der Handelskammern	II	695
1852.	30. Aug.	D. betr. die Art der Wahl der Handelskammern und der Berathungskammern für Künste und Fabriken	II	735
1870.	18. Juni.	D. betr. die Bildung einer Handelskammer in Colmar	II	1002
1872.	11. Okt.	V. betr. die Festsetzung der Mitgliederzahl der Handelskammer in Colmar	III	278
1873.	4. Dez.	V. betr. die Genehmigung der zur Deckung des Kostenaufwands der Handelskammern und Handelsbörsen erforderlichen Umlagen . . .	III	409
1875.	17. April.	V. betr. die Erhöhung der Mitgliederzahl der Handelskammer zu Straßburg	III	640

119. Handelsrecht.

1807.		Franz. Handelsgesetzbuch	I E	3
1807.	15. Sept.	G. durch welches der 1. Jan. 1808 als Zeitpunkt des Inkrafttretens des franz. HGB. festgesetzt wird	II	253
1862.	2. Juli.	G. welches die Artt. 74, 75 und 90 fr. HGB. abändert .	II	891
1863.	23. Mai.	G. betr. Abänderung des Tit. VI B. I franz. HGB. .	II	808
1869.	5. Juni.	Allg. deutsches Handelsgesetzbuch	I E	17
1872.	19. Juni.	G. betr. die Einführung der A. D. WO. und des A. D. HGB. in E.-L.	I E	110
1872.	12. Juli.	V. zur Ausführung des § 34 des G. v. 19. Juni 1872 .	I Anh.	28
1872.	28. Sept.	Instruktion betr. die Führung des Handelsregisters	III	271

			Band.	Seite.

120. Handelsverträge.

1862.	2. Aug.	Handels-Vertrag zwischen den Staaten des Deutschen Zoll- und Handelsvereins und Frankreich	II	892
1862.	2. Aug.	Schifffahrts-Vertrag zwischen den Staaten des Deutschen Zoll- und Handelsvereins und Frankreich	II	893
1872.	2. März.	Handels- und Schifffahrts-Vertrag zwischen Deutschland und Portugal.	III	213
1873.	11. Juni.	Freundschafts-, Handels- und Schifffahrts-Vertrag zwischen Deuschland und Persien	III	341
1875.	14. April.	Deklaration des Art. 6 des Handelsvertrags zwischen dem Zollverein und Großbritannien v. 30. Mai 1865 wegen gegenseitigen Markenschutzes	III	640
1875.	20. April.	Bkm. des Reichskanzlers betr. den Schutz deutscher Waarenzeichen, Namen und Firmen in Italien	III	640
1875.	18. Mai.	Freundschafts-, Handels- und Schifffahrts-Vertrag zwischen dem Deutschen Kaiser ꝛc. im Namen des Deutschen Reichs und dem Freistaat Costa Rica	III	677
1875.	13. Sept.	Bkm. des Reichskanzlers betr. die Uebereinkunft mit Belgien wegen gegenseitigen Markenschutzes	III	714
1876.	14. Juli.	Bkm. des Reichskanzlers betr. die Uebereinkunft mit Luxemburg wegen gegenseitigen Markenschutzes	III	795
1877.	28. Febr.	Bkm. des Reichskanzlers betr. die Uebereinkunft mit Brasilien wegen gegenseitigen Markenschutzes	III	815
1877.	11. März.	Protokoll zur Regelung des Handels- und Schifffahrtsverkehrs im Sulu-Archipel	III	816
1879.	25. März.	Freundschafts-, Handels-, Schifffahrts- und Konsularvertrag zwischen dem Deutschen Reich und dem Königreich der Hawaischen Inseln	III	961
1879.	29. März.	Uebereinkommen zwischen dem Deutschen Reich und Großbritannien betr. das Eintreten des Deutschen Reichs in den Vertrag v. 20. Dez. 1841 wegen Unterdrückung des Handels mit afrikanischen Negern	III	692
1879.	4. April.	Bkm. betr. die Uebereinkunft mit Dänemark wegen gegenseitigen Markenschutzes	III	964

121. Inhaberpapiere mit Prämien.

1871.	8. Juni.	G. betr. die Inhaberpapiere mit Prämien	III	192
1872.	27. Jan.	G. wegen Ausdehnung der Wirksamkeit des Reichsgesetzes v. 8. Juni 1871 auf E.-L.	III	192

122. Lagerhäuser, allgemeine.

1858.	28. Mai.	G. betr. den Geschäftsverkehr in Ansehung der in den allgemeinen Lagerhäusern hinterlegten Waaren	II	831
1859.	12. März.	D. zur Ausführung der Gesetze vom 28. Mai 1858 über allgemeine Lagerhäuser und öffentliche Waarenverkäufe im Großen	II	845

123. Mäkler.

1791.	8. Mai.	(D. v. 14., 19., 21. April — 8. Mai). G. betr. die Stellen u. Ernennungen der Wechselagenten, Mäkler ꝛc.	II	52
1807.		Französisches Handelsgesetzbuch (Artt. 74 ff.)	I E	3
1816.	3. Juli.	O. über die Art des Uebertrags der Stelle eines Wechselagenten und Handelsmäklers im ganzen Königreiche für den Fall des Rücktritts oder Todes	II	392
1862.	2. Juli.	G. welches die Artt. 74, 75 u. 90 d. franz. Handelsgesetzb. abändert.	II	891
1866.	18. Juli.	G. über die Waarenmäkler	II	945
1866.	22. Dez.	D. betr. die Ausführung des Art. 9 des G. v. 18. Juli 1866.	II	947

			Band.	Seite.
1866.	22. Dez.	D. betr. die Ausführung des Art. 2 des G. v. 18. Juli 1866.	II	948
1867.	5. Jan.	D. über die Syndikatskammer der Mäkler und Wechselagenten . . .	II	955
1869.	5. Juni.	Allgemeines Deutsches Handelsgesetzbuch (Artt. 66-84)	I E	17
1872.	19. Juni.	G. betr. Einführung der A. D. WO. und des A. D. HGB. in E.-L. (§ 2 Abs. 2)	I E	110

(S. auch Nr. 114 u. 135.)

124. Markenschutz.

1810.	5. Sept.	D. betr. Verhütung und Unterdrückung der Fälschung v. Marken auf Metall- und Messerwaaren	II	317
1811.	1. April.	D. bezweckend die Verhütung oder Unterdrückung der Täuschung bei der Seifenfabrikation	II	327
1824.	28. Juli.	G. betr. die Veränderung od. falsche Angaben v. Namen auf Waaren.	II	429
1857.	23. Juni.	G. über die Fabrik- und Handelsmarken	II	826
1871.	12. Okt.	Zusätzliche Uebereinkunft zu d. Friedensvertrage zwischen Deutschland und Frankreich (Art. 11)	III	146
1872.	16. März.	Erl. betr. Gebrauch des kaiserlichen Adlers zur Waarenbezeichnung .	III	215
1872.	13. Nov.	G. betr. die Erfindungspatente und die Fabrik- und Handelszeichen .	III	294
1874.	30. Nov.	G. über Markenschutz	III	553
1875.	8. Febr.	Bkm. zur Ausführung des G. über den Markenschutz	III	585
1875.	8. Febr.	Bkm. betr. die Kosten der Bkm. und Löschung eines Waarenzeichens.	III	586

(S. auch Nr. 120.)

125. Märkte.

1864.	13. Aug.	D. welches die Präfekten ermächtigt, über die Einrichtung, Aufhebung oder Verlegung der Jahrmärkte und Viehmärkte zu entscheiden . .	II	911

126. Mineralöle.

1866.	18. April.	D. enthaltend eine V. bezüglich der Benutzung der Niederlagen und Magazine von mineralischen Oelen und anderen Kohlenwasserstoffverbindungen	II	934

127. Nahrungsmittel.

1879.	14. Mai.	G. betr. den Verkehr mit Nahrungsmitteln, Genußmitteln und Verbrauchsgegenständen.	III	970
1880.	25. Juni.	V. betr. das Verbot der Einfuhr von Schweinefleisch u. Würsten aus Amerika.	III	1128

128. Oberrath für Handel, Ackerbau und Industrie.

1853.	2. Febr.	D. betr. die Bildung eines Oberraths für Handel, Ackerbau und Industrie bei der Regierung.	II	745

Pulver s. Nr. 108.

129. Reben.

1879.	31. Okt.	V. betr. das Verbot der Einfuhr von Reben. .	III	1045

130. Sackgebühr.

1809.	1. Juli.	D. betr. den im Handel unter dem Namen Sackgebühr gemachten Abzug	II	287
1852.	17. Nov.	D. betr. Herabsetzung des dem Schuldner bei Zahlungen in Silberstücken unter dem Namen Sackgebühr zustehenden Abzugs auf zehn Centimes für den Sack.	II	743

		Band.	Seite.
	131. Sklaverei.		
1831. 4. März.	G. betr. die Unterdrückung des Sklavenhandels	II	461
1848. 27. April.	D. betr. Abschaffung d. Sklaverei in d. fr. Kolonien u. Besitzungen .	II	640
1879. 29. März.	Uebereinkommen mit dem Deutschen Reich und Großbritannien betr. Unterdrückung des Sklavenhandels mit afrikanischen Negern . .	III	962
	132. Trödler.		
1778. 29. März.	D. betr. die Altkleiderhändler und Trödler.	II	34
1791. 17. März.	(D. v. 2-17. März). G. betr. Abschaffung aller Verbrauchssteuern, Meisterschaften und Zünfte, sowie Einführung von Gewerbescheinen.	II	50
	133. Verkäufe, öffentliche.		
IV. 12. Frukt.	(29. Aug. 1795). V. enthaltend das Verbot an Jedermann, mit Ausnahme der Notare, Gerichtsschreiber und Gerichtsvollzieher, sich mit der Abschätzung und dem öffentlichen Verkaufe von Fahrnißgegenständen abzugeben	II	86
VII. 22. Pluv.	(10. Febr. 1799). G. welches Förmlichkeiten für den Verkauf beweg. Gegenstände vorschreibt	II	141
1811. 22. Nov.	D. betr. den Waarenverkauf durch Handelsmäkler .	II	331
1812. 17. April.	D. betr. die Ausführung des D. v. 22. Nov. 1811	II	337
1819. 9. April.	O. betr. öffentl. Waarenverkäufe durch Mäkler	II	403
1841. 25. Juni.	G. über den öffentl. Verkauf neuer Waaren	II	551
1851. 5. Juni.	G. über die freiwill. öffentl. Verkäufe von Früchten auf dem Halme und von Mittelwaldschlägen	II	689
1858. 28. Mai.	G. über die öffentl. Verkäufe von Waaren im Großen.	II	833
1859. 12. März.	D. betr. Ausführung des G. v. 28. Mai 1858 über allgemeine Lagerhäuser und öffentl. Waarenverkäufe	II	845
1861. 3. Juli.	G. über die öffentl. Waarenverkäufe im Großen, welche mit Genehmigung oder auf Anordnung der Handelsgerichte vorgenommen werden .	II	871
1863. 7. März.	D. über die Versteigerung von Baumwolle, von Garnen und Geweben in Mülhausen und Colmar	II	897
1863. 30. Mai.	D. enth. Aenderung des Waarenverzeichnisses v. 28. Mai 1858 und des D. v. 12. März 1859	II	899
1863. 6. Juni.	D. betr. die von den Handelsgerichten gestatteten oder angeordneten öffentl. Waarenverkäufe im Großen	II	904
1863. 29. Aug.	D. welches die Artt. 3, 6 und 20 bis 27 des D. vom 12. März 1859 auf die im G. v. 30. Mai 1863 vorgesehenen Verkäufe ausdehnt .	II	905
	(S. auch Nr. 76.)		
	134. Versicherungsgesellschaften.		
1809. 15. Okt.	StRG. über die Versicherungsgesellschaften, welche die öffentlichen Ordnung angehen	II	288
1868. 22. Jan.	D. enth. eine StVB. betr. die Bildung von Versicherungsgesellschaften.	II	963
1871. 19. Juni.	V. betr. die Zulassung deutscher Versicherungsgesellschaften zum Geschäftsbetrieb im Bezirk des Generalgouvernements	III	22
1871. 28. Juni.	Bkm. betr. die Zulassung deutscher Versicherungsgesellschaften zum Geschäftsbetrieb im Bezirk des Generalgouvernements	III	23
1872. 19. Juli.	Bkm. betr. ausländische Versicherungsgesellschaften .	III	254
	(S. auch Nr. 92.)		
	Viehmängel s. Nr. 49.		
	135. Wechselagenten.		
1781. 26. Nov.	V. über die Handelsbörsen und Wechselagenten	II	34
1791. 8. Mai.	(D. v. 14., 19., 21. April — 8. Mai). G. betr. die Stellen u. Ernennungen der Wechselagenten und Mäkler ꝛc..	II	52

		Band.	Seite.
1807.	Franz. Handelsgesetzbuch (Artt. 74 ff.)	I E	3
1816. 28. April.	Finanzgesetz (Artt. 90, 92, 96)	II	373
1816. 3. Juli.	O. über die Art der Uebertragung der Stelle eines Wechselagenten und Handelsmäklers im ganzen Königreiche für den Fall des Rücktritts oder Todes	II	392
1834. 6. Febr.	O. betr. die Schaffung zweier Stellen von Wechselagenten in Mülhausen.	II	484
1836. 27. Mai.	O. betr. die Schaffung zweier Stellen von Wechselagenten-Waarenmäklern in Colmar und Festsetzung der Kaution ders. auf 6000 Fr.	II	504
1862. 2. Juli.	D. welches die Wechselagenten an den mit einem besonderen Platze für den Umsatz der öffentl. Werthpapiere versehenen Börsen in den Bezirken dem Finanzminister unterstellt	II	891
1862. 2. Juli.	G. welches die Artt. 74, 75 und 90 des franz. HGB. abändert . .	II	891
1862. 15. Sept.	D. betr. die Einrichtung von besonderen Plätzen für die Wechselagenten zum Zwecke des Umsatzes von öffentl. Werthpapieren .	II	895
1862. 1. Okt.	D. betr. die Wechselagenten	II	895
1864. 19. März.	G. betr. Ausdehnung des G. über die Wiedereinsetzung in die früheren Rechte v. 3. Juli 1852 auf die aus dem Dienste entlassenen Notare, Gerichtsschreiber und ministeriellen Beamten	II	907
1867. 5. Jan.	D. über die Syndikatskammer der Mäkler und Wechselagenten . .	II	955
1869. 5. Juni.	Allgemeines deutsches Handelsgesetzbuch (Artt. 66—84)	I E	17
1872. 19. Juni.	G. betr. Einf. der A. D. WO. u. des A. D. HGB. in E.-L. (§ 2 Abs. 2).	I E	110

(S. auch Nr. 114 u. 123.)

136. Wechselrecht.

1848. 23. März.	D. betr. die Proteste	II	639
1869. 5. Juni.	Allgemeine Deutsche Wechselordnung	I E	7
1872. 19. Juni.	G. betr. die Einführung der A. D. WO. u. des A. D. HGB. in E.-L.	I E	110

137. Zahlungen.

1793. 16. Juli.	(D. v. 16—19. Juli). G. über die Zahlungen durch die Staatskasse auf Grund von Urtheilen, gegen welche Kassation eingelegt ist . .	II	70
III. 6. Therm.	(24. Juli 1795). G. betr. Ermächtigung zur Hinterlegung von eigenen Wechseln 2c.	II	78

138. Hinterlegungswesen.

XIII. 23. Niv.	(13. Jan. 1805). G. betr. die Hinterlegungen. . .	II	224
1811. 27. Febr.	D. betr. das Rechnungswesen der Gemeinderechner. . .	II	326
1816. 28. April.	G. über die Finanzen (Tit. 10)	II	373
1816. 3. Juli.	O. betr. die Befugnisse der durch das G. v. 28. April 1816 errichteten Depositenkasse	II	387
1816. 3. Juli.	O. betr. Ermächtigung der Depositenkasse, freiwillige und private Hinterlegungen anzunehmen	II	391
1833. 24. April.	G. betr. die Formen und Kontrolle über Empfangsbescheinigungen und andere Urkunden, welche die Staatskasse verpflichten	II	478
1844. 4. Aug.	G. enth. Festsetzung des Einnahme-Voranschlags für 1845 . . .	II	622
1872. 4. Nov.	G. betr. die Depositen-Verwaltung	III	293
1872. 25. Nov.	Vertr. betr. Uebertragung von Funktionen der Landeskasse an die Aktien-Gesellschaft für Boden- und Kommunal-Kredit in E.-L. . .	III	295
1875. 5. Febr.	Reglement für die Verwaltung von öffentl. Geldern durch die Aktiengesellsch. für Boden- und Kommunal-Kredit	III	575
1880. 18. Mai.	Vf. betr. die Empfangnahme und Ablieferung der gerichtlichen Hinterlegungen durch die Enregistrementskassen	III	1108

139. Hypothekenwesen.

			Band.	Seite.
VII.	21. Vent.	(11. März 1799). G. betr. die Einrichtung der Hypothekenbewahrung.	II	143
VII.	6. Messid.	(24. Juni 1799). G. betr. die Hypothekareinschreibungen gegen öffentl. Rechner ꝛc.	II	153
1806.	24. März.	G. betr. die Verjährung der Enregistrementsgebühren für die hypothekarischen Einschreibungen und Ueberschreibungen	II	237
1810.	21. Sept.	D. welches die Salare der Hypothekenbewahrer festsetzt .	II	318
1811.	16. Sept.	StRG. betr. das Salar der Hypothekenbewahrer. . . .	II	329
1816.	28. April.	G. über die Finanzen (Artt. 60, 61)	II	373
1841.	10. Okt.	O. enth. den Kostentarif für gerichtl. Verkäufe von Liegenschaften. .	II	556
1866.	9. Juni.	G. betr. das Salar der Hypothekenbewahrer für die Ueberschreibung der Handänderungsurkunden und der Beschlagnahmeverhandlungen.	II	935
1872.	27. Okt.	G. betr. die Besoldung der Hypothekenbewahrer . . .	III	280
1875.	24. Okt.	G. betr. die Kautionen der Hypothekenbewahrer	III	724

(S. auch Nr. 35.)

140. Internationale Verträge.

1874.	29. April.	Vereinb. mit Oesterreich-Ungarn über Verpflegung und Uebernahme Landesangehöriger	III	480
1874.	12. Nov.	Konvention mit Rußland über die Regulirung v. Hinterlassenschaften.	III	543
1874.	3. Dez.	Uebereinkunft mit der italienischen Regierung wegen Verzichts auf Trauerlaubnißscheine	III	555
1875.	20. Mai.	Internationale Meterkonvention	III	684
1875.	10-22. Juli.	Internationaler Telegraphen-Vertrag.	III	697
1875.	2. Sept.	Vereinb. mit Oesterreich-Ungarn über d. Uebernahme Auszuweisender.	III	699
1875.	8. Okt.	Uebereinkunft mit der belgischen Regierung wegen Verzichts auf Trauerlaubnißscheine	III	724
1876	27. April.	Niederlassungsvertrag zwischen dem Deutschen Reich und der Schweiz.	III	785
1876.	11. Okt.	Uebereink. mit Luxemburg üb. eine Eisenbahn v. Esch nach Rüßingen ꝛc.	III	803
1876.	12. Okt.	Vertrag mit den Niederlanden, betr. d. Verbindung d. Kanalnetzes ꝛc.	III	804
1876.	1. Nov.	Freundschaftsvertrag mit dem Könige von Tonga	III	805
1877.	7. Juli.	Deklaration zwischen Deutschland u. Belgien in Bez. auf Unterstützung ꝛc. der Hülfsbedürftigen	III	834
1878.	13. Juli.	Vertrag zwischen Deutschland, Oesterreich-Ungarn, Frankreich ꝛc. (Berliner Vertrag)	III	903
1879.	24. Juni.	Vereinbarung mit der Schweiz wegen der Grenze von Konstanz . .	III	976

(Die übrigen s. unter Nr. 6, 69, 120, 47, 156, 183, 73.)

141. Jagd.

1789.	4. Aug.	D. enth. Aufhebung der Feudalrechte ꝛc.	II	37
V.	19. Pluv.	(7. Febr. 1797). V. betr. die Jagd auf schädliche Thiere .	II	89
V.	10. Messid.	(28. Juni 1797). G. betr. die Vertilgung der Wölfe	II	92
XIII.	25. Prair.	(14. Juni 1805). D. betr. die Ermächtigung der Bürgermeister zur Verpachtung des Jagdrechts in den Gemeindewaldungen	II	231
1814.	15. Aug.	O. betr. die Befugnisse d. Oberjägermeisters bezügl. d. Ueberwachung und Polizei der Jagden	II	356
1814.	20. Aug.	V. betr. die Jagd in den Forsten und Waldungen des Staats. . .	II	356
1814.	20. Aug.	V. über die Einrichtung des Wolfsjagdwesens	II	357
1830.	14. Sept.	O. durch welche der Forstverwaltung die Jagdpolizei in den Staatswaldungen übertragen ꝛc. wird	II	457
1832.	24. Juli.	O. betr. das Jagdrecht in den Staatswaldungen. .	II	475

			Band.	Seite.
1833.	24. April.	G. betr. die Einnahmen für das Etatsjahr 1833	II	478
1844.	3. Mai.	G. über die Jagdpolizei	II	611
1845.	5. Mai.	O. betr. die Belohnung für Feststellung v. Zuwiderhandlungen gegen das G. v. 3. Mai 1844	II	624
1845.	20. Juni.	O. betr. die Jagd in den Staatswaldungen	II	625
1852.	4. Aug.	D. betr. Abänderung des Art. 3 der O. v. 5. Mai 1845.	II	730

142. Konkurs.

1877.	10. Febr.	Konkursordnung	I F	3
1877.	10. Febr.	G. betr. die Einführung der KO.	I F	21
1879.	8. Juli.	G. betr. die Ausführung der CPO., KO. und StPO.	I D	99

143—149. Kostengesetze.

143. Allgemeines.

1811.	18. Juni.	D. enth. ꝛc. einen allgem. Kostentarif in Strafsachen	I Anh.	12
1813.	7. April.	D. welches einige Bestimmungen des D. v. 18. Juni 1811 abändert.	I Anh.	17
1817.	25. März.	G. über die Finanzen (Art. 75)	I Anh.	18
1823.	6. Aug.	O. betr. die Gebühr für Verhaftung ꝛc.	I Anh.	19
1833.	18. Sept.	O. enth. den Kostentarif für Zwangsenteignungen	I Anh.	21
1838.	28. Nov.	O. betr. die Liquidation und Zahlung der Strafgerichtskosten	I Anh.	22
1843.	18. Juni.	G. über den Tarif der amtlichen Versteigerer	I Anh.	23
1845.	21. Juni.	G. betr. Aufhebung der den Friedensrichtern bewilligten Gebühren u. Vakationen ꝛc.	II	626
1851.	5. Nov.	D. betr. die Gebühren für die Verkäufe von Früchten auf dem Halme oder Mittelwaldschlägen	I Anh.	24

144. Gebühren der Gerichtsschreiber.

1807.	16. Febr.	D. enth. den Kostentarif für den Bezirk des Appellhofs von Paris.	I Anh.	8
1807.	16. Febr.	D. betr. die Liquidation der Kosten in summarischen Sachen	I Anh.	10
1807.	16. Febr.	D. welches den Kostentarif für den Appellhof von Paris auf mehrere Appellhöfe ausdehnt ꝛc.	I Anh.	10
1825.	17. Juli.	O. betr. die Gebühren der Friedensgerichtsschreiber.	I Anh.	19
1825.	9. Okt.	O. betr. die Gebühren der Handelsgerichtsschreiber	I Anh.	20
1854.	24. Mai.	D. betr. die Gebühren d. Gerichtsschreiber in Civil- u. Handelssachen.	I Anh.	25
1862.	8. Dez.	D. über die den Gerichtsschreibern als Ersatz für die Verwendung v. Stempelpapier zustehenden Gebühren	I Anh.	27
1872.	12. Juli.	V. zur Ausführung des § 34 des G. v. 19. Juni 1872, betr. die Einf. der A. D. WO. und des A. D. HGB. in E.-L.	I Anh.	28
1872.	28. Sept.	V. zur Ausf. des G. v. 4. Juli 1868, betr. die Genossenschaften (§ 2).	III	271

145. Gerichtskosten.

1878.	18. Juni.	Gerichtskostengesetz	I Anh.	32
1879.	26-27. Sept.	Instr. über Erhebung u. Zahlung der Gerichtskosten ꝛc.	III	1043
1880.	11-12. März.	Vf. betr. d. Außerkraftsetzung d. Vorschriften, wonach Gerichtskosten ꝛc. durch die Gerichtsschreiber erhoben werden	III	1070
1880.	3. April.	G. betr. die Ausführung des GKG. ꝛc.	I Anh.	59
1880.	20. Mai.	Vf. betr. Anwendung des AG. zum GKG. ꝛc.	III	1110

146. Gerichtsschreibereigebühren.

VII.	21. Vent.	(11. März 1799). G. enth. die Einführung von Gerichtsschreiberei-Gebühren ꝛc.	I Anh.	5
1808.	12. Juli.	D. betr. die Gerichtsschreibereigebühren	I Anh.	11
1820.	23. Juli.	G. über die Festsetzung des Einnahmevoranschlags für 1820.	I Anh.	18

		Band.	Seite.

147. Gerichtsvollzieher.

1875. 15. Nov.	G. betr. die Gebühren der Advokaten, Anwälte, Gerichtsschreiber und Gerichtsvollzieher in E.-L.	I Anh.	31
1878. 24. Juni.	Gebührenordnung für Gerichtsvollzieher	I Anh.	44
1880. 3. April.	G. betr. die Ausführung des GKG. und der Gebührenordnungen für Gerichtsvollzieher ꝛc.	I Anh.	59

148. Rechtsanwälte.

1879. 7. Juli.	Gebührenordnung für Rechtsanwälte	I Anh.	50
1880. 3. April.	G. betr. die Ausführung des GKG. und der Gebührenordnungen für Rechtsanwälte ꝛc.	I Anh.	59

Reise- und Umzugskosten s. Nr. 14 und 15.

149. Zeugen und Sachverständige.

1873. 13. Jan.	G. betr. die Gebühren der Aerzte und Chemiker in Strafsachen	I Anh.	29
1873. 17. Jan.	Regulativ betr. die Gebühren der Aerzte u. Chemiker in Strafsachen.	I Anh.	30
1878. 30. Juni.	Gebührenordnung für Zeugen und Sachverständige	I Anh.	48
1880. 3. April.	G. betr. die Ausführung des GKG. und der Gebührenordnungen für Zeugen und Sachverständige ꝛc.	I Anh.	59

150. Konsulatswesen.

1874. 30. März.	G. betr. die Einschränkung der Gerichtsbarkeit der deutschen Konsuln in Egypten	III	477
1874. 8. Dez.	Konsular-Vertrag zwischen dem Deutschen Reich u. Rußland	III	556
1875. 23. Dez.	V. betr. die Einschränkung der Gerichtsbarkeit der deutschen Konsuln in Egypten	III	738
1879. 23. April.	V. betr. den Urlaub der gesandtschaftlichen u. Konsularbeamten ꝛc.	III	968
1879. 10. Juli.	G. über die Konsulargerichtsbarkeit	III	977
1879. 10. Sept.	Instruktion zur Ausführung des G. v. 10. Juli 1879	III	1035
1880. 25. März.	G. betr. die Schiffsmeldungen bei den Konsulaten des D. Reichs	III	1076
1880. 5. Juni.	G. betr. die Konsulargerichtsbarkeit in Egypten	III	1117
1880. 7. Juni.	G. betr. Konsulargerichtsbarkeit in Bosnien u. der Herzegowina	III	1118
1880. 28. Juli.	V. betr. die Schiffsmeldungen bei den Konsulaten des D. Reichs	III	1140

151—158. Landwirthschaft, Feldpolizei.

151. Allgemeines.

1791. 6. Okt.	(D. v. 28. Sept.—6. Okt.). G. betr. die ländlichen Güter u. Gebräuche u. d. Feldpolizei	II	56
1851. 20. März.	D. über die Errichtung der landwirthschaftlichen Vereine, Kammern und des landwirthschaftlichen Generalraths	II	682
1852. 25. März.	D. über die Errichtung der berathenden Landwirthschaftskammern u. des landwirthschaftlichen Generalraths	II	717

152. Feldhüter.

1791. 6. Okt.	(D. v. 28. Sept. — 6. Okt.). G. betr. die ländlichen Güter und Gebräuche ꝛc. (Tit. I Abschn. 7)	II	56
III. 20. Mess.	D. welches die Anstellung von Feldhütern in allen ländlichen Gemeinden anordnet	II	77
1867. 31. Juli.	G. betr. den Haushaltsvoranschlag für 1868 (Art. 16)	II	963
1873. 20. Sept.	V. betr. die Kreisdirektionen (Art. 1 Nr. 10)	III	390
1879. 13. Juni.	V. zur Ausf. der Reichsjustizgesetze (§ 14)	I C	27

153. Feldpolizei.

			Band.	Seite
1791.	6. Okt.	(D. v. 28. Sept. — 6. Okt.) G. betr. die ländlichen Güter und Gebräuche ꝛc. (Tit. II)	II	56
IV.	23. Therm.	(10. Aug. 1796). G. betr. Unterdrückung d. Feld- u. Forstfrevel	II	83

Früchte auf dem Halme s. Nr. 30.

154. Gestütswesen.

1806.	4. Juli.	D. betr. das Gestütswesen	II	241
1825.	16. Jan.	O. betr. das Gestütswesen	II	431
1833.	10. Dez.	O. betr. das Gestütswesen	II	484
1840.	24. Okt.	O. betr. das Gestütswesen	II	540

Oberrath für Handel, Ackerbau und Industrie s. Nr. 128.

155. Raupen.

IV.	26. Vent.	(16. März 1796). G. betr. das Abraupen der Bäume	II	84

156. Reblaus.

1875.	6. März.	G. Maßregeln gegen die Reblauskrankheit betr.	III	626
1878.	17. Sept.	Internationale Uebereinkunft, Maßregeln gegen die Reblaus betr.	III	905
1880.	5. April.	Bkm. betr. den Beitritt von Luxemburg zur Uebereinkunft vom 17. Sept. 1878	III	1084
1880.	31. Mai.	Bkm. betr. den Beitritt v. Serbien z. Uebereinkunft v. 17. Sept. 1878	III	1180

157. Zuchthengste.

1880.	5. April.	G. betr. die Verwendung von Zuchthengsten	III	1084
1880.	3. Mai.	V. zur Ausführung des G. v. 5. April 1880	III	1098

158. Zuchtstiere.

1878.	9. April.	G. betr. die Verwendung von Zuchtstieren	III	865
1878.	13. April.	V. zur Ausführung des G. v. 9. April 1878	III	865

159. Lotterien.

1836.	21. Mai.	G. enth. Verbot der Lotterien	II	496
1844.	29. Mai.	O. betr. die ausschließlich zu milden Zwecken oder zur Aufmunterung der Künste bestimmten Lotterien bewegl. Sachen	II	620

160. Maß und Gewicht.

IX.	7. Brum.	(29. Okt. 1800). V. betr. die Errichtung von Wäge- u. Meßanstalten.	II	163
X.	29. Flor.	(19. Mai 1802). G. betr. die Errichtung von Wäge- u. Meßanstalten.	II	185
XII.	2. Niv.	V. betr. die vorläufige Errichtung von Wäge- und Meßanstalten in den Gemeinden	II	211
1868.	17. Aug.	Maß- und Gewichtsordnung für den Norddeutschen Bund	III	559
1869.	16. Juli.	Eichordnung	III	641
1869.	6. Dez.	Bkm. betr. die äußersten Grenzen der im öffentlichen Verkehr noch zu duldenden Abweichungen der Maße, Gewichte und Waagen von der absoluten Richtigkeit	III	711
1869.	12. Dez.	Eichgebührentaxe	III	672
1871.	15. Febr.	Erl. betr. die Eichung und Stempelung v. Maßen u. Meßwerkzeugen für Brennmaterialien, sowie für Kalk u. andere Mineralprodukte	III	659

		Band.	Seite.
1871. 16. Aug.	Bkm. betr. die bei Maßen u. Meßwerkzeugen für Brennmaterialien ꝛc. und bei Hökerwaagen im öffentlichen Verkehr noch zu duldenden Abweichungen von der absoluten Richtigkeit	III	713
1872. 31. Jan.	Erl. betr. die Eichung u. Stempelung der Goldmünzgewichte . . .	III	664
1872. 19. März.	Erl. betr. die Eichung u. Stempelung d. Meßapparate für Flüssigkeiten.	III	666
1872. 25. Juni.	Erl. betr. die Zulassung v. Federwaagen zur Eichung u. Stempelung u. zur Anwendung beim Wägen v. Eisenbahn-Passagiergepäck . .	III	668
1872. 14. Dez.	Bkm. betr. die bei Goldmünzgewichten, bei Meßapparaten für Flüssigkeiten u. bei Federwaagen für Eisenbahn-Passagiergepäck im öffentlichen Verkehr noch zu duldenden Abweichungen von der absoluten Richtigkeit	III	713
1874. 30. April.	Erl. betr. die eichamtliche Ermittelung u. Beglaubigung des Gewichts leerer Faßkörper (Faßtara)	III	670
1874. 19. Dez.	G. betr. Einführung der Maß- und Gewichtsordnung v. 17. Aug. 1868 in E.-L.	III	557
1875. 15. Mai.	Bkm. betr. die Einführung der Eichordnung v. 16. Juli 1869 und der Eichgebührentaxe v. 12. Dez. 1869 ꝛc. in E.-L. . .	III	641
1875. 20. Mai.	Internationale Meterkonvention	III	684
1875. 17. Juni.	Bkm. betr. die in den Apotheken zulässigen Waagen .	III	691
1875. 24. Juni.	V. betr. die Bezirke der Eichungsämter	III	695
1875. 24. Juni.	V. betr. die Geschäftsführung der Eichungsämter und der Eichungsinspektion	III	695
1875. 24. Juni.	V. betr. die Prüfung und Ernennung der Eichmeister	III	695
1875. 28. Juni.	V. betr. die Feststellung und Erhebung von Eichungsgebühren für Rechnung des Landes	III	695
1875. 30. Juni.	V. betr. die Berichtigungsarbeiten der Eichmeister	III	696
1875. 11. Juli.	Bkm. betr. die Abänderung der Vorschriften über die im Verkehr zulässige Fehlergrenze bei zylindrischen Hohlmaßen	III	697
1875. 8. Aug.	V. betr. die Prüfungsgegenstände für Eichmeistergehülfen . . .	III	698
1875. 5. Sept.	Bkm. betr. die äußersten Grenzen der im öffentlichen Verkehr noch zu duldenden Abweichungen der Maße, Gewichte und Waagen von der absoluten Richtigkeit	III	711
1875. 28. Sept.	Nachträge zur Eichordnung v. 16. Juli 1869 und zum Erlasse v. 15. Febr. 1871	III	716
1875. 30. Nov.	Bkm. betr. die von den Eichämtern zu erhebenden Gebühren . .	III	729
1876. 22. März.	Bkm. betr. die eichamtliche Behandlung vorschriftswidriger Maße, Gewichte und sonstiger Meßwerkzeuge	III	767
1876. 27. Mai.	V. betr. die periodische Nacheichung	III	789
1876. 19. Aug.	Nachträge zur Eichordnung v. 16. Juli 1869	III	799
1877. 6. Jan.	V. betr. die Bezirke der Eichungsämter.	III	808
1877. 27. Jan.	Bkm. betr. die Eichung und Stempelung von Gewichtsstücken, welche das Normalgewicht und das Passirgewicht des goldenen Fünfmarkstücks angeben	III	813
1877. 3. März.	Bkm. betr. die zur Beglaubigung der periodischen Nacheichung der gußeisernen Gewichte deutscher Form in Elsaß-Lothringen anzuwendenden Stempel	III	815
1877. 26. März.	Bkm. betr. Abänderungen der Eichordnung	III	816
1877. 30. Juni.	Verzeichniß der Eichungs-Aufsichtsbehörden und der Eichämter im Deutschen Reich (exkl. Baiern) ꝛc.	III	834
1877. 6. Okt.	Nachträge zur Eichordnung v. 16. Juli 1869 und zum Erlasse v. 19. März 1872	III	841
1877. 7. Nov.	Bkm. betr. Stempelung der Gasmesser	III	842
1877. 20. Nov.	Bkm. betr. abgekürzte Bezeichnungen der Maße und Gewichte . . .	III	843
1878. 15. Febr.	Bkm. betr. die Aufhebung der §§ 89 und 91 der Eichordnung v. 16. Juli 1869	III	855

		Band.	Seite.
1878. 25. März.	Nachträge zur Eichordnung v. 16. Juli 1869, zur Instruktion v. 10. Dez. 1869 und zur Eichgebührentaxe v. 12. Dez. 1869 . . .	III	857
1878. 23. Mai.	V. betr. die periodische Nacheichung der Maße, Gewichte und Waagen der Apotheker.	III	872
1879. 3. Febr.	Ergänzungen zu dem Verzeichnisse der Normaleichungskommission über die Eichungs-Aufsichtsbehörden und Eichämter im D. Reiche . . .	III	929
1879. 15. Juli.	Ergänzungen zu dem Verzeichnisse der Normaleichungskommission über die Eichungs-Aufsichtsbehörden und Eichämter im D. Reiche . .	III	1003
1880. 6. Jan.	Ergänzungen und Abänderungen des Verzeichnisses der Eichungs-Aufsichtsbehörden und der Eichämter im D. Reich	III	1065
1880. 1. März.	Bkm. betr. die Beglaubigung von Meßgeräthen, welche zur Ausführung der in dem Regulativ, betr. die Steuerfreiheit des Branntweins zu gewerblichen Zwecken vorgeschriebenen Prüfung von Holzgeist und Essig erforderlich sind	III	1069
1880. 15. Juli.	Ergänzungen z. Verzeichniß v. 30. Juni 1877	III	1137
1880. 6. Sept.	Bkm. der Normal-Eichungs-Kommission, betr. Nachtrag z. Eichordnung v. 16. Juli 1869	III	1150
1880. 3. Dez.	Bkm. der Normal-Eichungs-Kommission, betr. Nachtrag zur Eichgebührentaxe v. 12. Dez. 1869	III	1172

161. Marksteine.

1875. 21. Nov.	G. betr. die Errichtung von Marksteinen	III	728

162—167. Medizinalwesen.

162. Apotheker, Aerzte, Hebammen.

XI. 19. Vent.	(10. März 1803). G. betr. die Ausübung der Heilkunde	II	194
XI. 21. Germ.	(11. April 1803). G. wegen Einrichtung pharmazeutischer Fachschulen.	II	201
XI. 25. Therm.	(13. Aug. 1803). V. enth. Vorschriften üb. die pharmazeut. Fachschulen.	II	208
XIII. 29. Pluv.	(18. Febr. 1805). G. wegen Erläuterung des Art. 36 des Gesetzes v. 21. Germ. XI, betr. die staatliche Aufsicht über die Arzneimittelkunde.	II	226
1859. 23. März.	D. betr. die Untersuchung der Apothekergeschäfte u. Droguistenläden .	II	849
1869. 25. Sept.	Bkm. betr. die Prüfung der Aerzte, Zahnärzte, Thierärzte u. Apotheker.	III	245
1869. 9. Dez.	Bkm. betr. die Entbindung von den im § 29 der Gewerbeordnung vorgeschriebenen ärztlichen Prüfungen.	III	251
1872. 5. Juli.	V. betr. die Pharmakopöe	III	234
1872. 15. Juli.	G. betr. die Einführung des § 29 der Gewerbeordnung in E.-L. . .	III	244
1872. 19. Juli.	Bkm. betr. die Approbation für Aerzte, Zahnärzte, Thierärzte und Apotheker	III	253
1872. 24. Juli.	V. betr. die Ablegung der naturwissenschaftlichen Prüfung (tentamen physicum) an der Universität Straßburg	III	254
1872. 23. Okt.	V. betr. die Beschaffenheit der Arzneien u. deren Aufstellung in den Apotheken	III	279
1873. 24. Jan.	V. betr. die Ausbildung der Apotheker	III	307
1873. 12. Nov.	V. betr. die in Apotheken vorräthig zu haltenden Arzneimittel. .	III	402
1873. 11. Dez.	Uebereinkunft zwischen dem Deutschen Reich u. den Niederlanden, betr. die gegenseitige Zulassung der in den Grenzgemeinden wohnhaften Aerzte, Wundärzte u. Hebammen, zur Ausübung der Praxis . .	III	411
1874. 3. März.	Bkm. betr. die Anwendung des Grundsatzes der gewerblichen Freizügigkeit auf die Apotheker, welche in einem Bundesstaate oder in E.-L. die Gehülfen-Prüfung bestanden haben	III	472
1875. 5. März.	Bkm. betr. die Prüfung der Apotheker	III	622
1875. 20. März.	V. betr. die Befähigung zur Anstellung als Kreisarzt in E.-L.	III	636

			Band.	Seite.
1875.	13. Nov.	Bkm. betr. die Prüfung der Apothekergehülfen	III	725
1876.	25. Febr.	Bkm. betr. Verabreichungen von Arzneimitteln .	III	759
1877.	10. Mai.	G. betr. die Errichtung von Apotheken .	III	816
1878.	27. März.	Bkm. betr. die Prüfung der Thierärzte	III	861
1879.	4. Febr.	Bkm. betr. die Abänderung der Bestimmungen über die Prüfung der Apothekergehülfen	III	929
1879.	29. Dez.	Bkm. betr. die Abänderung von Bestimmungen über die Prüfungen der Apotheker und Apothekergehülfen	III	1065

163. Begräbnisse und Kirchhöfe.

XII.	23. Prair.	(12. Juni 1804). D. über die Begräbnisse	II	219
XIII.	4. Therm.	(23. Juli 1805). D. betr. die Ertheilung der Erlaubniß zu Beerdigungen durch die Standesbeamten	II	232
1806.	10. Febr.	D. welches Art. 2 des Dekr. v. 23. Prair. XII für nicht anwendbar auf Personen jüd. Religion erklärt.	II	236
1808.	7. März.	D. betr. Festsetzung einer Entfernung für die Bauten in der Nachbarschaft der Kirchhöfe ꝛc.	II	263
1843.	6. Dez.	O. die Kirchhöfe betr.	II	572

164. Geisteskranke.

1838.	20. Juni.	G. über die Geisteskranken	II	524
1839.	18. Dez.	O. betr. die den Geisteskranken gewidmeten öffentlichen und Privat-Anstalten	II	534
1844.	2. Mai.	O. betr. die Entschädigung für Reisen zur Besichtigung von Irrenanstalten	I Anh.	23

165. Geheimmittel und Giftstoffe.

XIII.	25. Prair.	(14. Juni 1805). D. betr. die Ankündigung und den Verkauf von Geheimmitteln	II	231
1810.	18. Aug.	D. betr. die Geheimmittel . . .	II	314
1845.	19. Juli.	G. über den Verkauf giftiger Stoffe .	II	631
1846.	29. Okt.	O. über den Verkauf giftiger Stoffe	II	637
1850.	3. Mai.	D. betr. den Verkauf neuer Heilmittel, derer Rezept noch nicht in die Pharmakopöe aufgenommen ist	II	660
1850.	8. Juli.	D. betr. den Verkauf giftiger Stoffe	II	668
1864.	1. Okt.	D. betr. Hinzufügung d. Kockelskorns z. d. Verz. v. 8. Juli 1850	II	912
1876.	12. Okt.	V. zur Ausführung des D. v. 3. Mai 1850	III	804

166. Gesundheitspflege.

1822.	3. März.	G. betr. die Gesundheitspolizei	II	413
1848.	18. Dez.	V. über Bildung von Räthen für öffentliche Gesundheitspflege und Wohlfahrt	II	642
1850.	13. April.	G. betr. die Verbesserung der Gesundheitsverhältnisse ungesunder Wohnungen	II	658
1864.	25. Mai.	G. welches den Art. 2 des G. v. 13. April 1850 abändert	II	908
1871.	20. Jan.	V. zum Schutze gegen die Weiterverbreitung der Blattern oder Pocken.	III	13
1874.	8. April.	G. betr. das Impfgesetz	III	478
1875.	6. April.	V. betr. den Vollzug des Impfgesetzes v. 8. April 1874	III	638
1875.	14. Nov.	G. zur Ausführung des Impfgesetzes v. 8. April 1874	III	727
1879.	14. Mai.	G. betr. den Verkehr mit Nahrungsmitteln, Genußmitteln und Verbrauchsgegenständen.	III	970

167. Viehseuchen.

1774.	18. Dez.	V. betr. Hemmung der Viehseuche in den mittäglichen Provinzen . .	II	31
1775.	30. Jan.	V. enthaltend Maßregeln gegen die Viehseuchen	II	31

		Band.	Seite.
1815. 27. Jan.	O. betr. Maßregeln gegen die Viehseuchen.	II	372
1869. 7. April.	G. Maßregeln gegen die Rinderpest betr.	III	177
1871. 11. Dez.	G. wegen Einführung des Reichsgesetzes v. 7. April 1869	III	177
1873. 9. Juli.	Bkm. betr. die Einführung der revidirten Instruktion zum Reichsgesetze über Maßregeln gegen die Rinderpest	III	359
1878. 21. Mai.	G. betr. Zuwiderhandlungen gegen die zur Abwehr der Rinderpest erlassenen Vieh-Einfuhrverbote	III	871
1878. 12. Dez.	Bkm. betr. Bestimmungen über die Gebührnisse der zur Durchführung von Absperrungsmaßregeln gegen die Rinderpest verwendeten Militärkommandos 2c.	III	919
1879. 27. Okt.	V. betr. Sachverständigengebühren beim Ausbruch der Rinderpest	III	1045
1880. 23. Juni.	G. betr. die Abwehr und Unterdrückung von Viehseuchen.	III	1121

(S. auch Nr. 53.)

168 — 176. Militärwesen.

168. Allgemeines, Militärgrundgesetze.

1867. 9. Nov.	G. betr. die Verpflichtung zum Kriegsdienste	III	189
1872. 23. Jan.	G. betr. die Einführung v. Bestimmungen über d. Reichskriegswesen.	III	188
1872. 19. Febr.	Allerhöchster Erlaß betr. die Landwehr-Bezirks-Eintheilung für den Bereich des 15. Armee-Korps	III	198
1872. 21. Juni.	Bkm. betr. provisorische Eintheilung der Landwehr-Bataillons-Bezirke des 15. Armee-Korps in Kompagnie-Bezirke	III	228
1872. 12. Sept.	Reglement betr. die Gesuche um Zurückstellung bzw. Befreiung vom Militärdienste in Berücksichtigung häuslicher 2c. Verhältnisse u. auf Beurlaubung vor beendeter Dienstzeit.	III	266
1874. 2. Mai.	Reichs-Militär-Gesetz	III	481
1875. 12. Febr.	G. über den Landsturm	III	609
1875. 15. Febr.	G. betr. die Ausübung der militärischen Kontrole über die Personen des Beurlaubtenstandes 2c.	III	613
1875. 28. Sept.	Deutsche Wehrordnung	III	714
1880. 6. Mai.	G. betr. Ergänzungen und Aenderungen des Reichs-Militärgesetzes v. 2. Mai 1874	III	1103

169. Belagerungszustand.

1791. 10. Juli.	(D. v. 8—10. Juli). G. betr. die Unterhaltung und Eintheilung der Kriegsplätze 2c.	II II	53 53
1811. 24. Dez.	G. betr. die Einrichtung u. den Dienst der Festungsstäbe.	II	336
1849. 9. Aug.	G. über den Belagerungszustand	II	647
1851. 4. Juni.	Preußisches Gesetz über den Belagerungszustand.	III	341
1871. 16. April.	Verf. des D. Reichs (Art. 68).	I A	6

170. Beschränkungen des Grundeigenthums in der Umgebung von Festungen u. Pulvermagazinen.

1854. 22. Juni.	G. betr. Einführung von Grunddienstbarkeiten in der Umgebung von Kriegs- und Marine-Pulvermagazinen	II	759
1871. 21. Dez.	G. betr. die Beschränkungen des Grundeigenthums in der Umgebung von Festungen	III	199
1872. 21. Febr.	G. wegen Einführung des vorgenannten G.	III	199

171. Eisernes Kreuz.

1878. 2. Juni.	G. betr. die Gewährung einer Ehrenzulage an die Inhaber des eisernen Kreuzes von 1870—71	III	879
1878. 19. Nov.	A. Erl. betr. die Dienstauszeichnungen, welche neben dem eisernen Kreuz II. Klasse zur Ehrenzulage berechtigen	III	918

172. Militärstrafprozeß.

		Band.	Seite.
1845. 3. April.	Preußische Militär-Strafgerichtsordnung ꝛc.	I K	3
1850. 11. März.	G. betr. die gegen Deserteure zu verh. Geldbuße (zu § 246 MStGO.).	I K	25
1873. 6. Dez.	G. betr. Einführung der Militär-Strafgerichtsordnung ꝛc.	I K	33

173. Militärstrafrecht.

1872. 20. Juni.	Militärstrafgesetzbuch für das Deutsche Reich	I J	3
1872. 20. Juni.	Einführungsgesetz zum Militärstrafgesetzbuch für das Deutsche Reich	I J	21
1872. 8. Juli.	G. betr. die Einführung des Militärstrafgesetzbuchs für das Deutsche Reich in Elsaß-Lothringen	I J	21

174. Naturalleistungen.

1868. 25. Juni.	G. betr. die Quartierleistung für die bewaffnete Macht während des Friedenszustandes	III	30
1868. 31. Dez.	Instruktion zur Ausführung des Gesetzes, betr. die Quartierleistung während des Friedenszustandes	III	45
1871. 14. Juli.	G. betr. die Quartierleistung für die bewaffnete Macht u. die Naturalverpflegung der Truppen im Frieden	III	30
1873. 13. Juni.	G. über die Kriegsleistungen	III	341
1873. 6. Okt.	G. betr. die Einführung des G. über die Kriegsleistungen	III	392
1874. 15. Okt.	Reglement über das Verfahren bei den periodischen Vormusterungen des Pferdebestandes ꝛc. in Elsaß-Lothringen	III	540
1875. 13. Febr.	G. über die Naturalleistungen für die bewaffnete Macht im Frieden	III	609
1875. 2. Sept.	Instruktion zur Ausführung des G. v. 13. Febr. 1875	III	699
1876. 1. April.	V. betr. die Ausführung des G. v. 13. Juni 1873.	III	768
1878. 11. Juli.	Erlaß betr. Abänderungen und Ergänzungen der Instruktion v. 2. Sept. 1875.	III	903
1878. 3. Aug.	G. betr. die Revision des Servistarifs und der Klasseneintheilung der Orte	III	905

175. Versorgungswesen.

1850. 27. Febr.	G. betr. die Unterstützung der bedürftigen Familien zum Dienste einberufener Reserve- und Landwehr-Mannschaften	III	228
1868. 8. April.	G. betr. die Unterstützung der bedürftigen Familien zum Dienste einberufener Mannschaften der Ersatzreserve	III	229
1871. 27. Juni.	G. betr. die Pensionirung und Versorgung der Militärpersonen des Reichsheeres und der Kaiserlichen Marine, sowie die Bewilligungen für die Hinterbliebenen solcher Personen	III	589
1872. 22. Juni.	G. betr. die Einführung deutscher Militärgesetze in E.-L.	III	228
1874. 4. April.	G. betr. einige Abänderungen u. Ergänzungen des G. v. 27. Juni 1871.	III	478
1875. 8. Febr.	G. betr. die Einführung von Reichsgesetzen in E.-L.	III	586
1875. 22. Febr.	Bkm. betr. die Ausführung der §§ 101—108 des G. v. 27. Juni 1871 und der §§ 15, 16 und 22 des G. v. 4. April 1874	III	615
1878. 26. Jan.	V. betr. die Anstellung der Militäranwärter in E.-L.	III	852
1880. 30. März.	G. betr. eine Ergänzung des G. v. 27. Juni 1871.	III	1083

176. Verschiedenes.

1872. 2. Febr.	G. betr. die Kriegergrabstätten in E.-L.	III	194
1872. 28. März.	G. betr. den Waffengebrauch des Militärs im Friedensdienste	III	216
1872. 13. Aug.	Erl. betr. Einführung Preuß. Militärverordnungen.	III	259
1873. 15. Juli.	V. betr. die Tagegelder und Reisekosten der Personen des Soldatenstandes des Preuß. Heeres	III	372
1875. 9. Jan.	G. betr. die Deutsche Seewarte	III	575

			Band.	Seite.
1875.	26. Dez.	V. betr. den Geschäftskreis, die Einrichtung und die Verwaltung der Deutschen Seewarte	III	575
1877.	31. Mai.	G. betr. die Verwendung eines Theils des Reingewinnes aus dem vom großen Generalstabe redigirten Werke „Der Deutsch-Französische Krieg 1870—71“	III	827
1878.	21. März.	Allerh. Erl. betr. die Generalstabsstiftung	III	856
1878.	23. Mai.	V. betr. die Umzugskosten des Soldatenstandes des Preuß. Heeres	III	872
1880.	29. Juni.	V. betr. die Klasseneintheilung der Militärbeamten des Reichsheeres und der Marine	III	1129

177. Mineralwasser.

VII.	29. Flor.	(18. Mai 1799). V. betr. Mineral-Brunnen und -Quellen	II	147
VIII.	3. Flor.	(23. April 1800). V. betr. Verpachtung und Verwaltung der Mineralwasseranstalten	II	159
XI.	6. Niv.	(27. Dez. 1802). V. betr. die Pachtverträge über Mineralwasser	II	193
1823.	18. Juni.	O. betr. Mineralwasser	II	417
1856.	14. Juli.	G. über Erhaltung und Bewirthschaftung der Mineralquellen	II	814
1856.	8. Sept.	D. betr. Erhaltung und Bewirthschaftung der Mineralquellen	II	820
1860.	28. Jan.	D. enthaltend eine Staatsverwaltungs-V über Anstalten natürlicher Mineralwasser	II	852
1880.	9. Febr.	V. betr. den Verkehr mit künstlichen Mineralwassern	III	1065

178. Münzwesen.

1870.	8. Nov.	V. betr. die Geldwährung	III	12
1871.	4. Dez.	G. betr. die Ausprägung von Reichsgoldmünzen	III	545
1873.	9. Juli.	Münzgesetz	III	546
1874.	20. April.	G. betr. die Abänderung des Art. 15 des Münzgesetzes v. 9. Juli 1873	III	480
1874.	15. Nov.	G. wegen Einführung der Reichsmünzgesetze in Elsaß-Lothringen	III	545
1874.	31. Dez.	V. betr. die Einführung der Reichsmarkrechnung in E.-L.	III	565
1875.	17. Febr.	Erl. betr. die einheitliche Benennung der Reichsgoldmünzen	III	615
1875.	8. Juni.	Bkm. betr. die Ausprägung von Reichsgoldmünzen auf den deutschen Münzstätten für Rechnung von Privatpersonen	III	690
1875.	21. Sept.	Bkm. betr. die Außerkurssetzung der Silber- und Bronzemünzen der Frankenwährung	III	714
1875.	22. Sept.	V. betr. die Einführung der Reichswährung	III	714
1875.	19. Dez.	Bkm. betr. die Umwechselung von Reichsgoldmünzen gegen Reichs-Silber-, Nickel- und Kupfermünzen	III	732
1876.	6. Jan.	G. betr. die Abänderung des Art. 15 des Münzgesetzes vom 9. Juli 1873	III	742
1876.	9. Mai.	Bkm. betr. die Behandlung der bei Reichs- und Landeskassen eingehenden nachgemachten, verfälschten oder nicht mehr umlaufsfähigen Münzen	III	787

(S. auch Nr. 181, 206.)

179. Notare.

1793.	17. Sept.	G. (D.) betr. Ermächtigung der Notare, Gerichtsschreiber und Gerichtsvollzieher, die Abschätzungen und Verkäufe von Fahrnißgegenständen vorzunehmen und Festsetzung der Gebühren hierfür	II	71
IV.	19. Brum.	(10. Nov. 1795). G. welches das Notariat dem Justizministerium unterstellt	II	82
XI.	25. Vent.	(16. März 1803). G. betr. die Notariatsverfassung	II	195
1806.	21. Aug.	D. betr. die Ausstellung der zur Auszahlung der Leibrenten und Ruhegehalte des Staates erforderlichen Lebensscheine durch die Notare	II	243

				Band.	Seite.
1806.	23.	Sept.	D. betr. die Lebensscheine rc. . . .	II	244
1809.	30.	Dez.	D. betr. die Kirchenfabriken (Art. 58)	II	290
1813.	6.	Nov.	D. betr. die Erhaltung und Verwaltung der Güter, welche die Geistlichkeit in mehreren Theilen des Reiches besitzt (Art. 67) . . .	II	349
1814.	30.	Juni.	O. betr. die Lebensscheine rc.	II	356
1818.	20.	Mai.	O. welche den Art. 4 der O. v. 30. Juni 1814 abändert	II	400
1822.	31.	Juli.	O. betr. Unvereinbarkeit des Amtes eines Notars mit demjenigen eines amtlichen Versteigerers	II	416
1839.	6.	Juni.	O. welche alle Notare des Königreichs ohne Unterschied zur Ausstellung von Lebensscheinen ermächtigt	II	534
1843.	4.	Jan.	O. betr. die Bildung von Kammern der Notare und die Disziplin des Notariats	II	559
1843.	21.	Juni.	G. betr. die Form der Notariatsurkunden	II	572
1853.	9.	Nov.	D. betr. Ausführung des G. v. 9. Juni 1853 (Art. 45)	II	752
1864.	19.	März.	G. betr. die Ausdehnung der Wohlthat des Gesetzes über die Wiedereinsetzung in die früheren Rechte vom 3. Juli 1852 auf die aus dem Dienste entlassenen Notare, Gerichtsschreiber und ministeriellen Beamten	II	907
1871.	14.	Juli.	G. betr. Abänderungen der Gerichtsverfassung (§§ 10, 13, 16, 17, 18).	III	23
1871.	14.	Juli.	V. zur Ausführung des Gesetzes betr. Abänderungen der Gerichtsverfassung (§ 10 Abs. 2)	III	25
1871.	20.	Sept.	G. betr. die Vereidigung der Staatsbeamten .	III	179
1871.	16.	Dez.	Vf. betr. das Dienstsiegel der Notare	III	179
1872.	17.	Febr.	Regulativ über die Vorbereitung zum höheren Justizdienste in E.-L.	III	195
1872.	19.	Juni.	G. betr. die Einführung der A. D. WO. und des A. D. HGB. (§ 6 Abs. 3)	I E	110
1873.	26.	Dez.	G. betr. das Notariat nebst Gebührentarif. . .	III	447
1879.	13.	Juni.	V. zur Ausführung der Reichsjustizgesetze (§ 15)	I C	27

(S. auch Nr. 42.)

180. Oeffentliche Arbeiten.

1755.	7.	Sept.	V. betr. die Entnahme v. Materialien zur Unterhaltung der Dämme der Loire und ihrer Nebenflüsse.	II	27
1791.	28.	Juli.	(D. v. 12—28. Juli). G. betr. die Bergwerke.	II	54
1791.	19.	Jan.	(D. v. 31. Dez. 1790—19. Jan. 1791). G. über die Einrichtung der Straßenbauverwaltung	II	49
1816.	18.	Sept.	O. betr. die Zusammensetzung der gemischten Kommission für öffentl. Arbeiten	II	393
1821.	8.	Aug.	O. betr. die Unterhaltungsarbeiten an Bezirksstraßen	II	412
1829.	10.	Mai.	O. betr. die Vertheilung der für die Wasser- und Straßenbauarbeiten bestimmten Mittel und die Art der Vergebung dieser Arbeiten . .	II	451
1831.	28.	Febr.	O. betr. das Verfahren bei öffentl. Arbeiten, welche Straßen oder Kanäle zum Gegenstande haben.	II	460
1832.	8.	Juni.	O. betr. die Einrichtung der Wasser- und Straßenbau- u. der Bergverwaltung.	II	474
1834.	18.	Febr.	O. betr. die Förmlichkeiten des Vorverfahrens bei öffentl. Arbeiten	II	485
1835.	15.	Febr.	O. enth. Abänderung der O. v. 18. Febr. 1834.	II	489
1835.	23.	Aug.	O. betr. das Vorverfahren bei öffentl. Arbeiten im Interesse von Gemeinden	II	494
1836.	4.	Dez.	O. betr. die im Namen des Staats abgeschlossenen Verträge. . . .	II	501
1851.	7.	April.	G. betr. die Grenzzone und die Zuständigkeit der für die öffentlichen Arbeiten gebildeten gemischten Kommission	II	684
1852.	25.	Dez.	SC. welches die Verfassung vom 14. Januar 1852 auslegt und abändert.	II	743

			Band.	Seite.
1853.	16. Aug.	V. über die Bestimmung der Grenzzone, die Einrichtung und Befugnisse der gemischten Kommission für öffentl. Arbeiten	II	752
1868.	8. Febr.	V. enth. Vorschriften üb. die zeitweil. Besitznahme d. zur Ausführung der öffentl. Arbeiten nöthigen Grund und Bodens	II	969
1870.	27. Juli.	G. betr. die großen öffentl. Arbeiten	II	1006
1878.	10. Nov.	Bkm. betr. die Stellung und Verwaltung der sogenannten Unternehmerkautionen	III	916

181. Papiergeld.

1871.	28. Sept.	G. betr. die Aufheb. d. gesetzl. Kurses d. Noten d. Bank v. Frankreich	III	138
1872.	7. Jan.	G. betr. das Verbot der Zahlungsleistung mittels außerdeutschen Papiergeldes, außerdeutscher Banknoten und ähnlicher Werthzeichen	III	186
1873.	9. Juli.	Münzgesetz (Art. 18)	III	546
1874.	30. April.	G. betr. die Ausgabe von Reichskassenscheinen	III	481
1874.	21. Dez.	G. betr. die Ausgabe von Banknoten	III	561
1875.	14. März.	Bankgesetz (§ 1—11)	III	626
1875.	16. Dez.	Bkm. betr. die Gültigkeit der von der Preußischen Bank ausgestellten Banknoten als Noten der Reichsbank	III	732
1876.	18. Mai.	Bkm. betr. den Umtausch beschädigter oder unbrauchbar gewordener Reichskassenscheine	III	788
1878.	6. März.	G. betr. die Einlösung und Präklusion der Darlehenskassenscheine des vormaligen Norddeutschen Bundes	III	855

182. Polizeikommissare.

1852.	28. März.	V. über die Polizeikommissariate	II	723
1853.	17. Jan.	V. betr. Einrichtung von Kantonal-Polizeikommissariaten	II	744

183—184. Post und Telegraphie.

183. Post.

1869.	5. Juni.	G. betr. die Portofreiheiten im Gebiete des Norddeutschen Bundes	III	212
1871.	28. Okt.	G. über das Postwesen des Deutschen Reichs	III	150
1871.	28. Okt.	G. über das Posttaxwesen im Gebiete des Deutschen Reichs	III	156
1871.	4. Nov.	G. betr. die Einführung der Gesetze über das Postwesen und das Posttaxwesen in E.-L.	III	150
1872.	1. März.	G. betr. die Einführung des G. v. 5. Juni 1869 in E.-L.	III	212
1873.	17. Mai.	G. betr. einige Abänderungen des G. v. 28. Oktober 1871	III	604
1873.	30. Sept.	Postvertrag zwischen Deutschland und Brasilien	III	391
1874.	22. März.	Postvertrag zwischen Deutschland und Chili	III	472
1874.	3. Juni.	Anweisung betr. die v. elsaßlothringischen Behörden ausgehenden oder an solche gerichteten portopflichtigen Postsendungen	III	527
1874.	11. Juni.	Postvertrag zwischen Deutschland und Peru	III	531
1874.	3. Nov.	G. betr. Abänderungen des Gesetzes über das Posttaxwesen	III	542
1874.	22. Nov.	Additional-Postvertrag zu dem zwischen dem Norddeutschen Bunde u. Belgien unterm 26. März 1868 abgeschlossenen Vertrage 2c.	III	551
1875.	20. Dez.	G. betr. die Abänderung des § 4 des G. v. 28. Okt. 1871	III	733
1876.	9. Febr.	Vollzugsbestimmungen zum Eisenbahn-Postgesetze v. 20. Dez. 1875	III	757
1878.	1. Juni.	Welpostvereinsvertrag	III	874
1878.	1. Juni.	Uebereinkunft betr. den Austausch von Briefen mit Werthangaben	III	879
1878.	4. Juni.	Uebereinkunft betr. den Austausch von Postanweisungen	III	879
1879.	8. März.	Postordnung	III	931
1879.	28. Mai.	Bestimmungen betr. die Verpflichtungen der Eisenbahnen untergeordneter Bedeutung zu Leistungen für die Zwecke des Postdienstes	III	973
1880.	3. Nov.	Uebereinkunft des Weltpostvereins betr. Postpackete	III	1161

184. Telegraphie.

			Band.	Seite.
1851.	27. Dez.	D. über die Telegraphenanstalten	II	697
1869.	16. Mai.	G. betr. die Einführung von Telegraphen-Freimarken	III	586
1875.	8. Febr.	G. betr. die Einführung von Reichsgesetzen in E.-L.	III	586
1875.	10-22. Juni.	Internationaler Telegraphen-Vertrag	III	697
1875.	22. Dez.	V. betr. die Verwaltung des Post- und Telegraphenwesens	III	736
1876.	4. März.	G. betr. die Kaiser-Wilhelm-Stiftung für die Angehörigen der Reichs-Postverwaltung	III	763
1876.	7. März.	Regl. über die Benutzung der 2c. Eisenbahn-Telegraphen zur Beförderung solcher Telegramme, welche nicht d. Eisenbahndienst betreffen.	III	763
1877.	2. Juni	V. betr. die gebührenfreie Beförderung von Telegrammen	III	827
1878.	14. Febr.	Vf. betr. die Bedingungen, unter welchen Privatpersonen gestattet werden kann, Telegraphenanlagen 2c. anzuschließen	III	854
1880.	23. Febr.	Allerh. Erlaß betr. die obersten Reichsbehörden für die dem Ressort des General-Postmeisters zugewiesenen Verwaltungszweige	III	1067
1880.	13. Aug.	Telegraphen-Ordnung für das Deutsche Reich	III	1141

185—191. Presse, Buchhandel, Buchdruck, Theater.

185. Allgemeines.

			Band.	Seite.
XIII.	7. Germ.	(28. März 1805). D. betr. den Druck der zum gottesdienstl. Gebrauch dienenden Bücher	II	229
1810.	6. Juli.	D. welches verbietet, Gesetze u. s. w. vor ihrer Verkündigung zu drucken und zu verkaufen	II	312
1814.	21. Okt.	G. betr. die Freiheit der Presse	II	359
1814.	24. Okt.	O. betr. Maßregeln hinsichtlich des Drucks, der Hinterlegung und Veröffentlichung von Werken u. s. w.	II	360
1819.	17. Mai.	G. über die Bestrafung von Verbrechen und Vergehen, welche durch die Presse oder auf anderm Wege öffentlich begangen worden sind.	II	403
1819.	26. Mai.	G. betr. die Verfolgung 2c. von Verbrechen u. Vergehen, welche durch die Presse 2c. begangen worden sind	II	404
1822.	25. Mai.	G. betr. die Bestrafung 2c. von Vergehen, welche durch die Presse 2c. begangen worden sind	II	413
1848.	11. Aug.	D. betr. die Bestrafung von Verbrechen und Vergehen, welche durch die Presse begangen worden sind	II	641
1849.	27. Juli.	G. über die Presse	II	645
1852.	17. Febr.	Organisches D. über die Presse	II	706
1853.	5. Jan.	D. welches bestimmt, daß die auf Grund d. Art. 6 des G. v. 16. Juli 1850 u. des Art. 29 des D. v. 17. Febr. 1852 zu bezahlenden Geldstrafen an die Depositenkasse entrichtet werden	II	744
1868.	11. Mai.	G. über die Presse	II	970

186. Anschläge.

			Band.	Seite.
1791.	22. Mai.	(D. v. 18—22. Mai). G. betr. die Gemeindeversammlungen und das Petitionsrecht	II	52
1791.	28. Juli.	(D. v. 22—28. Juli). G. betr. die Farbe der öffentlichen Anschläge	II	54
1816.	28. April.	G. über die Finanzen (Artt. 65 u. 69)	II	373
1817.	25. März.	G. über die Finanzen (Art. 77)	II	394
1818.	15. Mai.	G. über die Finanzen (Art. 76)	II	398
1830.	10. Dez.	G. über die Zettelanschläger und öffentlichen Ausrufer	II	457
1852.	8. Juli.	G. betr. den Ausgabe- und Einnahme-Voranschlag für 1853 (Art. 30)	II	729
1852.	25. Aug.	D. welches über das öffentliche Anschlagen Vorschriften trifft	II	735

			Band.	Seite.

187. Ausrufer (criage).

1830.	10. Dez.	G. über die Zettelanschläger und öffentlichen Ausrufer.	II	457
1834.	16. Febr.	G. über die öffentlichen Ausrufer .	II	484

188. Buchhändler und Drucker.

1735.	10. Sept.	V. welche allen anderen als den Buchhändlern d. Handel mit Büchern verbietet	II	13
1810.	5. Febr.	D. enth. Vorschriften über das Gewerbe der Drucker u. Buchhändler.	II	301
1810.	18. Nov.	D. betr. Pressen, Schriftsortimente, Lettern u. andere Druckgeräthe .	II	321
1811.	2. Febr.	D. betr. die den Druckern auszustellenden Patente	II	325
1812.	11. Juli.	D. welches die Bestimmungen des Dekrets vom 2. Februar 1811 auf Buchhändler ausdehnt	II	339
1814.	21. Okt.	G. betr. die Freiheit der Presse	II	359
1814.	24. Okt.	O. betr. Maßregeln hinsichtlich des Drucks, der Hinterlegung u. Veröffentlichung von Werken u. s. w.	II	360
1817.	8. Okt.	O. betr. den Steindruck	II	397
1852.	22. März.	D. über die Ausübung des Kupferstechergewerbes, den Besitz von Pressen 2c.	II	714
1852.	22. März.	D. betr. die Verleihung der Drucker- und Buchhändler-Patente durch den Polizei-Minister	II	715

189. Pflichtexemplare.

1814.	24. Okt.	O. betr. Maßregeln hinsichtlich des Drucks, der Hinterlegung und Veröffentlichung von Werken u. s. w. (Artt. 4, 8).	II	360
1828.	9. Jan.	O. welche diejenige vom 24. Oktober 1814 abändert	II	440
1835.	30. Juli.	O. betr. das Pflichtexemplar von Büchern, welches dem Ministerium des öffentl. Unterrichts übergeben werden soll . .	II	493

190. Theater.

1791.	19. Jan.	(D. v. 13—19. Jan.). G. betr. die Schauspiele . .	II	49
1791.	6. Aug.	(D. v. 19. Juli—6. Aug.). G. betr. die Schauspiele	II	54
1793.	1. Sept.	D. welches das G. v. 30. August 1792, betr. die dramatischen Werke, aufhebt 2c.	II	70
VII.	1. Germ.	(21. März 1799). V. über Maßregeln zur Verhütung von Feuersbrünsten in Schauspielhäusern		
XIV.	21. Frim.	(12. Dez. 1805). D. betr. die Aufsicht über die Theater . .	II	235
1806.	8. Juni.	D. betr. die Theater	II	240
1811.	13. Aug.	D. über die Theater	II	328
1824.	8. Dez.	O. betr. die Errichtung von Theatern in den Regierungsbezirken .	II	430
1850.	30. Juli.	G. betr. die Aufsicht über die Theater	II	672
1851.	30. Juli.	G. welches die Dauer des G. v. 30. Juli 1850, betr. die Aufsicht über die Theater, verlängert	II	693
1852.	30. Dez.	D. betr. die Darstellung dramatischer Werke	II	743
1853.	6. Juli.	D. betr. die Erlaubniß zur Darstellung in subventionirten Theatern.	II	750
1864.	6. Jan.	D. betr. die Freiheit der Theater	II	906

191. Zeitungen, Zeitschriften.

1819.	17. Mai.	G. über die Bestrafung von Verbrechen u. Vergehen, welche durch die Presse oder auf anderem Wege öffentlich begangen worden sind . .	II	403
1819.	26. Mai.	G. betr. die Verfolgung von Verbrechen und Vergehen, welche durch die Presse 2c. begangen worden sind	II	404
1819.	9. Juni.	G. betr. das Erscheinen von Zeitungen oder Zeitschriften	II	404
1822.	25. März.	G. betr. die Bestrafung von Vergehen, welche durch die Presse 2c. begangen worden sind	II	413

			Band.	Seite.
1828.	18. Juli.	G. über Zeitungen und Zeitschriften	II	442
1828.	29. Juli.	O. betr. den Vollzug des G. v. 18. Juli 1828	II	444
1830.	14. Dez.	G. über die Kaution, den Stempel und das Porto von Zeitungen und Zeitschriften	II	458
1835.	18. Nov.	O. betr. die Kautionen von Zeitungen und Zeitschriften	II	495
1848.	11. Aug.	D. betr. die Bestrafung von Verbrechen u. Vergehen, welche durch die Presse begangen worden sind	II	641
1849.	27. Juli.	G. über die Presse	II	645
1850.	16. Juli.	G. über die Kautionspflicht der Zeitungen ꝛc. .	II	670
1852.	17. Febr.	Organisches Dekr. über die Presse	II	706
1853.	5. Jan.	D. welches bestimmt, daß die auf Grund d. Art. 6 G. v. 16. Juli 1850 u. d. Art. 29 D. v. 17. Februar 1852 zu bezahlenden Geldstrafen an die Depositenkasse entrichtet werden	II	744
1868.	11. Mai.	G. über die Presse .	II	970

192—193. Rechnungswesen.

192. Allgemeines.

1793.	13. Sept.	(D. v. 24. Aug.—13. Sept.). G. welches die Anlegung eines Hauptbuchs für die Staatsschuld anordnet ꝛc.	II	71
XIII.	8. Vent.	(27. Febr. 1805). D. betr. Leibrenten, welche während drei Jahren nicht eingefordert worden sind	II	226
1807.	12. Aug.	StRG. betr. die Pfändung der Gelder von Gemeinden, welche bei der Schuldentilgungskasse hinterlegt sind	II	249
1809.	24. März.	StRG. über die von der Schuldentilgungskasse zu zahlenden rückständigen Zinsen	II	282
1813.	26. Mai.	StRG. über das Verfahren, um die Auszahlung von Summen, welche die Gemeinden schulden, zu erlangen	II	341
1819.	13. Okt.	O. betr. die Zahlung der Zinsen der öffentlichen Schuld und der Ruhegehälter	II	406
1831.	29. Jan.	G. betr. den Voranschlag für das Rechnungsjahr 1828 ꝛc.	II	460
1862.	31. Mai.	D. welches das öffentliche Rechnungswesen in umfassender Weise regelt.	II	874
1872.	27. März.	G. betr. Einrichtung und Befugnisse der Oberrechnungskammer . .	III	605
1875.	11. Febr.	G. betr. die Kontrole des Reichshaushalts und des Landeshaushalts von Elsaß-Loth. für 1874.	III	605
1875.	5. März.	Instruktion für den Rechnungshof des Deutschen Reichs .	III	622
1876.	29. Febr.	G. betr. das Etatsjahr für den Reichshaushalt	III	760
1877.	7. April.	Bkm. betr. Aenderung der §§ 4 u. 5 der Instr. für d. Rechnungshof.	III	816
1878.	18. März.	G. betr. Verlegung des Etatsjahres für das öffentliche Rechnungswesen in E.-L.	III	855
1879.	11. Febr.	V. betr. die Aenderungen im Rechnungswesen der Gemeinden und öffentlichen Anstalten in Folge der Verlegung des Etatsjahres . .	III	929
1880.	18. Mai.	V. betr. die Empfangnahme und Ablieferung der gerichtlichen Hinterlegungen durch die Enregistrementskassen	III	1108
1880.	5. Juli.	Vf. betr. die Aufstellung des Haushaltsetats der Gemeinden und öffentlichen Anstalten.	III	1137

193. Steuern der Gemeinden und Bezirke.

X.	14. Flor.	(4. Mai 1802). G. betr. die indirekten Steuern des Jahres XI .	II	182
1828.	17. Aug.	G. betr. den Einnahmevoranschlag für das Rechnungsjahr 1829 .	II	444
1841.	25. Juni.	G. betr. den Einnahmevoranschlag für das Rechnungsjahr 1842 . .	II	553
1845.	7. Juni.	G. betr. die Vertheilung der Kosten für Anlegung von Bürgersteigen.	II	625
1857.	25. Juni.	G. enth. den Ausgabe- und Einnahmevoranschlag für 1858 . . .	II	825

			Band.	Seite.
1875.	26. Dez.	G. betr. Feststellung des Landeshaushalts-Etats v. Elf.-Loth. für 1876.	III	739
1879.	31. März.	G. betr. Feststellung des Landeshaushalts-Etats von Elsaß-Lothringen für das Etatsjahr 1879/80	III	962

194. Rechtsanwälte.

VIII.	27. Vent.	(18. März 1800). G. betr. die Gerichtsverfassung (Art. 94) . . .	II	158
1807.	31. Mai.	D. betr. die Enregistrementsgebühren der Urkunden über Vereidigung der Advokaten 2c.	II	246
1809.	5. Aug.	StRG. über die Unvereinbarkeit des Amtes eines Anwalts mit demjenigen eines Präfekturraths	II	288
1810.	6. Juli.	D. betr. die Verfassung und den Dienst der kaiserlichen Appellationsgerichtshöfe und Schwurgerichtshöfe (Art. 115)	II	309
1812.	2. Juli.	D. über die Vorträge vor den kaiserlichen Appellationsgerichtshöfen und den Gerichten erster Instanz	II	338
1822.	20. Nov.	O. enth. Vorschriften über die Ausübung des Berufs als Advokat und die Disziplin der Advokaten	II	416
1871.	14. Juli.	G. betr. Abänderungen der Gerichtsverfassung .	III	23
1878.	1. Juli.	Rechtsanwaltsordnung	III	886
1879.	7. Juli.	Gebührenordnung für Rechtsanwälte	I Anh.	50
1880.	3. April.	G. betr. die Ausführung des GKG. und der Gebührenordnungen für Rechtsanwälte 2c.	I Anh.	59

195—205. Religionswesen.

195. Geistliche, katholische.

XI.	27. Brum.	(18. Nov. 1802). V. betr. die Pfarrer erster und zweiter Klasse sowie die Bezahlung der Pfarrgehälter	II	191
XI.	18. Germ.	(8. April 1803). V. betr. die Gehälter der Geistlichen 2c.	II	201
XI.	11. Frukt.	(29. Aug. 1803). V. betr. das Gehalt der Vikare, Kapläne u. Hausgeistlichen an Wohlthätigkeitsanstalten	II	209
XII.	17. Niv.	(8. Jan. 1804). D. betr. die geistliche Tracht	II	211
XII.	23. Vent.	(14. März 1804). G. betr. die Errichtg. v. Seminarien (Artt. 4 u. 5).	II	214
XII.	23. Prair.	(12. Juni 1804). D. über die Begräbnisse (Art. 20)	II	219
XIII.	13. Therm.	(1. Aug. 1805). D. betr. Vorwegnahme aus dem Erträgnisse der Vermiethung der Bänke und Stühle in den Kirchen	II	233
1809.	30. Dez.	D. betr. die Kirchenfabriken	II	290
1813.	6. Nov.	D. betr. die Erhaltung u. Verwaltung der Güter der Geistlichkeit .	II	349
1813.	26. Dez.	D. betr. die Vertheilung der bei Beerdigungen und Trauergottesdiensten verwendeten Kerzen	II	355
1814.	6. Nov.	O. betr. Bewilligung eines Gehaltszuschusses für jeden Hülfspfarrer, welcher zwei Hülfspfarreien zu besorgen hat	II	361
1820.	4. Sept.	O. betr. das Gehalt u. die Einrichtungskosten der Erzbischöfe u. Bischöfe.	II	409
1821.	31. Okt.	O. betr. die Verwaltung der Pflegehäuser u. Armenräthe (Art. 18) .	II	412
1825.	12. Jan.	O. betr. die Fabrikräthe der Kirchen	II	430
1829.	26. Juli.	G. welches den Haushalts-Voranschlag des Rechnungsjahres 1827 endgültig feststellt (Art. 8)	II	453
1830.	25. Dez.	O. betr. die Bedingungen der Zulassung zu dem Amte eines Bischofs 2c.	II	459
1832.	13. März.	O. betr. den Zeitpunkt, an welchem die Inhaber von Kirchenämtern in den Genuß ihres Gehalts treten 2c. .	II	467
1832.	6. April.	O. betr. die Pfarrer erster Klasse	II	468
1833.	23. April.	G. betr. die Ausgaben für das Rechnungsjahr 1833 (Art. 8)	II	477
1837.	18. Juli.	G. über die Gemeindeverwaltung (Art. 30 Nr. 13).	II	504

		Band.	Seite.
1853. 28. Juni.	D. betr. Gründung einer Pensionskasse für bejahrte oder gebrechliche Geistliche 2c.	II	750
1857. 12. Okt.	D. betr. Festsetzung des Höchstbetrages der Einrichtungskosten, welche den Bischöfen bewilligt werden können	II	829

(S. auch Nr. 201.)

196. Geistliche, protestantische.

XII. 15. Germ.	(5. April 1804). V. betr. das Gehalt der protestantischen Geistlichen	II	217
XII. 19. Prair.	(8. Juni 1804). D. betr. Ermächtigung der protestantischen Pfarrer zum Tragen einer Amtstracht	II	219
XII. 23. Prair.	(12. Juni 1804). D. über die Begräbnisse (Art. 20)	II	219
XIV. 10. Brum.	(1. Nov. 1805). D. betr. die Pfarrer der protestantischen Kirchen Augsburgischen Bekenntnisses und der reformirten Religionsgenossenschaft, welche ihre Kirchen verlassen wollen, um in einer andern ihr Amt auszuüben, oder ihre Entlassung nehmen wollen	II	235
1832. 13. März.	O. betr. den Zeitpunkt, an welchem die Inhaber von Kirchenämtern in den Genuß ihres Gehaltes treten 2c.	II	467
1832. 29. Okt.	Erl. des Kultusministers über das Gehalt der nichtkatholischen Religionsdiener und die vorübergehende Abwesenheit derselben von ihrem Amtssitze	II	477
1833. 23. April.	G. betr. die Ausgaben für das Rechnungsjahr 1833 (Art. 8)	II	477
1837. 18. Juli.	G. über die Gemeindeverwaltung (Art. 30 Nr. 13)	II	504
1840. 5. Sept.	Erl. des Kultusministers betr. das Gehalt der protestantischen Geistlichen	II	540
1842. 7. Aug.	O. betr. die Wohnungsentschädigungen der protestantischen und israelitischen Religionsdiener	II	557

(S. auch Nr. 202.)

197. Israelitische Religionsdiener.

1831. 6. Aug.	O. betr. das Gehalt der Gemeinderabbiner und Vorsänger	II	466
1832. 13. März.	O. betr. den Zeitpunkt, an welchem die Inhaber von Kirchenämtern in den Genuß ihres Gehaltes treten 2c.	II	467
1832. 15. Okt.	V. des Kultusministers betr. die Zulassung zur Stelle eines Rabbiners.	II	476
1832. 29. Okt.	Erl. des Kultusministers betr. das Gehalt der nichtkatholischen Religionsdiener und die vorübergehende Abwesenheit derselben von ihrem Amtssitze	II	477
1833. 23. April.	G. betr. die Ausgaben für das Rechnungsjahr 1833	II	477
1837. 18. Juli.	G. über die Gemeindeverwaltung (Art. 30 Nr. 13).	II	504
1840. 5. Sept.	Erl. des Kultusministers betr. das Gehalt der protest. Geistlichen	II	540
1842. 7. Aug.	O. betr. die Wohnungsentschädigungen der protestantischen und israelitischen Religionsdiener	II	557

(S. auch Nr. 200.)

198. Kirchenfabriken.

XI. 7. Therm.	(26. Juli 1803). V. betr. die Güter der Fabriken	II	207
XII. 25. Frim.	(17. Dez. 1803). Entscheidung betr. Anwendung der V. v. 7. Therm. XI auf die mit Seelenmessen belasteten Güter und Renten	II	210
XII. 23. Prair.	(12. Juni 1804). D. über die Begräbnisse (Artt. 22—25)	II	219
XIII. 15. Vent.	(6. März 1805). D. betr. die Güter der Fabriken der Metropolen, Kathedralen u. Kapitel der ehemal. Diözesen, sowie der Kollegiatgüter.	II	227
XIII. 28. Messid.	(17. Juli 1805). D. welches den Fabriken die Güter der ehemaligen Brüderschaften zuweist	II	232
XIII. 22. Frukt.	(9. Sept. 1805). D. betr. die Verwaltung der mit Stiftungen für religiöse Dienste belasteten Güter, sowie die Erhebung der Erträgnisse dieser Güter und die Erfüllung der Stiftungslasten	II	233

			Band.	Seite.
1806.	30. Mai.	D. welches die unterdrückten Kirchen und Pfarrhäuser mit den Gütern der Fabriken vereinigt	II	239
1806.	16. Juni.	D. betr. die Erfüllung der religiösen Dienste, welche für die Güter zu leisten sind, in deren Besitz die Pflegehäuser und Armenräthe gesetzt wurden	II	240
1806.	31. Juli.	D. betr. die Güter der Fabriken der unterdrückten Kirchen	II	241
1809.	17. März.	D. welches den Fabriken die veräußerten, jedoch wegen Nichtzahlung des Erwerbspreises an d. Staat zurückgefallenen Güter zurückerstattet.	II	282
1809.	30. Dez.	D. betr. die Kirchenfabriken	II	290
1810.	14. Febr.	G. betr. die Einkünfte der Kirchenfabriken	II	302
1810.	8. Nov.	D. betr. Anwendung der Bestimmungen der Dekrete v. 30. Mai 1806 und 17. März 1809 auf die ehemaligen Vikariatshäuser	II	321
1813.	6. Nov.	D. betr. die Erhaltung und Verwaltung der Güter, welche die Geistlichkeit in mehreren Theilen des Reiches besitzt	II	349
1813.	26. Dez.	D. betr. die Vertheilung der bei Beerdigungen u. Trauergottesdiensten verwendeten Kerzen	II	355
1820.	28. März.	O. durch welche unter den darin angegebenen Bedingungen die Fabriken der Hülfspfarreien ermächtigt werden, sich wieder in den Besitz der früher den von ihnen verwalteten Kirchen gehörenden Güter und Renten zu setzen	II	407
1825.	12. Jan.	O. betr. die Fabrikräthe der Kirchen	II	430
1825.	3. März.	O. bezüglich der Pfarrhäuser	II	431
1837.	18. Juli.	G. betr. die Gemeindeverwaltung (Artt. 21 Nr. 5, 7; 30 Nr. 14)	II	504
1853.	7. März.	D. betr. Maßregeln für die Unterhaltung und Wiederherstellung der Diözesankirchen und Diözesangebäude	II	745

199. Kongregationen.

1790.	19. Febr.	(D. v. 13—19. Febr.). Kgl. Handschreiben betr. ein Dekret, welches in Frankreich die Klostergelübde beider Geschlechter verbietet	II	39
1791.	14. Sept.	(D. v. 13—14. Sept.). Französische Verfassung. Erklärung der Menschen- und Bürgerrechte	II	56
1792.	18. Aug.	(D.) G. betr. die Aufhebung der Säkularkongregationen und der Brüderschaften	II	64
X.	18. Germ.	(8. April 1802). G. betr. die Kultusverfassung (Art. 11)	II	172
XII.	3. Messid.	(22. Juni 1804). D. welches die Auflösung mehrerer religiösen Vereinigungen oder Genossenschaften anordnet	II	221
1809.	18. Febr.	D. betr. die der Pflege sich widmenden weiblichen Kongregationen oder Häuser	II	280
1825.	24. Mai.	G. betr. die Ermächtigung und den gesetzlichen Bestand der Kongregationen und religiösen Genossenschaften von Frauen	II	433
1852.	31. Jan.	D. betr. die Kongregationen u. religiösen Genossenschaften v. Frauen	II	700
1872.	4. Juli.	G. betr. den Orden der Gesellschaft Jesu	III	234
1872.	5. Juli.	Bkm. betr. die Ausführung des Gesetzes über den Orden der Gesellschaft Jesu	III	234
1872.	8. Juli.	G. wegen Einführung des Reichsgesetzes betr. den Orden der Gesellschaft Jesu in E.-L.	III	234
1873.	20. Mai.	Bkm. betr. die Ausführung des Gesetzes über den Orden der Gesellschaft Jesu	III	339

200. Kultus, israelitischer.

1806.	10. Dez.	V. der allgemeinen Versammlung der Juden	II	245
1808.	17. März.	D. betr. Vollzug einer V. v. 10. Dez. 1806 bezüglich der Juden	II	263
1808.	17. März.	D. betr. Maßregeln zur Ausführung der V. v. 10. Dez. 1806 bezüglich der Juden	II	265
1808.	11. Dez.	D. betr. die Verfassung der Konsistorialsynagogen	II	277

			Band.	Seite.
1819.	29. Juni.	O. betr. Ausführung der V. über die Israeliten v. 10. Dez. 1806	II	405
1823.	20. Aug.	O. betr. neue Abänderungen der V. v. 10. Dez. 1806	II	421
1831.	8. Febr.	G. betr. Uebernahme des Gehalts der israelitischen Religionsdiener auf den Staat	II	460
1832.	15. Okt.	V. betr. die Zulassung zur Stelle eines Rabbiners	II	476
1837.	18. Juli.	G. betr. die Gemeindeverwaltung	II	504
1844.	25. Mai.	O. enth. Vorschriften bez. der Verfassung des israelitischen Kultus	II	615
1850.	15. Juni.	D. betr. die Zusammensetzung der Bezirkskonsistorien	II	668
1853.	9. Juli.	D. betr. die Ernennung der Oberrabbiner u. der Gemeinderabbiner	II	751
1862.	29. Aug.	D. betr. Abänderung der Verfassung des israelitischen Kultus	II	893
1867.	5. Febr.	D. betr. Vervollständigung der Bestimmungen des D. v. 29. Aug. 1862 bezüglich der israelitischen Wahlen	II	955
1870.	12. Sept.	Bkm. des Civilkommissars an die Geistlichkeit	III	11
1872.	22. Juli.	V. betr. die Ausübung d. Funktionen d. israelit. Zentralkonsistoriums.	III	254

201. Kultus, katholischer.

1682.	19. März.	Erklärung der französischen Geistlichkeit über die kirchliche Gewalt	II	7
1682.	23. März.	Edikt Ludwigs XIV betr. die von der Geistlichkeit Frankreichs abgegebene Erklärung ihrer Ansichten bezügl. der kirchlichen Gewalt	II	7
IX.	26. Messid.	(15. Juli 1801). Uebereinkunft der französischen Regierung u. Papst Pius VII (Konkordat)	II	173
X.	18. Germ.	(8. April 1802). G. betr. die Kultusverfassung	II	172
X.	29. Germ.	(19. April 1802). V. durch welche die Bekanntmachung einer Bulle, betr. das Konkordat, angeordnet wird	II	181
XII.	11. Prair.	(31. Mai 1804). D. enth. Vorschriften über eine neue Abgrenzung der Hülfspfarreien	II	218
1806.	18. Mai.	D. betr. den Dienst in den Kirchen und die Leichenzüge	II	238
1807.	30. Sept.	D. betr. Vermehrung der Hülfspfarreien	II	260
1808.	7. Jan.	D. betr. Erforderniß der kaiserl. Ermächtigung zur Erlangung der Würde eines Bischofs in partibus	II	261
1809.	26. Sept.	D. welches die inneren Missionen verbietet	II	288
1810.	25. Febr.	D. welches das Edikt vom Monate März 1682 zum allgemeinen Gesetze des Reichs erklärt	II	303
1810.	28. Febr.	D. enth. Vorschriften bez. der organischen Gesetze des Konkordats	II	305
1810.	14. Dez.	StRG. über die Frage, ob die Gemeinden, welche eine Annexe oder eine Kapelle erhalten, zu den Kultuskosten der Pfarrei beitragen müssen	II	322
1811.	17. Nov.	D. betr. die Stellvertretung der Pfarrer bei Abwesenheit oder Krankheit	II	330
1812.	22. Dez.	D. betr. die Ermächtigung für Hauskapellen u. Privatbethäuser	II	339
1813.	25. Jan.	Konkordat von Fontainebleau	II	340
1813.	13. Febr.	Veröffentlichung des Konkordats von Fontainebleau als Gesetz des Reiches	II	340
1813.	25. März.	D. betr. die Ausführung des Konkordats von Fontainebleau	II	340
1813.	6. Nov.	StRG. betr. Gesuche um Errichtung von Kapellen	II	349
1819.	25. Aug.	O. betr. Errichtung von fünfhundert neuen Hülfspfarreien rc.	II	406
1822.	31. Okt.	O. betr. Verkündigung der Bulle über Eintheilung der Diözesen	II	416
1825.	3. März.	O. betr. die Pfarrhäuser	II	431
1837.	18. Juli.	G. betr. die Gemeindeverwaltung (Artt. 21 Nr. 1, 4; 30 Nr. 13, 14).	II	504
1870.	12. Sept.	Bkm. des Civilkommissars an die Geistlichkeit	III	11
1874.	4. Mai.	G. betr. die Verhinderung der unbefugten Ausübung v. Kirchenämtern.	III	494
1874.	7. Okt.	Protokoll betr. die Festsetzung der Diözesangrenzen zwischen Deutschland und Frankreich	III	540

202. Kultus, protestantischer.

			Band.	Seite.
1790.	17-24. Aug.	D. welches die Protestanten des Elsaß in den von ihnen bisher genossenen Rechten bestätigt	II	40
1790.	10. Dez.	(D. v. 1—10. Dez.). G. betr. die Güter der Protestanten des Augsburgischen u. Schweizerischen Bekenntnisses	II	46
X.	18. Germ.	(8. April 1802). G. betr. die Kultusverfassung	II	172
XII.	23. Prair.	(12. Juni 1804). D. über die Begräbnisse (Artt. 22—25)	II	219
XIV.	10. Brum.	(1. Nov. 1805). D. betr. die protestantischen Bethäuser	II	235
1806.	5. Mai.	D. betr. die Wohnung der Geistlichen des protestantischen Kultus und die Unterhaltung der Kirchen	II	238
1806.	18. Mai.	D. betr. den Dienst in den Kirchen u. die Leichenzüge	II	238
1807.	25. März.	D. betr. Festsetzung des Alters für die Weihe zum Geistlichen der protestantischen Bekenntnisse	II	246
1809.	30. Dez.	D. betr. die Kirchenfabriken	II	290
1821.	31. Juli.	O. betr. Vermehrung der Zahl der Freistellen in den protestantischen Seminarien	II	410
1834.	23. Mai.	O. bestimmend daß die Konsistorien zur Prozeßführung der Ermächtigung des Präfekturraths bedürfen	II	468
1837.	18. Juli.	G. betr. d. Gemeindeverwaltg. (Artt. 21 Nr. 1, 5, 7; 30 Nr. 13, 14)	II	504
1852.	26. März.	D. betr. die Verfassung der protestantischen Bekenntnisse	II	721
1852.	10. Sept.	Ausführungsverordnung zu dem D. v. 26. März 1852 für beide Bekenntnisse	II	736
1852.	10. Nov.	Ausführungsverordnung zu dem D. v. 26. März 1852 betr. das Augsburgische Bekenntniß	II	740
1852.	10. Nov.	D. betr. Festsetzung der Konsistorialsprengel der protestant. Kirchen 2c.	II	742
1853.	20. Mai.	Ausführungsverordnung zu dem D v. 26. März 1852 betr. die reformirte Kirche	II	746
1859.	19. März.	D. betr. Ermächtigung 1) zur Eröffnung von neuen Kirchen 2c. der protestantischen Bekenntnisse; 2) zur öffentlichen Ausübung der vom Staate nicht anerkannten Bekenntnisse	II	848
1865.	26. Aug.	D. betr. die Stellvertretung u. den Amtsantritt der geistl. Inspektoren	II	932
1870.	12. Sept.	Bkm. des Civilkommissars an die Geistlichkeit	III	11
1872.	30. Okt.	V. betr. die Befähigung zur Anstellung im Pfarramte der Kirche Augsburgischer Konfession	III	290
1872.	15. Nov.	Erlaß betr. die neue Art und Weise der Ernennung der Pfarrer und geistlichen Inspektoren	III	295
1873.	10. April.	V. betr. die Befähigung zur Anstellg. im Pfarramte der reform. Kirche.	III	327
1873.	22. April.	Bkm. betr. die Stellvertretg. u. d. Amtsaustritt der geistl. Inspektoren.	III	328
1873.	17. Nov.	V. betr. die Ausschließung Nichtdeutscher von den kirchl. Wahlen	III	403
1874.	21. Okt.	V. betr. die Gewährung des Gnadenquartals an die Hinterbliebenen verstorbener Pfarrer u. die interimistische Bedienung der Pfarrstellen.	III	541
1875.	22. Dez.	V. betr. die Gewährung des Gnadenquartals an die Hinterbliebenen verstorbener Pfarrer u. die interimistische Bedienung der Pfarrstellen.	III	736

203. Paläste, bischöfliche.

1819.	7. April.	O. betr. das Mobiliar der erzbischöflichen u. bischöflichen Paläste	II	402
1829.	26. Juli.	G. betr. den Haushalts-Voranschlag für 1827	II	453
1830.	3. Febr.	O. betr. Ausführung des Art. 8 des G. v. 26. Juli 1829	II	454
1832.	4. Jan.	D. betr. die jährliche Vergleichung des Bestands des Mobiliars der erzbischöflichen und bischöflichen Paläste	II	467
1853.	7. März.	D. betr. Maßregeln für die Unterhaltung und Wiederherstellung der Diözesankirchen und Diözesangebäude	II	745

Band. Seite.

204. Seminare, geistliche.

XII. 23. Vent.	(14. März 1804). G. betr. die Errichtung von Seminaren	II	214
1807. 30. Sept.	D. betr. Gründung von Freistellen und halben Freistellen in den Diözesanseminaren	II	261
1808. 17. März.	D. betr. die Verfassung der Universität (Art. 3) .	II	263
1809. 9. April.	D. betr. die Zöglinge der Seminare . .	II	283
1809. 30. Dez.	D. betr. die Kirchenfabriken (Artt. 107 ff.)	II	290
1814. 5. Okt.	O. betr. Ermächtigung der Erzbischöfe und Bischöfe zur Errichtung geistlicher Schulen	II	358
1828. 16. Juni.	O. betr. Maßregeln bezüglich der geistlichen Sekundärschulen 2c.	II	441
1828. 16. Juni.	O. betr. die geistlichen Sekundärschulen	II	441
1835. 2. Nov.	O. betr. die Bezahlung von ganzen und halben Freistellen in den Seminaren	II	495

205. Simultaneum.

1727. 1. März.	Schreiben enth. eine allgem. Verordnung bezüglich d. Religion im Elsaß	II	10
1843. 22. April.	V. betr. die Ausübung des Simultaneums in den für den katholischen und protestantischen Kultus bestimmten Kirchen 2c. .	II	563

206. Schatzanweisungen.

1880. 24. März.	G. betr. den Landeshaushaltsetat von Elf.-Loth. für 1880/81	III	1075
1880. 26. März.	G. betr. den Reichshaushaltsetat für 1880/81	III	1083

207—209. Sicherheitspolizei.

207. Entzündliche Stoffe.

1879. 25. Aug.	V. des B.-Pr. v. Lothr. betr. den Verkehr mit explosiven Stoffen	III	1019
1879. 4. Sept.	V. des B.-Pr. v. U.-E. betr. Dasselbe .	III	1019
1879. 13. Sept.	V. des B.-Pr. v. O.-E. betr. Dasselbe	III	1038
1880. 17. März.	V. des B.-Pr. v. O.-E. über den Transport explosiver Stoffe auf dem Rhein.	III	1070
1880. 25. März.	V. des B.-Pr. v. U.-E. betr. Dasselbe .	III	1080

(S. auch Nr. 103.)

208. Höllenmaschinen.

1858. 27. Febr.	G. betr. Maßregeln allgemeiner Sicherheit	II	829

209. Paßwesen.

1874. 12. Febr.	V. die Einführung von Paßkarten betr.	III	470
1879. 2. Febr.	V. betr. die Paßpflichtigkeit der aus Rußland kommenden Reisenden.	III	929

210. Staatsangehörigkeit.

1849. 3. Dez.	G. über die Naturalisation und den Aufenthalt der Ausländer in Frankreich	II	648
1851. 15. Juli.	Vertrag w. gegenseitiger Verpflichtung und Uebernahme der Auszuweisenden (Gothaer Vertrag)	III	303
1853. 13. Juni.	D. betr. ausländische Ehrenzeichen. .	II	749
1867. 29. Juni.	G. betr. die Naturalisation	II	958
1867. 1. Nov.	G. über die Freizügigkeit.	III	301
1870. 1. Juni.	G. über die Erwerbung und den Verlust der Bundes- und Staatsangehörigkeit	III	304

		Band.	Seite.
1873. 8. Jan.	G. betr. die Einführung d. G. v. 1. Nov. 1867 u. v. 1. Juni 1870.	III	301
1873. 23. Jan.	Bkm. betr. Vollzug des G. über den Verlust der Bundes- u. Staatsangehörigkeit	III	306
1875. 20. Dez.	G. betr. die Naturalisation von Ausländern, welche im Reichsdienste angestellt sind	III	735

211. Staatsgut.

1629. 15. Jan.	O. über die Klagen u. Beschwerden ꝛc. der Vertreter d. Reichsstände.	II	5
1790. 5. Nov.	(D. v. 23. Okt. — 28. Okt. — 5. Nov.). G. üb. die Verwaltung ꝛc. der Staatsgüter ꝛc.	II	41
1790. 17. Nov.	(D. v. 3—17. Nov.). G. über den Verkauf der Staatsgüter	II	43
1790. 1. Dez.	(D. v. 22. Nov. — 1. Dez.). G. betr. die Staatsgüter, die in Bezug darauf erfolgten Tauschverträge u. Abtretungen sowie d. Apanagen.	II	45
1791. 11. Febr.	(D. v. 5—11. Febr.). G. betr. die Form und Dauer der v. geistl. oder weltlichen Körperschaften, Häusern oder Gemeinheiten abgeschlossenen Pachtverträge ꝛc.	II	50
1791. 20. März.	(D. v. 9—11—20. März). G. betr. die Verwaltung u. Erhebung der ehemaligen Feudalrechte ꝛc.	II	50
1791. 12. Sept.	(D. v. 19. Aug. — 12. Sept.). G. betr. die Verwaltung d. körperlichen und unkörperlichen Staatsgüter, welche weder veräußert noch unterdrückt sind	II	55
1793. 4. März.	(D. v. 4—9. März). G. betr. die Unternehmer u. Lieferanten, welche mit den Vertretern des Staats Verträge abgeschlossen haben	II	65
IV. 19. Niv.	(9. Jan. 1796). G. über die Art u. Weise wie Klagen im Namen des Staats anzustellen oder wieder aufzunehmen sind.	II	83
IV. 10. Therm.	(28. Juli 1796). V. betr. die Betreibung und Leitung gerichtlicher Klagen, welche den Staat angehen.	II	85
V. 16. Brum.	(6. Nov. 1796). G. betr. die ordentl. und außerordentl. Ausgaben des Jahres V.	II	88
VI. 23. Niv.	(12. Jan. 1798). V. betr. das Verfahren für den Verkauf des dem Staate gehörenden Mobiliars	II	99
X. 15. Flor.	(5. Mai 1802). G. betr. das Verfahren beim Verkauf von ländlichen Grundstücken, welche der Nation gehören.	II	183
X. 16. Flor.	(6. Mai 1802). G. betr. die Zwei-Drittel-Bons u. den Verkauf von dem Staate gehörenden Häusern, Gebäuden und Fabriken.	II	184
X. 13. Messid.	(2. Juli 1802). V. betr. die Anfertigung eines Verzeichnisses der Gebäude welche sich zu Kasernen ꝛc. eignen.	II	188
XI. 4. Therm.	(23. Juli 1803). V. betr. die Abrechnungen der Erwerber v. Staatsgütern	II	206
XII. 5. Vent.	(25. Febr. 1804). Finanzgesetz	II	212
1808. 22. Okt.	D. betr. die Abrechnungen der Erwerber von Staatsgütern	II	275
1809. 30. Jan.	StRG. über mehrere auf die Erwerber von Staatsgut bez. Fragen	II	278
1811. 9. April.	D. betr. die Abtretung der für den Dienst der Verwaltung, der Höfe und Gerichte und des öffentl. Unterrichts in Besitz genommenen Gebäude an die Bezirke, Kreise und Gemeinden	II	327
1814. 7. Okt.	O. betr. den Verkauf ꝛc. der nach dem G. v. 23. Sept. 1814 zu veräußernden Waldungen	II	358
1817. 11. Juni.	O. betr. die Beitreibung des Preises der im Namen des Staats verkauften Güter gemäß den Gesetzen und Verordn. v. 4. Therm. XI.	II	396
1823. 28. Aug.	StRG. über das Verfahren, welches v. den Präfekten, die im Namen des Staates einen Prozeß führen, und von Privatpersonen, welche gegen denselben einen Prozeß führen, zu beobachten ist.	II	421
1825. 23. Sept.	O. betr. die Förmlichkeiten, welche der Abtretung von Ländereien, welche vom Meere verlassen sind ꝛc., vorausgehen müssen	II	434

		Band.	Seite.
1827. 12. Dez.	O. betr. die Instruktion über Anträge auf Austausch von Grundstücken gegen Staatseigenthum	II	439
1829. 26. Juli.	G. betr. den Haushalts-Voranschlag für 1827	II	453
1830. 3. Febr.	O. betr. Ausführung des Art. 8 des G. v. 26. Juli 1829	II	454
1833. 31. Jan.	G. betr. den Haushaltsvoranschlag für 1829	II	477
1833. 23. April.	G. betr. die Ausgaben für das Rechnungsjahr 1833	II	477
1833. 14. Juni.	O. betr. das Verfahren in Fällen, wenn ein Staatsgut einem öffentl. Staatsdienste gewidmet werden soll	II	479
1835. 20. Juli.	O. welche bestimmt, daß die im Eigenthum d. Staats stehenden einem öffentl. Dienst nicht gewidmeten Grundstücke dem durch das G. v. 31. Jan. 1833 vorgeschriebenen Verzeichnisse beigefügt werden	II	492
1838. 6. Mai.	O. betr. die Instruktion der die Staatsgüter betr. Klagen 2c.	II	517
1841. 7. Aug.	O. betr. das Mobiliar der Präfekturgebäude	II	555
1850. 15. Mai.	G. enth. den Einnahmevoranschlag für 1850	II	660
1852. 24. März.	G. welches den Art. 4 d. G. v. (15.) 18. Mai 1850 aufhebt	II	715
1852. 28. März.	D. betr. die Möblirung und Unterhaltung des Mobiliars des Unterpräfektur-Gebäude	II	723
1864. 1. Juni.	G. welches 1) das Verfahren bei Veräußerungen v. Domanialgrundstücken regelt; 2) einen Kredit v. 2 Millionen 2c. für d. Rechnungsjahr 1864 eröffnet	II	908
1864. 27. Juli.	D. betr. Nachweisungen von Gütern und Renten, welche v. Staatsgut oder ehemaligen kirchlichen Anstalten herrühren	II	911
1872. 8. Juli.	G. betr. die franz. Kriegskostenentschädigung	III	411
1872. 11. Nov.	G. betr. die Veräußerung der Tabackfabrik in Straßburg	III	294
1873. 25. Mai.	G. betr. die Rechtsverhältnisse der zum dienstlichen Gebrauche bei einer Reichsverwaltung bestimmten Gegenstände	III	409
1873. 20. Juni.	Vorschriften üb. d. Verfahren bei Abhaltung v. Mobiliar-Veräußerungen.	III	341
1873. 8. Dez.	G. betr. Einführung des Reichsgesetzes v. 25. Mai 1873.	III	409
1874. 25. Mai.	Regulativ betr. die Benutzung u. Unterhaltung d. Amtswohnungen 2c.	III	523
1876. 24. Jan.	Regulativ betr. die Befugnisse des Generaldirektors der Zölle 2c.	III	748
1876. 27. Mai.	Bkm. betr. die Befugnisse des Generaldirektors der Zölle 2c.	III	788
1877. 10. Jan.	Bkm. betr. den Verkauf und die Verpachtung von Staatsgut	III	809
1879. 24. März.	G. betr. die Verwaltung der Domanialnutzungen.	III	961
1879. 31. März.	Bkm. betr. die Erhebung, Beitreibung und Verrechnung der Domanialnutzungen	III	964

212. Steuerempfänger.

1876. 22. Dez.	G. betr. den Landeshaushaltsetat von E.-L. für 1877.	III	805

213. Steuerkontrolöre.

1873. 26. Dez.	G. betr. den Landeshaushaltsetat von E.-L.	III	451

214—240. Steuern und Zölle.

214. I. Zollvereinigungsverträge; Eintritt von Elsaß-Lothringen.

1833. 11. Mai.	Zollkartell zwischen Preußen, Kurhessen 2c.	III	82
1867. 8. Juli.	Vertrag betr. die Fortdauer des Zoll- und Handelsvereins	III	344
1870. 10. Aug.	Anordnungen des Bundesraths zur Regelung des Landesverkehrs mit Frankreich	III	99
1870. 26. Aug.	Bkm. betr. die Verwaltung der direkten und indirekten Steuern in Elsaß-Lothringen.	III	10

		Band	Seite.
1871. 17. Juli.	G. betr. die Einführung der deutschen Zoll- und Steuergesetzgebung .	III	47
1872. 13. Jan.	Erlaß betr. Eintritt von E.-L. in die zwischen den Staaten des deutschen Zollgebiets u. anderen Staaten abgeschlossenen Verträge.	III	187

215. II. Allgemeines über Einrichtung der Zoll- und Steuerbehörden, sowie über die Verwaltung der Zölle und indirekten Steuern.

XII. 5. Germ.	(26. März 1804). V. betr. die Einrichtung und Verwaltung der vereinigten Abgaben (Artt. 19, 23)	II	217
XIII. 1. Germ.	(22. März 1805). D. betr. die vereinigten Abgaben, das Prozeßverfahren 2c. (Artt. 20, 27—30, 35, 37, 43, 45, 48—52) .	II	228
1816. 28. April.	G. über die Finanzen (Tit. IV Artt. 232—248).	II	380
1834. 28. Juni.	G. über den Waffengebrauch der Grenzaufsichtsbeamten	III	84
1835. 15. Juni.	G. welches den Art. 28 des D. v. 1. Germ. XIII ersetzt	II	491
1871. 3. Mai.	V. betr. die Errichtung einer Zolllinie an der Grenze gegen die Schweiz.	III	18
1871. 17. Juli.	G. betr. die Einführung der deutschen Zoll- u. Steuergesetzgebung.	III	47
1871. 3. Aug.	Bkm. betr. Ausführung des G. v. 17. Juli 1871	III	120
1871. 15. Aug.	Bkm. betr. die Herausgabe eines Amtsblatts . . .	III	136
1871. 4. Dez.	G. betr. den Haushaltsetat des D. Reichs für 1872	III	164
1872. 30. Jan.	Uniformreglement für die Beamten der Zoll- und Steuerverwaltung.	III	193
1872. 20. April.	Bkm. betr. Uebernahme des Dienstes durch den Direktor der Zölle und indirekten Steuern	III	218
1872. 5. Juli.	G. betr. das Verfahren bei Zuwiderhandlungen gegen die Zollgesetze 2c.	III	231
1872. 26. Sept.	Bkm. betr. die anderweite Organisation des Erhebungs- u. Aufsichtsdienstes bezüglich der indirekten Steuern.	III	266
1873. 9. Mai.	BRB. betr. den Bauschsummenetat für E.-L.	III	329
1875. 27. Febr.	Allerh. Erl. betr. den Amtscharakter des Direktors der Zölle und indirekten Steuern	III	622
1875. 4. Juni.	BRB. betr. die Jahrbücher der Zollgesetzgebung.	III	688
1876. 24. Jan.	Regulativ betr. die Befugnisse des Generaldirektors der Zölle und indirekten Steuern	III	748
1877. 12. Mai.	V. betr. die Amtskautionen der Uebergangssteuererheber, Ortseinnehmer, Nebenzollamts- und Steueramtsdiener	III	818
1879. 23. Jan.	Vorschriften betr. die Ausbildung Prüfung und Anstellung der Beamten in der Verwaltung der Zölle und indirekten Steuern 2c.	III	925
1879. 16. Mai.	Bkm. betr. Ausbildung, Prüfung und Anstellung der Beamten in der Verwaltung der Zölle und indirekten Steuern	III	971
1879. 20. Juli.	G. betr. die Statistik des Waarenverkehrs des deutschen Zollgebiets mit dem Auslande	III	1013
1879. 20. Nov.	Bkm. betr. die Statistik des Waarenverkehrs des deutschen Zollgebiets mit dem Auslande	III	1047

216. III. Verkehr mit steuerpflichtigen Gegenständen zwischen E.-L. und den übrigen Staaten des deutschen Zollgebiets.

1872. 14. Dez.	G. betr. den Verkehr mit steuerpflichtigen Gegenständen 2c. . .	III	297
1873. 30. Juni.	G. betr. die Zuwiderhandlungen gegen die gesetzlichen Vorschriften des Uebergangsverkehrs 2c.	III	358
1873. 28. Juli.	Bkm. betr. den Verkehr mit steuerpflichtigen Gegenständen . . .	III	374
1874. 16. Nov.	G. betr. die Besteuerung des Branntweins in Gebietstheilen, welche in die Zollgrenze eingeschlossen werden . .	III	550

		Band.	Seite.
1875. 22. Dez.	Bkm. betr. den Verkehr mit Branntwein zwischen dem deutschen Branntweinsteuergebiet und Luxemburg	III	736
1876. 6. März.	Bkm. betr. die Kontrolirung des Verkehrs mit Wein zwischen E.-L. und Württemberg	III	763
1877. 15. Jan.	Bkm. betr. die Umrechnung der Uebergangsabgaben und Ausfuhrvergütungen	III	809

IV. Zölle und gemeinschaftliche Steuern des Deutschen Reichs.

217. Zölle.

1869. 1. Juli.	Vereinszollgesetz	III	48
1871. 17. Juli.	G. betr. die Einführung der deutschen Zoll- und Steuergesetzgebung	III	47
1871. 2. Aug.	Bkm. betr. Bestimmung des Tages, an welchem die deutsche Zoll- und Steuergesetzgebung in Kraft tritt	III	89
1871. 3. Aug.	Bkm. betr. die Ausführung des Vereinszollgesetzes und der zugehörigen Regulative	III	90
1871. 5. Aug.	Bkm. betr. die Ausführung des Vereinszollgesetzes und der zugehörigen Regulative	III	121
1871. 8. Aug.	Vf. betr. die Zollerleichterungen für d. Handel mit fremden Weinen 2c.	III	133
1871. 6. Okt.	Bkm. betr. die Bewilligung fortlaufender Konten	III	138
1871. 19. Nov.	BRB. betr. die Bestimmungen über die Tara	III	158
1871. 25. Nov.	Anweisung betr. die Kreditirung der Ein- u. Ausgangsabgaben	III	162
1871. 2. Dez.	BRB. betr. das Regulativ für Theilungsläger	III	162
1878. 25. März.	BRB. betr. Regulativ über die zollamtliche Behandlung v. Waarensendungen aus dem Inlande durch das Ausland nach dem Inlande.	III	859
1879. 15. Juli.	G. betr. den Zolltarif des deutschen Zollgebiets und den Ertrag der Zölle und der Tabacksteuer	III	983
1880. 13. Mai.	Regul. für Privattransitläger von Getreide 2c.	III	1104
1880. 13. Mai.	Bkm. betr. die Zollerleichterung bei der Ausfuhr v. Mühlenfabrikaten, welche aus ausländischem Getreide hergestellt sind	III	1107
1880. 24. Mai.	BRB. betr. Erleichterungen für in Flößen eingehendes Bau- und Nutzholz	III	1112
1880. 24. Mai.	Regul. für Privattransitläger von Bau- oder Nutzholz	III	1112
1880. 6. Juni.	G. betr. die Abänderung des Zolltarifs im deutschen Zollgebiet	III	1118

218. Branntweinsteuer.

1868. 8. Juli.	G. betr. die Besteuerung des Branntweins 2c.	III	330
1873. 16. Mai.	G. betr. die Besteuerung des Branntweins	III	329
1873. 27. Juni.	Bkm. betr. die Kreditirung der Branntweinsteuer	III	357
1874. 16. Nov.	G. betr. die Besteuerung des Branntweins in Gebietstheilen, welche in die Zollgrenze eingeschlossen werden	III	550
1879. 19. Juli.	G. betr. die Steuerfreiheit des Branntweins zu gewerblichen Zwecken.	III	1012
1879. 23. Dez.	Regul. betr. die Steuerfreiheit d. Branntweins zu gewerblichen Zwecken.	III	1060

219. Salzsteuer.

1867. 8. Mai.	Uebereinkunft wegen Erhebung einer Abgabe von Salz	III	81
1867. 12. Okt.	G. betr. die Erhebung einer Abgabe von Salz	III	77
1871. 17. Juli.	G. betr. die Einführung der deutschen Zoll- u. Steuergesetzgebung	III	47
1871. 1. Aug.	Vollzugs-V. zu dem G. v. 12. Okt. 1867	III	86
1871. 1. Aug.	Bkm. betr. die mit Erhebung und Kontrolirung der Abgabe v. Salz betrauten Stellen.	III	88
1871. 22. Nov.	Bkm. betr. die Errichtung von Privatsalzlägern	III	162
1872. 2. Aug.	Bkm. betr. die Befreiung des zu landwirthschaftlichen u. gewerblichen Zwecken bestimmten Salzes von der Salzabgabe	III	254

			Band.	Seite.

220. Spielkartenstempel.

1878.	3. Juli.	G. betr. den Spielkartenstempel	III	895
1878.	6. Juli.	Bkm. zur Ausführung des G. über den Spielkartenstempel	III	897
1878.	2. Nov.	Bkm. zur Ausführung des G. über den Spielkartenstempel	III	915
1879.	24. April.	Bkm. zur Ausführung des G. über den Spielkartenstempel	III	969
1879.	15. Juli.	Bkm. zur Ausführung des G. über den Spielkartenstempel	III	1003

221. Tabacksteuer.

1879.	15. Juli.	G. betr. den Zolltarif des deutschen Zollgebiets und den Ertrag der Zölle und der Tabacksteuer	III	983
1879.	16. Juli.	G. betr. die Besteuerung des Tabacks	III	1004
1879.	27. Nov.	BRB. betr. die Verwendung v. Surrogaten bei d. Tabacksfabrikation.	III	1050
1880.	25. März.	Bkm. betr. die Besteuerung des Tabacks	III	1076
1880.	29. Mai.	Regul. betr. die Niederlagen für unversteuerten inländischen Taback	III	1115
1880.	16. Juni.	Regul. betr. die Kreditirung der Tabackgewichtsteuer	III	1118

222. Wechselstempelsteuer.

1869.	10. Juni.	G. betr. die Wechselstempelsteuer	III	27
1871.	14. Juli.	G. betr. die Einführung des G. v. 10. Juni 1869	III	26
1871.	27. Juli.	Bkm. zur Ausführung des G. v. 14. Juli 1871 2c.	III	85
1871.	3. Aug.	Bkm. betr. den Debit der Reichsstempelmarken	III	89
1873.	30. Juli.	Bkm. betr. die Abänderung der Vorschriften über die Verwendung der Wechselstempelmarken	III	381
1879.	4. Juni.	G. wegen Abänderung des G. über die Wechselstempelsteuer.	III	974
1879.	13. Juni.	Bkm. betr. die Ausgabe neuer Stempelmarken und gestempelter Blankets 2c.	III	975
1879.	12. Nov.	Bkm. betr. die Berechnung der Wechselstempelsteuerabgabe von den in außerdeutschen Währungen ausgedrückten Wechselsummen	III	1046

223. Zuckersteuer.

1869.	26. Juni.	G. betr. die Besteuerung des Zuckers	III	76
1871.	17. Juli.	G. betr. die Einführung der deutschen Zoll- und Steuergesetzgebung	III	47
1871.	2. Aug.	Bkm. betr. Bestimmung des Tages, an dem die deutsche Zoll- und Steuergesetzgebung in Kraft tritt	III	89
1871.	27. Dez.	Bkm. betr. die Ausführung des G. v. 26. Juni 1869	III	179

V. Innere indirekte Staatssteuern.

224. Allgemeines.

1816.	28. April.	G. über die Finanzen	II	380
1855.	14. Juli.	G. betr. die Einführung verschiedener Abgaben	II	812
1870.	22. Okt.	V. betr. die Erhebung der indirekten Steuern	III	11
1873.	29. Jan.	G. betr. die Aufhebung der Binnenschifffahrtsabgaben	III	315
1876.	22. Febr.	Bkm. betr. Jagderlaubnißscheine	III	759

225. Biersteuer.

1816.	28. April.	G. über die Finanzen (Artt. 107—137)	II	380
1820.	23. Juli.	G. betr. den Einnahmevoranschlag für 1820 (Art. 4)	II	407
1822.	1. Mai.	G. enthaltend den Haushaltsvoranschlag für 1822 (Art. 8)	II	414
1830.	12. Dez.	G. betr. Eröffnung eines vorläufigen Kredits für die Haushaltsperiode 1831 (Art. 3)	II	458
1836.	23. April.	G. betr. den Art. 117 d. G. vom 28. April 1816	II	498

			Band.	Seite.
1852. 17. März.		D. betr. den Voranschlag der Einnahmen und Ausgaben für 1852. .	II	715
1870. 27. Nov.		V. betr. die Biersteuer.	III	12
1870. 27. Nov.		V. betr. die Biersteuer.	III	12

226. Enregistrement.

			Band.	Seite.
VII. 26. Vend.	(17. Okt. 1798).	G. betr. Veräußerung von Staatsgütern bis zum Belaufe von 125 Mill.	II	101
VII. 22. Frim.	(12. Dez. 1798).	G. über das Enregistrement.	II	121
VII. 22. Pluv.	(10. Febr. 1799).	G. betr. Förmlichkeiten für den Verkauf beweglicher Gegenstände	II	141
VII. 22. Vent.	(12. März 1799).	V. welche erklärt, daß Privaturkunden in Inventarien aufgezeichnet werden können, ohne vorher registrirt worden zu sein	II	146
VII. 6. Prair.	(25. Mai 1799).	G. betr. die Erhebung einer außerordentlichen Kriegsauflage von den Enregistrements= 2c. Gebühren	II	147
IX. 27. Vent.	(18. März 1801).	G. betr. die Erhebung d. Enregistrementsgebühren.	II	164
XII. 15. Brum.	(7. Nov. 1803).	V. betr. die Enregistrementsgebühr und die Annahme von Schenkungen zu Gunsten der Pflegehäuser	II	210
XIII. 4. Messid.	(23. Juni 1805).	D. betr. die Mittheilung d. Register d. Gemeinden 2c. an die Enregistrementsbeamten	II	232
XIV. 10. Brum.	(1. Nov. 1805).	D. betr. die Förmlichkeiten für die Protokolle über Siegelung 2c.	II	234
1807. 31. Mai.		D. betr. die Enregistrementsgebühren der Urkunden über die Beeidigung der Advokaten 2c.	II	246
1808. 26. April.		D. betr. die Schätzung der in Natur zahlbaren Renten und Pachtzinse.	II	271
1808. 10. Sept.		StRG. über eine Frage betr. die verhältnißmäßige Gebühr in dem Falle, wenn Geldsummen, die den Gegenstand eines Vermächtnisses bilden, sich nicht im Nachlaß vorfinden	II	275
1808. 22. Okt.		StRG. über die Registrirung der vor Gericht vorgenommenen Versteigerungen von Liegenschaften 2c.	II	276
1808. 15. Nov.		G. betr. die Anträge auf Abschätzung von Liegenschaften, die in den Bezirken verschiedener Tribunale liegen 2c.	II	277
1809. 5. Aug.		StRG. über mehrere Fragen betr. die Erhebung der Enregistrementsgebühr von gerichtlichen Urkunden	II	287
1809. 21. Okt.		StRG. über mehrere Fragen betr. die Quittungen und Entlastungen, die den öffentlichen Beamten, welche Versteigerungen beweglicher Gegenstände vorgenommen haben, ertheilt werden	II	289
1809. 22. Dez.		StRG. über eine Frage betr. die Erhebung der verhältnißmäßigen Gebühr für die durch Ehevertrag vorgenommenen Schenkungen gegenwärtigen Vermögens.	II	290
1810. 9. Febr.		StRG. über die Enregistrementsgebühren für Urkunden unter Privatunterschrift, durch welche Liegenschaften übertragen werden, wenn dieselben nach Ablauf der Fristen durch die Erben 2c. vorgelegt werden.	II	302
1810. 22. Aug.		StRG. über die Verjährung der durch das Gesetz vom 22. Frim. VII und dasjenige vom 22. Pluv. dess. Jahres angedrohten Strafen.	II	316
1810. 21. Sept.		StRG. über die Frage ob die Gebühren für Handänderungen durch Todesfall 2c. an dritte Erwerber angefordert werden können. . .	II	317
1811. 27. Febr.		StRG. betr. die Enregistrementsgebühr von Erwerbungen für Rechnung der Bezirke, Kreise und Gemeinden	II	326
1816. 28. April.		G. über die Finanzen (Artt. 37—59).	II	380
1816. 1. Mai.		O. welche den Vollzug einer Bestimmung der Verordnung vom 13. November 1778 bezüglich der Verkäufe von Fahrniß durch öffentliche Beamte und amtliche Versteigerer vorschreibt	II	387
1817. 25. März.		G. über die Finanzen (Artt. 74 ff.)	II	394

		Band.	Seite.
1818. 21. April.	G. über das Zollwesen (Art. 64) . .	II	398
1818. 15. Mai.	G. über die Finanzen (Artt. 72—82)	II	398
1821. 3. Jan.	O. betreffend die Einrichtung der Enregistrements- und Domänenverwaltung.	II	409
1824. 16. Juni.	G. betr. die Enregistrements- und Stempelgebühren	II	425
1830. 8. Sept.	G. betr. die Enregistrementsgebühr von Urkunden über Darlehen gegen Hinterlegung von Waaren ꝛc.	II	457
1831. 18. April.	G. über die außerordentlichen Auflagen für 1861, die Registrirung der Handänderungen bezüglich der Gemeinden, Bezirke und öffentlichen Anstalten ꝛc. (Art. 17).	II	465
1832. 21. April.	G. betr. den Einnahmevoranschlag für 1832 (Artt. 33, 34) . .	II	470
1834. 24. Mai.	G. betr. den Einnahmevoranschlag für 1835 (Artt. 11—17, 23)	II	487
1841. 25. Juni.	G. betr. den Einnahmevoranschlag für 1842 (Artt. 6—14) . .	II	553
1845. 19. Juli.	G. betr. den Einnahmevoranschlag für 1846 (Art. 5) .	II	631
1846. 3. Juli.	G. betr. den Einnahmevoranschlag für 1847 (Art. 8)	II	635
1849. 20. Febr.	G. betr. die Anwendung der Handänderungsabgabe auf die Güter der todten Hand	II	644
1850. 15. Mai.	G. betr. den Einnahmevoranschlag für 1850 (Artt. 5—11, 30)	II	660
1850. 18. Mai.	G. betr. den Einnahmevoranschlag für 1850 (Artt. 5—11, 30) . .	II	662
1850. 7. Aug.	G. über den Stempel und die Registrirung der die Gewerbegerichte betreffenden Urkunden	II	674
1852. 8. Juli.	G. betr. den Ausgabe- und Einnahmevoranschlag für 1853 (Artt. 25, 26).	II	729
1855. 5. Mai.	G. betr. den Ausgabe- und Einnahmevoranschlag für 1856 (Artt. 15, 16).	II	811
1855. 14. Juli.	G. betr. die Einführung verschiedener Abgaben (Art. 5)	II	812
1857. 6. Juni.	G. welches die Versteigerungen und Begebungen jeder Art bezüglich der Arbeit in den Gefängnissen einer festen Enregistrementsgebühr unterwirft	II	824
1857. 23. Juni.	G. betr. den allgemeinen Ausgabe- und Einnahmevoranschlag für 1858 (Artt. 6 ff.)	II	825
1857. 17. Juli.	D. enthaltend Verordnung zum Vollzuge des G. v. 23. Juni 1857 ꝛc.	II	827
1859. 11. Juni.	G. enthaltend den allgemeinen Ausgabe- und Einnahmevoranschlag für 1860 (Artt. 22, 23)	II	849
1861. 28. Juni.	G. enthaltend den allgemeinen Ausgabe- und Einnahmevoranschlag für 1862 (Art. 17)	II	871
1862. 11. Jan.	D. betr. die Erhebung der auf die Aktien und Schuldverschreibungen der ausländischen Gesellschaften ꝛc. eingeführten Uebertragungsgebühr.	II	873
1862. 2. Juli.	G. betr. den Voranschlag der Ausgaben u. Einnahmen für 1863 (Art. 14).	II	890
1863. 13. Mai.	G. enthaltend den allgemeinen Voranschlag der Ausgaben und Einnahmen für 1864 (Artt. 4 u. 11)	II	897
1864. 11. Dez.	D. betr. die Erhebung der Uebertragungsgebühr von den Aktien und Schuldverschreibungen ausländischer Gesellschaften ꝛc.	II	918
1870. 27. Juli.	G. enthaltend den allg. Ausgabe- und Einnahmevoranschlag für 1871.	II	1004
1873. 15. April.	V. betr. das Diensteinkommen der Enregistrements-Einnehmer .	III	328
1873. 21. Mai.	G. betr. Steuerermäßigungen	III	340
1875. 5. März.	V. betr. die Stempelgebühren von den Steuer- und Oktroibezettelungen und Quittungen, sowie die Abstufungen der proportionellen Enregistrementsgebühren	III	622
1875. 10. Nov.	Bkm. betr. die K. V. wegen der Stempelgebühren von den Steuer- und Oktroibezettelungen ꝛc.	III	725

(S. auch Nr. 229.)

Gerichtsschreibereigebühren s. Nr. 146.

Hypothekengebühren s. Nr. 139.

			Band.	Seite.
		227. Kasernirungskostenbeiträge.		
1810.	7. Aug.	D. betr. die Militärbetten	II	313
1818.	15. Mai.	G. über die Finanzen (Art. 46)	II	398
1818.	5. Aug.	O. betr. Ausführung des Art. 46 G. v. 15. Mai 1818 über die Kasernirungskosten	II	401
		228. Lizenzgebühr.		
1816.	28. April.	G. über die Finanzen (Artt. 144, 171)	II	380
1824.	24. Juni.	G. betr. die Ausübung der Liqueurfabrikation (Art. 1)	II	428
1832.	21. April.	G. enth. Festsetzung des Einnahmevoranschlags für 1832	II	470
1836.	23. April.	G. betr. den Art. 50 d. G. vom 28. April 1816 2c.	II	495
1837.	20. Juli.	G. enth. Festsetzung des Einnahmevoranschlags für 1838 (Art. 8)	II	514
1839.	10. Aug.	G. betr. d. Feststellung des Einnahmevoranschlags für 1840 (Art. 15)	II	534
1844.	14. Juni.	O. betr. die Denaturirung von Branntwein (Art. 5)	II	621
1880.	5. Mai.	G. betr. die Erhöhung der Lizenzgebühren für den Kleinverkauf von geistigen Getränken und die Ermäßigung der Weinsteuer	III	1099
1880.	6. Mai.	Bkm. betr. die Lizenzgebühren für den Kleinverkauf von geistigen Getränken	III	1100
		229. Siegelgebühren.		
1814.	8. Okt.	O. über die Siegel- und Referendarsgebühren	II	359
1814.	29. Dez.	O. enth. den Tarif der Siegelgebühren für die Ausfertigung der an Städte 2c. für Erneuerung alter oder Ermächtigung zur Führung neuer Wappen ertheilten Verleihungsbriefe	II	371
1816.	28. April.	G. über die Finanzen (Art. 55)	II	380
1818.	15. Mai.	G. über die Finanzen (Art. 77)	II	398
1831.	29. Jan.	G. betr. den Voranschlag für 1828, den Rechtsverlust der Staatsgläubiger, die Siegelgebühren 2c. (Art. 14)	II	460
1832.	21. April.	G. betr. den Erlaß der Siegelgebühren	II	468
1837.	20. Juli.	G. enth. Festsetzung des Einnahmevoranschlags für 1838 (Art. 12)	II	514
1850.	7. Aug.	G. enth. Festsetzung des Einnahmevoranschlags für 1851 (Art. 17)	II	673
		230. Stempel.		
VII.	13. Brum.	(3. Nov. 1798). G. über den Stempel	II	102
VII.	6. Prair.	(25. Mai 1799). G. welches die gedruckten Anzeigen u. s. w. dem Stempel unterwirft	II	148
X.	7. Frukt.	(25. Aug. 1802). B. betr. die Aufhebung der Stempeldruckereien und Einrichtung von Stempelmagazinen 2c.	II	189
XIII.	4. Messid.	(23. Juni 1805). D. betr. die Mittheilung der Register der Gemeinden 2c. an die Enregistrementsbeamten	II	232
1808.	1. April	StRG. betr. die verhältnißmäßige Stempelabgabe von Hinterlegungsanerkenntnissen	II	271
1809.	4. Juni.	D. betr. Anpassung des älteren Schulsystems an das der Universität (Art. 26)	II	287
1809.	21. Okt.	StRG. über mehrere Fragen betr. die Quittungen und Entlastungen, die den öffentlichen Beamten, welche Versteigerungen beweglicher Gegenstände vorgenommen haben, ertheilt werden	II	289
1812.	15. Juni.	D. wonach der Widerrufung von Vollmachten und Testamenten auf dasselbe Blatt, auf dem sich diese Urkunden befinden, aufgenommen und ausgefertigt werden kann	II	338
1816.	28. April.	G. über die Finanzen (Artt. 62—77)	II	380
1817.	25. März.	G. über die Finanzen (Art. 75)	II	394
1818.	15. Mai.	G. über die Finanzen (Artt. 78, 80, 83)	II	398

			Band.	Seite.
1824.	16. Juni.	G. betr. die Enregistrements- u. Stempelgebühren (Artt. 8, 10, 12, 14).	II	425
1832.	21. April.	G. enth. den Einnahmevoranschlag für 1832 (Artt. 28, 30, 34) .	II	470
1834.	24. Mai.	G. betr. den Einnahmevoranschlag für 1835 (Artt. 18—23) .	II	487
1837.	20. Juli.	G. enth. den Einnahmevoranschlag für 1838 (Art. 4) . . .	II	514
1842.	11. Juni.	G. betr. den Einnahmevoranschlag für 1843 (Art. 6)	II	557
1850.	5. Juni.	G. betr. den Stempel auf Handelspapiere ꝛc.	II	663
1850.	7. Aug.	G. über Stempel u. Registrirung der auf die Gewerbegerichte bezügliche Urkunden	II	674
1852.	8. Juli.	G. enth. den Ausgabe- und Einnahmevoranschlag für 1853 (Artt. 29, 30)	II	729
1852.	25. Aug.	D. welches über die öffentlichen Anschläge Vorschriften trifft . . .	II	735
1857.	23. Juni.	G. enth. den Ausgabe- und Einnahmevoranschlag für 1858 (Artt. 9—12)	II	825
1857.	17. Juli.	D. enth. Verordnung zum Vollzuge des Gesetzes vom 23. Juni 1857 (Art. 11)	II	827
1859.	11. Juni.	G. enth. den Ausgabe- und Einnahmevoranschlag für 1860 (Artt. 19—21)	II	849
1860.	9. Mai.	G. welches die Bestimmungen des Art. 37 G. v. 5. Juni 1850 auf Versicherungen gegen Viehsterblichkeit ꝛc. ausdehnt	II	854
1862.	2. Juli.	G. betr. den Voranschlag für Ausgaben und Einnahmen für 1863 (Artt. 17—28)	II	890
1862.	30. Juli.	D. welches in Ausführung d. Art. 20 des Finanzges. v. 2. Juli 1862 die bei Abschriften der Gerichtsvollzieherurkunden ꝛc. zulässige Seiten- u. Silbenzahl bestimmt	II	892
1862.	29. Okt.	D. betr. die Stempelmarken ꝛc.	II	896
1863.	13. Mai.	G. enth. den Voranschlag der ordentlichen Ausgaben und Einnahmen für 1864 (Artt. 6—10)	II	897
1864.	8. Juni.	G. enth. den Ausgabe- und Einnahmevoranschlag für 1865 (Artt. 6 u. 7)	II	910
1865.	8. Juli.	G. enth. den ordentlichen Voranschlag der Ausgaben und Einnahmen für 1866 (Artt. 4, 5)	II	929
1865.	21. Juli.	D. enth. Einführung 1) einer neuen Stempelmarke ꝛc. und 2) eines gemeinsamen Musters für die ꝛc. Stempelmarken	II	931
1868.	28. März.	D. welches die ausländischen Gesellschaften ꝛc. zu der Vergünstigung des Art. 24 G. v. 5. Juni 1850 zuläßt	II	970
1870.	27. Juli.	G. enth. den Einnahme- u. Ausgabevoranschlag für 1871 (Art. 6).	II	1004
1871.	18. März.	Erlaß betr. die Stempelsteuer für Zeitungen, Zeitschriften u. Straßenanschläge	III	16
1873.	21. Mai.	G. betr. Steuerermäßigungen	III	340
1873.	31. Dez.	Erlaß enth. Bestimmungen über die Verwendung und Entwerthung von Stempelmarken zu Quittungen	III	451
1874.	15. Dez.	G. betr. die Stempelpflichtigkeit der Rechnungen u. Quittungen . .	III	556
1875.	5. März.	V. betr. die Stempelgebühren von den Steuer- u. Oktroibezettelungen und Quittungen, sowie die Abstufungen der proportionellen Enregistrementsgebühren	III	622
1875.	10. Nov.	Bkm. betr. die kaiserl. V. wegen der Stempelgebühren von den Steuer- und Oktroibezettelungen ꝛc.	III	725

231. Weinsteuer.

1872.	15. Juli.	G. betr. die Steuerfreiheit des verzollten ausländischen Weins ꝛc.	III	252
1873.	20. März.	G. betr. die Weinsteuer	III	321
1874.	9. Sept.	Bkm. betr. die Weinsteuer	III	534
1877.	23. Mai.	G. betr. Abänderung des Gesetzes über die Weinsteuer	III	821

			Band.	Seite.
1877. 26. Juni.	Bkm. betr. die Weinsteuer	III	831
1880. 5. Mai.	G. betr. die Erhöhung der Lizenzgebühren für den Kleinverkauf von geistigen Getränken und die Ermäßigung der Weinsteuer .	III	1099

232. VI. Oktroi.

		Band.	Seite.
VIII. 27. Frim.	(18. Dez. 1799). G. betr. die Einführung des städtischen Oktrois in den Gemeinden Metz ꝛc. (Artt. 3, 7, 8, 11, 12, 15 u. 16) . . .	II	156
XII. 28. Vent.	(19. März 1804). V. welche dem Finanzministerium die Ausführung der Gesetze hinsichtlich der Zölle ꝛc. und des städt. Oktrois zutheilt (Art. 4)	II	215
XII. 5. Germ.	(26. März 1804). V. betr. die Einrichtung u. Verwaltung der vereinigten Abgaben (Art. 124)	II	217
1809. 17. Mai.	D. betr. die zu Gunsten der Gemeinden u. der Armenkassen errichteten Oktrois	II	283
1810. 15. Nov.	D. betr. die Beitreibung der Oktroigefälle von den Verwaltern ꝛc. (Artt. 1 u. 2)	II	321
1814. 9. Dez.	O. enth. Vorschriften über den Oktroi	II	363
1816. 28. April.	G. über die Finanzen (Artt. 27, 46, 147—159, 223, 240)	II	380
1818. 3. Juni.	O. betr. die Aufhebung der auf Grund der V. v. 4. Therm. X eingeführten Oktroiabfindungen (Art. 1)	II	400
1820. 23. Juli.	G. über den Einnahmevoranschlag für 1820 (Art. 3) . . .	II	407
1822. 1. Mai.	G. enth. den Haushaltsvoranschlag für das Jahr 1822	II	414
1824. 24. Juni.	G. betr. den den Weingroßhändlern für Lagerabgang zu bewilligenden Rabatt	II	428
1824. 24. Juni.	G. betr. die Erhebung der Branntweinsteuer	II	428
1824. 24. Juni.	G. betr. die Ausübung der Liqueurfabrikation	II	428
1832. 29. März.	G. betr. Ermächtigung der Stadt Paris zur Ausgabe von städtischen Schuldverschreibungen ꝛc. (Artt. 7—9)	II	468
1832. 21. April.	G. enth. Festsetzung des Einnahmevoranschlags für 1832 (Art. 20) .	II	470
1833. 28. Juni.	G. enth. Festsetzung des Einnahmevoranschlags für 1834 (Art. 9)	II	482
1834. 24. Mai.	G. betr. den Einnahmevoranschlag für 1835 (Artt. 9 u. 10) . . .	II	487
1837. 20. Juli.	G. enth. den Einnahmevoranschlag für 1838 (Art. 6)	II	514
1838. 21. Dez.	O. betr. den für Lagerabgänge bei Getränken zu gewährenden Rabatt (Art. 1)	II	531
1842. 11. Juni.	G. betr. das Einnahmebudget für 1843 (Art. 8)	II	557
1846. 10. Mai.	G. betr. die Erhebung der Oktroiabgaben von Vieh (Artt. 1—5) . .	II	635
1852. 17. März.	D. betr. den Voranschlag der Einnahmen und Ausgaben für 1852 (Artt. 17, 25)	II	714
1870. 12. Febr.	D. betr. Ausführung der in den Artt. 8, 9 u. 10 des G. v. 24. Juli 1867 enthaltenen Bestimmungen bezüglich des Oktrois	II	994
1872. 5. Juli.	G. betr. das Verfahren bei Zuwiderhandlungen gegen die Zollgesetze ꝛc. (§§ 1 u. 27)	III	231
1872. 15. Juli.	G. betr. die Steuerfreiheit des verzollten ausländischen Weins ꝛc. (§ 1).	III	252

(S. auch Nr. 227).

VII. Direkte Steuern.

233. Allgemeines.

		Band.	Seite.
VII. 29. Niv.	(18. Jan. 1799). V. betr. die Veranlegung der direkten Steuern ꝛc. .	II	141
VIII. 3. Frim.	(24. Nov. 1799). G. welches die Agenturen der direkten Steuern aufhebt u. die Einrichtung von Direktionen ꝛc. anordnet	II	155
VIII. 24. Flor.	(14. Mai 1800). V. betr. die Reklamationen in Steuersachen . . .	II	159
VIII. 16. Therm.	(4. Aug. 1800). V. enth. Regelung des Verfahrens bei Einziehung der direkten Steuern und des Zwangsverfahrens	II	162

			Band.	Seite.
1808.	12. Nov.	G. betr. das Vorzugsrecht der Staatskasse für die Beitreibung der direkten Steuern	II	272
1818.	15. Mai.	G. über die Finanzen (Artt. 31, 50, 51)	II	398
1831.	26. März.	G. betr. die Personal- u. Mobiliarsteuer, die Thür- u. Fenstersteuer und die Gewerbesteuer (Artt. 21, 29, 30)	II	462
1832.	21. April.	G. enth. den Einnahmevoranschlag für 1832 (Artt. 28—32)	II	470
1837.	20. Juli.	G. enth. den Einnahmevoranschlag für 1838 (Art. 5)	II	514
1844.	4. Aug.	G. enth. den Einnahmevoranschlag für 1845 (Art. 8)	II	622
1846.	3. Juli.	G. enth. den Einnahmevoranschlag für 1847 (Art. 6)	II	635
1849.	4. Aug.	G. betr. den Haushaltsvoranschlag für 1850 bezüglich der direkten Steuern und der Bezirks- u. Gemeindeausgaben	II	646
1850.	31. Okt.	D. betr. die Entbürdungen für unbeibringliche in den Rollen der direkten Steuern aufgenommene Veranlagungen	II	677
1852.	8. Juli.	G. enth. den Einnahme- u. Ausgabevoranschlag für 1853 (Art. 14).	II	729
1854.	22. Juni.	G. enth. d. Ausgabe- u. Einnahmevoranschl. für 1855 (Artt. 15, 16).	II	758
1863.	13. Mai.	G. enth. den Voranschlag der ordentlichen Ausgaben u. Einnahmen für 1854 (Art. 17)	II	897
1870.	27. Juli.	G. enth. d. Einnahme- u. Ausgabevoranschl. für 1871 (Artt. 15—20).	II	1004
1870.	13. Mai.	G. wegen Beseitigung der Doppelbesteuerung	III	188
1872.	14. Jan.	G. betr. die Einführung des Reichsgesetzes wegen Beseitigung der Doppelbesteuerung vom 13. Mai 1870 in E.-L.	III	188
1878.	1. Okt.	V. betr. Aenderung der Termine 2c. in Beziehung auf das Veranlagungs- u. Reklamationsverfahren bezügl. der direkten Steuern	III	907
1878.	9. Okt.	V. betr. Sicherung des Steuereinzugs von Steuerpflichtigen, welche in öffentlichen Gebäuden wohnen oder Gewerbe treiben	III	908
1879.	24. Febr.	V. betr. Rekurse gegen Entscheidungen der Bezirkspräsidenten auf Anträge um Erlaß von Steuern	III	930

234. Bergwerkssteuer.

1810.	21. April.	G. betr. die Bergwerke, Gräbereien und die Steinbrüche	II	308
1811.	6. Mai.	D. betr. die Veranlagung der festen u. der verhältnißmäßigen Bergwerkssteuer	II	328
1828.	19. Nov.	O. wonach von dem Erträgnisse der fünf Prozent des Ausfallsfonds der Bergwerkssteuer ein gemeinsamer Fonds gebildet werden soll 2c.	II	445
1840.	17. Juni.	G. über das Salz	II	538
1866.	27. Juni.	D. betr. die Festsetzung des Abkommens für die verhältnißmäßige Bergwerkssteuer	II	942
1873.	16. Dez.	G. betr. die Besteuerung der Bergwerke	III	428
1874.	8. Mai.	V. betr. Ausführung des G. v. 16. Dez. 1873	III	494
1880.	25. Juni.	Bkm. betr. die Besteuerung der Bergwerke	III	1128

235. Gewerbesteuer.

1837.	20. Juli.	G. enth. den Einnahmevoranschlag für 1838 (Art. 4)	II	514
1844.	25. April.	G. über die Gewerbesteuer	II	574
1844.	4. Aug.	G. enth. den Einnahmevoranschlag für 1845	II	622
1846.	4. Mai.	O. betr. die Zählung der Bevölkerung des Königsreichs	II	634
1850.	15. Mai.	G. enth. den Einnahmevoranschlag für 1850 (Artt. 16—24)	II	660
1853.	10. Juni.	G. enth. den Ausgabe- und Einnahmevoranschlag für 1854 (Art. 13).	II	749
1858.	4. Juni.	G. enth. den Ausgabe- u. Einnahmevoranschlag für 1859 (Artt. 8—13).	II	834
1860.	26. Juli.	G. enth. den Ausgabe- u. Einnahmevoranschlag für 1881 (Art. 19).	II	857
1862.	2. Juli.	G. enth. den Ausgabe- u. Einnahmevoranschlag für 1863 (Art. 3)	II	890
1863.	13. Mai.	G. enth. den Voranschlag der ordentlichen Ausgaben und Einnahmen für 1864 (Art. 3)	II	897

			Band.	Seite.
1868.	2. Aug.	G. enth. den Voranschlag der ordentlichen Ausgaben und Einnahmen für 1869 (Artt. 3, 4)	II	973
1869.	8. Mai.	G. enth. den Voranschlag der ordentlichen Ausgaben und Einnahmen für 1870 (Art. 3)	II	984
1870.	27. Juli.	G. enth. den Ausgabe- und Einnahmevoranschlag für 1871 (Art. 3).	II	1004
1873.	26. Dez.	G. betr. die Feststellung des Landeshaushaltsetats von E.-L. für das Jahr 1874 (§ 4).	III	451
1875.	14. März.	Bankgesetz (§ 21)	III	626

236. Grundsteuer.

VII.	7. Brum.	(28. Okt. 1798). G. enth. die Vertheilung der Grundsteuer für das Jahr VII	II	102
VII.	3. Frim.	(23. Nov. 1798). G. betr. die Vertheilung, Veranlagung und Erhebung der Grundsteuer	II	108
VII.	2. Messid.	(20. Juni 1799). G. über Reklamationen in Sachen der Grundsteuer.	II	148
VII.	4. Messid.	(22. Juni 1799). G. betr. die Bkm. u. Straßenanschläge in Sachen der Grundsteuern	II	153
IX.	19. Vent.	(10. März 1801). G. wonach die Staatswaldungen keine Grundsteuer zu entrichten haben	II	164
XI.	26. Germ.	(16. April 1803). G. betr. die Entrichtung der auf den Gemeindegütern ruhenden Steuern	II	204
XI.	5. Flor.	(25. April 1803). G. über die Grundsteuer von Kanälen	II	205
1807.	15. Sept.	G. betr. den Landeshaushalt (Artt. 37—39)	II	253
1808.	11. Aug.	D. enth. Bezeichnung derjenigen Gebäude, welche als zu einem öffentl. Dienst bestimmt, von der Grundsteuer befreit zu bleiben haben	II	274
1810.	15. Okt.	D. betr. die Grundsteuer von Salzanlagen, Salzgruben u. Salinen	II	320
1818.	15. Mai.	G. über die Finanzen (Artt. 31—38)	II	398
1820.	23. Juli.	G. über den Einnahmevoranschlag für 1820 (Art. 26)	II	407
1821.	31. Juli.	G. betr. den Ausgabe- und Einnahmevoranschlag für 1821 (Artt. 14—16, 19, 22)	II	411
1833.	28. Juni.	G. enth. den Einnahmevoranschlag für 1834 (Art. 5)	II	482
1835.	17. Aug.	G. enth. den Einnahmevoranschlag für 1836 (Art. 2)	II	493
1836.	18. Juli.	G. enth. den Einnahmevoranschlag für 1837 (Art. 2)	II	500
1840.	17. Juni.	G. über das Salz (Art. 17)	II	538
1844.	4. Aug.	G. enth. den Einnahmevoranschlag für 1845 (Art. 6)	II	622
1850.	7. Aug.	G. enth. den Einnahmevoranschlag für 1851 (Art. 7)	II	673
1869.	8. Mai.	G. enth. den Voranschlag der ordentlichen Ausgaben und Einnahmen für 1870 (Art. 7)	II	984
1877.	10. Aug.	Bf. betr. die Behandlung d. Anträge auf Bewilligung v. Steuererlaß wegen Leerstehens von Häusern oder Feierns von Triebwerken	III	835
1877.	26. Sept.	Bkm. betr. Gebühren der Gemeindeschreiber für Anfertigung von Auszügen aus den Katasterkarten und Rollen	III	840
1878.	7. Juli.	Bkm. betr. die Aufbewahrung u. Benutzung der Katasterkarten.	III	902

237. Hundesteuer.

1855.	2. Mai.	G. betr. die Einführung einer Gemeindeauflage auf Hunde	II	806
1855.	4. Aug.	D. betr. Ausführung des G. v. 2. Mai 1855	II	812
1861.	3. Aug.	D. welches die Artt. 5 u. 10 des D. v. 4. Aug. 1855 abändert	II	872
1875.	10. Febr.	V. betr. die Zuständigkeit der Bezirkspräsidenten (§ 1 Nr. 3)	III	605

238. Personal- und Mobiliarsteuer.

X.	28. Therm.	(16. Aug. 1802). V. betr. die durch Offiziere des Stabes und andere Offiziere mit festem Wohnsitze zu entrichtenden Steuern	II	189
1821.	31. Juli.	G. betr. den Ausgabe- und Einnahmevoranschlag für 1821 (Art. 25).	II	411

				Band.	Seite.
1831.	26.	März.	G. betr. die Personal- u. Mobiliarsteuer, die Thür- u. Fenstersteuer und die Gewerbesteuer (Art. 8)	II	462
1832.	21.	April.	G. enth. den Einnahmevoranschlag für 1832 (Artt. 8—23) .	II	470
1844.	4.	Aug.	G. enth. den Einnahmevoranschlag für 1845 (Art. 2) . . .	II	622
1846.	3.	Juli.	G. enth. den Einnahmevoranschlag für 1847 (Art. 5) . .	II	635

239. Thür- und Fenstersteuer.

VII.	4.	Frim.	(24. Nov. 1798). G. enth. die Einführung einer Steuer auf die Thüren u. Fenster	II	117
X.	13.	Flor.	(3. Mai 1802). G. über die Grundsteuer, Personal-, Luxus- und Mobiliarsteuer für das Jahr XI (Artt. 15 ff.).	II	182
XI.	4.	Germ.	(25. März 1803). G. betr. die für die Ausgaben der Jahre V, VI u. s. w. eröffneten Kredite, sowie die Steuern für das Jahr VII (Art. 19)	II	200
1832.	21.	April.	G. enth. den Einnahmevoranschlag für 1832 (Artt. 24—27).	II	470
1835.	17.	Aug.	G. enth. den Einnahmevoranschlag für 1836 (Art. 2)	II	493
1836.	18.	Juli.	G. enth. den Einnahmevoranschlag für 1837 (Art. 2)	II	500
1837.	20.	Juli.	G. enth. den Einnahmevoranschlag für 1838 (Art. 3)	II	514
1844.	4.	Aug.	G. enth. den Einnahmevoranschlag für 1845 (Artt. 3, 4).	II	622
1850.	13.	April.	G. betr. die Verbesserung der Gesundheitsverhältnisse ungesunder Wohnungen (Art. 8)	II	658
1852.	8.	Juli.	G. enth. den Ausgabe- u. Einnahmevoranschlag für 1853 (Art. 13) .	II	729
1877.	10.	Aug.	Vf. betr. die Behandlung der Anträge auf Bewilligung von Steuererlaß wegen Leerstehens v. Häusern oder Feierns v. Triebwerken.	III	835

240. Todte Hand.

1849.	20.	Febr.	G. betr. die Anwendung der Handänderungsabgabe auf die Güter der Todten Hand	II	644

241—245. Strafprozeß und Strafvollstreckung.

241. Allgemeines.

1809.			Französische Strafprozeßordnung	I H	3
1830.	6.	Juni.	O. welche bestimmt, daß in Zukunft nur die zu mehr als 1 Jahr Gefängniß zuchtpolizeilich verurtheilten Personen in die Zentralgefangenhäuser geschickt werden sollen	II	456
1877.	1.	Febr.	Strafprozeßordnung	I H	11
1877.	1.	Febr.	Einführungsgesetz zur StPO.	I H	54
1879.	8.	Juli.	G. betr. die Ausf. der CPO., KO. und StPO. (§ 44)	I D	96
1879.	21.	Sept.	Anordnung betr. die Strafvollstreckung in den zur Zuständigkeit der Schöffengerichte gehörigen Sachen	III	1042
1880.	12.	Juli.	Vf. betr. Beschlagnahmen und Durchsuchungen durch Hülfsbeamte der Staatsanwaltschaft	III	1138
1880.	23.	Juli.	Vf. betr. den Begriff „Militärbehörde" im Sinne der CPO. u. d. StPO.	III	1138
1880.	23.	Aug.	Vf. betr. Aufnahme in Gefangenanstalten u. Entlassung	III	1149
1880.	17.	Nov.	Vf. betr. die Vollstreckung von Freiheitsstrafen	III	1171

242. Gefängnisse.

1817.	2.	April.	O. enth. Bestimmung über die Zentralgefangenanstalten	II	395
1819.	9.	April.	O. durch welche eine Gesellschaft zur Verbesserung der Gefängnisse genehmigt wird	II	403
1841.	30.	Okt.	Allg. Bezirksgefängniß-Ordnung	II	556
1843.	27.	Dez.	O. betr. den Antheil, welcher den Strafgefangenen 2c. an ihrem Arbeitsverdienst zu gewähren ist	II	573

			Band.	Seite.
1847.	5. Nov.	O. welche bestimmt, daß bei jedem Zentral-, Zucht- u. Besserungshause eine Aufsichtskommission gebildet werden soll	II	639
1850.	5. Aug.	G. über die Erziehung u. Beschützung jugendlicher Gefangener	II	672
1852.	25. Febr.	D. betr. die Beschäftigung in den Gefängnissen	II	708
1854.	25. März.	Beschluß betr. den Lohn der Strafgefangenen in den Zentral-Strafanstalten	II	753
1866.	19. Sept.	D. betr. die Belohnung für die Wiederergreifung der aus den Zentral- rc. häusern Entsprungenen	II	946
1879.	7. April.	G. betr. die Entlastung der Bezirke von den Kosten für Gefängnisse.	III	965

243. Hinrichtung, Scharfrichter.

IV.	22. Germ.	(11. April 1796). G. betr. die Requisition von Handwerkern zum Vollzug der Urtheile	II	84
1837.	7. Okt.	O. betr. die Scharfrichter und ihre Gehülfen	II	475
1880.	14. Aug.	Vf. des Oberstaatsanwalts betr. die Hinrichtung von Verbrechern	III	1149

244. Strafzuweisung.

1823.	30. Dez.	O. betr. die Einziehung der Geldstrafen u. Vertheilg des Erträgnisses.	II	423
1864.	2. Sept.	D. welches den Art. 2 und den zweiten Absatz des Art. 6 der O. v. 30. Dezember 1823 beseitigt	II	912

245. Wiedereinsetzung in die früheren Rechte.

1809.		Französische Strafprozeßordnung (Artt. 619 ff.)	I H	3
1852.	3. Juli.	G. über die Wiedereinsetzung der Verurtheilten in die früheren Rechte.	II	728
1879.	23. Juli.	G. betr. die Uebertragung landesherrl. Befugnisse auf den Statthalter in E.-L.	I A	38

246 — 251. Strafrecht.

246. Allgemeines.

1810.		Französisches Strafgesetzbuch	I G	3
1832.	28. April.	G. enth. Aenderungen des fr. StGB. u. der fr. StPO.	II	474
1863.	13. Mai.	G. welches mehrere Bestimmungen des fr. StGB. abändert	II	898
1870.	31. Mai.	Strafgesetzbuch für das Deutsche Reich	I G	14
1871.	30. Aug.	G. betr. Einführung des StGB. in E.-L.	I G	50
1876.	26. Febr.	G. betr. die Abänderung des StGB. für das Deutsche Reich	III	759
1876.	26. Febr.	Bkm. betr. die Redaktion des StGB. für das Deutsche Reich.	III	759
1880.	24. Mai.	G. betr. den Wucher	III	1111

247. Aufläufe.

1848.	7. Juni.	G. über die Aufläufe	II	640

248. Sozialdemokratie.

1878.	21. Okt.	G. gegen die gemeingefährlichen Bestrebungen der Sozialdemokratie	III	908
1880.	31. Mai.	G. betr. die authentische Erklärung u. die Gültigkeitsdauer des G. v. 21. Okt. 1878.	III	1116

249. Täuschungen im Handel.

1811.	1. April.	D. bezweckend die Verhütung oder Unterdrückung der Täuschung bei der Seifenfabrikation	II	327
1851.	27. März.	G. bezweckend die wirksamere Unterdrückung gewisser Täuschungen im Waarenhandel	II	683
1855.	5. Mai.	G. welches die Bestimmungen des G. v. 27. März 1851 auf Getränke ausdehnt	II	811

				Band.	Seite.
1867.	27.	Juli.	G. betr. die Unterdrückung der beim Verkauf von Dungmitteln vorkommenden Täuschungen	II	963
1879.	14.	Mai.	G. betr. den Verkehr mit Nahrungsmitteln, Genußmitteln und Gebrauchsgegenständen	III	970

250. Waffen.

1728.	23.	März.	Dekl. betr. das Waffentragen	II	10
XIV.	2.	Niv.	(23. Dez. 1805). D. betr. das Verbot von Windbüchsen u. Windpistolen.	II	235
1806.	12.	März.	D. welches den Abdruck der Dekl. v. 23. März 1728 anordnet	II	236
1810.	14.	Dez.	D. betr. die in Frankreich fabrizirten und für den Handel bestimmten Feuerwaffen	II	322
1816.	24.	Juli.	O. betr. die Kriegswaffen	II	392
1834.	24.	Mai.	G. über die Besitzer von Waffen oder Kriegsbedarf	II	487
1837.	23.	Febr.	O. enth. Verbot der Taschenpistolen	II	503
1860.	14.	Juli.	G. über die Fabrikation von Kriegswaffen u. den Handel mit solchen.	II	855
1861.	6.	März.	D. betr. Ausführung des G. v. 14. Juli 1860	II	863
1865.	26.	Aug.	D. welches die zum Zwecke der Ausfuhr verfertigten Taschenpistolen ꝛc. von dem durch die O. v. 23. Februar 1837 ausgesprochenen Verbote ausnimmt	II	931
1868.	22.	April.	D. betr. das Probiren der Handfeuerwaffen	II	970

251. Wucher.

1850.	19.	Dez.	G. betr. das Vergehen des Wuchers	II	679
1880.	24.	Mai.	G. betr. den Wucher	III	1111

252 — 254. Straßenwesen.

252. Allgemeines.

1705.	26.	Mai.	V. enth. Vorschriften über die Bauflucht der Wegepflasterungen ꝛc.	II	7
1720.	3.	Mai.	V. betr. die Breite und Bepflanzung der Straßen	II	8
1721.	17.	Juni.	V. betr. die Bauflucht der großen Wege u. die Sorge für ihre Unterhaltung und Freiheit	II	9
1729.	18.	Juli.	Deklaration betr. die im Zustande drohender Gefahr befindl. Häuser und Gebäude in Paris	II	10
1730.	18.	Aug.	Dekl. betr. die von Häusern u. Bauten in Paris drohenden Gefahren.	II	11
1731.	4.	Aug.	O. welche verbietet, die Pflastersteine u. andere Materialien von den Straßen wegzunehmen ꝛc.	II	12
1741.	14.	März.	V. betr. die Eröffnung v. Steinbrüchen in der Nähe großer Straßen.	II	26
1759.	16.	Dez.	V. welche allen Hirten ꝛc. verbietet, Vieh auf dem Rande der mit Bäumen bepflanzten großen Wege auf die Weide zu führen ꝛc.	II	28
1772.	5.	April.	V. betr. die Eröffnung von Steinbrüchen	II	30
1776.	6.	Febr.	V. welche die Breite der verschiedenen Straßenklassen bestimmt.	II	31
1780.	17.	März.	Dekl. betr. die Steinbrüche	II	34
1790.	11.	Sept.	(D. v. 6., 7—11. Sept.). Bkm. des Königs betr. das G. über die Gerichtsverfassung	II	40
1790.	14.	Okt.	(D. v. 7—14. Okt.). Bkm. des Königs betr. die Zuständigkeit der Verwaltungskörper	II	41
1791.	22.	Juli.	(D. v. 19—22. Juli). G. betr. die Einrichtung einer Gemeinde- und Zuchtpolizei	II	53
X.	29.	Flor.	(19. Mai 1802). G. betr. die Zuwiderhandlungen in Sachen des großen Straßenwesens	II	185
XII.	7.	Frukt.	(25. Aug. 1804). D. enth. die Verfassung des Ingenieurkorps der Straßenbau-Verwaltung	II	224

		Band.	Seite.
XIII. 15. Pluv.	(4. Febr. 1805). D. betr. die Numerirung der Häuser von Paris . .	II	226
XIII. 9. Vent.	(28. Febr. 1805). G. betr. die Bepflanzung der großen Straßen und Vizinalwege	II	227
1807. 25. März.	StRG. über die Unterhaltung des Pflasters in denjenigen städtischen Straßen, die nicht zu den großen Straßen gehören	II	246
1810. 18. Aug.	D. betr. die Feststellung von Uebertretungen, welche sich auf das große Straßenwesen 2c. beziehen	II	314
1811. 16. Dez.	D. betr. die Erbauung, Instandsetzung u. Unterhaltung der Straßen.	II	331
1812. 10. April.	D. welche den Tit. 9 des D. v. 16. Dez. 1811 auf Kanäle, schiffbare Flüsse 2c. ausdehnt	II	337
1813. 29. Aug.	D. betr. Einziehung und Vereinnahmung der Geldstrafen in Sachen des großen Straßenwesens	II	348
1823. 23. April.	O. welches die Artt. 9 u. 11 d. D. v. 4. Febr. 1805 auf alle Städte und Gemeinden des Königreichs ausdehnt	II	416
1825. 12. Mai.	G. betr. das Eigenthum an den auf königlichen u. Bezirksstraßen gepflanzten Bäumen, sowie die Räumung 2c. der Gräben. . . .	II	432
1830. 29. Mai.	O. betr. das Aushauen der an königlichen u. Bezirksstraßen gepflanzten Bäume und die Ausführung der Arbeiten an letzteren Straßen . .	II	455
1835. 20. März.	G. welches bestimmt, daß eine Straße in die Klasse der Bezirksstraßen nur aufgenommen werden kann, wenn der Abstimmung d. Generalraths ein Vorverfahren vorhergegangen ist	II	489
1836. 20. Mai.	G. welches die Abtretung in Besitz genommener Stücke v. Staatsgut gestattet	II	496
1841. 25. Juni.	G. betr. die Lücken der Bezirksstraßen	II	553
1841. 25. Juni.	G. betr. den Einnahmevoranschlag für das Jahr 1842 (Art. 28) . .	II	553
1842. 23. März.	G. betr. die Polizei des großen Straßenwesens	II	556
1842. 24. Mai.	G. betr. diejenigen Theile von königl. Straßen, welche in Folge einer Veränderung der Richtung 2c. verlassen worden sind.	II	557
1842. 7. Sept.	O. betr. das Vorverfahren, wenn von einem Bezirk ein besonderes G. über Klassirung 2c. einer Bezirksstraße verlangt wird	II	558
1845. 7. Juni.	G. betr. die Vertheilung der Kosten für Anlegung von Bürgersteigen.	II	625
1851. 13. Okt.	D. betr. den Dienst der Straßenbau-Verwaltung.	II	697
1859. 11. Juni.	G. betr. den Ertrag der den Bezirken zur Bestreitung der Kosten v. Brückenbauten u. Besserung der Zufahrtsrampen an Bezirksstraßen ausnahmsweise bewilligten Berechtigungen zur Zollerhebung . . .	II	850
1864. 24. Febr.	D. bestimmend, daß Arbeiten an Bezirksstraßen in gewissen Fällen nach Genehmigung der Entwürfe 2c. durch den Präfekten ausgeführt werden dürfen.	II	907
1875. 5. Febr.	Bkm. betr. Regulativ über Ausbildung d. Kandidaten für Wegemeisterstellen	III	575

253. Bauflucht.

1607. Dez.	Edikt betr. die Befugnisse und Pflichten des Großwegemeisters 2c. .	II	3
1765. 27. Febr.	V. betr. die Bauerlaubniß und Bauflucht an den auf königl. Kosten unterhaltenen Straßen	II	29
1808. 27. Juli.	D. über die Bauflucht in den Städten	II	274
1852. 26. März.	D. betr. die Straßen von Paris	II	720
1853. 21. Jan.	D. betr. die Straßen der Stadt Mülhausen . . .	II	745
1853. 2. Juni.	D. betr. die Straßen der Stadt Metz	II	748
1854. 22. Juni.	D. betr. die Straßen der Stadt Straßburg	II	760
1858. 20. Sept.	Entwurf einer Präfektural-V. über die Ertheilung der Bauerlaubniß an großen Straßen.	II	835
1858. 20. Nov.	Präfektural-V. über die Bauerlaubniß an großen Straßen für den Bezirk Ober-Rhein	II	843

		Band.	Seite.
1858. 27. Dez.	D. betr. die Ausführung des D. v. 26. März 1852	II	843
1863. 22. Jan.	Präfektural=V. über die Erth. der Bauerlaubniß an großen Straßen für den Bezirk des Nieder=Rhein	II	897
1864. 4. Mai.	G. betr. die Baufluchten an kais., Bezirks= und Vizinalstraßen für den großen Verkehr.	II	907
1879. 21. Mai.	G. betr. Beschränkungen der Baufreiheit in den neuen Stadttheilen von Straßburg	III	972
1879. 15. Sept.	Bkm. des Bez.=Pr. v. U.=E. betr. Aufhebung der für das ehemalige Vogesendepartement erlassenen Vizinalwege=Ordnung u. Bau=Ordnung für das große Straßenwesen.	III	1041
1880. 10. Aug.	V. des Bez.=Pr für Lothringen betr. Bauerlaubniß.	III	1141

254. Vizinalwege.

1824. 28. Juli.	G. betr. die Vizinalwege.	II	429
1836. 21. Mai.	G. über die Vizinalwege.	II	497
1845. 8. Aug.	O. betr. die Entnahme von Materialien zu Arbeiten an Vizinalwegen, wenn die Entnahme in den der Forstverwaltung unterworfenen Wäldern geschieht	II	631
1854. 21. Juli.	Rundschreiben des Ministers des Innern enth. den Entwurf einer allgem. Vizinalwege=Ordnung	II	760
1854. 20. Aug.	Präfekturalbeschluß enth. eine Vizinalwege=Ordnung für den Bezirk der Mosel	II	799
1854. 21. Aug.	Präfekturalbeschluß enth. eine Vizinalwege=Ordnung für den Bezirk des Ober=Rhein	II	799
1854. 21. Sept.	Präfekturalbeschluß enth. eine Vizinalwege=Ordnung für den Bezirk der Meurthe	II	800
1854. 9. Okt.	Präfekturalbeschluß enth. eine Vizinalwege=Ordnung für den Bezirk des Nieder=Rhein	II	800
1864. 8. Juni.	G. betr. die in der Verlängerung v. Vizinalwegen liegenden Ortsstraßen.	II	908
1868. 11. Juli.	G. betr. die Vollendung der Vizinalwege ꝛc.	II	973
1870. 21. Juli.	G. betr. die Vizinalwege.	II	1003
1879. 15. Sept.	Bkm. des Bez.=Pr. v. U.=E. betr. Aufhebung der für das ehemalige Vogesen=Departement erlassenen Vizinalwege=Ordnung und Bau=Ordnung für das große Straßenwesen	II	1041

255. Unterricht.

1811. 15. Nov.	D. betr. die Ordnung der Universität . .	II	329
1850. 15. März.	G. über das Unterrichtswesen	II	650
1850. 29. Juli.	Staatsverwaltungs=Verordnung zur Ausführung des G. v. 15. März 1850.	II	671
1850. 7. Okt.	D. zur Ausführung des G. v. 15. März 1850, insoweit dieses den Primärunterricht betrifft	II	675
1850. 20. Dez.	D. betr. den freien Sekundärunterricht	II	679
1852. 9. März.	D. über den öffentl. Unterricht.	II	713
1853. 31. Dez.	D. betr. die Primärschulen	II	753
1854. 14. Juni.	G. über den öffentl. Unterricht.	II	757
1855. 21. März.	D. betr. die Kleinkinderschulen.	II	800
1859. 14. Juni.	G. betr. die Erhebung des Schulgelds in den Mädchenschulen der Gemeinden.	II	850
1866. 28. März.	D. betr. Abänderung des Art. 13 D. v. 31. Dez. 1853 .	II	934
1867. 10. April.	G. über den Primärunterricht . . .	II	956
1871. 18. April.	V. über das Schulwesen . . .	III	16

		Band.	Seite.
1872. 2. Dez.	Zirkular-Vf. betr. Diplome ꝛc.	III	163
1872. 2. Febr.	V. über die Ausübung der Befugnisse der Departemental-Unterrichtsräthe	III	193
1872. 28. April.	Erlaß enth. die Stiftungsurkunde für die Universität Straßburg	III	218
1872. 28. April.	G. betr. die Universität zu Straßburg	III	219
1872. 4. Juni.	G. betr. die Besoldung der Lehrer und Lehrerinnen an öffentlichen Elementarschulen	III	222
1872. 19. Juni.	V. betr. die Errichtung der „Universitäts- u. Landesbibliothek" zu Straßburg	III	224
1872. 1. Juli.	Statut für die Universitäts- und Landesbibliothek zu Straßburg	III	230
1872. 23. Okt.	V. betr. die Einsetzung einer wissenschaftlichen Prüfungskommission in Straßburg	III	279
1872. 28. Okt.	Reglement für die Prüfung der Kandidaten des höheren Schulamts	III	280
1873. 12. Febr.	G. betr. das Unterrichtswesen	III	316
1873. 10. Juli.	V. zur Ausführung des G. v. 12. Febr. 1873	III	365
1873. 10. Juli.	Regulativ für die höheren Lehranstalten in E.-L.	III	367
1873. 29. Nov.	G. betr. die von dem protest. Seminar zu Straßburg verwalteten Stiftungen	III	405
1873. 25. Dez.	G. betr. die Pensionen der Wittwen und Waisen der Professoren an der Universität Straßburg	III	447
1874. 4. Jan.	Regulativ für die Elementarschulen in E.-L.	III	452
1874. 4. Jan.	Regulativ für die Präparandenschulen in E.-L.	III	455
1874. 4. Jan.	Prüfungs-Ordnung für die Elementarlehrer u. Elementarlehrerinnen.	III	457
1874. 4. Jan.	Regulativ für Elementarlehrer und Elementarlehrerinnen - Seminare in E.-L.	III	459
1874. 13. Febr.	Bkm. betr. die anderweitige Benennung der bisher „colléges" genannten höheren Schulen	III	470
1874. 26. Mai.	V. betr. die Prüfung nach der Vollendung der Studien an den Realschulen	III	524
1874. 22. Juni.	V. betr. die Ausführung des Regulativs v. 4. Jan. 1874 für die Elementarschulen	III	531
1874. 15. Juli.	Bkm. betr. Vereinbarung zwischen E.-L. und Baden wegen der Schulpflicht	III	532
1874. 5. Aug.	V. betr. den Unterricht in den höheren Töchterschulen und Mädchen-Pensionaten	III	533
1875. 24. Febr.	Statut für die Universität Straßburg	III	615
1875. 24. Mai.	V. betr. die Ferien der Elementarschulen und Kleinkinderschulen	III	687
1875. 31. Juli.	V. betr. den Handarbeits-Unterricht in den Elementarschulen von E.-L.	III	697
1876. 13. April.	Prüfungs-Ordnung für Lehrerinnen u. Vorsteherinnen höherer Töchterschulen	III	781
1876. 13. April.	Prüfungs-Ordnung für Seminardirektoren, Seminarlehrer, Vorsteher von Präparandenschulen, Mittelschulen und höheren Töchterschulen.	III	782
1876. 13. April.	Prüfungs-Ordnung für Lehrer an Mittelschulen und höheren Töchterschulen	III	783
1876. 4. Mai.	Bkm. betr. Zulassung zur Rektoratsprüfung ꝛc.	III	787
1876. 3. Juli.	Bestimmungen über die Anlage, Einrichtung und Ausstattung der Elementarschulen in E.-L.	III	791
1876. 5. Juli.	Bkm. betr. Vereinbarung zwischen E.-L. und Preußen wegen der Schulpflicht	III	795
1876. 24. Okt.	Bkm. betr. Vereinbarung zwischen E.-L. und Sachsen wegen der Schulpflicht	III	804
1877. 1. März.	Bkm. betr. Vereinbarung zwischen E.-L. und Hessen wegen der Schulpflicht	III	815

			Band.	Seite.
1877.	7. Juni.	Normallehrplan für die deutschen Elementarschulen in E.-L.	III	828
1877.	22. Juni.	V. betr. die Abänderung der Stiftungsurkunde der Universität Straßburg	III	831
1877.	3. Dez.	V. betr. den v. Vorsteherinnen u. Lehrerinnen an Kleinkinderschulen zu erbringenden Befähigungsnachweis.	III	843
1877.	29. Dez.	Reglement betr. die Abgangsprüfung an Gymnasien und Realgymnasien (Abiturienten-Examen).	III	846
1878.	23. April.	Neuer Normalplan für die Zahl der Unterrichtsstunden an Gymnasien und Realgymnasien	III	866
1878.	4. Mai.	Bkm. betr. Vereinbarung zwischen E.-L. und Württemberg wegen der Schulpflicht.	III	871
1878.	1. Nov.	G. betr. die Unterhaltung und die Verwaltung der öffentl. höheren Schulen	III	912
1878.	1. Nov.	V. betr. das Schulgeld bei öffentlichen höheren Schulen	III	915
1878.	15. Nov.	Normalplan der den Gemeinden für die öffentlichen höheren Schulen obliegenden Verpflichtungen	III	918
1879.	4. Jan.	Vorschriften über die Zusammensetzung 2c. der Schulkommissionen . .	III	922
1879.	15. März.	Bkm. betr. die Erhebung 2c. des Schulgeldes bei den öffentl. höheren Schulen	III	959
1879.	27. März.	V. betr. die Errichtung einer Landes-Schulkommission . . .	III	961
1879.	29. April.	Bkm. betr. Ausführung des Art. VII des G. v. 23. Dez. 1873	III	969
1879.	19. Mai.	G. betr. Bestimmungen über das niedere Unterrichtswesen	III	972
1880.	4. Dez.	V. betr. die Errichtung von Bezirks-Unterrichtsräthen.	III	1176

256. Vereins- und Versammlungsrecht.

1834.	10. April.	G. über die Vereine	II	486
1848.	18. Juli.	D. über die Klubs	II	641
1852.	25. März.	D. welches das D. v. 18. Juli 1848 aufhebt 2c. . . .	II	717
1864.	25. Mai.	G. welches die Artt. 414, 415 und 416 fr. StGB. ändert .	II	908
1868.	6. Juni.	G. betr. die öffentl. Versammlungen .	II	972

257. Verfassungsrecht.

1852.	14. Jan.	Verf. aufgestellt kraft der von dem franz. Volke durch Abstimmung v. 30. u. 31. Dez. an Ludw. Napoleon übertrag. Machtvollkommenheit.	II	698
1869.	31. Mai.	Wahlgesetz für den Deutschen Reichstag	I A	17
1870.	28. Mai.	Regl. zur Ausführung des Wahlgesetzes für den Deutschen Reichstag.	I A	20
1870.	14. Aug.	A. Kabinetsorder betr. die Einsetzung des General-Gouvernements im Elsaß	III	9
1870.	21. Aug.	V. betr. die Gebietsabgrenzung des General-Gouvernements. . .	III	9
1870.	26. Aug.	A. Kabinetsorder betr. Einsetzung eines Civilkommissars im Elsaß	III	9
1870.	9. Sept.	V. des General-Gouvernements im Els. betr. die amtl. Nachrichten	III	10
1871.	26. Febr.	Friedens-Präl. zwischen dem Deutschen Reiche und Frankreich	III	15
1871.	16. April.	Verfassung des Deutschen Reichs	I A	6
1871.	10. Mai.	Friedensvertrag zwischen dem Deutschen Reich u. Frankreich . . .	III	18
1871.	9. Juni.	G. betr. die Vereinigung v. Elsaß u. Lothr. mit dem Deutschen Reich.	I A	3
1871.	3. Juli.	G. betr. die Verkündung der Gesetze u. Verordnungen .	I A	4
1871.	17. Juli.	G. betr. die Einführung des Art. 33 der Reichsverfassung	III	85
1871.	19. Aug.	V. betr. die Einführung des Art. 33 der Reichsverfassung .	III	136
1871.	30. Aug.	V. betr. die Einführung des Art. 33 der Reichsverfassung	III	136
1871.	12. Okt.	Zusätzliche Uebereinkunft zu d. Friedensvertrage zwischen Deutschland und Frankreich	III	146

		Band.	Seite.
•1871. 14. Okt.	G. betr. Einführung des Abschn. VIII der Reichsverf. in E.-L. . .	III	146
1871. 11. Dez.	Zusatz-Konvention zu dem am 10. Mai 1871 zu Frankfurt a. M. abgeschlossenen Fried.-Vertr. zwischen Deutschland u. Frankreich . .	III	164
1871. 11. Dez.	G. betr. die Einführung des Abschnitts VII der Reichs-Verf. über das Eisenbahnwesen	III	169
1872. 13. Jan.	Erl. betr. den Eintritt von Els.-Lothr. in die zwischen dem Zollverein und anderen Staaten abgeschlossenen Verträge	III	187
1872. 7. März.	Bkm. betr. die Option	III	214
1872. 16. März.	Bkm. betr. die Option Minderjähriger	III	214
1872. 20. Juni.	G. betr. den Termin für die Wirksamk. der Verf. des D. R. in E.-L.	III	227
1872. 24-27. Aug.	Uebereink. betr. die Festsetzung der deutsch-französ. Hoheitsgrenze in der Gemeinde Avricourt	III	261
1872. 28-31. Aug.	Uebereink. betr. die Festsetzung der deutsch-französ. Hoheitsgrenze in den Gemeinden Raon-les-Leaux und Raon-sur-Plaine	III	261
1872. 22. Dez.	Bekm. betr. die Herausgabe des Centralblattes für das Deutsche Reich.	III	301
1873. 25. Juni.	G. betr. Einführung der Verfassung des Deutschen Reichs in E.-L.	I A	8
1873. 1. Dez.	Bkm. betr. das Wahlreglement	I A	29
1873. 1. Dez.	Bkm. betr. die Feststellung der Wahlkreise für die Wahlen zum Deutschen Reichstage	I A	19
1873. 20. Dez.	G. betr. Abänderung des Art. 29 Nr. 13 R.-V.	III	605
1874. 29. Okt.	Erl. betr. die Einrichtung eines berathenden Ausschusses für E.-L.	I A	30
1875. 23. März.	V. zur Ausführung des Allerh. Erlasses v. 29. Okt. 1874	I A	31
1876. 6. Mai.	Bkm. betr. Herausgabe der Gemeinde-Zeitung	III	787
1877. 13. Febr.	Erl. betr. die Wahl eines zweiten Stellvertreters des Vorsitzenden des Landesausschusses für E.-L.	I A	32
1877. 2. Mai.	G. betr. die Landesgesetzgebung von E.-L . .	I A	32
1878. 17. März.	G. betr. die Stellvertretung des Reichskanzlers	I A	33
1879. 27. März.	Bkm. betr. die Veröffentl. der Bekanntmachungen der Landesverwaltg.	III	961
1879. 4. Juli.	G. betr. die Verfassung und Verwaltung E.-L.	I A	34
1879. 23. Juli.	V. über den Termin zur Ausführung der G. betr. die Verfassung und Verwaltung E.-L.	I A	37
1879. 23. Juli.	V. betr. die Uebertragung landesherrlicher Befugnisse auf den Statthalter in E.-L.	I A	38
1879. 23. Juli.	V. betr. die Einrichtung des Ministeriums für E.-L.	I A	40
1879. 1. Okt.	V. betr. die Wahlen zum Landesausschuß	I A	43
1879. 8. Dez.	Bkm. betr. Bekanntmachungen der Landes-Verwaltung	III	1052
1879. 24. Dez.	A. Erl. betr. die Benennung des Reichskanzleramts und den Titel des Vorstands dieser Behörde	III	1065

258. Versteigerer, amtliche.

IX. 27. Vent.	(18. März 1801). G. betr. die Bestallung von vierundzwanzig amtlichen Versteigerern von Fahrniß in Paris	II	165
IX. 29. Germ.	(19. April 1801). V. betr. die Kammern der amtlichen Versteigerer	II	169
1816. 28. April.	G. über die Finanzen (Art. 89)	II	372
1816. 26. Juni.	O. welche in Ausführung des G. v. 28. April 1816 ꝛc. amtliche Versteigerer einsetzt	II	387
1822. 31. Juli.	O. betr. Unvereinbarkeit des Amtes eines Notars mit demjenigen eines amtlichen Versteigerers	II	416
1871. 14. Juli.	G. betr. Abänderung der Gerichtsverfassung (§ 18)	III	23
1872. 10. Juni.	G. betr. die Entschädigung der Inhaber verkäuflicher Stellen im Justizdienst in E.-L.	III	223

		Band.	Seite.
1875. 29. Nov.	G. wegen Abänderung des Gesetzes vom 10. Juni 1872	III	729
1879. 31. März.	G. betr. die Feststellung des Landeshaushaltsetats von E.-L. für das Etatsjahr 1879/80 (§ 10).	III	962

Versteigerungen s. Nr. 133, 76.

259—267. Verwaltung.

259. Allgemeines.

VIII. 28. Pluv.	(17. Febr. 1800). G. betr. Eintheilung des Gebietes der Republik u. die Verwaltung	II	157
1871. 30. Dez.	G. betr. Einrichtung der Verwaltung	III	181
1872. 29. Jan.	Bkm. betr. die vom OPr. auszuübenden Befugnisse	III	193
1872. 11. Aug.	Verfüg. des OPr. betr. die polizeilichen Funktionen der Gemeinde-Verwaltung in Metz	III	259
1872. 3. Okt.	Vf. betr. die Führung der Repertorien durch die Verwaltungsbehörden.	III	277
1872. 8. Nov.	V. betr. Abänderungen der Grenzen der Kreise Molsheim, Erstein u. Schlettstadt	III	294
1872. 13. Nov.	V. betr. die Abgrenzung des Kantons Weiler 2c.	III	295
1873. 28. Febr.	V. betr. die polizeilichen Funktionen der Gemeinde-Verwaltung in Straßburg	III	320
1873. 1. März.	V. betr. Abänderung der Grenzen der Bezirke Lothringen u. Unter-Elsaß, sowie der Kreise Saarburg u. Molsheim	III	321
1873. 6. März.	V. betr. die Einrichtung der Kantone Fontoy, Dammerkirch und des Landkantons Metz, sowie die Abgrenzung des Kantons Schirmeck .	III	321
1876. 28. April.	V. wegen Abänderung des G. v. 24. Januar 1873	III	786
1876. 21. Nov.	V. betr. die Kaiserl. V. v. 28. April 1876	III	805
1877. 23. Febr.	V. betr. die Abgrenzung der Kantone Weißenburg 2c. .	III	814
1877. 24. März.	V. betr. die Beitreibung öffentlicher Gefälle	III	816
1878. 29. Juli.	Vorschriften betr. die Ausbildung 2c. der Subalternen 2c. der Landesverwaltung 2c.	III	903
1879. 12. Nov.	V. betr. Abgrenzung der Kantone Habsheim 2c.	III	1046
1880. 2. Juni.	V. betr. Bildung einer selbständigen Gemeinde Jungholz . .	III	1117
1880. 2. Juni.	V. betr. Abgrenzung der Kantone Sulz u. Gebweiler	III	1117
1880. 23. Juli.	V. betr. Abgrenzung der Kantone Winzenheim u. Münster	III	1138
1880. 24. Aug.	V. betr. Abgrenzung der Kantone Kattenhofen u. Sierck	III	1149
1880. 6. Okt.	V. betr. die Trennung der Sektion Obrick von der Gemeinde Groß-Tänchen u. die Vereinigung der ersteren mit der Gemeinde Wirmingen.	III	1158
1880. 15. Nov.	V. betr. die Zwangsvollstreckung behufs Beitreibung öffentl. Gefälle.	III	1161

260. Archive.

II. 7. Messid.	(25. Juni 1794). D. betr. die Einrichtung des Archivs bei der Nationalversammlung	II	74
V. 5. Brum.	(26. Okt. 1796). G. betr. die Anordnung, daß alle dem Staate gehörenden Titel u. Papiere an den Hauptorten der Bezirke zu einer Sammlung vereinigt werden	II	87
1807. 18. Aug.	StRG. über die Ausfertigungen von Urkunden, welche von Verwaltungsbehörden aufgenommen sind	II	249
1850. 4. Febr.	D. betr. die Bezirksarchivare . . .	II	649

261. Dezentralisation.

1852. 25. März.	D. über die Dezentralisation der Verwaltung . . .	II	716
1861. 13. April.	D. betr. Abänderung des Dekrets v. 25. März 1852	II	864
1873. 5. Mai.	V. betr. die Genehmigung, welche juristische Personen zur Erwerbung oder Veräußerung von Gütern 2c. bedürfen	III	328

			Band.	Seite.
1873.	13. Juli.	G. betr. die Ermächtigung der Bezirke ꝛc. zur Aufnahme von Anleihen und zur Erhebung von Steuerzuschlägen	III	372
1873.	20. Sept.	V. betr. die Zuständigkeit der Kreisdirektoren .	III	390
1875.	10. Febr.	V. betr. die Zuständigkeit der Bezirkspräsidenten	III	605
1875.	28. Aug.	V. betr. die Zuständigkeit der Kreisdirektoren	III	698

262. Generalräthe, Bezirks-, Kreistage.

VIII.	19. Flor.	(9. Mai 1800). V. betr. die Vereinigung der Kreis- und Bezirksvertretungen	II	159
1833.	22. Juni.	G. über die Einrichtung der Generalräthe u. Kreistage .	II	479
1838.	10. Mai.	G. über die Befugnisse der Generalräthe u. der Kreistage	II	517
1866.	18. Juli.	G. über die Generalräthe	II	942
1870.	23. Juli.	G. betr. Abänderung verschiedener Bestimmungen über die Generalräthe und Kreistage	II	1003
1873.	24. Jan.	G. betr. die Bezirksvertretungen, die Kreisvertretungen u. die Wahlen für die Gemeinderäthe	III	307
1873.	27. März.	V. betr. die Vertheilung der gesetzlichen Zahl der Mitglieder der Kreisvertretung auf die Kantone der Landkreise	III	325
1875.	17. Nov.	G. betr. Kosten der Unterbringung in ein Armenhaus	III	727

(S. auch Nr. 268.)

263. Kaiserlicher Rath.

1871.	30. Dez.	G. betr. Einrichtung der Verwaltung	III	181
1873.	22. Febr.	V. betr. das Verfahren vor dem Kaiserlichen Rath . . .	III	317
1879.	4. Juli.	G. betr. die Verfassung und Verwaltung von E.-L. (§ 11)	I A	34

264. Präfekten, Bezirkspräsidenten.

1790.	Jan.	(D. 22. Dez. 1789—Jan. 1790). Kgl. Handschreiben betr. die Bildung der Primär- und der Verwaltungs-Versammlungen	II	38
VIII.	28. Pluv.	(17. Febr. 1800). G. betr. die Eintheilung des Gebietes der Repubik und die Verwaltung	II	157
XIII.	25. Prair.	(14. Juni 1805). Gutachten des Staatsraths über den Tag, von dem an Kaiserliche Dekrete verbindliche Kraft haben	II	231
1852.	25. März.	D. über die Dezentralisation der Verwaltung	II	716
1861.	13. April.	D. betr. Abänderung des Dekrets vom. 25. März 1852 .	II	864
1871.	30. Dez.	G. betr. Einrichtung der Verwaltung	III	181
1875.	10. Febr.	V. betr. Zuständigkeit der Bezirkspräsidenten .	III	605

265. Präfekturräthe, Bezirksräthe.

VIII.	28. Pluv.	(17. Febr. 1800). G. betr. die Eintheilung des Gebietes der Republik und die Verwaltung	II	157
1862.	30. Dez.	D. welches bestimmt, daß in Zukunft die Sitzungen der Präfekturräthe, wenn dieselben über streitige Sachen erkennen, öffentlich sein müssen.	II	896
1865.	21. Juni.	G. betr. die Präfekturräthe	II	926
1865.	12. Juli.	D. betr. das Verfahren vor den Präfekturräthen	II	928
1871.	30. Dez.	G. betr. Einrichtung der Verwaltung . . .	III	181
1872.	1. Sept.	V. betr. das Verfahren vor den Bezirksräthen .	III	262

266. Unterpräfekten, Kreisdirektoren.

VIII.	28. Pluv.	(17. Febr. 1800). G. betr. die Eintheilung des Gebietes der Republik und die Verwaltung	II	157
1861.	13. April.	D. betr. Abänderung des Dekrets v. 25. März 1852 über die Dezentralisation der Verwaltung	II	864
1871.	30. Dez.	G. betr. Einrichtung der Verwaltung .	III	181

		Band.	Seite.
1873. 20. Sept.	V. betr. Zuständigkeit der Kreisdirektoren .	III	390
1875. 28. Aug.	V. betr. Zuständigkeit der Kreisdirektoren .	III	698

267. Staatsrath.

1806. 11. Juni.	D. über die Einrichtung u. Befugnisse des Staatsraths	II	240
1806. 22. Juli.	D. enth. Vorschriften über die vor den Staatsrath gebrachten streitigen Sachen . . .	II	241
1845. 19. Juli.	G. über den Staatsrath	II	630
1852. 25. Jan.	Organisches D. über den Staatsrath	II	699
1864. 2. Nov.	D. betr. Verfahren vor dem Staatsrathe in streitigen Sachen rc.	II	912
1871. 30. Dez.	G. betr. Einrichtung der Verwaltung	III	181

268. Wahlen.

1833. 22. Juni.	G. über die Einrichtung der Generalräthe u. Kreistage	II	479
1848. 3. Juli.	D. betr. die Erneuerung der Gemeinderäthe, der Kreis- und Bezirksvertretungen	II	641
1850. 7. Aug.	G. betr. die Zahlung der Auslagen, zu welchen der Vollzug der verschiedenen Wahlgesetze Anlaß gibt	II	674
1852. 2. Febr.	Organ. D. über die Wahl der Abgeordneten zum gesetzgebenden Körper.	II	700
1852. 2. Febr	Ausführ.-D. betr. die Wahl zum gesetzgebenden Körper	II	703
1852. 7. Juli.	G. über die Erneuerung der Generalräthe, der Kreistage und der Bezirksräthe u. die Ernennung der Bürgermeister u. Beigeordneten.	II	728
1866. 13. Jan.	D. betr. Festsetzung der Frist für Klagen auf Eintragung in die Wahllisten rc.	II	933
1869. 1. Mai.	D. betr. rc. die Abstimmung vor der durch Art. 25 D. v. 2. Febr. 1852 bestimmten Stunde	II	982
1873. 24. Jan.	G. betr. die Bezirksvertretungen, die Kreisvertretungen u. die Wahlen für die Gemeinderäthe	III	307
1873. 27. März.	V. betr. die Vertheilung der gesetzlichen Zahl der Mitglieder der Kreisvertretung auf die Kantone der Landkreise	III	325
1873. 6. Aug.	V. betr. den Eid der Mitglieder der Bezirkstage u. der Kreistage.	III	382

269—271. Wasserrecht.

269. Allgemeines, Austrocknung, Drainirung.

1792. 11. Sept.	(D. v. 11—19. Sept.). G. betr. Beseitigung sumpfiger Teiche . . .	II	64
XI. 14. Flor.	(4. Mai 1803). G. betr. die Ausräumung der nicht schiffbaren Kanäle und Flüsse und die Unterhaltung der dazu gehörigen Deiche . .	II	205
1807. 16. Sept.	G. betr. Austrocknung der Sümpfe . . .	II	254
1845. 29. April.	G. über die Bewässerung. .	II	624
1847. 11. Juli.	G. über die Bewässerung.	II	638
1854. 10. Juni.	G. über den ungehinderten Abfluß des v. Drainirungen herrührenden Wassers	II	756
1856. 17. Juli.	G. über die Drainirung	II	816
1858. 28. Mai.	G. betr. die Arbeiten zur Sicherstellung der Städte gegen Ueberschwemmungen	II	831
1858. 15. Aug.	D. betr. Ausf. des G. v. 28. Mai 1858	II	835
1860. 28. Juli.	G. betr. Nutzbarmachung der den Gemeinden gehörigen Sümpfe und Oedungen	II	857
1861. 6. Febr.	D. betr. Ausführung des G. v. 28. Juli 1860 .	II	860
1865. 21. Juni.	G. über die Syndikat-Genossenschaften	II	926
1865. 17. Nov.	D. betr. Ausführung des Art. 10 G. v. 21. Juni 1865 .	II	932

			Band.	Seite.
1876.	22. Aug.	Bkm. des OPr. betr. Ausbildung der Dammmeister ꝛc.	III	802
1877.	11. Mai.	G. betr. Abänderung der Gesetzgebung hinsichtlich des Wasserrechts. .	III	817
1877.	18. Dez.	Bkm. betr. die Wasserbaubezirke	III	845

270. Rheinschifffahrt.

1832.	21. April.	G. betr. die Rheinschifffahrt.	II	469
1868.	17. Okt.	Revidirte Rheinschifffahrtsakte	II	974
1869.	5. Mai.	D. betr. Ausfertigung der rev. Rheinschifffahrtsakte ꝛc.	II	983
1869.	2. Juli.	Schifffahrtspolizei und Floßordnung für den Rhein.	II	984
1877.	4. Sept.	Nachtrag zur Schifffahrtspolizei und Floßordnung	III	836
1880.	17. März.	V. des Bez.-Pr. v. O.-E. über den Transport explosiver, entzündlicher, ätzender und giftiger Stoffe auf dem Rhein.	III	1070
1880.	25. März.	V. des Bez.-Pr. von U.-E. desgl. . . .	III	1080

271. Schiffbare Wasserläufe.

1669.	Aug.	O. betr. die Gewässer und Wälder	II	5
1723.	27. Juli.	O. enth. Verbot für die Schiffleute u. Wasserfrachtführer, die Arbeiten zu beschädigen, welche auf Befehl des Königs in den Flüssen ausgeführt werden	II	9
1777.	24. Juni.	V. enth. eine Schifffahrtsordnung für den Marnefluß u. die anderen schiffbaren Flüsse und Kanäle	II	32
1790.	Jan.	(D. v. 22. Dez. 1789 — Jan. 1790). Kgl. Handschreiben betr. die Bildung der Primär- und der Verwaltungs-Versammlungen . . .	II	38
VI.	19 Vent.	(9. März 1798). V. betr. Maßregeln zur Sicherung des freien Laufs der schiff- und flößbaren Schiffe und Kanäle	II	99
VII.	6. Frim.	(26. Nov. 1798). G. über Betrieb, Polizei u. Verwaltung der Fähren auf Strömen, schiffbaren Flüssen und Kanälen	II	117
X.	14. Flor.	(4. Mai 1802). G. betr. die indirekten Steuern des Jahres XI . .	II	182
XII.	8. Flor.	(28. April 1804). V. betr. die Verpachtung der Fähr- und Ueberfahrtsgebühren	II	218
1808.	22. Jan.	D. welches den Art. 7 Tit. 28 der O. v. 1669 auf alle schiffbaren Flüsse des Reichs ausdehnt	II	262
1876.	25. Jan.	Polizei-V. für U.-E. betr. die Schifffahrtskanäle . .	III	749
1876.	18. Febr.	Desgl. für O.-E.	III	758
1876.	22. Febr.	Desgl. für Lothr.	III	758

Wechselrecht s. Nr. 136.

272. Zwangsenteignung.

1831.	30. März.	G. betr. die Zwangsenteignung ꝛc.	II	463
1834.	18. Febr.	O. betr. die Förmlichkeiten des Verfahrens bei öffentl. Arbeiten .	II	485
1835.	15. Febr.	O. enth. Abänderung der O. v. 18. Febr. 1834.	II	489
1835.	22. März.	O. betr. die zum Zwecke gemeinnützlicher Arbeiten erworbenen Grundstücke, welche diese Bestimmung nicht erhalten haben oder erhalten werden	II	489
1835.	23. Aug.	O. betr. das Vorverfahren bei öffentlichen Arbeiten im Interessen v. Gemeinden.	II	494
1841.	3. Mai.	G. betr. die Zwangsenteignung	II	542

(S. auch Nr. 180.)

II.

Alphabetisches Register.

Alphabetisches Register.

Die Zahlen vor den Gesetzen sind die der Artikel oder Paragraphen.

Soweit nichts anderes angegeben, sind Gesetzbücher und die dazu gehörigen Einführungs- und Ausführungsgesetze in Band I, Gesetze aus der Zeit bis 1870 einschließlich in Band II, die übrigen in Band III zu suchen.

Wegen der Abkürzungen s. Bd. I S. XXX.

A.

Abandon 865 HGB.

Abbildungen, unzüchtige 184, von Wappen 360 Nr. 7 StGB.; s. Papiergeld, Schriften.

ABCbücher, Verkauf derselben 10 V. 10. Sept. 1735.

Abdruck, unbefugter 360 Nr. 5 StGB.

Abgaben, öffentliche.
Vorrechte 41 Nr. 1, 54 Nr. 2, 3 KO.; Verfahren bei Zuwiderhandlungen gegen die Vorschriften über die Erhebung 459—469 StPO.; 6 Nr. 3 EG. z. StPO.
Widerrechtliche Erhebung 353, 358 StGB.
A. welche für Rechnung von Bezirken, Gemeinden, Korporationen u. s. w. erhoben werden dürfen 3 G. 31. März 1879.
A. für Schiffe ꝛc. 622, Vorrechte derselben 757 Nr. 3 HGB.
A. von der Flößerei, Zuständigkeit 70, Zuwiderhandlungen, Zuständigkeit 75 Nr. 15, Revision 136 GVG.
S. Steuern.

Abgeordnete, Redefreiheit 30 RV. Bd. I A 4; 11 StGB.; Gewaltthätigkeiten gegen A. 105 u. 106 StGB.; Vernehmung während der Sitzungsperiode 49 StPO.; Strafverfolgung gegen dieselben 6 Nr. 1 EG. z. StPO.; 31 RV. Bd. I A 4; dürfen Schöffenamt ablehnen 35 Nr. 1, desgl. Geschworenenamt 85 GVG.
A. z. Reichstag, Voraussetzungen der Wählbarkeit ꝛc. 4—6 G. 31. Mai 1869 Bd. I A 5; 3, 6 G. 25. Juni 1873; 23, 27—35 Wahlreglement 28. Mai 1870 Bd. I A 7.
S. Landesausschuß, Wahlen.

Abgraben eines fremden Grundstücks 370 Nr. 1 StGB.

Ablehnung von Gerichtspersonen in Civilsachen 41—49, 513 Nr. 3, 542 Nr. 3, von Sachverständigen 371, 377, von Schiedsrichtern 858 CPO.; in Strafsachen 24—32, 377 Nr. 3, von Geschworenen 282—285 StPO.

Ableugnung s. Verleugnung.

Ablösung der Grundrenten G. 18. Dez. 1790; 530, 872, 1911, 1912, 1978, 1979 CGB.; von Weideberechtigungen 8 Tit. I Abschn. 4 G. 6. Okt. 1791; von Holzberechtigungen 63 ff. FGB.

Abmarkung 3 Tit. I Abschn. 1 G. 6. Okt. 1791; 646 CGB.

Abputzen s. Häuser.

Abraupen G. 26. Vent. IV; Strafe 368 Nr. 2 StGB.

Abschoßrecht, Abschaffung G. 14. Juli 1879.

Abschriften, Verfahren zur Erlangung 841 ff. fr. CPO.

Absonderung im Konkurse 39—45 KO.; Privatgläubiger eines Handelsgesellschafters 122, 169 HGB.
A. der Güter des Erblassers 878 ff., 2111 CGB.
S. Schulden, Gütertrennung.

Absperrungsmaßregeln 327 u. 328 StGB.

Abstammung begründet die Staatsangehörigkeit 2, 3 G. 1. Juni 1870 Bd. III.

Abstimmung der Richter ꝛc. 195, 200 GVG.; 32 AG. z. GVG.; der Geschworenen in Strafsachen 304, 307, der Richter in Strafsachen 262 StPO.

Abtreibung der Leibesfrucht 218—220 StGB.

Abtretung der Forderungsrechte 1689, zwangsweise A. wegen Gemeinnützlichkeit 545, 643, 682 CGB.; s. Uebertrag, Güterabtretung, Zwangsenteignung.

Abtrittsgruben 674, 1756 CGB.

Abwesende, Verfahren gegen A. im Strafprozeß 318—337, Einstellung des Verfahrens 203, Verfahren gegen abwesende Wehrmänner und Beurlaubte, welche sich der Wehrpflicht entziehen 470—476 StPO.

Vertragschließung unter A. 319—321 HGB.

Zwangsenteignung der Güter von A. 13, 25 G. 3. Mai 1841.

S. Abwesenheit.

Abwesenheit, Vermuthung 112 ff., Erklärung 115 ff. CGB. Bekanntmachung der Urtheile Bf. 10. April 1872, des Ehemanns 222, Hypothekbestellung 2126, Verjährung 2265 CGB.

Verfahren betr. Einweisung in den Besitz 859, 860 fr. CPO.

A. von Militärpersonen G. 11. Vent. II; G. 16. Frukt. II; G. 6. Brum. V; G. 13. Jan. 1817; G. 23. Okt. 1873.

S. Abwesende.

Abzugskanäle, Einleitung des Wirthschaftwassers 6 D. 26. März 1852.

Accessio s. Zuwachs.

Achtung vor den Gesetzen, Verletzung derselben 3 G. 27. Juli 1849.

Achtungsverletzung, 89 MStGB.

Acker, Gehen über fremde Aecker 368 Nr. 9 StGB.

Ackerbau, Oberrath D. 2. Febr. 1853.

Adel, Aufhebung des D. 29. Febr. 1848, D. 24. Jan. 1852; Rath für Adelstitel D. 8. Jan. 1859; Ausländische Adelstitel D. 5. März 1859.

Unbefugte Annahme 360 Nr. 8 StGB.

Adhäsion s. Anschließung.

Adoption. Der Adoptivvater des Angeklagten ist in der Hauptverhandlung als Beistand desselben zuzulassen 149, er kann auch als Vertreter desselben Rechtsmittel für den Angeklagten einlegen 340, 371, 389, Adoptiveltern und Adoptivkinder des Beschuldigten können ihr Zeugniß verweigern, 51 Nr. 3 StPO.; in Civilsachen 348 Nr. 3, 350, 358 Nr. 3 CPO.; s. Annahme an Kindesstatt.

Advokaten im Disziplinarverfahren gegen Beamte 101, 102, 111, 106 G. 31. Mai 1873; s. Anwälte.

Aftermiether 1717, 1735, 1753, 1763 CGB.

Aftervermiether s. Miethe.

Agents du Gouvernement 75 Verf. 22. Frim. VIII; s. Beamte.

Akademischer Rath, Befugnisse 15 G. 15. März 1850; 4, 7 ff. G. 14. Juni 1854; jetzt Ministerium 15 Verw.-G. 30. Dez. 1871.

Akten, Beschädigung, Vernichtung 133, 348 Nr. 2, Bekanntmachung von Aktenstücken des Reichs oder der Bundesstaaten 92 Nr. 1 StGB.

Einsicht der A. ist im Strafverfahren zu gestatten: dem Sachverständigen 80, dem Vertheidiger 147, der Staatsanwaltschaft 194; dem Anwalt des Privatklägers 425 Schlußsatz StPO.

Pflicht zur Vorlegung in Civilsachen 134, Recht zur Einsicht 271, 680 CPO.

Aktien sind bewegliche Güter 529 CGB.; Nachahmung 149, 360 Nr. 6 StGB.

Stempel- und Uebertragungsabgabe 14 ff. G. 5. Juni 1850; G. 23. Juni 1857; D. 17. Juli 1857; D. 11. Jan. 1862; D. 11. Dez. 1864; D. 38. März 1868.

Aktiengesellschaften 207—249a HGB.; Zuständigkeit bei Zuwiderhandlungen 74 Nr. 2 GVG.; Konkursverfahren 193, 194 KO.; Vorrecht der Pfandbriefe ꝛc. 17 EG. z. KO.; Strafbestimmung 214 KO.

Aktiengesellschaft für Boden- und Kommunalkredit in Elf.-Lothr., Bestätigung Erl. 18. März 1872; Rechte Erl. 26. Juni 1876; Annahme, Verwaltung und Rückzahlung hinterlegter Gelder 1, 10, Verpflichtungen der A. in Bezug hierauf 2—8, Aufsicht 9 Vertr. 25. Febr. 1872; s. Hinterlegungen.

Aktuar 82 MStPO.

Akzeptation s. Annahme.

Alimente 648 Nr. 6, 749 Nr. 2,; A.-Forderungen der Pfändung nicht unterworfen 749 Nr. 2, Pfändung wegen A. 749 Abs. 2 CPO.; Aufrechnung gegen A.-Forderungen 1293 CGB.; s. Unterhalt.

Alkoholometer Eichordnung 16. Juli 1869 (40—42); Taxe 12. Dez. 1869 u. 30. Nov. 1875.

Allgemeine Gütergemeinschaft 1526 CGB.

Alonge bei Wechseln 11 WO.

Alter bei Abwesenheit 129, bei Eheschließung 159, 160, 185 CGB.; 28 G. 6. Febr. 1875; A. bei Ehescheidung 275, 277, b. Annahme an Kindesstatt 343, 346, b. pflegeelterlicher Vormundschaft 361, 364, b. väterlicher Gewalt 372, 376, 377, 382, b. elterlichem Nießbrauch 384, b. Minderjährigkeit 388, b. Großjährigkeit 488, b. Vormundschaft 433, b. der Emanzipation 477, 478, bei Vermuthung des Ueberlebens 720—722, Testamenten 903—904, 980 CGB.

Ammen, Streitigkeiten, Stundung des Stempels 27 G. 22. Jan. 1851.

Amnestie, Recht des Kaisers 1 SC. 25. Dez. 1852.

Amortisation von Wechseln 73, 98 Nr. 9 WO.; A. von Anweisungen ꝛc. 305 HGB.; s. Aufgebotsverfahren.

Amortisationsverfahren 837 ff. CPO.; s. Aufgebot.

Amt, öffentliches 31 Abs. 2, Unfähigkeit, Verlust 31, 33—37, unbefugte Ausübung 132, Beleidigung, Körperverletzung im A. 196, 232, Verbrechen und Vergehen im A. 331—359, 4 Nr. 1 StGB.

Zulassung der Reichsangehörigen zu öffentlichen Aemtern 3, Annahme eines besoldeten Staats-A. durch Reichstagsmitglieder 21 RV.

S. Beamte.

Amtliche Nachrichten V. 9. Sept. 1870; Bkm. 18. Okt. 1870 Bd. III.

Amtsanwälte 143 Nr. 3, 146 GVG.; 25—27 AG. z. GVG.; sind Hülfsbeamte der Staatsanwaltschaft 27 AG. z. GVG.; Ernennung durch Min. G. 30. Juli 1880; Geschäftsanweisung 15. Juli 1880; s. Staatsanwaltschaft.

Amtsblatt für die Verwaltung der indirekten Steuern und Zölle Bkm. 15. August 1871.

Amtsgerichte 12, 22—24 GVG.; 7 AG. z. GVG.; Assessoren und Referendarien bei Amtsg. 5, 6 AG. z. GVG.; Ausschuß 40, 87 GVG.; Bezirke V. 7. Aug. 1871; 12. Mai 1876; 7. Juli 1879; die Verordnungen über Aenderung der Bezirke s. in der sachlichen Uebersicht unter „Gerichtsverfassung"; Ergänzungsrichter G. 29. Vent. IX; 10 GVG.; Ernennen Sachverständige und vernehmen Zeugen in gewissen Fällen 13, Gerichtstage 12 AG. z. GVG.; Erl. 23. Sept. 1879; Geschäftsvertheilung 2 AV. z. GVG.; Kassation 15 G. 25. Mai 1838; 22 AG. z. GVG.; Sitzungen G. 29. Vent. IX; Erl. 18. Sept. 1879; 12 AG. z. GVG.; Sachliche Zuständigkeit in Civilsachen 23, 24 GVG.; in Vormundschaftssachen 406, Emanzipation 477 CGB.; in Konkurssachen 64 KO.; Siegelung, Entsiegelung 907 ff., 926, 928 ff. fr. CPO.; in Forststrafsachen 64, 66 FStG.; betr. Zwangsvollstreckung in das unbew. Verm. ꝛc. G. 30. Apr. 1880; s. Amtsrichter.

Amtsgerichtsschreiber, Repertorium G. 26. Frim. IV; V. 28. Brum. VI; Entschädigung für Repertoriumsstempel 20 AG. z. GKG.; Gebühren für Akte auf welche GKG. nicht Anwendung findet 3 AG. z. GKG. u. Bem.; 16—20, 26 D. I 16. Febr. 1807; in den großen Städten 2, in anderen Städten 3 D. III 16. Febr. 1807 (Bd. I Anh.); Art der Erhebung und Verrechnung in solchen Sachen O. 17. Juli 1825; Gebühren für Inventuren, Siegelungen ꝛc. im Konkurs 19 AG. z. GKG.; Reisegebühren in Sachen der freiw. Gerichtsbarkeit ꝛc. G. 11. Jan. 1873; s. Gerichtsschreiber.

Amtsgewalt, Mißbrauch 339 StGB.

Amtskautionen s. Kautionen.

Amtskleidung, Amtszeichen, unbefugtes Tragen 360 Nr. 8 StGB.

Amtsrichter, amtliche Stellung, Rechte und Pflichten 22, 26, 30, 38—40, 45—57, 78, 110 GV.; gleicher Rang mit Landrichter 2 AG. z. GVG.; Unvereinbarkeit mit anderen Aemtern D. 6. März 1791; mit dem Notariate 7 G. 25. Vent. XI; Wohnsitz 1 G. 21. Flor. X; Verhinderung G. 16. Vent. XII; Urlaub 10 G. 28. Flor. X 14 G. 31. März 1873; Vertretung 3 G. 29. Vent. IX; 8 V. 26. April 1875; V. 22. Juni 1880; 10 GVG.; Reisegebühren in Sachen der freiw. Gerichtsbarkeit und in Rechtsstreitigkeiten G. 11. Jan. 1873.

Befugniß, Zustellungen und die Vollstreckung von Beschlüssen in Strafsachen zu veranlassen 36, Rechte des A. gegen ausbleibende Zeugen 50, desgleichen gegen Zeugen, welche ihr Zeugniß verweigern 69, Erlassung des Haftbefehls 125, 126, Verhaftung oder Freilassung eines Festgenommenen 128, 129, 132, Beschwerde gegen die Verfügungen und Entscheidungen der A. in Strafsachen 346, 348 StPO.

S. auch Richter, Amtsgerichte.

Amtssiegel, Gerichtsvollzieher V. 8. Juli 1872; Notare V. 16. Dez. 1871.

Amtstracht, Mitglieder der Gerichte V. 2. Niv. XI; D. 29. Meff. XII; D. 6. Jan. 1811; Gerichtsschreiber V. 2. Niv. XI; 105 D. 30. März 1808; Rechtsanwälte V. 2. Niv. XI; 105 D. 30. März 1808; V. 2. Niv. XI; Advokaten D. 2. Juli 1872.

Kathol. Geistliche D. 17. Niv. XII; protest. Geistliche D. 19. Prair. XII.

Amtsverlust 43 MStGB.

Amtsverschwiegenheit der Beamten 11, 12 G. 31. März 1873; bei Zeugnißablegung 341, 348 Nr. 5, 350 Abs. 2 CPO.; 53 StPO.

Anatocismus s. Zinsen.

Aenderung der Klage 235 Nr. 3, 240—242, 489 CPO.

Anerbieten bei Erfüllung von Verbindlichkeiten 1243, 1244, 1246, 1257, bei Vermächtnissen 1022 CGB.; s. Baaranerbieten.

Anerkenntniß 146 Nr. 3, 278, 648 Nr. 1, 577, 611 CPO.; 3 AG. z. CPO.

Anerkennung unehelicher Kinder 331, 334 ff., 756 CGB.; 25 G. 6. Febr. 1875; A. von Verbindlichkeiten 1337, von Dienstbarkeiten 695 CGB.; von Rechnungen 294 HGB.; A. unterbricht die Verjährung 2248 ff. CGB.

Anerkennungsklagen 231, 253 CPO.

Anerkennungs-Urkunden 1337, 695 CGB.

Anfechtung von Rechtshandlungen im Konkurse 22—34, 185 KO.; außerhalb des Konkurses G. 21. Juli 1879; s. Nichtigkeit.

Anfechtungsrecht des Konkursverwalters 29, Verjährung 34 KO.

Angehörige, Begriff 52, Nothstand 54, Todschlag 213, Diebstahl, Unterschlagung 247, 370 Nr. 5, Begünstigung, Hehlerei 257, 258, Betrug 263, Jagdvergehen 292, Sachbeschädigung 303 StGB.

A. als Beistand des Angeklagten 149, Zeugnißverweigerung 51, Vertretung des Angeklagten 322, 338, 474, Einlegung von Rechtsmitteln 324, Wiederaufnahme des Verfahrens 405 StPO.

Angeklagter, Begriff 155, Vertheidigung 139, 145, 149, 150, Eröffnung des Hauptverfahrens 206, 209, Ladung des A. zur Hauptverhandlung 214—219, Benennung der Zeugen und Sachverständigen 221, Vernehmung derselben 223 StPO.; s. Angeschuldigter, Beschuldigter.

Angeln s. Fischereirecht.

Angeschuldigter, Begriff 155, Wohnsitz, Gerichtsstand 8, Prüfung des Geisteszustandes, Beförderung in eine Irrenanstalt 81, Verhaftung 112—126, Voruntersuchung 176—181, 185, 190—193, 195, Hauptverhandlung 199, 202, 203 StPO.; s. auch Beschuldigter, Angeklagter.

Angriff gegen Beamte 113, A. gegen Forst- und Jagdbeamte 117, 118, A. von Gefangenen 122, A. Mehrerer 227, A. mit Schuß-, Hieb- u. Stichwaffen 367 Nr. 10 StGB.

A., thätlicher gegen einen Vorgesetzten 97 MStGB.

Angriffsmittel, deren Vorbringen 251, 275 CPO.

Ankauf gestohlener ꝛc. Sachen 259, A. von Montirungsstücken 370 Nr. 3 StGB.

Anklage, Hauptverhandlung vor dem Schöffengericht ohne schriftlich erhobene A. 211. A. wegen Zuwiderhandlungen gegen die Vorschriften über die Erhebung öffentlicher Abgaben und Gefälle 464, 466, 468 StPO.; s. auch Klage, Privatklage.

Anklageschrift, Einreichung derselben 168, 196, 197, 206, Inhalt derselben 198, Mittheilung an den Angeschuldigten 199, 206, A. im Falle einer Privatklage 421 StPO.

Anleihe von Bezirken und Gemeinden; s. Bezirke, Gemeinden.

Aufnahme zu Lasten des Reichs 73 RV.

S. Darlehn.

Anmeldung einer Forderung im Konkurse 13, 127—131, 134 Abs. 4 KO.

Annahme bei Erfüllung von Verbindlichkeiten 1212, 1239, 1257, 1788—1790, 2038, A. der Abtretung einer Forderung 1295, 1690, A. der Bevollmächtigung 1984, 1985, 1990, A. der Gütergemeinschaft 1439, 1453—66, 1475, 1515, 2256, A. von Erbschaften 774—83, 788 ff., 1913—17, unter der Rechtswohlthat des Inventars 793 ff., 462, A. einer Schenkung 463, 894, 910, 932—938, 942, 948, 1052, 1085—1087 CGB.

A. von Wechseln 21—24, 92, Präsentation z. A. und Protest 18—20, Regreß auf Sicherstellung wegen nicht erhaltener Annahme und Unsicherheit des Akzeptanten 25—29 WO.; A. eines Antrages in Handelsgeschäften 318—323, Annahme der Güter 343, 346, 347, 349, 406, 407, 408, 418, 615, 698, 728, 755, der Schlußnote 73, 77; durch Mäkler 80 HGB.

Annahme an Kindesstatt 343—360, 368, 369 CGB.; vor dem CGB. G. 25. Germ. XI.

Annexe StRG. 14. Dez. 1810.

Anonyme Schriften, Verbot der Verbreitung 283, Polizeistrafe bei Benennung des Verfassers und Druckers 284, 288, 475 Nr. 13, 478, 483, Aufforderung zu strafb. Handlungen 285 fr. StGB.

Anpreisung strafbarer Handlungen 3 G. 27. Juli 1849.

Anrechnung bei Zahlung 1253 ff., 1297, 1848, 1906, 2081, 2085 CGB.

Anreizung der Soldaten z. Ungehorsam 112, A. z. Gewaltthätigkeiten 130, A. z. Zweikampf 210, A. z. Hochverrath 85 StGB.; s. Aufforderung.

Anschlag, öffentlicher, Papier 1 G. 28. Juli 1791; 65 und 69 G. 28. April 1816; 77 G. 25. März 1817; Anschlagsort 11, Inhalt 13, 14 D. 18. Mai 1791; G. 10. Dez. 1830; politische Schriften 1, Anzeige bei der Ortsbehörde 2 G. 10. Dez. 1830; Begehung von Verbrechen und Vergehen durch den öffentlichen A. v. Schriften ꝛc. 85, 110, 111, 184 StGB.; s. Bekanntmachung, Wertverdingung.

Anschließung an die Berufung 483, A. an die Revision 518 CPO.

Anschuldigung, falsche 164, 165 StGB.

Anschwemmung 556 ff., 596 CGB.

Anstalten, öffentliche, Verfügungen zu Gunsten derselben 910, 937, 940, Verpachtungen 1712, Vergleiche 2045, gesetzliche Hypothek 2121, 2153, Verjährung 2227 CGB.
Strafandrohung gegen d. unbefugte Errichtung von A. 360 Nr 9 StGB.
S. Gemeinnützige Anstalten.

Anstaltswaldungen, Allgemeines 90—112 FGB; 128—146 FO; Abgabe von Erträgnissen in Natur O 5 Febr 1846; Abgrenzung und Abmarkung O 23. März 1845; Betriebsplan O. 2. Dez. 1845; D 25. Aug. 1861; Hauungspläne Erl. 12 Aug. 1874; Nebennutzungen O 3. Okt. 1841; Nutzungsrechte D 12. April 1854; D. 19 Mai 1857; Verw.-Kosten 5 G. 15 Juni 1841, 6 G. 9. Juli 1845, 14 G. 14. Juli 1856.

Anstellung der Beamten 2—4, Wiederanstellung ausgeschiedener Beamten, 33, 57—59, G. 31. März 1873.

Anstifter 48, 50, 111 StGB.

Antichrese s. Nutzpfand.

Antrag auf Bestrafung 61—65, nach ausländischen Gesetzen 5 Nr. 3 StGB; Verfahren bei strafbaren Handlungen, deren Verfolgung nur auf A. eintritt 127 Schlußsatz, 130, 156, 259, 414, Kosten bei Zurücknahme 503 Abs. 2 StPO.

Anträge in Handelsgeschäften 297, Erklärung darüber, Annahme oder Ablehnung 318—323, A. z. Kauf 337, auf Abschluß eines Frachtgeschäftes 422 HGB.
A im Civilprozeß 121 Nr. 2, 128, 130, 269, 279 CPO.

Antritt der Erbschaft s Annahme.

Anwachsungsrecht bei Erbschaften 786, bei Vermächtnissen 1044 CGB.

Anwalt, öffentl. Amt 31, keine Beamte 359, Privatgeheimnisse 300, Gebührenüberhebung 352, Untreue 356 CGB.; Erwerb streitiger Rechte 1597, Verjährung 2273 CGB; Einsicht der Akten durch den A. bei Privatklagen 425 StPO; s. Rechtsanwalt

Anwaltskammern (41—64) RO. 1. Juli 1878.

Anwaltsprozeß 74, Klage 192, Kündigung der Vollmacht 83, Mangel der Vollm. 84, 85, Beistand 86, Vorbereitung der mündl. Verhandlung durch Schriftsätze 120, deren Unterzeichnung 121 Nr. 6, Befugniß der Partei zum Worte 128, Zustellungen 152, Tod des Anwalts 221 CPO.

Anwaltszwang, in nichtstreitigen Angelegenheiten beseitigt, Bem. zu 94 G. 27 Vent. VIII; s. Anwaltsprozeß.

Anweisungen (Assignationen) d Kaufleute 300—305, des Absenders von Gütern und des Befrachters 402, 416, 661, des Empfängers von Gütern 404, 593 HGB.

Anwerben z. Militärdienst 141 StGB.

Anzeige, unterlassene 139, Abreißen von A 134, falsche A. 164, dienstliche A., Beleidigung 193 StGB; A. einer strafb Handlung 156, A von gefundenen Leichen rc. 157, Kostentragung im Fall einer falschen A. 501 StPO

Anzeigepflicht 29, 30 fr. StPO.; 77, 104, 105 MStGB.

Anzugsabgaben, Wegfall 8 G. 1. Nov 1867

Apanage-Waldungen 89 FGB.; 125—127 FO.

Apotheken, Errichtung G. 10. Mai 1877; Untersuchung 29—31 G. 21. Germinal XI; D 23 März 1859; Handapotheken der Aerzte 27 G 21. Germ XI; Besichtigungs-Gebühren 17 G 23 Juli 1820.

Apotheker, Prüfungsvorschriften Bkm. 5. März 1875; gewerbliche Freizügigkeit der A Bkm. 3 März 1874; A. dürfen keinen andern Handel treiben 32 G. 21. Germ. XI; Ablehnung des Schöffenamtes 35 Nr. 4, des Geschworenenamtes 85 GVG; Erwerb durch freigebige Verfügungen 909, Verjährung 2272 CGB; Rangordnung ihrer Forderungen 54 Nr. 3 KO.; Offenbarung von Privatgeheimnissen 300 StGB; s Apothekergewerbe, Geheimmittel, Giftstoffe.

Apothekergehülfen, Prüfungsvorschriften Bkm. 13. Nov. 1875; Prüfungsbehörden für A. Bkm 17 Dez. 1875.

Apothekergewerbe, Betrieb ohne Genehmigung 3 G. 15 Juli 1872

Appel comme d'abus s. Mißbrauch der geistl. Gewalt.

Appellation s. Berufung.

Appretiranstalten G 21. Juli 1856

Arbeit, Beeinträchtigung der freien 416 fr. StGB; Anwendung auf ländl Verhältnisse 2 G. 25 Mai 1864

Arbeiten, öffentliche, Ermächtigung 4 SC. 25 Dez. 1852; G. 17 Juli 1870; Vertheilung der Mittel 1—3 O. 10. Mai 1829; Genehmigung der Entwürfe für Unterhaltarbeiten 4 O. 10. Mai 1829 und Bem.; für Hauptausbesserungen und neue Arbeiten Bem. zu 4 O. 10. Mai 1829, 7 das; 1 O 8 Juni 1832; Beitragspflicht der Privaten 30—40 G 6. Sept. 1807; Zuständigkeit 8 AG. z. GVG; s. Vergebung, Materialien, Vorverfahren

Arbeiter, Vorrecht ihrer Forderungen 41 Nr 6 KO; s. Dienstboten, Tagelöhner, Urtheilsvollzug, Werkverdingung.

Arbeitsbücher B 9. Frim XII; B. 10. Vent. XII G 18. März 1806; G. 14. Mai 1851; G 22. Juni 1854; D. 20. April 1855; Fälschung 363 StGB.

Arbeitseinstellung, strafb Herbeiführung 414, 415 fr StGB.; Anwendung auf ländl Verhältnisse 2 G. 25. Mai 1864.

Arbeitshaus 362 StGB.

Arbeitsverdienst der Gefangenen im Zuchthaus 21 fr. StGB.; O 27. Dez. 1843; im Gefängniß 41 fr. StGB.; Bem. 1 z O 27. Dez. 1843; dem Zugriff wegen Kosten entzogen 24 AG z. GKG. Bd I Anh

Arbeitszeit D. 9. Sept. 1848; D 17 Mai 1851; D. v. 31. Jan. 1866.

Archivbeamte, Nachlässigkeit 254 fr. StGB

Archive von Bezirken und Städten, Mittheilung der darin aufbewahrten Urkunden 37 D 7 Meff. II; G. 5. Brum. V; StRG 4. Aug. VII

Aergerniß, öffentliches 166, 183, 360 Nr 13 StGB.

Arglist s. Betrug.

Arme, Verfahren von Amtswegen bei Eheschließung von A. und bei Legitimation ihrer Kinder 1—3, Gebührenfreiheit 4, 5, Armuthszeugniß 6, 8, G. 10 Dez. 1850, Verpflegung von A. anderer Bundesstaaten Bkm 16. Jan. 1874; arme Wöchnerinnen O 3. Okt 1814; Hypothekeneintragungen D 11. Therm XII. Verfügungen zu Gunsten A 910, 937 CGB.; s. Unterstützungswohnsitz, Armenräthe

Armenräthe, Errichtung und Zusammensetzung 14 G 24 Juli 1867; D. 17. Juni 1853, öffentl. Amt 7 O. 31 Okt. 1821; Obliegenheiten 4, 8, 9 G 7. Frim. V; 4 D. 19 Vendem. XII; Ordnungen für den inneren Dienst 17 O. 31. Okt. 1821; Kauf und Verkauf von Grundstücken 2 O. 6. Juli 1846; Verpachtung 3 O 6. Juli 1846; Bauten 16 O 31. Okt. 1821; 1 O 6. Juli 1846, Schenkungen 4 O 6. Juli 1846; Annahme von Geldern der Armen 23 Juni 1806; Rückzahlung von Kapitalien an A. StRG 21 Dez. 1808; Sammlungen in Kirchen D 12 Sept. 1806; Ernennung der Beamten 18 O. 31. Okt. 1821; Vergleich 5 O 6. Juli 1846; s. Armensteuer, Pflegehäuser, Rechner, Steuerempfänger.

Armenrecht 106 ff CPO.; Zulassung dazu von Belgiern Uebereink. 18. Okt 1878; von Luxemburgern Uebereink 12 Juni 1879; von Italienern Bkm. 1 Okt 1879; von Franzosen Uebereink. 20. Febr 1880, in Vormundschaftssachen 8—10 G 22 Okt 1873; in Sachen, auf welche die CPO keine Anwendung findet 17 AG z GKG; Bewilligung des A. im Fall einer Privatstrafklage 419 Schlußsatz StPO.

Armensteuer, Zuschläge auf Eintrittskarten zu Theatern u. s. w 1 G 7 Frim V; 2 G 8. Therm. V; 2 B. 10. Therm XI; 4 D 9 Dez 1809; 9 G 16 Juli 1840; Verwendung 2 G 7. Frim. V, 3 G 8. Therm V; Vertheilung B 7. Frukt VIII; Streitigkeiten 3 B. 10 Therm. XI.

Arrest 78, 648 Nr 5, 796 ff, dessen Vollziehung in bewegliches Vermögen 810, dessen Vollziehung in unbewegliches Vermögen, Eintragung, Wirkung, Löschung 811 CPO; 31—34 G 30. April 1880; während des Konkurses unzulässig 11 KO
Militärischer A., Begriff und Eintheilung 19 ff MStGB

Arrestsachen sind Feriensachen 202 Nr 2 GVG

Arrha s Draufgabe.

Artikel, Zeichnung von Zeitungsartikeln 3, 4 G 16. Juli 1850; durch der bürgerlichen Ehre Beraubte 9 G 11 Mai 1868.

Arzneien, Beschaffenheit und Aufstellung in den Apotheken B. 23. Okt. 1872; Strafvorschriften 367 Nr. 3, 5 StGB.

Arzneimittel, die in den Apotheken vorräthig zu haltenden, B 12. Nov. 1873; Verabreichung von A Bkm. 25. Febr 1876.

Aerzte, Prüfungsvorschriften Bkm. 25 Sept 1869 (unterm 15 Juli 1872); Entbindung von den Prüfungen Bkm 9 Dez. 1869 (unterm 15. Juli 1872); Titelbeilegung ohne Approbation 3 G 15. Juli 1872.
Rangordnung ihrer Forderungen 54 Nr 1 KO; Erwerb durch freigebige Verfügung 909, Verjährung 2272 CGB.
Verweigerung des Zeugnisses im Strafverfahren 52 Nr 3 StPO; in Civilsachen 348 Nr 5 CPO.; Zuziehung eines A bei Prüfung des Geisteszustandes eines Angeschuldigten 81, desgl. bei der Leichenschau und Leicheuöffnung 87—90, bei Vergiftungen 91, Verlesung ärztlicher Atteste in der Hauptverhandlung 255, Verfahren gegen A. des Beurlaubtenstandes, welche sich der Wehrpflicht entziehen 470—476 StPO.; dürfen Schöffenamt ablehnen 35 Nr 3, desgl. Geschworenenamt 85 GVG
Unzucht in Anstalten 174 Nr 3, A. b. Zweikampf 209, falsche Zeugnisse 277—280, Offenbarung von Privatgeheimnissen 300 StGB
Gebühr für Ueberschreibung des Patents Bem 4—7 AG z GKG; Gebühren in Strafsachen G 13. Jan 1873; Regul. 17. Jan 1873.

Assekuranzpolicen, deren Indossirung 302—305, deren Cession 896, 904, 905 HGB.

Assessoren 5 AG z. GVG

Aszendenten, Unterhaltungspflicht 205 ff, Vormundschaft 402 ff, ihre rechtlichen Beziehungen 73, 76, 150, 160, 161, 179, 182, 191, 283, 285, im Familienrath 408, Erb recht 731, 733, 746 ff., Pflichttheil 915 ff., Theilung der A. unter Deszendenten 1075 ff. CGB.; Beischlaf 173, Kuppelei 181 Nr. 2, Kindesaussetzung 221, Diebstahl 247, 370 Nr. 5, Betrug 263 StGB.; s. Eltern, Vater, Mutter.

Atteste, Verlesung ärztlicher A. in der Hauptverhandlung 255 StPO.

Aubaine s. Abschoßrecht.

Auctoris nominatio 73 CPO.

Auditeur 78 MStGO.

Aufenthaltsbeschränkungen für Bundesangehörige 1, 3, 5—7, 9—11 G. 1. Nov. 1867; Aufenthalt, Untersagung 39 StGB.

Aufenthaltsort, Gerichtsstand 18, 21 CPO.; 8 StPO.

Aufforderung zu Verbrechen 49a, zu Hochverrath und anderen Missethaten 85, 111, zu Ungehorsam 110, 112 StGB.; auch erfolglose A. zu Hochverrath 2c. ist strafbar 3 G. 12. Juli 1873.

A. zur Zahlung 1139, 1652, 2169, 2244, 2249, 2259, zu Empfang der Zahlung 1259, 1264, A. an Drittbesitzer hypothezirter Liegenschaften 2169, 2176, 2183 CGB.

Aufgebot bei der Eheschließung 62 ff. CGB.; 44 ff. Pers.-G. 6. Febr. 1875; s. Aufgebotsverfahren.

Aufgebotsverfahren 823 ff. CPO.; Zuständigkeit des Amtsgerichts 23 GVG.; wegen Schuldurkunden des Deutschen Reichs G. 12. Mai 1873; wegen Schuldverschreibungen der Landes- 2c. Aktien 2c. 25, Ausfertigung neuer Urkunden 26 AG. z. CPO.

Aufhebung s. Auflösung, Nichtigkeit.

Aufkündigung bei der Miethe 1736 ff., 1745, 1748, 1762, A. der Civil-Gesellschaft 1856, 1869, 1870, A. des Vollmachtvertrages 2007 CGB.; A. des Dienstvertrages der Handlungsgehilfen 61, der Handelsgesellschaft 123, 124, 126, 170, 186, 200, 261, 262 HGB.

Auflauf 116 StGB.; Verbot des bewaffneten 1, 2, Verfahren und Zuständigkeit bei Zerstreuung 3, G. 7. Juni 1848.

Auflösende Bedingung 1183, 1184 CGB.

Auflösung der Ehe 227, der Verträge 1184, Kauf 1610, 1654—1658, Miethe 1729, 1736—1745, Gesellschaft 1865—1872, Rentenvertrag 1912, 1917, Gütergemeinschaft 1441 ff. CGB.; A. der off. Handelsgesellschaft 123 ff., der Kommanditgesellschaft im Allg. 170, der Kommanditgesellschaft auf Aktien, A. durch den Austritt eines persönlich haftenden Gesellschafters 199, der Aktiengesellschaft 215, 216 der stillen Gesellschaft 261 HGB.; s. Nichtigkeit.

Auflösungsklage des Verkäufers 1654 CGB.; 7 G. 23. März 1855.

Aufnahme des Verfahrens nach Unterbrechung oder Aussetzung desselben 217, 219, 223, 227 CPO.

Aufnahme-Urkunden für Angehörige anderer Bundesstaaten 7, 9, 10, 24 G. 1. Juni 1870; Ausfertigung und Kosten derselben Bkm. 23. Jan. 1873.

Aufrechnung 1289 ff., bei Gesellschaften 1850 CGB.; 94 Nr. 2 HGB.; im Konkurse 46—49, 158, 185 KO.

Aufruhr 90 Nr. 6, 115, 116, 307 Nr. 2 StGB.; Kriegszustand IV EG. z. StGB. militärischer 106 ff. MStGB.

Aufrührerische Rufe 8 G. 25. März 1822.

Aufschiebende Bedingung bei Verträgen 1181 ff., 1185, 1584, 2257, bei Vermächtnissen 1041, CGB.

Aufschriften, öffentliche, Reglement 25. Aug. 1852; Erlaubniß der Ortsbehörde 1 das.

Aufstand 90 Nr. 6 StGB.; IV EG. z. StGB.

Aufstellen, gefährliches A. von Sachen 366 Nr. 8, 9 StGB.

Aufsuchen von Waarenbestellungen G. 14. Mai 1877.

Auftrag s. Bevollmächtigung.

Aufwiegelung 100 MStGB.

Augenschein in Civilsachen 3, 135, 146 Nr. 4, 196, 336, 337 CPO.

A. in Strafsachen 86—91, in der Voruntersuchung 185, 191, 193, zur Vorbereitung der Hauptverhandlung 224, Verlesung des aufgenommenen Protokolls in der Hauptverhandlung 248 StPO.

Augsburgisches Bekenntniß 33 ff. G. 18. Germ. X.

Ausbesserungen beim Nießbrauch 605, b. Gebrauchs- u. Wohnungsrecht 635, b. Miteigenthum 655, 656, 636 ff., b. ehel. Gütergemeinschaft 1409, b. Gewährleistung des Verkäufers 1634, b. Miethe 1720, 1724, 1731, 1744 ff., 2102, b. Nutzpfand 2086 CGB.

A., verweigerte, Sicherungsmaßregeln, Abweichung 367 Nr. 13—15 StGB.

A., festigende, an Frontmauern (travaux confortatifs) 4 Ed. 1607; V. 17. Febr. 1765; 50—54 G. 16. Sept. 1807; Bauerlaubniß-Ordnungen für große Straßen 20. Sept. 1858; 281 ff. der Vicinalwege-Ord. 21. Juli 1854.

Ausfertigung der Gesetze O. 27. Nov. 1816; O. 18. Jan. 1816.

A. der Urtheile 288 CPO.; 275 Abs. 4 StPO.; Zustellung der A. 156, Recht auf Ertheilung von A. 271, vollstreckbare A. 662 ff., 705

Abs. 1, 2, weitere vollstreckbare A. 669, Einwendungen gegen die Zulässigkeit der ertheilten Vollstreckungsklausel, Entscheidung über Ertheilung einer weiteren vollstreckb. A. 705 Abs. 3 CPO.
Verfahren zur Erlangung der A. von Urkunden 841 ff. fr. CPO.

Ausfuhrvergütungen s. Uebergangsabgaben.

Ausgaben des Reichs, allgemeine Bestimmungen 69—71, für konsularische Vertretung 4 Nr. 7, für Post- und Telegraphenwesen 49, für die Flotte und das Heer 53, 62, 71 RV. Bd. I A 4.

Ausgangszölle 5 VZG. 17. Juli 1871.

Ausgießen auf d. Straße 366 Nr. 8 u. 9 StGB.

Ausgleichungsabgaben für den aus Luxemburg eingehenden Branntwein Bkm. 22. Dez. 1875.

Ausgußsteine 9 Ed. Dez. 1607.

Aushebung der Militärpflichtigen 61 RV.

Ausklage s. Vorausklage.

Auslagen, Pflicht zur Erstattung derselben beim Rückbringen 861, 862, 867, Geschäftsführung 1375, bei Zurückzahlung einer Nichtschuld 1381, bei Gewährleistung des Verkäufers 1634, 1635, bei Dienstmiethe 1794, Gesellschaft 1859, Leihvertrag 1886, 1890, Hinterlegung 1947, Bevollmächtigung 1999, 2000, Faust- und Nutzpfand 2080, 2086, Vorzugsrecht derselben 2103 CGB.
A. der Kaufleute 290, des Kommissionärs 371, 374, des Spediteurs 381, 382, des Frachtführers 409, der Gesellschafter 93 HGB.
A. der Gerichte 79, 80 GKK. Bd. I Anh. 25; der Gerichtsvollzieher 13 Geb.-O. Bd. I Anh. 26; 40 AG. z. GKG. Bd. I Anh. 30; der Rechtsanwälte 76 Geb.-O. Bd. I Anh. 28.

Ausland, Begriff im Sinne des StGB. 8, Bestrafung im A. beg. Verbrechen 4—7, 37, 102, 298, Eheschließung und Beurkundung des Personenstandes 47, 170, 171 CGB.; G. 4. Mai 1870 (Bd. III); Instr. 1. März 1871; 85 G. 6. Febr. 1875; Gerichtsstand der Reichsbeamten im A. 21, 22 G. 31. März 1873; Gerichtsstand für die im A. begangenen strafbaren Handlungen 9—11, Verfahren, wenn der Beschuldigte sich im A. befindet 40, 119, 318, 320, insbesondere um sich der Wehrpflicht zu entziehen 470—473 StPO.; Testament 994, 999, 1000, Urtheilshypothek 2128 CGB.; Schutz der Reichsangehörigen gegenüber dem A. 3, des deutschen Handels im A. 4 Nr. 7 RV Bd. I A 4.
Zustellungen im A. 182, 184—186, 190, 234, 459, Z. des Versäumnißurtheils im A. 304, Beweisaufnahme im A. 328, 329, 334, Zwangsvollstreckung im A. 700, Nothwendigkeit der Zwangsvollstreckung im A. ist Arrestgrund 797 CPO.

Ausländer, Bestrafung 3, 4, 91, 102, 284, Ausweisung 39 Nr. 2, 284, 296a, 361 Nr. 2, 362 StGB.; Strafverfahren gegen A., Verhaftung 112 Nr. 3, 113 StPO.
Civilrechte 11, 13 CGB. u. Bem.; Gläubiger im Konkurse 4, 42 KO.; Konkurs über das im Inlande befindliche Vermögen ausländischer Schuldner 208 KO.; Prozeßfähigkeit 53, Sicherheitsleistung 102 ff., Zulassung zum Armenrechte 106 CPO.
Ausschluß von protestantischen kirchlichen Wahlen V. 17. Nov. 1873.

Ausländische Handelsgesellschaften G. 30. Mai 1857; Bkm. 19. Sept. 1873; Bkm. 1. Okt. 1873; Bkm. 18. April 1874.

Ausländisches Recht, Beweis 265 CPO.

Ausländische Urtheile, deren Vollstreckbarkeit 660, 661 CPO.

Auslegung der Verträge 1156 ff., 1175, 1514, 1602, von Vergleichen 2048, 2049 CGB; von Handelsgeschäften 278, 279 HGB

Auslieferung eines Deutschen unstatthaft 9 StGB

Auslieferungsscheine 302—305 HGB

Auslieferungsverträge mit Belgien 24 Dez. 1874; Brasilien 17. Sept. 1877; Frankreich 21 Juni 1845, Groß-Britannien 14. Mai 1872; Italien 31 Okt 1871; Luxemburg 9. März 1876; Schweden und Norwegen 19. Jan. 1878; Spanien 2 Mai 1878; Schweiz 24 Jan. 1874

Ausräumung s. Straßen, große; Wasserläufe, nicht schiffbare.

Ausrodung von Privatwaldungen 219—226 FGB.; 192—199 FO; Strafbestimmung 47 FStG

Ausrufer, öffentliche, Erlaubniß 1, 2 G. 16. Febr 1834; Inhalt der Schriften G. 10. Dez. 1830

Aussaat s. Saat.

Ausschlagung s Verzicht.

Ausschließung von der Vormundschaft 442 ff., von der Erbfolge 727 ff., A. der ehelichen Gütergemeinschaft 1529—1535, 1595 CGB.

Ausschuß der Amtsgerichte 40—42, 55—57, 87 GVG.; der Verwaltungsbeamte als Beisitzer 5 AV. z. GVG.

Ausschüsse des Bundesraths 8, 36, 39, 46, 56, 63 RV.

Aussetzung von Kindern rc. 221 StGB.
A. des Verfahrens 223 ff., vor Amtsgerichten 462, A. in Ehesachen 580 CPO.; Kompetenz-Konflikte 15 Nr. 1 EG. z. CPO.; A. der Verhandlung 139, 140, 141 CPO.; 145 Nr. 2, 227 Nr. 3, 245, 261, 264 StPO.

Aussichtsrecht 675, 680, 688 CGB.

Aussonderung aus der Konkursmasse 9, 35—38, 121 Nr. 2 KO.

Ausspielung, öffentliche 286 StGB.; s. Lotterien.

Ausstellung von Bildern ꝛc. ohne Erlaubniß 22 D. 17. Febr. 1852; von Zeichen ꝛc., welche den Geist des Aufruhrs verbreiten können 6 D. 11. Aug. 1848; s. Anschlag.

Aussteuerkassen, Errichtung 360 Nr. 9 StGB.

Austräge der Standesherrn 7 EG. z. GVG.

Austreibung des Miethers 1743—1752 CGB.

Austrocknung s. Sümpfe, Teiche.

Auswärtiges Amt, Verletzung der Amtsverschwiegenheit ꝛc. 353a StGB.

Auswanderer, Entschädigung G. 18. Juli 1860; D. 15. März 1861; D. 15. Jan. 1868.

Auswanderung, die Bestimmungen darüber unterliegen der Aufsicht und Gesetzgebung des Reichs 4 Nr. 1 RV.; bez. des Militärdienstes 140, Reservisten ꝛc. 360 Nr. 3, Verleitung z. A. 144 StGB.

Auswanderungsagenten, Amtsgerichte bei Streitigkeiten zuständig 23 GVG.; vorläufige Vollstreckbarkeit 649 Nr. 3 CPO.; s. Auswanderungsunternehmung.

Auswanderungskommissare D. 15. März 1861.

Auswanderungsunternehmung, Ermächtigung 1 G. 18. Juli 1860; D. 9. März 1861; Kaution D. 9. März 1861; s. Auswanderungsagenten.

Auswanderungswesen, die Gesetze darüber erleiden durch das Handelsgesetzbuch keine Abänderung 679 HGB.

Ausweichen 471 Nr. 3 fr. StGB.; 366 Nr. 3 StGB.; 2 Nr. 5, 4 G. 30. Mai 1851; 9 O. 10. Aug. 1852.

Ausweisung, strafrechtliche Folge 39 Nr. 2, 284, 361 Nr. 2, 362 Abs. 3 StGB.; A. durch die Verwaltung 7 G. 3. Dez. 1849.; Uebereinkunft mit Oestreich-Ungarn, betr. Uebernahme und Verpflegung ausgewiesener Personen Bkm. 29. April 1874; Bkm. 2. Sept. 1875; Uebereinkunft mit Belgien Dekl. 6. Juli 1877; mit der Schweiz 7 Vertr. 27. April 1876.

Aval (Wechselbürge), Verbindlichkeit desselben 7, 81 WO.

Aexte, Tragen im Walde 27 FStG.

B.

Baaranerbieten, Spezialvollmacht 352, Verfahren 812—818 fr. CPO.; s. Anerbieten.

Bäcker, Aufhebung der Beschränkungen D. 22. Juni 1863; Verkauf über der Taxe 479 Nr. 6, 480, 482, 483 fr. StGB.; s. Brodtaxe.

Backofen 674 CGB.

Baden, Vertrag über Rechtshülfe 16. April 1846; 18 Zusatzkonv. 11. Dez. 1871; Vereinbarung betr. die Schulpflicht Bkm. 15. Juli 1874.

Bahnordnung s. Eisenbahnen.

Bahnpolizei-Reglement s. Eisenbahnen.

Balken 606, 657 CGB.

Bande 243 Nr. 6, 250 Nr. 2 StGB.

Banken, Bankgesetz 14. März 1875; Bkm. 29. Dez. 1875; Bkm. 7. Jan. 1876; die in Betreff der Kaufleute geltenden Vorschriften finden auch auf öffentliche B. Anwendung 5 HGB.; Rechte der B. hinsichtlich der Bestellung und Veräußerung von Pfändern 312 HGB.; s. Reichsbank.

B. von Frankreich Noten G. 28. Sept. 1871.

Bankerutt, einfacher 210, betrüglicher 209, Folgen der Verurtheilung 162 Nr. 2, 3, 183, 184 KO.

Bankiergeschäfte gelten als Handelsgeschäfte 272 Nr. 2 HGB.; Minderjährige 1308 CGB.

Banknoten, Ausgabe von B. G. 21. Dez. 1874; Pfand- und Vorzugsrechte 12 EG. z. KO.; Nachmachung 149, 360 Nr. 6 StGB.

Bankvorsteher, Strafkammer bei Zuwiderhandlungen zuständig 74 Nr. 5 GVG.

Bannwart s. Feldhüter.

Bankwesen, Bestimmungen darüber unterliegen der Aufsicht und Gesetzgebung des Reichs 4 Nr. 4 RV.

Barren, Darlehn in, 1896, 1897 CGB.

Bau, Bauten s. Anlagen, Gebäude, Werkverdingung.

Bauart, Haftung für fehlerhafte 1386, 1733, 1792 CGB.

Bauerlaubniß, Nothwendigkeit 4 Ed. Dez. 1607; V. 27. Febr. 1765; in großen Städten 3 ff. D. 26. März 1852; Reglement für große Straßen Entw. 20. Sept. 1858; in Lothr. für Straßen aller Art V. 10. Aug. 1880; Versagung Bem. zu 52 G. 16. Sept. 1807; s. Straßenwesen.

Baufällige Gebäude, 367 Nr. 15 StGB.; Verfahren Dekl. 18. Juli 1729 u. 18. Aug. 1730.

Bauflucht, Nothwendigkeit der Festsetzung 4 ff. Ed. 16. Dez. 1607; an Eisenbahnen 3 G. 15. Juli 1845; Behörden Bem. zu 3 Ed. Dez. 1607; Unterpräfekten da, wo allgemeine Pläne G. 4. Mai 1864; Zwang zum Zurücktreten oder Vorrücken 52, 53 G. 16. Sept. 1807; Pläne V. 27. Febr. 1765; Nothwendigkeit solcher 52 G. 16. Sept. 1807; Bestätigung Tab. A 57 Dez.-D. 13. April 1861; an Vizinalwegen 287 ff. Vizinalwege-O. 21. Juli 1854; besonderes Recht der großen Städte 3, 4 D. 26. März 1852; s. Bauerlaubniß, Höhenlage, Vorsprünge.

Baufluchtenpläne s. Bauflucht.

Bau- und Nutzholz, Zollerleichterungen BRB. 24. Mai 1880; Privattransitläger Regul. 24. Mai 1880.

Baumaterialien, Entnahme, Abschätzung 55 G. 16. Sept. 1807; D. 8. Febr. 1868.

Bäume 521, 555, Gegenstand des Nießbrauchs 590 ff., an Grenzen 671—673, Gegenstand der Gütergemeinschaft 1403 CGB.; abgängige von Flüssen und Kanälen 13 G. 22. Dez. 1876; Abhauen von B. auf Bezirksstraßen 4 O. 8. Aug. 1821; s. Straßen, große.

Baumeister, Haftung 1792, 1796, 1798, 1793, Vorzugsrecht 2103, 2110, Verjährung 2270 CGB.

Baumfrevel 14 Tit. II G. 6. Okt. 1791 u. Bem.

Bausachen sind Feriensachen 202 Nr. 4 GVG.

Bausch und Bogen, Vertrag in B. bei der Eheberedung 1522, 1523, Kauf 1583, Werkverdingung 1793 ff. CGB.

Bauschsummenetat für die Vergütung der Zollverwaltungskosten BRB. 9. Mai 1873.

Bauten s. Gebäude, Wälder.

Bauwerke, Zerstörung 305, Ausführung 330, 367 Nr. 14 u. 15 StGB.

Bayrische Truppentheile in E.-L., Militärgerichtsbarkeit über dieselben 1 Abs. 2 EG. z. MStGB.

Beamte, Rechtsverhältnisse G. 23. Dez. 1873; Ausdehnung des Reichsbeamtengesetzes auf die Landesbeamten I Abs. 2 das.; s. deshalb Reichsbeamte; Pensionen der Wittwen und Waisen G. 24. Dez. 1873; Reisekosten, Tagegelder s. diese Worte. Umzugskosten s. Umzugskosten; Verfolgbarkeit, Vorgerichtstellung der agents du gouvernement 75 Verf. 22. Frim. VIII; D. 9. Aug. 1806; 13 RBG. (23. Dez. 1873); 11 EG. z. GVG.; 11 AG. z. GVG.; der Steuerbeamten wegen unbefugter Steuererhebung 94 G. 15. Mai 1818; Zuständigkeit der Landgerichte für Ansprüche gegen Beamte 70 GVG.; 81 AG. z. GVG.; Siegelung des Nachlasses 20 G. 31. März 1873; Gerichtsstand der im Auslande angestellten Beamten 11 StPO. u. 16 CPO.; Vernehmung öffentlicher Beamten als Zeugen 53 StPO.; desgl. als Sachverständige 76 StPO.; im Civilverfahren 341, 348 Nr. 5, 350 Abs. 2, 373 CPO.; Pfändung von Beamten 715 Nr. 6, 7, 749 Nr. 8; Verhaftung zur Erzwingung des Offenbarungseides 791 CPO.; welche B. nicht als Schöffen berufen werden sollen 34 Nr. 3—6 GV.; als Geschworene 85 GVG.; Beeidigung G. 20. Sept. 1871; Gebühren der Gerichtsschreiber ꝛc. Bem. 4—7 zu AG. z. GKG.

Wohnsitz 106, 107, Entbindung von Vormundschaften 427, öffentliche B. bei Versteigerungen und Beurkundung 451, 452, 1317, 1328, 1596, 2060 rechnungspflichtige B. 2102 CGB.

Begriff des B. im Sinne des StGB. 359, Widerstand gegen B. 113, 114, Verbindungen 128, 129 StGB.; 123, 126 fr. StGB.; Beleidigung 196, Thätlichkeit 232, Verbrechen und Vergehen im Amte 331—359, 155 Nr. 3, 174 Nr. 2, 3, B. des auswärtigen Amts 353a StGB.; strafbare Antheilsnahme 175, 176, Verantwortlichkeit w. widerrechtlicher Verhaftung 117 fr. StGB.

B. der Verwaltung der indirekten Steuern, allgemeine Rechtsverhältnisse, Befugnisse und Verpflichtungen 20, 27, 48, 49, 53 D. 1 Germ. XIII; 90 ff. O. 9. Dez. 1814; 223 u. 233 ff. G. 28. April 1816; G. 28. Juni 1834; des Oktrois 53 D. 1. Germ. XIII; 145, 147, 148, 164 D. 17. Mai 1809; 56 ff., 90 ff. O. 9. Dez. 1814; 154 ff. G. 28. April 1816; des Zollwesens Abschn. 17 u. 18 VZG. (17. Juli 1871); der Zoll- und Steuerverwaltung, Uniformirung Reglem. 30. Jan. 1872; Vorschriften über die Ausbildung, Prüfung und Anstellung der B. in der Verwaltung der Zölle und indirekten Steuern v. 23. Jan. 1879; Bkm. 16. Mai 1879.

S. Standesbeamte, Hypothekenbewahrer.

Bebauungspläne s. Bauflucht.

Bedenkzeit bei Erbschaften 795 ff., bei ehelicher Gütergemeinschaft 1457 ff., Verjährung 2259 CGB.

Bedingter Zahlungsbefehl 628 ff. CPO.

Bedingtes Endurtheil 425 ff., 439, in der Berufungsinstanz 499 CPO.

Bedingungen, beim Nießbrauch 580, bei Schenkungen und Vermächtnissen 900, 944, 945, 953 ff., 1040, 1086, B. im allgemeinen und deren Arten 1168—1184, B. bei Kauf 1584, 1588, B. bei Bürgschaft 2013, Hypothek für bedingte Forderung 2148 Nr. 4, 2153 Nr. 3, 2163, Verjährung 2257, 2125 CGB.; B. im Konkurse 47 Abs. 3, 59, 60, 155 Nr. 2, 4 KO.

Bedrohung s. Drohung.

Beerdigung, Erlaubniß des Standesbeamten 77 CGB.; D. 4. Therm. XIII; 60 G. 6. Febr. 1875; 1 ff. D. 23. Prair. XII; Kosten 585 CGB.; Vorzugsrecht aufgehoben Bem. zu 2101 Nr. 2, 2104 CGB.; Kerzen D. 26. Dez. 1813; Bestrafung der heimlichen B. 367 Nr. 1, der vorzeitigen 367 Nr. 2 StGB.; s. Kirchhöfe.

Beeren s. Wälder.

Beeinträchtigung der Gläubiger durch Verzicht auf Erbschaft 788, bei der Theilung 882, bei der Gütertrennung 1447, bei Verzicht auf Gütergemeinschaft 1464, Verjährung 2225 CGB.; s. Anfechtung.

Befristung 1185—1188, 1139, 1258 CGB.

Beglaubigung der Gesandten 11 RB.

B. von Urkunden durch den Gerichtspräsidenten, ev. Amtsrichter 1, Gebühr 3, Unterschrift von Notaren und Standesbeamten 2 G. 2. Mai 1861; bei öff. Urkunden im Inlande unnöthig 1, im Auslande durch Gesandte 2, G. 1. Mai 1878; im Verkehr mit Oesterreich-Ungarn Vertrag 25. Febr. 1880; Bkm. 2. Febr. 1881; mit Frankreich Dekl. 14. Juni 1872.

Begnadigungsrecht des Kaisers 1 SC. 25. Dez. 1852; 484, 485 StPO.; in E.-L. RG. betr. die Vereinigung von E.-L. 9. Juni 1871 Bd. I A 1; V. 29. Juli 1879 Bd. I A 16 B. in Zoll- und Steuerstrafsachen 18 ZVB. (25. Juni 1873); Befugnisse des Generaldirektors 5 Regul. 24. Jan. 1876.

Begräbnisse V. 23. Prair. XII; D. 10. Febr. 1806; s. Beerdigung.

Begünstigung 257, 258, 263, 247, 289 StGB.; Zuständigkeit der Schöffengerichte 27 Nr. 8, 75 Nr. 8 GVG.; der Begünstiger ist unbeeidigt zu vernehmen 56 Nr. 3 StPO.; Beschlagnahme schriftlicher Mittheilungen zwischen ihm und dem Beschuldigten 97 StPO.

Beigeordnete, Ernennung und Absetzung 1, 2 G. 5. Mai 1855; 1 G. 22. Juli 1870; Unfähigkeit zum B. 5 G. 5. Mai 1855; 21 G. 24. Juli 1867; Anzahl 3 G. 5. Mai 1855; außerordentliche Kommissare an Stelle der B. G. 24. Febr. 1872; Obliegenheiten der B. 3, 4, 14 G. 18. Juli 1837; B. sind Hülfsbeamte der Staatsanwaltschaft 14 AB. z. GVG.

Beihülfe 49, 50, 257 Nr. 3 StGB.

Beischlaf mit Blutsverwandten 173, B. mit Willenlosen 176 Nr. 2, B. durch Gewalt 177, B. durch Betrug 179, B. mit Mädchen unter 16 Jahren 182 StGB.; Zuständigkeit der Amtsgerichte wegen Ansprüche aus dem B. 23 Nr. 2 GVG.

Beiseiteschaffung von Vermögensstücken im Falle des Konkurses 212 Nr. 1 KO.; von Urkunden 133, 348; gepfändeter S. 137, von Leichen 367 Nr. 1, bei drohender Exekution 288 StGB.

Beistand, gerichtlich bestellter 499, 513, bei Vormundschaft der Mutter 391 CGB.; Unfähigkeit 34 Nr. 6 StGB.; B. für Geistesschwache, Verschwender 10 EG. z. CPO.

Beivormund 417 CGB.

Bekanntmachung von Geheimnissen 92 Nr. 1, 300, B. von Urtheilen 165, 200, Abreißen von B. 134 StGB.

Gerichtliche B. 23 D. 17. Febr. 1852; B. der Eintragungen in die Handelsregister 14 HGB.; desgl. von Eheverträgen zwischen Ehegatten, von welchen einer zu den Kaufleuten gehört 6—8 EG. z. HGB.; im Konkurse, allgemeine Bestimmungen 68, 69 KO.

B. durch öffentliches Anschreiben Reglem. 25. Aug. 1852; Erlaubniß der Ortsbehörde 1 das.

Belagerungszustand, Erklärung und Aufhebung des B. durch den Kaiser als Inhaber der Landesregierungsgewalt 2, 12 G. 9. Aug. 1849; 12 Verf. 14. Jan. 1852; Wirkungen 7—9 das.; Erklärung ꝛc. durch den Kaiser von Reichswegen 68 RB.; Preuß. G. 4. Juni 1851 Bd. III S. 341; Erklärung ꝛc. durch militärische Befehlshaber 5 G. 9. Aug. 1849; 53 D. 24. Dez. 1811; Wirkungen 10 G. 9. Aug. 1849; 101—104 D. 24. Dez. 1811.

Beleidigungen d. Kaisers, Landesherrn ꝛc. 94—97, B. d. Bundesfürsten 98—101, B. eines nicht deutschen Landesherrn 103, B. v. Gesandten 104, B. and. Personen 185—200, von Behörden 196, Buße 188 StGB.; B. eines Vorgesetzten 91 MStGB.

Zuständigkeit der Schöffengerichte 27 Nr. 3, 75 Nr. 4 GVG.; Verfolgen der B. im Wege der Privatklage 414, 416, 420, 428, 433 StPO.; 11 EG. z. StPO.; Kostenpunkt 500 StPO.; Vergleichsbehörde bei Sühneversuch 18 AB. z. GVG. Bd. I C; Verfahren in militärgerichtl. Sachen 229 ff. MStGO.

Belgien, Vertrag wegen Verzichts auf die Beibringung von Trauerlaubnißscheinen 8. Okt. 1875; Dekl. betr. Heimschaffung und Unterstützung von Hülfsbedürftigen 7. Juli 1877; Uebereink. betr. Armenrecht Bkm. 18. Okt. 1878; s. Auslieferungsverträge.

Belügen eines Vorgesetzten 90 MStGB.

Benefizialerbe 793 ff., 1251 Nr. 4, Verjährung 2258, Pfandrecht 2146 Nr. 2, Konfusion 802 CGB.; Geltendmachung der Rechtswohlthat des Inv. bei der Zwangsvollstreckung 695, 696 CPO.

Benennung des Besitzers 73 CPO.

Berasung der Berge G. 8. Juni 1864; D. 10. Nov. 1864.

Berathung der Richter ꝛc. 195, 196 ff., 200 GVG.; 32 AG. z. GVG.

Berathungsausschuß für Künste und Fabriken D. 5. Jan. 1861.

Berathungskammern für Künste und Fabriken G. 22. Germ. XI; Bildung V. 10. Therm. XI; V. 19. Juni 1848; Erneuerung D. 24. Okt. 1863; Wahl D. 30. Aug. 1852.

Berechtigungsscheine, Ungültigkeit französischer Bf. 2. Dez. 1871.

Bergbau, Entschädigung 127 ff., Gefahr 179, Grundabtretung 27 ff., Unglücksfälle 180—182, Rechte und Pflichten gegenüber Verkehrsanstalten 132, 133, Grenzüberschreitung 191, Hülfsbaue 49—52 Berggeſ. 16. Dez. 1873; Haftpflicht für Tödtungen u. Körperverletzungen G. 7. Juni 1871.

Bergbehörden 164—167 G. 16. Dez. 1873.

Berggesetz 16. Dez. 1873.

Bergmeister, Hülfsbeamte der Staatsanwaltschaft 14 AV. z. GVG.

Bergpolizei 172 ff., Strafen 183, 184 Bergg. v. 16. Dez. 1873.

Bergpolizei-Verordnung, allgemeine 6. Sept. 1879.

Bergrecht s. Berggesetz.

Bergreviere Bkm. 7. Sept 1871.

Bergwerke 552, 598, 1403, Brandstiftung 308—310 und 325 StGB.; s. Bergbau; Besteuerung G. 16. Dez. 1873.

Bergwerkseigenthum 4, 44—46, Erwerbung 41—43, Aufhebung 134, Verleihung 23 ff., Konsolidation 54—57 Berggeſ. 16. Dez. 1873.

Bergwerkssteuer, im Allgemeinen G. 21. April 1810; D. 16. Mai 1811; O. 9. Nov. 1828; D. 27. Juni 1866; G. 16. Dez. 1873; V. 8. Mai 1874; Bkm. 25. Juni 1880; Salzbergwerke 4 G. 17. Juni 1840.

Bericht, über Landtagsverhandl. 12 StGB.

Berichterstattung, ungetreue B. über Kammer- und Gerichtsverhandlungen 7 G. 25. März 1822; über Verleumdungsprozesse und Prozesse bei verschlossenen Thüren 16 G. 18. Juli 1828; über Berathungen der Gerichte 11 G. 27. Juli 1849; über Preßdelikte und gegen Verbot 17, 18 D. 17. Febr. 1852; s. Veröffentlichung.

Berichtigung der thatsächlichen Anführungen der Klageschrift 240, B. des Thatbestandes 291, 292, B. des Urtheils 290 ff., 462 CPO.

B. der Standesregister 65 u. 66 G. 6. Febr. 1875.

S. Einrückungspflicht.

Berieselungsanlagen gleich künstlichen Wiesen 6 G. 11. Mai 1877; s. Wasserläufe, nicht schiffbare.

Berufung im Civilprozeß 472 ff. CPO.; Kosten 92, Civilkammer 71, Oberlandesgericht 123 Nr. 1 GVG.

B. gegen die Urtheile der Schöffengerichte 354—373, des Privatklägers 431 Abs. 3, Beweisaufnahme in der Berufungsinstanz 244 StPO.; Strafkammer 76, Oberlandesgericht 123 Nr. 2 GVG.

B. in Sachen, welche nicht unter CPO. fallen, Bem. 17 z. Thl. I B. III fr. CPO.

Berufungsgerichte 71, 76 ff., 123 GVG.

Beschädigung 303—305 StGB.; B. eines Dienstgegenstandes 137 MStGB.; s. Verschlechterung, Schadenersatz.

Beschimpfung, Verstorbener 189 StGB.

Beschlag s. Pfändung.

Beschlagnahme von Sachen, Schriftstücken 94—101, 103, 107—109, 111, B. des Vermögens eines abwesenden Angeschuldigten 325, 326, 332—336, des gleichen eines Hochverräthers, Landesverräthers oder ausgewanderten Wehrpflichtigen 480 StPO.; s. Hülfsbeamte der Staatsanwaltschaft.

Entziehung von d. B. 137, B. des Vermögens 93, 140 StGB.

S. Pfändung.

Beschneiden v. Metallgeld 150 StGB.

Beschreibung von Oertlichkeiten 126, 600, 626, 1730, 1731, 2103 Nr. 4, 2110 CGB.

Beschuldigter 155, Ablehnungsrecht desselben 24, 74, Vernehmung desselben 133—136, 164, 167, 80, Vertheidigung 137, 138, 140, 146—148, Ladung des B. zur Hauptverhandlung 211, Rechtsmittel 338—345 StPO.; s. auch Angeschuldigter, Angeklagter.

Beschwerde 530 ff., sofortige 540 CPO.; sofortige B. im Konkursverfahren 66, 101, 174 KO.

Rechtsmittel der B. in Strafsachen 346—353, B. gegen Erlassung des Haftbefehls 114, B. gegen die Einstellung des Verfahrens 170, sofortige B., Frist zur Einlegung derselben 353 StPO.

B. der Schöffen ꝛc. gegen Ordnungsstrafen 56, der Geschworenen desgl. 96, der Parteien ꝛc. desgl. 183, gegen Verfügungen des Untersuchungsrichters u. des Amtsrichters 72, gegen Entscheidungen der Landgerichte 123 Nr. 2, desgl. der Oberlandesgerichte 135 Nr. 2, 160 GVG.; in Theilungssachen 14 G. 1. Dez. 1873.

B. der Beamten gegen Verhängung von Ordnungsstrafen 83 G. 31. März 1873; gegen Defektbeschlüsse 144 das.

B. gegen Handlungen der Gemeindevertretung 60, 61 D. 14. Dez. 1789; 5 D. 9. Brum. XIII; 18 G. 18. Juli 1837.

Besitz im Allgemeinen 2228 ff., bei Fahrniß 2279 ff., B. in fremdem Namen 2236, 2238, Fruchterwerb des Besitzers 549, gutgläubiger B. 550, 555, dritte Besitzer 930, 954, 1070, 1071, 1681, Wirkung der Vorzugsrechte und Hypotheken gegen dieselben 2166—79, Befreiung derselben von Vorzugsr. u. Hypoth. 2181 ff., Eintritt in den B. im Erbrechte 724, 770, 1004, 1006, 1026—27, Einweisung in den B. bei Abwesenheit 120 ff. 2126, B. des Standes eines Ehegatten 194—96, B. der Kindschaft 197, 320, 321, B. als

Erwerbsgrund von Dienstbarkeiten 690—91, einzelne Wirkungen 1141, 1259, 1337, 1657, 1690, 1961, 2076 CGB.

Besitzeinweisung, Abwesenheit und ledige Erbschaft Bf. 10. April 1872; Verschollene aus dem Kriege von 1870/71 G. 23. Okt. 1873.

Besitzklagen 23—27 fr. CPO.; Verbindung der B. mit der Klage aus dem Rechte ist unstatthaft 232 CPO.

Besitzpfand s. Pfandvertrag.

Besondere Gerichte 13, 14 GVG.; 3 EG. z. GVG.

Besserungsanstalt 56 StGB.; 268 StPO.

Bestätigung 1311, 1338 CGB.

Gerichtliche B. im Falle der Abwesenheit 126, bei Annahme an Kindesstatt 354, in Vormundschafts-Angelegenheiten 448, 458, 467, 483 CGB.; 885 ff. fr. CPO.; B. von Eheberedungen 511 CGB.; im gerichtlichen Theilungsverfahren 981 fr. CPO.; der Familienrathsbeschlüsse im außerg. Th.-V. G. 1. Dez. 1873; bei Verkauf der Mündelgüter 4 das.; des vorläufigen Zuschlags 8 das. u. 15 AG. z. CPO.; gerichtliche Zwangsvollstreckung aus Beschlüssen, durch welche eine Theilung rc. bestätigt wird 16 das.

B. der Todesurtheile ist nicht erforderlich 485 StPO.

B. militärgerichtlicher Erkenntnisse 150 ff., 205 ff. MStGO.

Bestechung 331—335, Wahlbestechung 109 StGB.; B. v. Milit. 130 MStGB.

Bestimmung des Familienvaters 692 ff. CGB.

Bestimmung des zuständigen Richters, Oberlandesgericht zuständig 22 AG. z. GVG. u. Bem. dazu; bei Streit zwischen Ausnahme- und ordentlichem Strafgericht 525—541 fr. StPO.; D. Aug. 1737.

Bethäuser, protestantische D. 10. Brum. XIV; D. 19. März 1859.

Betheuerungsformel statt der Eidesformel 51 GVG.; 64, 288 StPO.; 446 CPO.

Betriebs-Reglement s. Eisenbahnen.

Betrug 263—265 StGB.; 294, 350, 386, 408 HGB.; Zuständigkeit der Schöffengerichte 27 Nr. 6, 75 Nr. 10 GVG.; der Strafkammer 73 Nr. 7 GVG.

B. b. Eheschließung 199 ff., bei Erbschaftsantritt 783, Erbtheilung 887, bei Verträgen 1109, 1116, 1117, 1150 ff., 1225, 1304, 1353, 1378, 1455, 1673, 1967, 1992, 2053 CGB.

S. Beeinträchtigung.

Betteln 361 Nr. 4, 362 StGB.

Beurlaubte, Gerichtsstand 4, 6—8 MStGO.

Beurlaubtenstand 56 ff. RMG.; Kontrole G. 15. Febr. 1875; Anwendbarkeit der Militärstrafgesetze auf Personen des B. 6 MStGB.; Dienstverhältnisse der Personen des B. Wehr-Ordnung 28. Sept. 1875 Bem. 1.

Beurlaubung, Verurtheilter 23—26 StGB.; s. Urlaub.

Bevollmächtigung 1984 ff. CGB.; in Handelssachen 67, 297, 323, 360, 361, 362, 376, 377, 786 ff. HGB.

Bewässerungsabgaben, Beitreibung 25 G. 23. Juni 1857.

Bewässerungsanlagen, Ordnungen mit Polizeistrafen 5 G. 11. Mai 1877; s. Wasserläufe, Syndikatgenossenschaften, Rechtsweg.

Bewegliche Güter, Verkauf im Falle der Erbtheilung 945 ff. fr. CPO.; s. Güter.

Beweis durch Augenschein 336, 337, B. durch Eid 324 ff., 410 ff., B. durch Sachverständige 324 Nr. 2, 367 ff., B. durch Urkunden 380 ff., B. durch Zeugen 324 Nr. 2, 338 ff., B. zum ewigen Gedächtniß 447 ff. CPO.

B. u. Beweislast, Vorschriften des Civilrechts 1315, 1316, einzelne Vorschriften 130, 135, 139, 320 ff., 341, 1116, 1282, 1302, 1384, 1415, 1442, 1504, 1677 ff., 1715, 1733, 1834, 1866, 1923, 1924, 1938, 1950, 1985, 2123 CGB.; Beweispflicht wird durch die Eideszuschiebung nicht übernommen 412 CPO.

Beweisantretung im Allgemeinen 255, 256, B. durch Augenschein 336, B. durch Eid 416, B. durch Sachverständige 307, B. durch Urkunden 385, 386, 397, B. durch Zeugen 330 CPO.

Beweisaufnahme 257 ff., 320 ff., B. durch das Prozeßgericht 320, B. durch einen beauftragten oder ersuchten Richter 320, 337, 340, 370, 399, 441, B. im Ausland 328, 329, 334 CPO.

B. vor der Hauptverhandlung im Strafverfahren 164, 188, 200, 222, 270 Abs. 4, in der Hauptverhandlung 237, 243—245, 249, 257, 260, insbesondere in Untersuchungen gegen Abwesende 331, B. in der Berufungsinstanz 365, desgleichen bei der Wiederaufnahme des Verfahrens 409 StPO.

Beweisbeschluß 257—259, 320 ff., 323—326, 426, 558 CPO.

Beweiskraft der Quittungen und Schuldscheine 17 EG. z. CPO.; 295 HGB.; der Standesregister 16 Nr. 2 EG. z. CPO.

Beweislast s. Beweis.

Beweismittel, Beschränkungen aufgehoben 14 EG. z. CPO.; Vernichtung 274, 92 Nr. 2 StGB.

Durchsuchung einer Wohnung ꝛc. zur Auffindung von Beweismitteln 102, Herbeischaffung der B. zur Hauptverhandlung 213, 218, 220, 243, 244, in der Berufungsinstanz sind neue Beweismittel zulässig 364, Beibringung neuer Beweismittel zur Wiederaufnahme des Verfahrens 399 Nr. 5 StPO.

Beweismittelbezeichnung 255, 256, 324 Nr. 2 CPO.

Beweisregeln 259 CPO.; 13 Nr. 2, 3, 4; 14 Nr. 1, 2, 3 EG. z. CPO.

Bewußtlosigkeit 51, 176 Nr. 2, 177 StGB.

Bezirke, Eintheilung von E.-L. in B. 1 G. 30. Dez. 1871; Grenzveränderung 3 G. 30. Dez. 1871; V. 1. März 1873; Ausgaben der B. 12, 16 G. 10. Mai 1838; Einnahmen 10 ff. G. 10. Mai 1838; Haushalts-Voranschlag 6 G. 18. Juli 1866; 11 G. 10. Mai 1838 und 10 G. 18. Juli 1866; Erwerbungen, Veräußerungen, Tausch Bem. zu 29 G. 10. Mai 1838; Schenkungen 30 G. 10. Mai 1838; 1 Nr. 5 G. 18. Juli 1866; 1 V. 5. Mai 1873; Prozesse 36, 37 G. 10. Mai 1838; 1 Nr. 13 G. 18. Juli 1866; Vergleiche 1 Nr. 14 G. 18. Juli 1866; Anleihen 33, 34 G. 10. Mai 1838; 7 G. 24. Juli 1867, G. 13. Juli 1873; Steuerzuschläge s. Steuern direkte, Zuschläge.

Bezirksarchivare D. 4. Febr. 1850; 5 Dez.-D. 25. März 1852.

Bezirksgefängnisse, Ordnung 30. Okt. 1841; Entlastung der Bezirke von den Kosten G. 7. April 1879; s. Gefangene, Gefängnisse.

Bezirkspräsidenten an Stelle der Präfekten 11 G. 31. Dez. 1871; Befugnisse 1, 2 Abth. III K. Handschr. Januar 1790; 2, 3 G. 28. Pluv. VIII; Dez.-D. 25. März 1852; Dez.-D. 13. April 1861; D. 24. Febr. 1864; D. 1. Aug. 1864; D. 13. Aug. 1864; 13—15, 19, 21 G. 31. Dez. 1871; V. 10. Febr. 1875.

Bezirksrath an Stelle des Präfekturraths 13 G. 31. Dez. 1871; Zusammensetzung das.; Oeffentlichkeit der Sitzungen 8, 10 G. 21. Juni 1865; Verfahren V. 1. Sept. 1872; Zuständigkeit 4 G. 28. Pluv. VIII; s. Vizinalwege.

Bezirksstraßen, Begriff 1 Nr. 3 V. 6. Febr. 1776; 3 D. 16. Dez. 1811; Klassirung, Unterhaltung 4, 7, 16 ff. D. 16. Dez. 1811; Zwang der Nachbarbezirke zur Ausbauung von Lücken G. 25. Juni 1841; O. 7. Sept. 1842; Zollerhebung D. 11. Juni 1859; Aufstellung der Pläne für Unterhaltsarbeiten an B. 1 O. 8. Aug. 1821; Genehmigung des Zuschlags 3 das.; s. Straßen, große.

Bezirkstag an Stelle des Generalraths 1 G. 24. Jan. 1873; Zahl der Mitglieder 2 G. 22. Juni 1833; 1 D. 3. Juli 1848; Einberufung und Eidesleistung 12 G. 22. Juni 1833; Vorstandswahl 1 G. 23. Juli 1870; Beschlußfähigkeit 13 G. 22. Juni 1833; Befugnisse 1—38 G. 10. Mai 1838; 1—5, 8, 9 G. 18. Juli 1866; verbotene Beschlüsse und Handlungen 14—18 G. 22. Juni 1833; Geschäftsordnung 2 G. 23. Juli 1870; Ausschluß der Oeffentlichkeit 13 G. 22. Juni 1833; Veröffentlichung der Sitzungsberichte 2 G. 23. Juli 1870; Einsichtnahme der Beschlüsse 3 G. 23. Juli 1870; Vorbereitung der Arbeiten 1 G. 19. Flor. VIII; Dauer der Sitzungsperioden 6 G. 28. Pluv. VIII; Auflösung 9 G. 22. Juni 1833; s. Wahlen.

Bezirks-Unterrichtsrath, Uebergang der Befugnisse auf die Bez.-Pr. u. das Min. V. 2. Febr. 1872; neue Errichtung V. 4. Dez. 1880.

Bienen 524 CGB.

Bienenschwarm, Wiederergreifung des entflogenen, 5 Tit. I Abschn. 3 G. 6. Okt. 1791.

Biersteuer, allgemeine Vorschriften 107 ff. G. 28. April 1816; 4 G. 23. Juli 1820; G. 1. Mai 1822; G. 12. Dez. 1830; G. 23. April 1836; 23 D. 17. März 1852; V. 27. Nov. 1870 Bd. III.

Bigamie 171 StGB.; 139 CGB.; 34 Perf.-G. 6. Febr. 1875.

Bilanz der Kaufleute 29—31, 33 HGB.; der Handelsgesellschaften 105, 107, 160, 165, 185, 186, 193, 197, 209, 217, 224, 225, 239, 240, 249 HGB.; 114 KO.; Strafe wegen unterlassener B. 210 Nr. 3 KO.

Bildende Künste, Urheberrecht G. 9. Jan. 1876.

Bilder, unzüchtige 184 StGB.; Veröffentlichung 22 D. 17. Febr. 1852; Austheilung ꝛc. 6 G. 27. Juli 1849.

Binnenlinie des Zollgrenzbezirks, Beschreibung Bkm. 3. Aug. 1871.

Binnenschifffahrtsabgaben, Aufhebung G. 29. Jan. 1873.

Bischöfe 16—26 G. 18. Germ. X; D. 7. Jan. 1808; Gehalt O. 4. Sept. 1820; 8 G. 23. April 1833; Einrichtungskosten O. 4. Sept. 1820; D. 12. Okt. 1857; Befähigung O. 25. Dez. 1830.

Bischweiler, Gewerbegericht V. 7. Dez. 1874.

Bisthümer 58 u. 59 G. 18. Germ. X; O. 31. Okt. 1822; Prot. 7. Okt. 1874.

Blanko-Indossamente 12, 13, 36 WO.

Blanket 269, 275, 276, 364 StGB.

Blattern s. Pocken.

Bleichereien G. 21. Juli 1856.

Blödsinn s. Wahnsinn.

Blutschande 331, 335, 342, 762—764 CGB., Strafe 173 StGB.

Bodenkredit-Gesellschaften, Bestätigung und Zweck 1, 2 D. 28. Febr. 1852; Bedingungen für das Ausleihen von Geldern durch B. 6—12 D. 28. Febr. 1852; D. 28. März 1852; 2, 3 G. 10. Juni 1853; Obligationen und Pfandbriefe der B. 4, 5, 13—18, 41 D. 28. Febr. 1852; D. 31. Dez. 1852; Anlage der Kapitalien von Gemeinden und öffentlichen Anstalten in Pfandbriefen der B. 45 D. 28. Febr. 1852; Erl. 26. März 1876; Rechte der B. gegenüber den Darlehensschuldnern 26—42 D. 28. Febr. 1852; 4—7 G. 10. Juni 1853; 1—3 G. 19. Juni 1857; Erl. 18. März 1872; besondere Vorschriften über Bestellung von Faustpfändern 1—4 G. 19. Juni 1857; über Hypotheken-Reinigung 1 G. 10. Juni 1853; über Erneuerung von Hypotheken-Einschreibung 47 D. 28. Febr. 1852; Verwaltung und Geschäftsführung der B. 9 D. 18. Okt. 1852; 43, 48, 49 D. 28. Febr. 1852; Aufsicht über B. 43, 49 D. 28. Febr. 1852; 1—4 D. 18. Okt. 1852; 1 D. 26. Juni 1854; Auflösung von B. 7, 8 D. 18. Okt. 1852.

Boden- und Kommunalkredit s. Aktiengesellschaft für B.

Bodmerei 680—701 HGB., 1964 CGB.

Bordereaux (Eintragungsgesuche) 2148, 2150, 2153, 2200 CGB.

Börsen, Bestimmungen über B. und Börsenordnungen 331 HGB.; die Bestimmungen über das Börsen- und Mäklerwesen bleiben neben dem HGB. in Wirksamkeit 1 Nr. 3 EG. z. HGB.; Eröffnung ders. D. 6. Flor. III; Polizei D. 24. Vend. IV; Errichtung 28. Vent. IX; Allgemeines B. 27. Prair. X; Gebäude B. 12. Brum. XI; Kosten B. 12. Brum. XI; 13—16 G. 23. Juli 1820; 4 G. 14. Juli 1838; B. 4. Dez. 1873; 33 G. 25. April 1844; G. 18. Mai 1850; Umsatz von ausländischen Eisenbahnpapieren D. 22. Mai 1858; D. 16. Aug. 1859; Plätze der Wechselagenten D. 15. Sept. 1862; B. in Straßburg B. 7. Frukt. IX; Metz B. 25. Pluv. X; Colmar O. 25. Jan. 1844.

Börsengeschäfte auf Ziel, Verbot V. 7. Aug. 1785; B. 2. Okt. 1785; B. 22. Sept. 1786.

Börsenpreis 311, 343, 353, 357—359, 376 HGB.

Börsenwesen 1 Nr. 3, 2 EG. z. HGB.

Bosnien und Herzegowina, Konsulargerichtsbarkeit, G. 7. Juni 1880.

Botschafter 18—20 GVG.

Branderklärungen, Gebühren 2c. Bem. 4—7 z. AG. z. GKG.

Brandstiftung 265, 306—310, 325 StGB.

Branntwein, Kleinhandel G. 16. Mai 1877.

Branntweinsteuer, Einführung im Nordd. Bunde G. 8. Juli 1868 Bd. III; Einführung in E.-L. und allgemeine Vorschriften G. 16. Mai 1873; Einführung in Gebietstheilen, welche in die Zollgrenze eingeschlossen werden G. 16. Nov. 1874; Kreditirung Bkm. 27. Juni 1873; Befreiung bei Verwendung von Branntwein zu gewerblichen Zwecken G. 19. Juli 1879; Regul. 23. Dez. 1879; s. auch Uebergangsabgaben.

Brasilien, Bkm. über Markenschutz 28. Febr. 1877; s. Auslieferungsverträge.

Briefgeheimniß, unverletzlich 5 Post-G. 28. Okt. 1871; Verletzung 299, 354, 358 StGB.; s. Beschlagnahme.

Brodtaxe gestattet 30 Tit. I G. 22. Juli 1791; Zuwiderhandlung 479 Nr. 6, 482, 482 fr. StGB.

Brücken, Beschädigung, Zerstörung 305, 321, 325, 326, 90 Nr. 2 StGB.

Brückengeld 11 Tit. IV G. 14. Flor. X.

Brüder s. Geschwister.

Brunnen 674, 1766 CGB.; Vergiftung 324—326, Vernachlässigung von Sicherheitsmaßregeln 367 Nr. 12 und 14 StGB.

Buchdrucker, beschränkte Zahl 3, Zahl der Pressen 6, persönliche Voraussetzungen, Eid, Patent, Eintragung bei Gericht 5, 7, 8, 9 D. 5. Febr. 1810; 11 G. 21. Okt. 1814; D. 22. März 1852; Auslieferung der Patente 1—3 D. 2. Febr. 1811; Zurücknahme des Patents 12 G. 21. Okt. 1814; Buchführung 2 O. 24. Okt. 1814; s. Druckereien, Druckschriften, Druckgeräthe, Verantwortlichkeit.

Bücher, Vertrieb von B. ohne Angabe des Druckes 17, 19 G. 21. Okt. 1814.

Buchhändler, Voraussetzungen, Eid, Patent 29, 30, 33 D. 5. Febr. 1810; 11 G. 21. Okt. 1814; D. 22. März 1852; Auslieferung der Patente 12 G. 21. Okt. 1814; Strafe der der nicht patentirten B. 24 D. 17. Febr. 1852; die Geschäfte der B. sind Handelsgeschäfte 272 Nr. 5 HGB.; Gebühr für Ueberschreibung des Patents Bem. 4—7 AG. z. GVG.; s. Druckschriften.

Bürgen des Gemeinschuldners 178 KO.; Annahme 517—522 fr. CPO.; s. Bürgschaft.

Bürgerliche Ehrenrechte, Verlust 32—37 StGB.; s. Wiedereinsetzung in die früheren Rechte.

Bürgerliche Rechte 7 ff., 102, 488, 980 CGB.

Bürgerliche Rechtsstreitigkeiten, Rechtshülfe G. 21. Juni 1869 Bd. III; 157 ff. GVG.; 32 G. 4. Nov. 1878.

Bürgerlicher Tod, Abschaffung G. 31. Mai 1854.

Bürgermeister, Ernennung und Absetzung 1, 2 G. 5. Mai 1855; 1 G. 22. Juli 1870; Unfähigkeit zum B. 5 G. 5. Mai 1855; 21 G. 24. Juli 1867; außerordentlicher Kommissar an Stelle des B. G. 24. Febr. 1872; Verordnungsgewalt 3 Tit. XI G. 16—24. Aug. 1790; 46 Tit. I G. 22. Juli 1791; 11 Nr. 1 G. 18. Juli 1837; Verwaltungsbefugnisse des B. 9, 10, 14, Ernennung der Gemeindebeamten 12, Anweisung der Ausgaben 61, Folgen der Weigerung eines B. zur Wahrnehmung seiner Pflichten 15 G. 18. Juli 1837; B. vertritt in dringenden Fällen den Amtsanwalt 26 AG. z. GVG.; ist Hülfsbeamter der Staatsanwaltschaft 14, ist Vergleichsbehörde 18 AB. z. GVG.

Bürgersteige Kosten G. 7. Juni 1845.

Bürgschaft im Allgemeinen 2011 — 43, einzelne Fälle 16, 120 ff., 601 ff., 626, 771, 807, 1153, 1212, 1236, 1252, 1261, 1262, 1281, 1287, 1288, 1294, 1301, 1365, 1438, 1518, 1550, 1613, 1653, 1692, 1740, 2060 Nr. 5, 2068, 2195 Nr. 5, 2250 CGB.

B. in Handelsgeschäften 281 HGB.; B. bei Wechseln 7, 81 WO.

Befreiung des Staates von Bürgschaftsstellung G. 21. Febr. 1827.

Bundesangehörigkeit, Erwerb und Verlust 1 G. 1. Juni 1870.

Bundesfürst, Hochverrath g. B. 81, Beleidigung von B. 98, 99, im Ausland 4 Nr. 2, Hoheitszeichen 135, Wappen 360 Nr. 7 StGB.

Bundesgebiet, Umfang desselben 1 RV.; 2 G. 25. Juni 1873.

Bundespräsidium 11 RV.; Anberaumung der Wahlen durch das B. 18 G. 31. Mai 1869; 9 Reglm. 28. Mai 1870.

Bundesrath, Zusammensetzung und Abstimmung 5—7, Ausschüsse 8, Rechte und Pflichten der Mitglieder, Leitung der Geschäfte 5, 9, 10, 12—16, 19, 23, 24, 39, 56, 71, 72, 76—78 RV.; Abgrenzung der Wahlkreise in Elf.-Lothr. 6 G. 25. Juni 1873; Kommissare aus Elf.-Lothr. 7 G. 4. Juli 1879; Erl. eines Wahlreglem. 15 G. 31. Mai 1869; Befugnisse desselben betr. das Kautionswesen der Beamten 2, 6 G. 15. Nov. 1873, betr. Rechtsverhältnisse der Beamten 5, 18, 39, 51, 52, 66, 68, 87, 88, 91—93 G. 31. März 1873; Entscheidung über recours comme d'abus 9 G. 30. Dez. 1871; Vernehmung der Mitglieder des B. als Zeugen in Strafsachen 49 StPO.; in Civilsachen 347 Nr. 2 CPO.; Gerichtsstand der Mitglieder 18 GVG.

Bundesstaaten, gemeinsames Indigenat in denselben 3, Erhebung und Verwaltung der Steuern und Zölle 33, 36, 39, Streitigkeiten zwischen B., Verfassungsstreitigkeiten in B. 76 RV.; Verpflichtung der B. betr. Aufnahme von Bundesangehörigen 1, 3, 6, 7 G. 1. Nov. 1867; 1, 16—19, 22, 27, 34 Vertr. 15. Juli 1851.

Buschholz s. Mittelwald; Verkäufe, öffentliche.

Buße 188, 231 StGB.; Antrag auf Zuerkennung einer B. mittels einer Nebenklage 443—445, desgl. mittels Privatklage 446, Vollstreckung der über eine B. ergangenen Entscheidung 495 StPO.

C.

Cantonnement s. Ablösung.

Cantonniers s. Wegewärter.

Casier judiciaire s. Gerichtsschreiber.

Cession v. Forderungsrechten 1689 ff., 450 CGB.; einer Forderung in Handelsgeschäften 299 HGB.; C. des Klageanspruchs 236 CPO.; Hypothek der Ehefrau 9 G. 23. März 1855; s. Abtretung, Uebertragung.

Chancelleriegebühren 1 G. 21. Mai 1873.

Cheks G. 14. Juni 1865; Stempelfreiheit 24 G. 10. Juni 1869 Bd. III.

Chemiker, Gebühren in Strafsachen G. 13. Jan. 1873; Regul. 17. Jan. 1873.

Civilbeamte der Militärverwaltung Bem. 4 I zu 5 MStGB.; 120 — 123 RBG. 31. März 1873.

Civilgesetzbuch Band I unter B; Vereinigung der Einzelgesetze zu einem Gesetzbuche G. 30. Vent. XII.

Civilkammern der Landgerichte 59; Zuständigkeit 70—71; Verweisung an die C. 103—107. GVG.

Civilklage aus strafbaren Handlungen, Verjährung VI EG z. StGB.

Civilkommissar, Einsetzung eines C. in Elsaß-Lothr. Erl. 26. Aug. 1870 Bd. III.

Civilprozesse s. Rechtsstreitigkeiten.

Civilprozeßordnung v. 30. Jan. 1877, Band I unter D S. 19; Einführungs-G. v. 30. Jan. 1877 Bd. I D S. 92; Ausführungs-G. v. 8. Juli 1879 Bd. I D S. 96; auf welche Rechtsstreitigkeiten sie Anwendung findet 3 EG.; Uebergangsbestimmungen 34—42 AG.; Anwendung der C. im Konkursverfahren 1 Abs. 3, 8, 65, 152, 179 KO.; Anwendung derselben auf Zustellungen in Strafsachen 37 StPO.

Civilsenate der Oberlandesgerichte 120, des Reichsgerichts 132, 137, 139, 140, 172 GVG.

Colmar, Börse O. 25. Jan. 1844; Gewerbegericht O. 20. Febr. 1848; D. 26. Juli 1858;

Handelskammer D. 18. Juni 1870; V. 11. Nov. 1872; Kammer für Handelssachen 8 AV. z. GVG.; s. Börse.

Commissaires - priseurs s. Versteigerer, amtliche.

Costa = Rica, Freundschafts=, Schifffahrts= und Handelsvertrag mit C. 18. Mai 1875.

D.

Dächer 606, 681 CGB.

Dachtraufe 681, 688 CGB.

Damm, Beschädigungen ꝛc. 305, 321, 324, 326 StGB.

Dampfkessel G. 21. Juli. 1856; D. 25. Jan. 1865; Bkm. 21. Juni 1872; Bkm. 21. Aug. 1872; V. 21. Aug. 1872.

Dampfschiffe O. 23. Mai 1843; O. 15. Juni 1844; G. 21. Juli 1856.

Darlehen 1874, 1892 ff., verzinsliches D. 1905 ff., Vorzugsrecht 2103 Nr. 2 u. 5, 2108, 2110, 457, 483, 499, 1250, 1465 CGB. der Kaufleute 292 HGB.

Datum, sicheres bei Privaturkunden 1328 CGB.

Defekte, Haftung der Gemeinderechner für D. 5 V. 19. Vend. XII; D. der Beamten 134—148 G. 31. März 1873; Defektsbeschlüsse 137 das.

Degradation §§ 40 ff. MStGB.; Dégradation civique V EG. z. StGB.

Delegation s. Ueberweisung.

Delikte s. Vergehen.

Denkmäler 304 StGB.

Denkmünzen, Anfertigung V. 5. Germ. XII.

Denunciatio litis s. Streitverkündung.

Denunziation s. Anzeige.

Departement s. Bezirk.

Depeschen, Fälschung 355, 358 StGB.; D. an den Gemeinschuldner 111 KO.

Depositenkasse, Gründung 110 G. 28. April 1816; Uebergang der Rechte und Pflichten auf die Landeskasse 1 G. 4. Nov. 1872; Uebertragung auf die Aktiengesellschaft für Boden= und Kommunalkredit in Elsaß=Lothringen Vertrag 25. Nov. 1872; s. Hinterlegungen.

Desertion 141, 90 Nr. 3 StGB.; s. Fahnenflucht.

Destinatio patris familias 692 ff. CGB.

Deszendenten s. Kinder und Nachkommen.

Deutsche, allgemeine Rechte derselben 3 RV.; Wahlrecht zum Deutschen Reichstag 1, 4, 5 G. 31. Mai 1869.

Deutsche Sprache, die Gerichtssprache 186, 187 GVG.; s. Geschäftssprache.

Diebstahl 242 ff., Begünstigung und Hehlerei 258 ff., Einbruch, Einschleichen, Einsteigen 243 Nr. 2 u. 7, D. von Nahrungsmitteln 370 Nr. 5 u. 6, D. von Munition 290 StGB.; milit. D. § 138 MStGB.

Haftung der Wirthe für D. in Gasthöfen 1953, 1954, Haftung der Frachtführer 1982, Vindikation gestohlener Sachen 2279, 2280 CGB.; 306 HGB.; s. Entwendung.

Zuständigkeit der Schöffengerichte 27 Nr. 4, 75 Nr. 6; der Strafkammer 73 Nr. 5 GVG.

Diebswerkzeuge, Liegenlassen 471 Nr. 7, 472, 474, 483 fr. StGB.

Dienstbarkeiten s. Grunddienstbarkeiten.

Dienstbehörden, vorgesetzte im Sinne des RBG.: V. 23. Nov. 1874.

Dienstboten können nicht Schöffen sein 33 Nr. 5, nicht Geschworene 85, Streitigkeiten zwischen D. u. Herrschaft gehören vor die Amtsgerichte 23 Nr. 2 GVG.; vorläufige Vollstreckbarkeit des Urtheils 649 Nr. 2 CPO.; Streitigkeiten, Stundung des Stempels 27 G. 22. Jan. 1851; Wohnsitz 109, Haftung für D. 1384, Lohn derselben 1780 ff., Vorzugsrecht wegen Lohn 2101 Z. 4, Verjährung 2272 CGB.; Diebstahl, Betrug, 247, 263 Abs. 4 StGB.

Dienstbuch, Fälschung 363 StGB.

Diensteid, Berufung auf D. gestattet im Falle des 351 CPO.; falsche Versicherung auf D. 155 Nr. 3 StGB.; s. Eid, Beamte, Rechtsanwälte.

Diensteinkommen, Pfändung 734, mobiler Militärpersonen, Offiziere 749 Nr. 6 u. 8, 749 Nr. 3 CPO.

Dienstenthebung, vorläufige, der Beamten 125—131 G. 31. März 1873.

Dienstentlassung als Disziplinarstrafe 75, 76 G. 31. März 1873; als militär. Strafe 34 ff. MStGO.

Dienstmiethe 1708, 1711, 1779—1799, im engeren Sinne 1711, 1779—81 CGB. Aufhebung des Art. 1781 CGB. G. 2. Aug. 1868.

Dienstreisen der Beamten, Entschädigung 18 G. 31. März 1873; s. Reisegebühren.

Dienstunfähigkeit der Beamten 34, 36, 39, 53, 45, 61, 68 G. 31. März 1873.

Dienstvergehen der Beamten 72—133 G. 31. März 1873.

Dienstverhältniß, Kündigung im Falle des Konkurses 19, Rangordnung der Dienstbezüge 54 Nr. 1 KO.

Dienstvorgesetzte, Disziplinarbefugnisse derselben 80, 81 G. 31. März 1873.

Dienstwohnung, Anweisung von D. in Gebäuden, welche zum Staatsgute gehören 12 G. 23. April 1833; Benutzung von D. Regul. 25. Mai 1874.

Dienstzeit der Beamten, Berechnung 45—52 G. 31. März 1873; für Lehrer VI G. 23. Dez. 1873.

Dietrich 369 Nr. 1 StGB.

Diözesangebäude G. 7. März 1853.

Diözesangrenzen, Uebereinstimmung derselben mit der Reichsgrenze 6 Friedensvertr. 10. Mai 1871.

Diözesankirchen D. 7. März 1853.

Differenzhandel, Strafbestimmung 210 Nr. 1 KO.

Dilatorische Einreden s. Prozeßhindernde Einreden.

Dimensionsstempel s. Stempel.

Dinglicher Arrest 797 CPO.

Dinglicher Gerichtsstand 25, 26, 27, 36 Nr. 4 CPO.

Dingliche Rechte 543 CGB.; Erforderniß der Ueberschreibung bei Uebertragung ders. und Verzicht 1 G. 23. März 1855; an bewegl. Sachen 2279 CGB.; 306—312 HGB.; Wirkung der Zwangsenteignung in Bezug auf d. R. 18 G. 3. Mai 1841.

Direktoren der Landgerichte 58, 61, 63, 65, 68, 89 GVG.

Direktorium des Augsb. Bekenntnisses 8 ff. D. 26. März 1852; 11 ff. V. 10. Nov. 1852.

Disconto in Handelsgeschäften 334 HGB.

Dispensation vom Aufgebot, Zulässigkeit 50 G. 6. Febr. 1875; Verfahren V. 20. Prair. XI; V. 8. Jan. 1876; Zuständigkeit 2 V. 22. Nov. 1875.

D. von Ehehindernissen, Zulässigkeit 28, 33 u. 35 G. 6. Febr. 1875; Verfahren V. 20. Prair. XI; V. 8. Jan. 1876; Zuständigkeit G. 25. Febr. 1872; V. 22. Nov. 1875; 3 A 3 V. 23. Juli 1879 Bd. I A 17.

Dispositionsbeschränkungen, Eintragung 31 ff. G. 30. April 1880; bei vorläufiger Zwangsvollstreckbarkeit 658 CPO.

Distanztabelle s. Entfernungstabelle.

Distriktsverwaltung s. Kreisdirektor.

Disziplin s. Disziplinarverfahren.

Disziplinarbefugnisse der Behörden 80—83 G. 31. März 1873.

Disziplinarbehörden für Civilbeamte 80—93 G. 31. März 1873; Geschäfts-Ordn. 18. April 1880.

Disziplinarkammern für Reichsbeamte 87 G. 31. März 1873; V. 7. Jan. 1874; D. für Landesbeamte und Lehrer V. 10. Aug. 1874; D. für Beamte der Reichs-Eisenbahn-Verwaltung, welche im Auslande ihren dienstlichen Wohnsitz haben V. 5. Nov. 1874.

D. der Notare G. 25. Vent. XI; 4. Jan. 1843; der Gerichtsvollzieher 53 ff. D. 14. Juni 1873; O. 6. Okt. 1832.

Disziplinarstrafen gegen Civilbeamte 70—73 G. 31. Mai 1873; IV G. 23. Dez. 1873.

Disziplinarverfahren gegen Civilbeamte 77—119 G. 31. März 1873; s. Richter, Notare, Gerichtsvollzieher, Rechtsanwälte.

Divisionsgerichte, Zusammensetzung und Zuständigkeit 23 u. 28 MStGO.

Dolmetscher, Zuziehung 187, 188, 192, Eid 191, Ablehnung 193 GVG.

Uebersetzung einer Urkunde 133, Zuziehung bei der Eidesleistung eines Stummen 445, Aufnahme in das Protokoll 145 Nr. 2 CPO.

Zuziehung bei der Eidesleistung eines stummen Zeugen 63, desgl. bei der Vernehmung eines tauben Angeklagten 258, desgl. bei der Vernehmung eines Angeklagten, welcher der Gerichtssprache nicht mächtig ist 258 StPO.

Domäne s. Staatsgut.

Domänen-Verwaltung Mitwirkung bei Zwangsenteignung Bem. zu O. 22. März 1835.

Domanialnutzungen, Verwaltung der D. G. 24. März 1879; Beitreibung 4 G. 12. Sept. 1791; V. 4. Therm. XI, 17 AG. z. CPO.; Btm. 31. März 1879.

Domanialrechte s. Fiskus.

Domherrn, Befähigung O. 25. Dez. 1830; Gehaltsbezug O. 13. März 1832; 8 G. 23. April 1833.

Domicile élu 15 Nr. 5 EG. z. CPO.; s. Wohnsitz.

Doppelbesteuerung, Beseitigung G. 14. Jan. 1872.

Dos s. Heirathsgut.

Dotalgüter, Zwangsenteignung 13, 25 G. 3. Mai 1841.

Dotalsystem 1391, 1392, 1540—81 CGB.

Drainirung, Abführung des Wassers über Nachbargrundstücke 1, Recht der Anlieger auf Theilnahme 1, Gemeinnützlichkeit der Anlagen von Genossenschaften ꝛc. 4, Rechtsweg 5, Zerstörung 6 G. 10. Juni 1854; Darlehen zur Ermuthigung 1, 2, Vorzugsrecht 3—8, Beitrag der drainirten Grundstücke zu den erhöhten Kosten der Ausräumung 9 G. 17. Juli 1856; drainirte Wiesen gleich künstlichen Wiesen 6 G. 11. Mai 1877; s. Syndikatgenossenschaften.

Dramatische Werke, Genehmigung zur Aufführung D. 30. Dez. 1852; 3, 4 D. 6. Jan. 1864; s. Urheberrecht.

Draufgabe 1590, 1715 CGB.; in Handelsgeschäften 285 HGB.

Drittbesitzer, Wirkungen der Hypotheken rc. gegen D. 2166 ff. CGB.

Drittschuldner, dessen Benachrichtigung vom Pfändungsbeschluß 730, dessen Benachrichtigung von bevorstehender Pfändung 744 CPO.

Droguistenläden, Untersuchung D. 23. März 1859.

Drohung, Anstiftung 48, Unzurechnungsfähigkeit 52, crimen vis 240, 241, Erpressung 253, 254, D. durch Beamte 339, D. bei Ausübung staatsbürgerl. Rechte 106, 107, D. mit gemeingefährl. Verbr. 126, Gottesdienst 167, Unzucht 176, 177, D. bei Diebstahl 252, D. bei Bettelei 362, D. bei Entführung 234—236 StGB.

Drucker, Gebühr für Ueberschreibung des Patents Bem. 4—7 AG. z. GKG.; s. Buchdrucker.

Druckerei, Verbot der heimlichen D. 13 G. 21. Okt. 1814; Ausnahme 14 G. 11. Mai 1868.

Druckgeräthe, Anzeigepflicht 1, 2 D. 18. Nov. 1810; Buchführung der Fabrikanten 4 D. 22. März 1852.

Drucksachen s. Schriften.

Druckschriften, Anzeigepflicht von dem Druck und Hinterlegung 14, 16 G. 21. Okt. 1814; 3, 9 O. 24. Okt. 1814; 1, 2 O. 30. Juli 1835; 7 G. 27. Juli 1849; Angabe des Namens des Druckers 17 G. 21. Okt. 1814; s. Buchdrucker, Buchhändler, Zeitungen.

Duell s. Zweikampf.

Duplik 245, 251 CPO.

Dünen, Schutz 376 a StGB.

Dünger 524, 1778, 1811, 1819, 1824 CGB.; Entwendung von Feldern 33 Tit. II G. 6. Okt. 1791.

Durchfuhr, Zollfreiheit 1 u. 6 VZG. 17. Juli 1871.

Durchsuchung der Wohnung verdächtiger Personen 102—108, D. in militärischen Dienstgebäuden 105 Abs. 4, Durchsicht der Papiere 110 StPO.; s. Hülfsbeamte der Staatsanwaltschaft.

Edition von Urkunden 386 ff. CPO.

Egypten, Konsulargerichtsbarkeit in, G. 30. März 1874 und 5. Juni 1880; V. 23. Dez. 1875.

Ehe 144—227, zweite Ehe 228, 380, 381, 395, 396, 400, 1098—1109, 1496, 1527, Nichtigkeitsklagen 180 ff. CGB.; 28—36 G. 6. Febr. 1875; 568 ff. CPO.; Ehen verschollener Theilnehmer am Kriege von 1870 und 1871 G. 23. Okt. 1873.

Doppelehe 171, Ehebruch 172, Ehehinderniß 170, Entführung 236—238, gesetzwidrige Eheschließung 337, 338 StGB.

S. Eheschließung.

Eheberedung s. Ehevertrag.

Ehebruch, Scheidungsgrund 229—231, im E. erzeugte Kinder 313, 331, 335, 342, 762—764 CGB.

Vergehen 172 StGB.

Ehedispense, Gebühren 55 G. 28. April 1816; 77 G. 15. Mai 1818; 3, 4 V. 8. Jan. 1876; Bem. 4—7 AG. z. GKG.; s. Dispensation.

Ehefrau, Wohnsitz 108, Ermächtigung 217—226, 1124 ff. CGB.; 861, 864 fr. CPO.; Gesammtschuldnerin mit dem Manne 1431, in Gütertrennung 1443 ff., in Gütergemeinschaft 1453, 1492 ff., Kauf mit dem Manne 1595, Hypothek 2121, 2135 CGB., 563 fr. HGB.; Verjährung 2254, Zwangsverkauf 2208 CGB.; Cession oder Uebertragung der gesetzlichen Hypothek 9 G. 23. März 1855.

E. des Gemeinschuldners, Unterhalt 1, Rechte derselben 37 KO.; 13 EG. z. KO.; Anfechtung der zu ihren Gunsten getroffenen Verfügungen 25 Nr. 2 KO.; Anfechtung außerhalb des Konkurses 3 G. 21. Juli 1879.

E. als Handelsfrau 7 HGB.; 5 EG. z. HGB.

Gerichtsstand 17, Prozeßfähigkeit 51, ist zur Verweigerung des Zeugnisses in Sachen ihres Ehemanns berechtigt 348 Nr. 2 CPO.; 51 u. 57 StPO.; Entmündigung einer E. 595 CPO.

Staatsangehörigkeit der E. von Deutschen 5, 11, 13, 19, 21 G. 1. Juni 1870.

S. Ehegatte, Gütergemeinschaft.

Ehegatte, Rechte und Pflichten 203 ff., 212—214, Erbfolge 724, 767, Schenkungen unter E. 1091, Güterverhältnisse 1387—1551, 124 ff., CGB.; Anfechtung der Rechtsgeschäfte 3 G. 21. Juli 1879; Einfluß der Gütergemeinschaft unter E., wenn einer von ihnen zu den Kaufleuten gehört 8 HGB.

E. des Gemeinschuldners, Anfechtung der Verträge mit demselben 24 Nr. 2 KO.; Anfechtung der Verfügungen zu Gunsten desselben 25 Nr. 2, 33 Nr. 2 KO.; Güterrecht 5 Nr. 2 EG. z. KO.

Doppelehe 171, Ehebruch 172, Beleidigung 189, 195 StGB.

S. Angehörige.

Ehehindernisse 28—37 G. 6. Febr. 1875; Wirkung 180 ff. CGB.

Ehemann, Haftung für die Verpflichtungen der Frau aus Handelsgeschäften 5 EG. z. HGB. Gerichtsstand in Ehesachen 568, 571, kann auf Entmündigung der Ehefrau antragen 595, 605, 607, ist zur Verweigerung des Zeugnisses in Sachen seiner Frau berechtigt 348 Nr. 2 CPO.

Der E. einer Angeklagten ist in der Hauptverhandlung als Beistand zuzulassen 149, er kann auch Rechtsmittel für dieselbe einlegen 340, 371, 398, desgleichen die Wiederaufnahme des Verfahrens beantragen 413 StPO.; Antrag auf Bestrafung wegen Beleidigung der Frau 195 StGB.

S. Ehefrau, Ehegatte.

Ehesachen 568 ff. CPO.; Gerichtliche Zuständigkeit 76 G. 6. Febr 1875.

Ehescheidung 229—305, auf Grund gegenseitiger Einwilligung 275 ff. CGB.; 16 Nr. 5 EG. z. CPO.; Wiedereinführung G. 27. Nov. 1873; Klage 568 ff., 575, 577, 580, 592 CPO.; 16 Nr. 5—8 EG. z. CPO.; Ausspruch der Trennung im Urtheil 11 AG. z. CPO.

Ehescheidungsklage s. Ehescheidung.

Eheschließung, Erforderniſſe 28—40, Form und Beurkundung 41—55 G. 6. Febr. 1875; Einspruch 172 ff. CGB.; Dispensation V. 20. Prair. XI; G. 25. Febr. 1872; 28, 33, 35, 50 G. 6. Febr. 1875; V. 22. Nov. 1875; V. 8. Jan. 1876; 3 A 3 V. 23. Juli 1879 Bd. I A 17; im Auslande 170 CGB.; G. 4. Mai 1870 Bd. III; Instr. 1. März 1871; 85 G. 6. Febr. 1875; verbotswidrige E. 67, 69 G. 6. Febr. 1875; 338 StGB.; Erleichterung für Arme G. 10. Dez. 1850.

Zuständigkeit der Strafkammern bei Zuwiderhandlungen 74 Nr. 4 GVG.

Ehevertrag 1387 ff., 1497 ff., 1527 ff., Schenkungen im E. 1081 ff. CGB.

E. der Kaufleute, Veröffentlichung und Pflichten des Notars 6, 7 EG. z. HGB.; 10 AG. z. CPO.; Gebühren der Gerichtsschreiber rc. Bem. 4—7 zu AG. z. GKG.

Ehrenannahme v. Wechseln 56—61 WO.

Ehrengerichtliches Verfahren gegen Rechtsanwälte §§ 62—97 RO. 1. Juli 1878.

Ehrenrechte, Verlust 32—37, bei Versuch 45, bei Jugend 57 Nr. 5, fakultative Verhängung 32, 108, 109, 133, 142, 143, 150, 160, 161, 164, 168, 173, 175, 180, 183, 248, 262, 263, 266, 280, 284, 289, 294, 302, 302 a-d, 304, 333, 350 StGB.; 12 G. 14. Mai 1879; Nothwend. V. 161, 181 StGB.

Ehrenstrafen, militärische, 30 ff. MStGB.

Ehrenwort Minderjähriger 302 StGB.

Ehrenzahlung von Wechseln 62—65 WO.

Ehrenzeichen, Verlust 33, 34, unbefugtes Tragen 360 Nr. 8 StGB.; Pfändung 715 Nr. 9 CPO.; Ermächtigung zum Tragen ausländischer D. 13. Juni 1853; für Beamte 15 G. 31. März 1873.

Eichämter, Eichordnung 79—85 16. Juli 1869 Bd. III und Nachtr. 6. Sept. 1880; Bezirke V. 24. Juni 1875 u. 6. Jan. 1877; Bkm. 5. Juli 1880; Geschäftsführung V. 24. Juni 1875; Verzeichniß 30. Juni 1877; 3. Febr. u. 15. Juli 1879; 6. Jan. 1880.

Eichellese 53 ff., 66 FGB.

Eichmeister, Hülfsbeamte der Staatsanwaltschaft 10 AV. z. GVG.

Eichung, Besitz ungeeichter Maße, Gewichte, Waagen 369 Nr. 2 StGB.

Eichwesen, Ordnung v. 16. Juli 1869 Bd. III; Bkm. 15. Mai 1875; Gebühren V. 12. Dez. 1869 Bd. III; V. 28. Juni 1875; Bkm. 30. Nov. 1875; Bkm. 3. Dez. 1880; Anstellung V. 24. Juni 1875; V. 8. Aug. 1875; Berichtigungsarbeiten Vf. 30. Juni 1875; Bkm. 28. Sept. 1875; Bkm. 22. März 1876; Nacheichung V. 27. Mai 1876; Bkm. 26. März 1877; Bkm. 6. Okt. 1877; Bkm. 15. Febr. 1868; Bkm. 25. März 1868; Bkm. 6. Sept. 1880.

Eid, politischer 16 SC. 25. Dez. 1852; der Reichsbeamten 50 RV.; 3; der Landesbeamten 1 G. 20. Sept. 1871; 3 RBG. mit I G. 23. Dez. 1873; der Mitglieder der Bezirks- und Kreistage 12, 27 G. 22. Juni 1833; V. 6. Aug. 1873; der Schöffen 51, der Handelsrichter 115, der Dollmetscher 191 GVG.; der Geschworenen 288 StPO.

E., zugeschobener, Wirkung bei Gesammtschuldverhältniß 1365, gegen Verjährung 2275 CGB.

E. als Mittel der Glaubhaftmachung 266, E. bei Urkundeneditionsgesuchen 391, 406, E. der Sachverständigen 375, E. der Zeugen 356, richterlicher E. 437—439, zugeschobener E. 410 ff., E. zur Schätzung des Interesses oder eines Schadens 260 CPO.

Eidliche Vernehmung der Zeugen in Strafsachen 59—65, 222, 250, insbesondere der Landesherrn und der Mitglieder der landesherlichen Familie 71, welche Zeugen unbeeidigt zu vernehmen sind 56, 57, Verfahren, wenn die Eidesleistung verweigert wird 69, Beeidigung der Sachverständigen 79, der Geschworenen 288, Verhörung eines Zeugen auf den früher geleisteten Eid 66 StPO.

Falscher Eid 160 StGB., s. Meineid.

Eier, Ausnehmen 368 Nr. 11 StGB.

Eigennutz, strafbarer 284 ff. StGB.; Zuständigkeit bei Vergehen strafbaren E. 75 Nr. 11 GVG.

Einbringen in die Ehe 1501 ff., in die Gesellschaft 1845 ff. CGB.

Einjährig-freiwilliger Dienst, Prüfungs-Ordnung Wehr-O. 28. Sept. 1875 Bem. 1.

Eigenthum 543 ff., Erwerb 711, 712, 938, 1138, 1141, 2279 CGB.; Uebertragung des E. an Waaren, Papieren und anderen Handelssachen 306—308, desgl. an Schiffen und Schiffsparten 439 HGB.

Eigenthümer, Wegnahme d. eig. Sache bei Pfandgläubiger 288 StGB.; E. von Zeitungen s. Geschäftsführer.

Eigenthumsbescheinigungen bei Zurückziehung von Sparkassengeldern Bem. zu 3 G. 7. Mai 1853.

Eindringen s. Hausfriedensbruch.

Einfriedigen, Recht die Felder einzufriedigen 647, 648 CGB.; 17 Tit. II G. 6. Okt. 1791; Wann ist ein Grundstück einfriedig? 6 Tit. I Abschn. 4 G. 6. Okt. 1791.

Einfriedigungen, Beschädigung von, 17 Tit. II G. 6. Okt. 1791.

Einfuhrverbot 327, 328 StGB.

Eingangssteuer (droit d'entrée) 26 G. 28. April 1816; Aufhebung für Wein 1 G. 20. März 1873; Aufhebung für Branntwein 1 G. 16. Mai 1873.

Einkaufskommissionär, Zurückforderung von Waaren 36 KO.

Einlassungsfrist 204, 232, 459, 481, 517, 567 CPO.; vor der Kammer für Handelssachen 102 GVG.

Einmischung in die Gütergemeinschaft 1454, bei der Erbschaft 778, 779 CGB.

Einrede der mangelnden Prozeßfähigkeit 247 Nr. 6, E. der mangelnden Sicherheit 247 Nr. 4, E. der Rechtshängigkeit 247 Nr. 3, E. der Unzuständigkeit 247 Nr. 1, E. des nicht geleisteten Kostenersatzes 247 Nr. 5, E. gegen die Zwangsvollstreckung 685 ff., prozeßhindernde E. 247, 248, 465, 490, 500 Nr. 2, 557 CPO.

Einregistrirung der Testamente 1000, Kosten trägt der Vermächtnißnehmer 1016 CGB.; E. der Urkunden bei Zwangsenteignung 58 G. 3. Mai 1841; unentgeltliche E. bei Standesangelegenheiten Armer 75 G. 25. März 1817; s. Enregistrement.

Einrückung gerichtlicher Bekanntmachungen, 23 D. 17. Febr. 1852.

Einrückungspflicht der Zeitungen 11 G. 25. März 1822; 13 G. 27. Juli 1849; 19 D. 17. Febr. 1852.

Einsetzung s. Rechte.

Einsichtnahme von Urkunden der Gemeindeverwaltung 59 D. 14 Dez. 1789.

Einsperrung ungerathener Kinder 376, 377 CGB., widerrechtliche E. 239 StGB.

Einspruch gegen Eheschließung 66 ff., 76 Nr. 7, 172 ff., E. des Gläubigers bei Benefizial-Erbschaften 808, bei Rückbringen 865, bei Erbtheilung 821, 826, 882, gegen Zahlung 1242, 1298, 1944 CGB.; bei Siegelungen 926, 927 fr. CPO.

E. gegen Versäumnißurtheile 303 ff., aufschiebende Wirkung 645, E. gegen Vollstreckungsbeschlüsse 640, gegen ein für vorläufig vollstreckbar erklärtes Urtheil 657 CPO.

E. gegen amtsrichterliche Strafbefehle 449—452 StPO.

Einstellung des Verfahrens durch Verfügung der Staatsanwaltschaft 168, 169, durch Verfügung des Gerichts 169, 203, 208, durch gerichtliches Urtheil 259, insbesondere bei Privatklagen 429, 433, desgl. bei Nebenklagen 444, Kostenpunkt 502—504 StPO.

Einsturz von Gebäuden 1386, 1792, 1949 CGB.; s. Baufällige Gebäude.

Einstweilige Verfügungen 814 ff., E. V. bei Ehesachen 584, Vollstreckbarkeit von Urtheilen, welche E. V. aufheben 648 Nr. 5 CPO.; E. V. betr. das unbewegliche Vermögen, Eintragung, Löschung 31—34 G. 30. April 1880; Bestimmungen des bürgerl. Rechts über E. V. bleiben bestehen. 16 Nr. 4 EG. z. CPO.

Einverleibung 551 ff., 712 CGB.

Eintritt in die Rechte des Gläubigers (Subrogation) 1250 ff. CGB.

Eintragung der Vorzugsrechte und Hypotheken 2106 ff., 2146—2203 CGB.; 6—9 G. 23. März 1855, E. von Substitutionen 1069, 1072 CGB.; Gesuche um E. s. Bordereaux, Hypothekareintragung.

Einwand der Unzuständigkeit des Gerichts von Seiten des Angeschuldigten 16, 18, E. desselben gegen die Eröffnung der Voruntersuchung 179, 180 StPO.; s. Einrede.

Einzelhaft 22 StGB.

Einziehung von zu strafb. Handlungen gebrauchten Gegenständen 40, 42 StGB.

Eisenbahnen, Aufsicht und Gesetzgebung des Reichs 4 Nr. 8, Bedingungen der Anlegung, Benutzung und Verwaltung 41—47 RV.

E. oberster Ordnung: die v. Staate gebauten oder konzessionirten gehören zum großen Straßenwesen 1, Anwendbkt. der alten V. über das große Strw. 2, 3, Bauten in der Nähe von E. 5—11, Pflichten der Konzessionsinhaber und Pächter 12—15, Zuwiderhandlg. gegen Polizei- und Betriebs-Reglements (frz. Bestimmungen) 21 G. 15. Juli 1845; Bahnpolizei-Reglement: erste Einführung Bkm. 29. Dez. 1871; neue Redaktion v. 4. Jan. 1875; Aenderungen Bkm. 12. Juni 1878; Strafbestimmungen 62; Bahnpolizeibeamte 66 BPR. 4. Jan. 1875; Betriebsreglement

11. Mai 1874; Generaldirektion der Reichseisenbahnen, Einsetzung Erl. 9. Dez. 1871; Reichsamt Erl. 27. Mai 1879; Signalordnung 4. Jan. 1875; Viehbeförderung, Beseitigung von Ansteckungsstoffen G. 25. Febr. 1876, Bkm. 13. Juli 1879.

E. von örtlicher Bedeutung G. 12. Juli 1865; Aufsichtsbehörde V. 23. Juni 1877; Bahnordnung für E. von untergeordneter Bedeutung 12. Juni 1878; Strafbestimmungen 45 das.

Haftpflicht für Tödtungen u. Körperverletzungen G. 7. Juni 1871; Frachtgeschäft der E. 421, 431 HGB.

Diebstahl auf E. 243 Nr. 4, Beschädigung 90 Nr. 2, 305, 315 ff., E.-Beamte 316, 319, 320, E.-Wagen 306 Nr. 3, 315, Raub 250 Nr. 3 StGB.

Eisenbahnpapiere ausländische, Umsatz an den Börsen D. 22. Mai 1858; D. 16. Aug. 1859.

Eisenbahn-Telegraphen, Reglement wegen Benutzung 7. März 1876.

Eiserner Viehpacht 1821 ff. CGB.

Eisernes Kreuz, Ehrenzulage G. 2. Juni 1878.

Eisenerze 2, 189 Berggef. 16. Dez. 1873; Pol.-V. 8. Sept. 1879.

Elementarschulen, Anzahl 2, Besoldung der Lehrer 9, 10, 13 G. 10. April 1867 mit Bem.; G. 4. Juni 1872; 3 G. 19. Mai 1879; Ferien V. 24. Mai 1875; Gemischte 2, 3 Regul. 4. Jan. 1874; Listen der Freischüler 13 D. 31. Dez. 1853; E. in Weilern 2 G. 10. April 1867; Oertliche Aufsicht 44 ff. G. 15. März 1850; Schulgeld 19—31 D. 7. Okt. 1850; 4 D. 31. Dez. 1853; Schulkassen 15 G. 10. April 1867; Unterrichtsrath V. 2. Febr. 1872; Verpflichtungen der Gemeinden 8, 14 G. 10. April 1867; 36 ff. G. 15. März 1850; s. Unterrichtswesen.

Elementarschullehrer, Ernennung 33 G. 15. März 1850; 14 ff. D. 7. Okt. 1850.

Elementarlehrer-Seminarien s. Unterrichtswesen.

Elsaß-Lothringen, Vereinigung mit dem Deutschen Reiche G. 9. Juni 1871; Eintritt in die deutschen Zoll- und Handelsverträge Erl. 13. Jan. 1872; Einführung der RV., Hinzutritt zum Bundesgebiet 2 G. 25. Juni 1873.

Eltern, Gewalt 371 ff., 389, Nießbrauch 384—387, 305, 150, 154, 173, 182 ff., 283, 285, Verantwortlichkeit 1384 CGB.

E. des Beschuldigten können ihr Zeugniß verweigern 51 Nr. 3 StPO.; desgl. E. der Parteien 348 Nr. 3 CPO.

S. Aszendenten, Kinder.

Emanzipation 476—487, 935, 1305, 1990 CGB.

Enquête de commodo et incommodo s. Vorverfahren.

Enregistrement s. Enregistrementsgebühren.

Enregistrements-Einnehmer, Diensteinkommen V. 15. April 1873.

Enregistrementsgebühren im Allg. 1—11 G. 22. VII; 1—3 G. 27. Vent. IX; Armenrecht 14 G. 22. Jan. 1851; Auftragserklärungen G. 26. Vend. VII; 68 I 24, 69 V 4, 69 VII; 3 G. 22. Frim. VII; 43 Nr. 3 G. 28. April 1816; ausl. Güter 4 G. 16. Juni 1824; ausl. Urkunden 22, 23 G. 22. Frim. VII; 58 G. 28. April 1816; Begebung von Arbeiten 69 III 1 G. 22. Frim. VII; 73, 78 G. 15. Mai 1818; Beitreibung 64 G. 22. Frim. VII; 17 AG. z. CPO.; Berechnung 14, 15 G. 22. Frim. VII; 2 G. 27. Vent. IX; V. 5. März 1875; Bkm. 10. Nov. 1875; Naturalleistungen 14, 15 G. 22. Frim. VII; D. 26. April 1808, 75 G. 15. Mai 1818; Darlehen gegen Hinterlegung G. 8. Sept. 1830; Eheschließung unbemittelter Personen 8 G. 3. Juli 1846; G. 10. Dez. 1850; Eidesleistungen 14 G. 27. Vent. IX; 1, 3 G. 21. Mai 1873; Elterliche Theilungen 3 G. 16. Juni 1824; 5 G. 15. Mai 1850; Emanzipationsverhandlungen 4 G. 19. Juli 1845; Entrichtung 26—30, Erlaß 59 G. 22. Frim. VII; Erwerbungen der Bezirke, Kreise, Gemeinden StRG. 27. Febr. 1811; 17 G. 18. April 1831; Erwerbungen des Staates 70 II 1, Frist zur Entrichtung 20 ff., Fristversäumnißstrafe 33. ff., Gebührenfreiheit 70 II u. III G. 22. Frim. VII; Gefängnißarbeit G. 6. Juni 1857; Gegenscheine 110, gerichtliche Urkunden 68 II 6 u. 7 G. 22. Frim. VII; 38, 44 Nr. 10, 45 Nr. 6 G. 28. April 1816; 27 G. 22. Jan. 1851; 2 GKG.; 3 AG. z. GKG; Gerichtsvollziehersurkunde 68 I 30 G. 22. Frim. VII; 43 Nr. 13 G. 26. April 1816; 4 AG. z. GKG.; Gewerbegerichte G. 7 Aug. 1850; Handänderungen von Liegenschaften 12, 22, 38 Nr. 8 G. 22. Frim. VII; 4 G. 27. Vent. IX; Handelsgeschäfte 22 G. 11. Juni 1859; Handgeschenke 6 G. 15. Mai 1850; Inventarien, Anführung von Privaturkunden V. 22. Vent. VII; Inventarisirungen D. 10. Brum. XIV; Kaiserlicher Rath 47 G. 28. April 1816; 29. V. 22. Febr. 1873; Kaufauflösungen 69 VII 1 G. 22. Frim. VII; 12 G. 27. Vent. IV; Kaufverträge über bewegl. Sachen 69 V 1 G. 22. Frim. VII; Kaufverträge über Liegenschaften 12, 22, 38 G. 22. Frim. VII; 11 G. 21. Vent. IX; StRG. 9. Febr. 1810; Konkursverfahren G. 24. Mai 1834; Lizitationen 69 V 7, VII 5 G. 22. Frim. VII; Mieth- und Pachtverträge 1 G. 16. Juni 1824; 13, 69 VII 2 G. 22. Frim. VII; Minderversteigerungen 69 III 1 G. 22. Frim. VII; 73, 78 G. 15. Mai 1818; Mindestbetrag 3

G. 27. Vent. IX; 8 G. 25. Mai 1818; Möbelversteigerungen 69 V 1 G. 22. Frim. VII; G. 22. Pluv. VI; StRG. 21. Okt. 1809; Naturalleistungen, Berechnung 15 G. 22. Frim. VII; D. 26. April 1808; 75 G. 15. Mai 1818; Quittungen 69 II 11 G. 22. Frim. VII; Quittungen bei öffentl. Versteigerungen StRG. 21. Okt. 1809; Rechtsstreitigkeiten 19 AG. z. CPO.; Rückerstattung 60 Nr. 9 G. 22. Frim. VII; StRG. 22. Okt. 1808; Schätzungen, ungenügende 17—19 G. 22. Frim. VII; 5 G. 27. Vent. IX; G. 18. Nov. 1808; Schenkungen 69 VI 2 G. 22. Frim. VII; StRG. 22. Dez. 1809; 53 G. 28. April 1816; 33 G. 21. April 1832; 6, 10 G. 15. Mai 1850; Schifffahrtsversicherungen 5 G. 16. Juni 1824; Siegelungsverhandlungen D. 10. Brum. XIV; 5 G. 19. Juli 1845; Strafen 33 ff. G. 22. Frim. VII; StRG. 9. Febr. 1810; Erlaß der Strafen 59 G. 22. Frim. VII; O. 3. Juni 1821; 5 Nr. 5 Regul. 24. Jan. 1876; Verjährung der Strafen StRG. 22. Aug. 1810; 14 G. 16. Juni 1824; Stundung 70 I, Tarif 68—70 G. 22. Frim. VII; 41 ff. G. 28. April 1816; Tauschverträge 2 G. 16. Juni 1824; 4 G. 27. Juli 1870; Urtheile 69 II 9 G. 22. Frim. VII; StRG. 5 Aug. 1809; 2 Abs. 3, 100 GKG.; 22, 23 AG. z. GKG.; Vereidigung von Beamten G. 21. Mai 1873; Verjährung 61 G. 22. Frim. VII; 14 G. 16. Juni 1824; Verpflichtungen der Beamten 41 ff. G. 22. Frim. VII; 11, 13 G. 16. Juni 1824; 56 G. 28. April 1816; Verpflichtungen der Gemeinden und öffentl. Anstalten 41 ff., 54 G. 22. Frim. VII; G. 4. Messid. XIII; Verwaltungsakte 78—80 G. 15. Mai 1818; Verkäufliche Amtsstellen 34 G. 21. April 1832; 6 ff. G. 25. Juni 1841; Verkauf von Schiffen G. 21. April 1818; Waarenverkäufe 4 G. 28. Mai 1858; 17 G. 28. Juni 1861; Wechselproteste 23 G. 24. Mai 1834; D. 23. März 1848; Zuschlagszehntel G. 6. Brair. VII; G. 21. Mai 1873; Zuwiderhandlungen, Strafe 10 G. 16. Juni 1824; Verjährung der Zuwiderhandlungen 14 G. 16. Juni 1824; s. auch Erbschaftssteuer, Repertorien.

Enregistrementskasse s. Hinterlegung.

Enregistrementsverwaltung, Erhebungen für fremde Rechnung G. 5. Mai 1855.

Enteignungen, Abschätzung von andern Sachen als Grundstücke 55, 57 G. 16. Sept. 1807; s. Zwangsenteignung.

Entfernung aus dem Heere 31 ff. MStGB.

Entfernung, unerlaubte 64 ff. MStGB.

Entfernungstabelle 93 D. 18. Juni 1811.

Entführer, Vaterschaft 340 CGB.

Entführung 234—238 StGB.

Enthauptung 13 StGB., s. Hinrichtung.

Entlassung v. Gefangenen 23—26 StGB.; E. aus der Staatsangehörigkeit 13—22, E.-Urkunden 14, 18, 24 G. 1. Juni 1870; Ausfertigung und Kosten der E.-Urkunden Bkm. 23. Jan. 1873.

Entliegenschaftung 1497, 1505 ff. CGB.

Entmündigte, Wohnsitz 108, Rechtshandlungen 502 ff., Erbtheil 817, 819, 838, Verträge 1124 ff., 1304, 1312, Hypotheken 2121, 2135, 2153, 2194, Verjährung 2252, 2278 CGB.; Zwangsenteignung von Gütern der E. 13 ff. G. 3. Mai 1841.

Entmündigung 489, 499, 502, 512 CGB. Verfahren gegen Geisteskranke 593—627, gegen Verschwender 621—627 CPO.; 10 EG. z. CPO.; Kosten werden von der Enregistrementsverwaltung vorgeschossen 111 D. 18. Juni 1811; Vormundschaftsbehörde, vorläufige Fürsorge 14 AG. z. CPO.; 895 fr. CPO.; Ausschluß der Oeffentlichkeit 172 GVG.

Entnahme s. Materialien.

Entsagung s. Verzicht.

Entschädigung s. Buße, Schadenersatz.

Entscheidungsgründe der Civilurtheile 284 Nr. 5, 526, Folgen wenn E. fehlen 513 Nr. 7, 867 Nr. 5, Verkündung 282 CPO.

E. der Strafurtheile, was sie enthalten müssen 266, Eröffnung der Urtheilsgründe 267, Niederschreibung und Unterzeichnung derselben 275, Urtheilsgründe der Schwurgerichte 316, es gilt als eine Verletzung des Gesetzes, wenn das Urtheil keine Entscheidungsgründe enthält 377 Nr. 7, welche Entscheidungen mit Gründen zu versehen sind 34 StPO.

Entschuldigung, falsche 138 StGB.

Entwährung b. Erbtheilung 884, b. Kauf 1626—40, Tausch 1705, Gesellschaft 1845—2038 CGB.; s. Gewährleistung.

Entwässerungsanlagen, Ordnungen mit Polizeistrafen 5 G. 11. Mai 1877; s. Drainirung, Syndikatgenossenschaft, Rechtsweg.

Entweichung aus dem Gefängnisse, steckbriefliche Verfolgung 131, bei Entweichungsversuchen können dem Verhafteten Fesseln angelegt werden 116 StPO.

Entwendung von Erbschaftssachen 782, 801, von Sachen der Gütergemeinschaft 1460, 1477, bei Hinterlegung 1938, in Gasthöfen 1953, Rückforderung entwendeter Fahrniß 2279 CGB.

Entzündliche Waaren 367 Nr. 6 StGB.; Transport V. 25. Aug., 4. Sept., 13. Sept. 1879; auf dem Rhein V. 17. März, 25. März 1880.

Erben, Zwangsvollstreckung gegen E. eines Schuldners 693—696 CPO.; s. Erbrecht, Benefizialerbe.

Erbfähigkeit 725 ff. CGB.

Erbfolge s. Erbrecht.

Erbieten z. Verbrechen 49a StGB.

Erbrecht 731 ff., der ehelichen Deszendenten 745, der natürlichen D. 756 ff., der an Kindesstatt angenommenen 350, der Aszendenten 746—749, der Geschwister 748—752, der Seitenverwandten 753—755, der Ehegatten 767—772, des Staates 768 ff. CGB.

Erbschaft, Eröffnungsort 110, Eröffnung und Erwerb 718, 724, 769—73, Verträge über E. 791, 1130, 1600, 1696—1698, Antritt 774, 778—783, mit Rechtswohlthat des Inventars 793 ff., Verzicht 744, 780, 792, 845, 1130, ledige E. 811—814 CGB.; s. Erbtheilung; Erwerbung einer dem Gemeinschuldner angefallenen E. 43, Aufgebung 122 Nr. 2 KO.

Ledige E., Pfleger 998 fr. CPO.; Bekanntmachung der Urtheile Vf. 10. April 1872.

Gebühren des Gerichtsschreibers bei Annahme, Verzicht 1 Nr. 3 D. 24. Mai 1854; des Rechtsanwalts 29 AG. z. GKG.

Erbschaftsschulden 870—76 CGB.

Erbschafts-Steuer, Abwesende 24 G. 22. Frim. VII; 40 G. 28. April 1816; Anstalten, öffentliche 17 G. 18. April 1831; Berechnung 14 Nr. 8—11, 15 Nr. 7—8 G. 22. Frimaire VII; Frist zur Entrichtung 24, 39, Hinterziehungen, Strafe 39, Tarif 69 III 4 G. 22. Frimaire VII; 53 G. 28. April 1816; 33 G. 21. April 1832; 10 G. 15. Mai 1818; Verjährung 61 G. 22 Frimaire VII; 11 G. 15. Mai 1850; Vermächtniß nicht in Natur vorhandenen Geldes StRG. 10. Sept. 1808; Werthpapiere 7 G. 15. Mai 1850; 25, 26 G. 8. Juli 1852; 11 G. 13. Mai 1863; Zahlung 27, 28, 32 G. 22. Frimaire VII; StRG. 21. Sept. 1810.

Erbtheilung 819—842, Rückbringen 843 ff., Schulden 870 ff., Wirkung 883, Gewährleistung 884, Wiederaufhebung 887 CGB.; s. Theilungen.

Erbunfähigkeit 725 CGB.

Erbunwürdigkeit 727—730 CGB.

Erbvertretungsrecht 730, 731 ff. CGB.

Erdegraben, auf fremden Wegen 370 Nr. 2 StGB.

Ergänzung des Urtheils 292, 462, 478, 502, im Urkundenprozesse 562, E. zur Nachholung der Erklärung vorläufiger Vollstreckbarkeit 654 CPO.

Ergänzungsgeschworene 285 StPO.

Ergänzungsrichter, Vertreter des Amtsrichters (juges suppléants) G. 29. Vent. IX; 8 V. 26. April 1875; Verhinderung G. 16. Vent. XII.

E. als Vertreter der Richter, Schöffen und Geschworenen 194 GVG.

Ergreifung des Beschuldigten 102—114, Einfluß derselben auf den Gerichtsstand 9, Vernehmung des Ergriffenen 132 StPO.

Erfindungspatente G. 13. Nov. 1872; Aufsicht und Gesetzgebung des Reichs 4 Nr. 5 RV.

Erfindungsschutz bei Ausstellungen G. 23. Mai 1868.

Erhebung der Klage 4, 230 ff., 460, 461 CPO.

Erkenntnisse, kriegsrechtliche 142 ff., standrechtliche 204 MStGO.

Erlaß der Verbindlichkeiten 1234, 1282 ff. CGB.

Erlöschung, Nießbrauch 617, Gebrauchs- und Wohnungsrecht 625, Grunddienstbarkeiten 703 ff., Verbindlichkeiten aus Verträgen 1234 ff., Miethe 1737, 1741, 1775, 1795, Gesellschaft 1865 ff., Vollmachtsvertrag 2003 ff., Bürgschaft 2034, Vorzugsrechte und Hypotheken 2180 CGB.

Ermächtigung der Ehefrauen 217—225, 1124, 1125, 1427, 1449, 1535, 1538, 1555 CGB.; 861—864 fr. CPO.

Ermessen, freies, des Gerichts 259 CPO.

Erneuerung von Hypothekar-Einschr. 2154 CGB.; nicht erforderlich betr. Bodenkreditgesellschaften 47 D. 28. Febr. 1852; E. des Rechtsstreits 243, 247 Nr. 5 CPO.

Ernte, Besorgung für kranke rc. Wirthe 1 Tit. I Abschn. 5 G. 6. Okt. 1791.

Eröffnung der Erbschaft 110, 718, E. von Testamenten 1007 CGB.

Erpressung 253—256, 339, 343 StGB.

Errungenschaft der Gütergemeinschaft 1401—1408, Beschränkung der GG. auf die Erben 1498, 1499, 1527—1581 CGB.

Ersatzforderungen an die eheliche Gütergemeinschaft 124, 963, 1471 ff., 1493, 1495, 1504, 2140, 2144 CGB.

Ersatzgeld 19, 23 FStG.

Ersatz-Reserve-Mannschaften, Unterstützung ihrer Familien, G. 8. April 1868, Bd. III, eingf. 22. Mai 1872.

Ersitzung s. Besitz, Verjährung.

Erzbischöfe 13—15 G. 18. Germ. X.

Erzieher, Unzucht 174, 181, Diebstahl 247, Betrug 263 StGB.

Erziehung der Kinder 203, 303, 141, Kosten derselben 385, 852, 1409 Nr. 5, 1448 CGB.

Erziehungsanstalt, Unterbringung des Angeklagten in eine E. 268 StPO.; 55, 56 StGB.
Essartement s. Straßen, große.
Eßwaaren G. 14. Mai 1879; Entwendung 370 Nr. 5 StGB.
Etatsjahr, Verlegung G. 29. Febr. 1876; G. 18. März 1878; V. 11. Febr. 1879.
Evokation O. v. Aug. 1737.
Exekution gegen Bundesglieder 19 RV.; s. Zwangsvollstreckung.
Explodirende Stoffe, Fabrikation O. 25. Juni 1823; O. 30. Okt. 1836; Fischen mit E. 296, Zerstörung durch E. 311, Zuwiderhandlungen gegen die Vorschriften über Aufbewahrung 2c. 367 Nr. 5, Nachlässigkeit 367 Nr. 6 StGB.; Vorschriften über Verkehr und Transport von E. V. 25. Aug., 4. u. 13. Sept. 1879; auf dem Rhein V. 17. u. 25. März 1880.
Exterritorialität, Gerichtsstand der Deutschen, welche das Recht der E. genießen 11 StPO.; 16 CPO.; Zustellungen 183 CPO.

F.

Fabrikanlagen, gesundheitsschädliche 2c. D. 15. Okt. 1810; O. 14. Jan. 1815; Verzeichniß D. 31. Dez. 1866.
Fabrikarbeit, Berathungskammern, Arbeiterbücher G. 22. Germ. XI; Kinderarbeit G. 22. März 1841; D. 7. Dez. 1868; Arbeitszeit D. 9. Sept. 1849.
Fabrikation, Beeinträchtigung der inländischen 413, 417 fr. StGB.
Fabrikationsort, Marke G. 28. Juli 1824.
Fabriken, Haftpflicht für Tödtungen und Körperverletzungen G. 7. Juni 1871; Arbeit G. 22. Germ. XI; Arbeitszeit D. 9. Sept. 1848; D. 17. Mai 1851.
Fabrikgeheimnisse, Mittheilung 418 fr. StGB.
Fabrikrath 1—11 D. 30. Dez. 1809; O. 12. Jan. 1825.
Fabrikzeichen G. 30. Nov. 1874.
Fähigkeit (Rechts- und Handlungsfähigkeit). F. zur Eheschließung 28 ff. Perf.-G. 6. Febr. 1875; zur Vormundschaft 442, zur Erbfolge 725 ff., bei Schenkungen und Testamenten 901 ff., 1099, bei Verträgen 1108, 1123, 1238, 1258, 1272, bei Ehevertrag 1398, Kauf 1594 ff., Gesellschaft 1840, Hinterlegung 1925, Bürgschaft 2018 ff., Hypothekenbestellung 2124 CGB; s. Minderjährige.
Fahneneid der Reichstruppen 64 RV.
Fahnenflucht 69 ff. MStGB.
Fahnenflüchtige, Kontumazialverfahren 242 ff. MStGO.; Vermögensbeschlagnahme G. 11. März 1850, Bd I K S. 25 z. 246 MStGO.
Fahren 366 Nr. 2—4, 368 Nr. 9 StGB.
Fähren, Anlegung an schiffbaren Flüssen das ausschließliche Recht des Staats 1 G. 6. Frim. VII; 9 Tit. 4 G. 14. Flor. X; Privatfähren erlaubt 8 G. 6. Frim. VII; Erlaubniß ertheilt Präfekt D. 13. April 1861 Tab. D 11; Rechte der Fischer 9, Polizei dem Präfekten 31, Besichtigungen, Ausbesserungen 34—38, Besitznahme von Grundstücken, dauernde 39, vorübergehende 40, Sicherheitsmaßregeln 41—45, Tarife 30 G. 6. Frim. VII; 10 Tit. 4 G. 14. Flor. X; V. 23. Juli 1879; Verpachtung durch Versteigerung 25 G. 6. Frim. VII; 1—3 V. 8. Flor. XII; Bedingnißheft 26 G. 6. Frim. VII.
Zerstörungen 321 StGB.
S. Fährgeld, Fährleute.
Fährgeld, Tarife 30, 41 G. 6. Frim. VII; 1—3 V. 8. Flor. XII; Befreiung 50, Hinterziehung 56, 58 G. 6. Frim. VII; Ermächtigung zur Erhebung V. 23. Juli 1879.
Fahrlässigkeit, unverschuldete 59, strafbar 121, 163, 222, 230, 232, 309, 314, 315, 319, 326, 329, 345, 347 StGB.
Fährleute, Verpflichtung die Ordnung aufrechtzuhalten 45, Vorbildung 47, Strafe wegen Nichtbefolgung der Vorschriften 51, Ueberforderung 52, 54, 55 G. 6. Frim. VII.
Fahrniß s. Güter, bewegliche.
Fährpächter s. Fährleute, Fähren, Fährgeld.
Fälligkeit der Verbindlichkeiten 1185 ff., 1258, beim Darlehen 1899, 1901, Bürgschaft 2032 CGB.; F. der Forderung, Erforderniß zur Hypothekareintragung G. 3. Sept. 1807.
Falliment, Wirkungen 1188, 1276, 1446, 1613, 1913, 2032, 2146, 1865, 2003 CGB.; s. Konkurs.
Falsche Münzen Bkm. 9. Mai 1876.
Falsche Nachrichten s. Verbreitung.
Falscher Eid 160 StGB.
Falschmünzerei 146 ff. StGB.
Fälschung, Geld 146—149, Urkunden 92 Nr. 2, 267 ff., 348, Wahlen 108, Stempelpapier 2c. 275, Atteste 277, 363, Depeschen 355 StGB.
F. einer Urkunde begründet Wiederaufnahme des Verfahrens in Strafsachen 399 Nr. 1, 402 Nr. 1 StPO.; in Civilsachen 543 Nr. 2 CPO.
Familie, Angriff auf die Rechte der F. 3 D. 11. Aug. 1848.
Familiennamen, Verbot andere als die in der Geburtsurkunde zu führen D. 6. Frukt. II; Aenderung 4—9 G. 11. Germ. XI.
Familienrath im Allgemeinen 405 ff., einzelne Fälle 142, 160, 174 u. 175, 180 u. 182, 361, 393, 395, 400, 401, 404, 817, 840,

1095, 1309, 1398, 2141, 2143 u. 2144 CGB.; Mitgliederzahl 4 G. 22. Okt. 1873; Unfähigkeit Mitglied zu sein 34 Nr. 6 StGB.

Familienrathsbeschlüsse 882 ff. fr. CPO.; Gebühren des Gerichtsschreibers 16 I D. 16. Febr. 1807; Gerichtskosten für Bestätigung 10 AG. z. GKG.; s. Familienrath.

Familienraths-Gutachten s. Familienrathsbeschlüsse.

Familienstand 319—330 CGB.

Färbereien G. 21. Juli 1856.

Faßeichmeister, Hülfsbeamte der Staatsanwaltschaft 14 AB. z. GVG.

Faßtara Erl. 30. Apr. 1874; Taxe v. 12. Dez. 1869 u. 30. Nov. 1875.

Fatale s. Nothfrist.

Faustpfand 2072—2084 CGB.; F. an Waaren, Papieren 2c. 309—312 HGB.; Erwerb nach der Konkurseröffnung 12 KO.; Art des Verkaufs des kaufmännischen F., Zuständigkeit 93 fr. HGB.; D. 29. Aug. 1863; Recht auf abgesonderte Befriedigung im Konkurse 40, 41 KO.; Vorzugsrecht außerhalb des Konkurses 20 AG. z. CPO.; Voraussetzungen des Rechts auf Absonderung und des Vorzugsrechts 14—17 EG. z. KO.; Verwerthung des Faustpfandes im Konkurse 117 KO.

Faustpfandgläubiger s. Faustpfand.

Federwild, Ausnehmen von Jungen und Eiern 368 Nr. 11 StGB.; 11 Nr. 4, 9 G. 3. Mai 1844; Jagdpolizei 9, 11, 12, 14, 15, 16 G. 3. Mai 1844.

Feierlichkeiten, Rangverhältnisse D. 24. Mess. XII; Einladung StRG. 23. Jan. 1814.

Feiertage B. 29 Germ. X; StRG. 20. März 1810; Feier ders. G. 18. Nov. 1814; Strafe 366 Nr. 1 StGB.
Zustellungen 171, Termine 193, Fristen 200, Vollstreckungshandlungen 681 CPO.
Berechnung der Frist, wenn das Ende derselben auf einen Sonntag oder F. fällt 42 StPO.; 200 CPO.

Feigheit 84 ff. MStGB.

Feindliche Handlungen geg. befreundete Staaten 102—104 StGB.

Feingehalt von Gold- und Silberwaaren G. 19. Brum. VI.

Fehler s. Mängel.

Feldbeschädigung 28, 29 Tit. II G. 6. Okt. 1791.

Felddiebstahl 471 Nr. 9, 475 Nr. 15, 478, 483 fr. StGB.

Feldfrevel, Strafe, Gesammtverbindlichkeit 3, 4 Tit. II G. 6. Okt. 1791; 2 G. 23. Therm. IV; Verjährung 8 Tit. I Abschn. 7, Pfändungsrecht 12, 25 Tit. II G. 6. Okt. 1791; s. Felddiebstahl, Weidefrevel, Baumfrevel, Nachlese, Diebswerkzeuge, Dünger, Holzdiebstahl, Erde, Steine, Abraupen.

Feldhüter, Einsetzung 1 Tit. I Abschn. 7, Anstellungsbedingungen 2, Besoldung 3 G. 6. Okt. 1791; 16 Tit. II G. 3. Juli 1867; Eid 5 Tit. I Abschn. 7 G. 6. Okt. 1791; 5 D. 10. Apr. 1852; Ernennung, Entlassung 1 Nr. 10 B. 20. Sept. 1873; Hülfsbeamte der Staatsanwaltschaft 14 AB. z. GVG.; Pflichten 20 G. 24. Juli 1867; haben keinen Anspruch auf Reisekosten bei Vorführung von Deliquenten 3 D. 7. Apr. 1813; s. Verhaftsgebühr.

Feldmesser, Untreue 266 Nr. 3 StGB.

Feldpolizei Tit. II G. 6. Okt. 1791 (652 CGB.).

Feldpolizeidelikte s. Feldfrevel.

Feldschutzbeamte, Hülfsbeamte der Staatsanwaltschaft 14 AB. z. GVG.

Feldwege, Verwendung von Gemeindemitteln G. 21. Juli 1870.

Fenster 675—680, 689 CGB.

Ferien s. Gerichtsferien.

Ferienkammern 203 GVG.

Feriensachen 202, 203 GVG.

Festnahme eines Beschuldigten 127—129, 135, F. anderer Personen, welche die gerichtliche Verhandlung stören oder sich widersetzen 162 StPO.

Feststellung der Echtheit oder Unechtheit einer Urkunde 231 CPO.

Feststellungsklage 231, 253, 467 CPO.; 105 GVG.; im Konkurse 132 Abs. 2, 140 KO.

Festtag, Störung 366 Nr. 1 StGB.; s. Feiertage.

Festung, Eigenthum 540, 541 CGB.; Anlegung von F. im deutschen Reiche 65 RV.; Beschränkungen des Grundeigenthums in der Umgebung s. Rayon.

Festungsbauten, Zwangsenteignung bei dringlichen F. 76 G. 3. Mai 1841; Voraussetzungen 1, Verfahren 2—9, vorläufige Besitzeinweisung 10, zeitweilige Besitzergreifung 13, 14 G. 30. März 1831.

Festungshaft 1, 17 StGB.

Festungspläne, Mittheilungen 2c. 90 Nr. 4, 92 Nr. 1 StGB.

Feudalrechte, Abschaffung D. 4. Aug. 1789.

Feuer, unverwahrtes 368 Nr. 5, in u. bei Wäldern 368 Nr. 6 StGB.; 29 FStG.; F.löschgeräth 307 Nr. 3, 368 Nr. 8, F.stätte 368 Nr. 3, 4, 369 Nr. 3, F.werk 367 Nr. 4 u. 5, 368 Nr. 7, F.zeichen 322, 325, 369 StGB.

Feuerherd 674 CGB.

Feuersbrunst 624, 1348, 1733, 1734, 1949 CGB.

Feuerstätten s. Schornsteine.

Feuerversicherungsanstalten, Rangordnung ihrer Forderungen 54 Nr. 3 KO.; s. Versicherungsgesellschaften.

Feuerwaffen s. Waffen, Kriegswaffen.

Feuerwehr, Gemeindeangelegenheit D. 5. Nov. 1792; Pensionen G. 5. Apr. 1851; Uniformirung V. 23. Okt. 1872.

Findelkinder s. Unterstützte Kinder.

Firma (Handelsfirma), allgem. Bestimmungen 15—27, F. d. offenen Handelsgesellschaften 17, 24, 86—89, F. d. Kommanditgesellschaften auf Aktien 175, 176 F. d. Aktiengesellschaften 209, 210, 228, 229, 18, F. d. stillen Gesellschaften 251, 257, Verfahren gegen diejenigen, welche sich einer ihnen nicht zustehenden F. bedienen 26 HGB.; 19—24, 26 EG. z. HGB.

Streitigkeiten über Gebrauch gehören vor die Kammer für Handelssachen 101 Nr. 3b GVG. Mißbrauch 14 G. 30. Nov. 1874.

Firmenregister, Führung desselben 1, 2, 8—13 Instr. 28. Sept. 1872.

Fische, Eigenthum an F. in Teichen 524, Verlust 564 CGB.

Fischen, Unbefugtes 370 Nr. 4, desgl. mit schädlichen Stoffen ꝛc. 296, Ausländer 296a StGB.; s. Fischereirecht.

Fischer s. Fischereipolizei.

Fischerei, staatliche, Verwaltung 6—9 G. 15. April 1829; Oberaufsicht D. 29. April 1862; Anstellung von Fischereiwärtern 6—8 G. 15. April 1829; Vergebung 10—21 G. 15. April 1829; 1 O. 28. Okt. 1840; Ertheilung von Berechtigungen 10 G. 15. April 1829; 2 O. 28. Okt. 1840.

Fischereidelikte s. Fischen, Fischereifrevel.

Fischereifrevel, Verjährung 62 G. 15. April 1829; Rückfall 69 G. 15. April 1829; 7 G. 31. Mai 1865; mildernde Umstände 72, Verantwortlichkeit der Eltern ꝛc. 74, Schadensersatzpflicht 71, 73 G. 15. April 1829; Belohnung für Anzeigen 10 G. 31. Mai 1865; D. 2. Dez. 1865; Protokolle 36 G. 15. April 1829; 10 G. 31. Mai 1865; Verkauf der beschlagnahmten Fische 42 G. 15. April 1829; 7 G. 31. Mai 1865; Verkauf der eingezogenen Netze 41 G. 15. April 1829; s. Fischen, Fischereipolizei.

Fischereihüter s. Fischereiwärter.

Fischereipolizei, Verbotene Anlagen 24 G. 15. April 1829; Rhein 1 V. 24. Dez. 1876; verbotene Mittel 25 G. 15. April 1829; 7 G. 31. Mai 1865; Rhein 4 V. 24. Dez. 1876; verbotene Zeiten 26 Nr. 1, 27 G. 15. April 1829; 4 Nr. 1, 7 G. 31. Mai 1865; 1—4 D. 25. Jan. 1868; Rhein 6 V. 24. Dez. 1876; verbotene Fischereiarten 26 Nr. 2, 28 G. 15. April 1829; 6, 7 D. 25. Jan. 1868; Rhein, 1, 3, 4 V. 24. Dez. 1876; verbotene Netze ꝛc. 26 Nr. 3, 28 G. 15. April 1829; 12—14 D. 25. Jan. 1868; Rhein 1 V. 24. Dez. 1876; verbotene Köder 26 Nr. 6, 31 G. 15. April 1829; verbotene Orte, Schonstrecken 1 Nr. 1, 2 G. 31. Mai 1865; G. 21. Dez. 1876; V. 16. Nov., 24. Dez. 1878, 19. März, 20. Mai 1879; Krebse in Lothringen V. 28. Mai 1880; in O.-E. V. 12. Nov. 1880; in U.-E. V. 18. Dez. 1880; Größenverhältnisse der Netze 26 Nr. 4, 29 15. April 1829; 9—11 D. 25. Jan. 1868; Prüfung der Netze 9 G. 31. Mai 1865; Werkzeug (Pyramide) D. 26. Aug. 1865; Größe der Fische 26 Nr. 5, 30 G. 15. April 1829; 4 Nr. 2 G. 31. Mai 1865; 8 D. 25. Jan. 1868; Rhein 5 V. 24. Dez. 1876; Verkauf, Transport zu verbotener Zeit 5, 7, 8 G. 31. Mai 1865; Rhein 6 V. 24. Dez. 1876; Schiffer dürfen keine Netze führen 33 G. 15. April 1829; Fischer verpflichtet ihre Behälter durchsuchen zu lassen 34, den Leinpfad zu benutzen 35 G. 15. April 1829; Verbot des Hanfröstens 15 Nr. 1 D. 25. Jan. 1868; Verbot, Fabrikabgänge in's Wasser zu leiten 15 Nr. 2 D. 25. Jan. 1868; Rhein 10 V. 24. Dez. 1876; s. Fischereifrevel.

Fischereirecht 715 CGB.; steht in schiff- und flößbaren Flüssen dem Staate zu 1 G. 15. April 1829; die einzelnen schiffbaren Strecken 3 O. 10. Juli 1835; Angeln gestattet 5 G. 15. April 1829; 1 G. 31. Mai 1865; in nichtschiffbaren Gewässern 2 G. 15. April 1829.

Fischereiwärter, Anstellung 6—8 G. 15. April 1829; Hülfsbeamte der Staatsanwaltschaft V. 26. Jan. 1880; Befugniß zu Beschlagnahmen, Durchführungen Bem. zu 39, 40, Protokolle 36 ff. G. 15. April 1829; Belohnungen 10 G. 31. Mai 1865; D. 2. Dez. 1865; s. Fischereifrevel, Fischereipolizei.

Fiskus, Landesfiskus, welche Behörden vertreten denselben 69 fr. CPO.; Zwangsvollstreckung gegen den F. 15 Nr. 4 EG. z. CPO.; Reichsfiskus Bem. z. 20 CPO.; s. Rechtsweg.

Flächenmaße 3 G. 17. Aug. 1868 Bd. III.

Flagge, Schutz der deutschen F. 4 Nr. 7; F. der Marine 55 RV.

Fleisch, trichinöses 10, 11 G. 14. Mai 1879.

Fleischtaxe gestattet 30 Tit. I G. 22. Juli 1791.

Flößerei, Befugnisse des Reichs 4 Nr. 9 RV.

Flotte s. Marine, Wehrpflicht.

Flucht, Verfahren gegen Angeschuldigte, welche der F. verdächtig sind 112, 113, 117, 127, 148, 489, desgl. gegen Angeschuldigte, welche Anstalten zur F. treffen 120, 337, gegen Angeschuldigte, welche flüchtig sind 131 StPO.

Flurschäden bei Truppenübungen, Entschädigung, Instr. 2. Sept. 1875 zu § 14 G. 13. Febr. 1875.

Flußbett 563 CGB.

Flüsse, schiffbare, Eigenthum 4 Tit. I Abschn. 1 G. 6. Okt. 1791; 538 CGB.; Anschwemmungen 556—559, Benutzung zur Bewässerung 644, Leinpfad 650 das.; s. Wasserläufe, schiffbare; herrenlose Sachen.

Flüssigkeitsmaße 5—13 Eichordnung 16. Juli 1869 Bd. III; Erl. 19. März 1872; Taxe 12. Dez. 1869 Bd. III u. 30. Nov. 1875; Bkm. 1. März 1880.

Flußzölle, Aufsicht und Gesetzgebung des Reichs 4 Nr. 9 RV.

Forderungen 529, Uebertragung 1689 ff., 2214, Verpfändung 2075, 2081 CGB.; s. Verbindlichkeiten.

Formen, Unbrauchbarmachung 41, 42, Papiergeld 360 Nr. 4—6, 151 StGB.

Forstarbeit 6 FStG.; V. 4. Juli 1880.

Forstbeamte, Vereidigung V. 25. Febr. 1871; 4 G. 30. Dez. 1871; Anstellung G. 30. Dez. 1871; Voraussetzungen Regl. 3. Sept. 1873; Erl. 24. März 1874; Erl. 9. Juni 1874; Erl. 5. Okt. 1875; Erl. 5. Okt. 1875; Regul. 15. Febr. 1879; V. 31. März 1880; Uniform Regl. 14. Nov. 1871; Erl. 12. Jan. 1878. Widerstand gegen F. 117—119 StGB. S. Forstschutzbeamte.

Forstbehörden, Geschäftsgang O. 10. März 1831; Zuständigkeit O. 4. Dez. 1844; D. 31. Mai 1850; V. 24. Dez. 1870; G. 30. Dez. 1871; Erl. 21. Febr. 1872; Geschäftsanw. 21. Febr. 1872; Bkm. 8. April 1873; Bkm. 1. Okt. 1875; (G. 20. März 1881).

Forstbezirke, Abgrenzung Erl. 2. März 1872.

Forstdiebstahl 10 ff., Versuch, Theilnahme 13, Begünstigung, Hehlerei 14, Rückfall 16, 17, Einziehung von Aexten ꝛc. 18, Werthsersatz 19, Besitz frisch gefällten Holzes 20 FStG.; s. Holzdiebstahl.

Forstdirektionen Geschäftsanw. 21. Febr. 1872; Ermächtigung zu Prozessen Bkm. 8. April 1873; Ermächtigung zu Verträgen Bkm. 1. Okt. 1875; (G. 20. März 1881).

Forsten, Gebrauchsrecht 636 CGB.; s. Bäume, Waldungen.

Förster haben keinen Anspruch auf Reisekosten bei Vorführung von Delinquenten 3 D. 7. April 1813 Bd. I Anh. 7; s. Forstbeamte.

Forstfrevel, Abarbeitung 6, Forstdiebstahl 10—20, Geldstrafen 8, Gesammthaft 7, Haftbarkeit 3, 26, Jugend 2, 4, Pfändung 58—62, Strafverfahren 63—78, Umwandlung von Geldstrafen 5, Verjährung 9, Weidefrevel 21—26, Zuwiderhandlungen gegen forstpolizeiliche Bestimmungen 27—57 FStG. F. der Kinder ꝛc. 361 Nr. 9 StGB. S. Forstdiebstahl.

Forsthammer s. Waldhammer.

Forstordnung. Welche Waldungen sind der F. unterworfen? 1 FGB.; Zuwiderhandlung gegen Bestimmungen betr. Wälder der F. 49 ff. FStG.

Forstpolizei, Zuwiderhandlungen 27 ff. FStG.; s. Forstfrevel, Wälder.

Forstprodukte, Verwerthung V. 24. Dez. 1870 Bd. III.

Forstschutzbeamte 24 ff. FO.; Verantwortlichkeit 6, der Gemeinden 94, 97, 98, 99, Gehalt 108 FGB.; Anzeigen wegen Forstfrevel ꝛc. 68 FStG.; Hülfsbeamte der Staatsanwaltschaft 14 AV. z. GVG.

Forststrafarbeiten s. Forstarbeit.

Forststrafrecht FStG. 28. April 1880 Bd. I L S. 35; s. Forstfrevel.

Forststrafverfahren 58 ff. FStG. Bd. I L; Nichtanwendung desselben 78, 73, Pfändung 58 ff., Amtsrichter zuständig 64, Gerichtsstand 60, Fälle in denen Erlaß eines Strafbefehls nicht stattfindet 73, Revision 75, Strafvollstreckung 76 FStG.

Forstverwaltung 4—7 FGB.; 1, 14—39 FO.; Einrichtung G. 30. Dez. 1871; Erl. 21. Febr. 1872; (G. 20. März 1881).

Forstverwaltungsbeamte, Dienst 14 ff. FO.; s. Forstbeamte.

Fortbildungsschulen 54—56 G. 15. März 1850.

Fracht, Rechte d. Frachtführers wegen d. F. 406—412 HGB.

Frachtbrief, Ausstellung 391, 392, 401—406, 410, F. bei Eisenbahnen 429—431 HGB.; 49 ff. Betr.-R. 11 Mai 1874.

Frachtführer, Begriff, Rechte und Pflichten derselben 272, 390 ff., gesetzl. Pfandrecht d. F. 409—412 HGB.

Frachtfuhrwerke, Breite u. Ladung 11, Kummete der Pferde 12, Führung der Gespanne 13, 14 D. 10. Aug. 1852; 3 D. 24. Febr. 1858; Schild 16 D. 10. Aug. 1852; 3, 7, 8 G. 30. Mai 1851; Beleuchtung 15 D. 10. Aug. 1852; 2 D. 24. Febr. 1858; s. Fuhrwerke.

Frachtgeschäfte, allgem. Bestimmungen 390—412 HGB.

Frachtvertrag, 1779, 1782—1786 CGB.; 557 ff. HGB.

Fragen an die Geschworenen 290—301, 305, 306, 311, 379, F. der beisitzenden Richter, Geschworenen, Schöffen, des Angeklagten ꝛc. an Zeugen u. Sachverständige 239 ff. StPO.

Fragerecht der Parteien bei der Zeugenvernehmung 361, 362, F. des Vorsitzenden und der Gerichtsmitglieder 130, 131, 360 CPO.

Frankreich, Uebereinkunft betr. Urheberrecht 24. März 1867; Vollstreckung franz. Urtheile in E.-L. Vertr. 16. April 1846; Uebereinkunft betr. das Armenrecht 20. Febr. 1880; s. Auslieferungsverträge.

Franzosen. Was entspricht diesem Ausdruck nach der Vereinigung E.-L.'s mit dem Deutschen Reich? 8, 15 ff. CGB.; s. Ausländer.

Französische Münzen V. 8. Nov. 1870; G. 15. Nov. 1874; Bkm. 21. Sept. 1875.

Frauen dürfen nicht Siegelwächter sein G. 21. Vend. III; s. Ehefrauen.

Frauenvereine für Wöchnerinnen O. 31. Okt. 1814.

Freie Beweiswürdigung 259, 260 CPO.

Freiheit, Verbr. u. Verg. wider die persönliche F. 234 ff., Menschenraub 234, 235, Entziehung durch Beamte 341 StGB.

Freiheitsstrafe, Vollstreckung der F., Anrechnung der Untersuchungshaft 482, Aufschub der Vollstreckung der F. 487, Umwandlung einer Geldstrafe in eine F. 463, 491 StPO.; Art der Vollstr. Bf. 23. Aug., 17. Nov. 1880.

F. des Militärstrafrechts, Begriff 16, 17, 21 MStGB.

Freilassung des Angeschuldigten 123, 128, 129, 132, 164, gegen Sicherheitsleistung 117—119, 124 StPO.

Freimarken, falsche 275 StGB.

Freisprechung des Angeklagten 123, 259, 266 Schlußsatz, 411, durch Urtheil des Schwurgerichts 314, Rechtsmittel der Revision gegen ein solches Urtheil 379, Erledigung des Antrags auf Zuerkennung einer Buße durch freisprechendes Urtheil 444, Kostenpunkt 499, 500, 503, 504 StPO.

Freischulen 36 Abs. 2 G. 15. März 1850; Zulassungskarten 13 D. 31. Dez. 1853; D. 28. März 1866.

Freistellen, kathol. Seminare D. 30. Sept. 1807; O. 2. Nov. 1835.

Freizügigkeit G. 1. Nov. 1867 Bd. III, eingeführt in E.-L. durch G. v. 8. Jan. 1873; Aufsicht und Gesetzgebung des Reichs 4 Nr. 1 RV.

Fremde Sachen, Vermächtniß 1021, Verkauf 1599 CGB.

Fremdenpolizei 12 G. 1. Nov. 1867 Bd. III; Aufsicht u. Gesetzgebung des Reichs 4 Nr. 1 RV.

Fremdlingsrecht (droit d'aubaine), Abschaffung G. 14. Juli 1819.

Freundschafts-, Schifffahrts- u. Handelsvertrag mit Costa-Rica 18. Mai 1875; mit Tonga 11. Jan. 1876.

Fristen im Civilprozeß, Allgemeines über Beginn, Dauer, Berechnung 194, 198—204, 207, Versäumung 59, 90, Aufhören 226, Wiedereinsetzung 211—216, 462, 647 CPO.; s. Einlassungsfrist, Ladungsfrist.

F. in Sachen, die nicht unter CPO. fallen 1033 fr. CPO.

F. in Strafsachen, Beginn der Frist in Strafsachen 41, 42, Berechnung derselben nach Tagen, Wochen, Monaten 42—44, Wiedereinsetzung 44—47, 356, 382 StPO.

F. der Kassation G. 2. Juni 1862; in Strafsachen 373 fr. StPO.

Frieden, Störung 130 StGB.

Friedensgerichtsschreiber s. Amtsgerichtsschreiber.

Friedenspräliminarien zwischen dem Deutschen Reich und Frankreich 26. Febr. 1871.

Friedensvertrag zwischen dem Deutschen Reich u. Frankreich, Zusatzartikel 10. Mai 1871; zusätzliche Uebereinkunft 12. Okt. 1871; Zusatzkonvention 11. Dez. 1871.

Frohnden s. Vizinalwege.

Früchte, im Allgemeinen 520, 547—550, 583, Nießbrauch 604, 608, Rückbringen 856, F. des verfügbaren Theils 928, Widerruf v. Schenkungen 958, 962, Vermächtniß 1014, 1015, Zeichen von F. 1155, Quasikontrakte 1378, Gütergemeinschaft 1401, Dotalgut 1549, 1568, 1570, 1571, Paraphernalgut 1578, 1579, Gewährleistung 1630, Aufhebung des Verkaufes wegen Verletzung 1682, F. der hinterlegten Sache 1936, Nutzpfand 2085, 2086, 2089, F. des hypothezirten Grundstücks 2176 CGB.; 25 G. v. 30. April 1880; Pfändung v. F. 714, 725 CPO.

Früchte auf dem Halm, Verkauf D. 6. Mess. III; D. 23. Mess. III; s. Verkäufe, öffentliche.

Fuhrkosten s. Reisekosten.

Fuhrleute, Streitigkeiten zwischen Reisenden u. F. 23 Nr. 2 GVG.; Widersetzungen der F. 10. G. 30. Mai 1851; s. Frachtvertrag, Fuhrwerke, Fuhrwesen.

Fuhrwerke, Ausweichen 9, Beschaffenheit der Wagen 1, 2, Bespannung 3—6, 12 D. 10. Aug. 1852; 4 G. 30. Mai 1851; Sicherheitsmaßregeln bei Brücken 8 D. 10. Aug. 1852; Beschädigung der Straßen durch F. 10 G. 30. Mai 1851; Maßregeln bei Thauwetter D. 29. Aug. 1863; s. Fracht- u. Personentransportfuhrwerke.

Fuhrwerksteuer, Aufhebung G. 21. Mai 1873.

Fuhrwesen, Verfahren und Zuständigkeit bei Zuwiderhandlungen 15—27 G. 30. Mai 1851; Bauart, Ladung der Wagen 471 Nr. 3 u. 4, 476, 478, 483 fr. StGB.

Funddiebstahl 246 StGB.

Fußangeln 367 Nr. 8 StGB.

Futterdiebstahl 370 Nr. 6 StGB.

G.

Garnisonen für die Reichstruppen 63 RV.

Garnisongerichte, Zusammensetzung und Zuständigkeit 23, 21, 32 MStGO.

Gasanstalten V. 9. Febr. 1867 Bd. III.

Gasmesser 43—48 Eichordnung 16. Juli 1869 Bd. III; Taxe 12. Dez. 1869 Bd. III; Bkm. 7. Nov. 1877.

Gastwirthe, Haftbarkeit für eingebrachte Sachen 1952, 1953, 1954 CGB.; für strafbare Handlungen 73 fr. StGB.; Vorrecht ihrer Forderungen 41 Nr. 5 KO.; 20 AG. z. CPO.; Zuständigkeit des Amtsgerichts für Streitigkeiten mit G. 23 Nr. 2 GVG.; Verpflichtung zu Fremdenbüchern 471 Nr. 2, 478, 483 fr. StGB.

Gebäude, unbewegliche Sachen 518, Einsturz 1348 Nr. 2, 1386, 1950, Dienstbarkeiten zu Gunsten von G. 687—689 CGB.; Unterhaltung s. Ausbesserung; Diebstahl 243, Zerstörung 305, Brandstiftung 306 ff., Ausbesserung 367 Nr. 13—15, Raub 250 Nr. 4 StGB.; s. baufällige Gebäude, Haus, Anlagen.

Gebetbücher s. Abcbücher.

Gebrauchsrecht 625—636 CGB.; Ueberschreibung 2 G. 23. März 1855.

Gebräuche s. Handels-, Ortsgebräuche.

Gebrechen, Vorschützen von G. 83 ff. MStGB.

Gebühren, Ueberhebung 352, 353 StGB.; s. Gerichtsschreiber, Gerichtsvollzieher, Handelsregister, Notare, Sachverständige, Zeugen.

Geburt, Besitzstand der ehelichen G. 197, Kindschaft 312 ff., Beweis 319 CGB.

Geburten, Beurkundung 17—27, Unterlassung der Anzeige 68 G. 6. Febr. 1875.

Gefahr, Uebergang ders. 1138, 1182, 1257 CGB.; b. Kauf 1585, 1625, 1629 CGB. u. 345 HGB.; Viehpacht 1822, Gesellschaft 1857 CGB.

Verweigerte Hülfeleistung bei G. 360 Nr. 10 StGB.

Gefährde s. Betrug, Beeinträchtigung.

Gefälle, Beitreibung öffentlicher s. Zwangsvollstreckung, Abgaben.

Gefangene 15—17, Befreiung 120, 121, 347, Meuterei 122, Unzucht 174 Nr. 2, 3, Entlassung 23—26 StGB.; Arbeitsverdienst in Zentralstrafanstalten 21 fr. StGB.; O. 27. Dez. 1843; Beschl. Inn. 25. März 1854; in Bezirksgef. 41 fr. StGB.; Bem. 1 z. O. 27. Dez. 1843; jugendliche G., Beschützung G. 5. Aug. 1850; Belohnung für Wiederergreifung entsprungener V. 19. Sept. 1866; Beschäftigung der G. V. 25. Febr. 1852; 116 StPO.; Wiederergreifung eines entwichenen G. 104, Erklärungen der G. über Rechtsmittel 341 StPO.; Disziplinarbestrafung 614 fr. StPO.; s. Arbeitsverdienst.

Gefängnißaufseher, Registerführung 607 — 611, Pflichten bei der Aufnahme 609 fr. StPO.; fahrlässiges Entweichenlassen 121, vorsätzliches 347 StGB.

Gefängnisse, Aufrechterhaltung der Gefängnißordnung 116 StPO.; Beaufsichtigung 611—613 fr. StPO.; Aufsichts-Kommissionen O. 9. April 1819; Allg. Vf. über Aufnahme u. Entlassung Verhafteter v. 23. Aug. 1880; s. Gefangene, Bezirksgefängnisse, Zentralstrafanstalten.

Gefängnißstrafe 16, 19, 21—29, 70, 75 StGB.

Gefundene Sachen 2279 CGB.

Gegenbeweis gegen öffentliche Urkunden 380 CPO.

Gegenseitigkeit, Versicherungsgesellschaften V. 22. Jan. 1868.

Gegenvormund, Allgem. 420 — 426, Besonderes 446, 448, 450, 452, 453, 459, 470, 505, 1442, 2137, 2138 CGB.; Ordnungsstrafen 6 G. 22. Okt. 1873.

Gegenscheine 1321, 1346—1397 CGB.

Gehalt der Beamten, Zahlung desselben 4, 5, bei Beurlaubungen 14, anrechnungsfähiges Einkommen bei Berechnung der Pension 42—44, Cession, Verpfändung, Beschlagnahme 6, 19, Rechtsweg 149—153 G. 31. März 1873; 9 GVG.

Geheimmittel, Ankündigung und Verkauf 36 G. 21. Germ. XI; V. 25. Prair. XIII; V. 18. Aug. 1810; V. 3. Mai 1850; V. 12. Okt. 1876.

Geheimnisse, Staats-G. 92 Nr. 1, Privat-G. 300 StGB.

Gehülfe 49, 50, 257, 300 StGB.

Geisteskranke G. 30. Juni 1838; O. 18. Dez. 1830; Unterbringung in Irrenanstalten 8 ff., Kosten 25 ff., Vermögens-Verwaltung 31 ff. G. v. 30. Juni 1838.

Zurechnung 51, Beischlaf mit G. 176 Nr. 2, Strafantrag 65 StGB.

Einstellung des Verfahrens wegen Geisteskrankheit des Angeschuldigten 203, die Aussagen früher vernommener, später geisteskrank gewordener Zeugen, Sachverständigen und Mitschuldigen können in der Hauptverhandlung verlesen werden 250, an geisteskranken Personen darf keine Todesstrafe vollstreckt werden 485, ebensowenig eine Freiheitsstrafe 487 StPO.

S. Entmündigung.

Geistliche, Friedensstörung 130 a, Unzucht 174, Kuppelei 181, Beleidigung von G. 196 StGB.; Trauung vor der bürgerlichen Ehe-

schließung 67 G. 6. Febr. 1875; Einsegnung einer zweiten Ehe 338 StGB.
Strafkammer zuständig im Falle des Vergehens gegen § 67 Pers.-G. 74 Nr. 4 GVG.; Fälle in welchen G. in Strafsachen ihr Zeugniß verweigern können 52 Nr. 1, schriftliche Mittheilungen zwischen ihnen und dem Beschuldigten unterliegen der Beschlagnahme nicht 97 StPO.; G. sind befreit vom Schöffen- und Geschwornenamt 34, 85 GVG.; Recht zur Verweigerung des Zeugnisses in Civilsachen 348 Nr. 4, 350 Nr. 2, Pfändung der G. 715 Nr. 6, 7, 749 Nr. 8, Verhaftung zur Erzwingung des Offenbarungseides 791 CPO.
Befreiung von der Uebernahme einer Vormundschaft StRG. 20. Nov. 1806.
G. protestantische, Alterserforderniß D. 25. März 1807; Amtstracht D. 19. Prair. XII; Austritt D. 10. Brum. XIV; Befähigung zur Anstellung V. 30. Okt. 1872; V. 10. April 1873; Ernennung 11 ff. V. 10. Nov. 1852; Erl. 15. Nov. 1872; Gehalt V. 15. Germ. XII; Erl. 29. Okt. 1832; Erl. 5. Sept. 1840; Hinterbliebene V. 21. Okt. 1874; V. 22. Dez. 1875; Pfarrei und Konsistorien 18 ff. G. 18. Germ. X; Wohnungen D. 5. Mai 1806; Wohnungsentschädigung O. 7. Aug. 1842.
G. katholische, Allgemeines 9—12 G. 18. Germ. X; Amtstracht D. 17. Niv. XII; Befähigung O. 25. Dez. 1830; Gehälter 64—74 G. 18. Germ. X; V. 18. Germ. XI; V. 11. Frukt. XI; O. 4. Sept. 1820; O. 13. März 1832; 8 G. 23. April 1833; Mitverwaltung O. 6. Nov. 1814; Stellvertretung D. 17. Nov. 1811; Unterstützungskasse D. 13. Therm. XIII.
S. Religionsdiener.
Geistliche Gerichtsbarkeit ohne bürgerliche Wirkung 15 GVG.
Geld, verrufenes falsches 146 ff. StGB.
Geldstrafe 27—30, 44, 67, 70, 71, 78 StGB.; G. bei Uebertretungen des fr. R.'s 466 fr. StGB.; Haftung der Eltern, Vormünder ꝛc. für G. s. Haftpflicht; Mindestbetrag der G. bei Preßdelikten der fr. Gesetzgebung 14 G. 18. Juli 1828; Zahlung der G. in Preßsachen 6, 7, 8 G. 16. Juli 1850; 30, 31 D. 17 Febr. 1852; 1, 2 D. 5. Jan. 1853; s. Buße, Sammlungen.
Festsetzung einer G. durch amtsrichterlichen Strafbefehl 447, durch polizeiliche Strafverfügung 453, durch Strafbescheid der Verwaltungsbehörde 459, Umwandlung einer Geldstrafe in eine Freiheitsstrafe 463, 491, Vollstreckung 495 StPO.
G. gegen nicht erschienene Sachverständige 377 CPO.; 77 StPO.; G. gegen nicht erschienene Zeugen 345 CPO.; 50 StPO.; G. zur Erzwingung des Zeugnisses 355 CPO.; 69 StPO.; G. zur Erzwingung einer Handlung im Vollstreckungsverfahren 774, G. zur Erzwingung einer Unterlassung in demselben 775 CPO.
G. können im Konkurs nicht geltend gemacht werden 56 Nr. 3 KO.; G. in ehel. Gütergemeinschaft 1424, 1425 CGB.
G. Zuweisung (Strafattribution) O. 30. Dez. 1823; D. 14. Sept. 1864; Einziehung 126 D. 18. Juni 1811.
S. Strafen; Straßenwesen, großes; Haftpflicht.
Geldwährung V. 8. Nov. 1870 Bd. III; G. 9. Juli 1873; G. 15. Nov. 1874.
Geleit, sicheres 337 StPO.
Gemeiner Ruf 1415, 1442, 1504 CGB.
Gemeingefährliche Verbrechen 306 ff., 126, 139 StGB.
Gemeinnützlichkeit, Voraussetzung der Zwangsenteignung 545, 643 CGB.
Gemeinschaft, rechtliche bei Mauern, Gräben u. Hecken 653 ff., bei Erbschaften 815—892 CGB.; s. ferner 460, 1406, 1558, 1668, 1672, 2207 CGB. und Gütergemeinschaft, Gesellschaftsvertrag.
Gemeinde, Bildung, Zusammenlegung und Theilung von G. 1—8 G. 18. Juli 1837; 13 G. 24. Juli 1867; Rechte und Pflichten hinsichtlich der Aufnahme von Bundesangehörigen 1, 3—11 G. 1. Nov. 1867 Bd. III; Anleihen 3, 5, 7 G. 24. Juli 1867; G. 13. Juli 1873; V. 23. Juli 1879 Bd. I A 16; Kultusausgaben 92—103 D. 30. Dez. 1809; Einzahlung überflüssiger Gelder an die Landeskasse 4 D. 27. Febr. 1811; 1 G. 4. Nov. 1872; freiwillige Hinterlegungen 8 O. 3. Juli 1816.
G.-Güter 537, 542, 1712, Dienstbarkeiten zu ihren Gunsten 643, 649, 650, Schenkungen 910, 937, Vergleiche 2045, Hypothek 2121, 2153, Verjährung 2227 CGB.; Haftbarkeit der G. für Verletzungen u. Beschädigungen 1—12 Tit. IV u. V G. 10. Vend. IV; Vorrecht ihrer Forderungen 41 Nr. 1, 54 Nr. 2 KO.; 17 Nr. 1—3 EG. z. KO.
S. Steuern, direkte; Zuschläge; Gemeindegüter.
Gemeindeforsten s. Gemeindewaldungen.
Gemeindegüter, Eigenthum der öden Ländereien 1 Abschn. 4, Theilung der G. welche mehreren Gemeinden gemeinschaftlich gehören 2, 3 Abschn. 4 G. 10. Juni 1793; G. 19. Brum. II; StRG. 20. Juli 1807; StRG. 26. April 1808; 19 Nr. 4, 70—73 G. 18. Juli 1837; Streitigkeiten betr. Theilung 1 Abschn. 5 G. 10. Juni 1793; 6 G. 9. Vent. XII; 2 D. 4. Ergänzungstag XIII; Genuß der G. 17 Nr. 3 G. 18. Juli 1837;

Aenderungen betr. Genuß der Waldweide D. 9. Brum. XIII; Verwaltung der G. 17 Nr. 1, Erwerb und Veräußerungen von Grundstücken 46 G. 18. Juli 1837; 1 Nr. 1 G. 24. Juli 1867; Versicherung von G. 1 Nr. 7 das.; Beschlußfassung über die Art der Verwaltung von G. 17 Nr. 1, Anleihen 41, 42 G. 18. Juli 1837; 3, 5, 7 G. 24. Juli 1867; G. 13. Juli 1873; Neubauten und Hauptausbesserungen 19 Nr. 6, 45 G. 18. Juli 1837; 1 Nr. 3 G. 24. Juli 1867; Vergebung von Lieferungen und Arbeiten, Leitung derselben 16 G. 18. Juli 1837; Oeffentlichkeit 1—3, Verfahren bei der Vergebung 4—11 O. 14. Nov. 1837; Pachtverträge Bem. zu 47, Prozesse 49 ff., 63 G. 18. Juli 1837; Vergleiche V. 21. Frim. XII; 59 G. 18. Juli 1837; außerordentliche Umlagen 41 das.; 3, 5, 7 G. 24. Juli 1867; V. 10. Febr. 1875.

Gemeinderabbiner O. 6. Aug. 1831.

Gemeinderath, aktive Wahlfähigkeit 7, passive Wahlfähigkeit 8—11, Anzahl der Mitglieder 6, Wahlverfahren 27—50 G. 5. Mai 1855; 19 G. 24. Juli 1867; Suspendirung u. Auflösung 13 das.; 5 G. 24. Febr. 1872; ordentliche Sitzungsperioden 15, Beschlußfähigkeit 17, Gegenstand der Beschlußfassung 13, 24, Abstimmung 18, 19, 21 G. 5. Mai 1855; Ausschluß der Oeffentlichkeit 29 G. 18. Juli 1837; 22 G. 5. Mai 1855; Obliegenheiten des G. 17—25 G. 18. Juli 1837; 1—14 G. 24. Juli 1867.

Gemeinderechner, Ernennung 65, Wahrnehmung seiner Funktionen durch den Steuerempfänger G. 18. Juli 1837; Einkommen O. 17. April 1839; O. 23. Mai 1839; D. 18. Aug. 1869; Obliegenheiten 1 D. 19. Vend. XII; bei Versteigerungen 16 G. 18. Juli 1837; Einziehung der Einnahmen, Bewerkstellung der Ausgaben 62 ff., Verantwortlichkeit und Strafen 67, 68 G. 18. Juli 1837.

Gemeinderechnungswesen 60 — 69, Rechnungslegung des Bürgermeisters 23, 25, des Gemeinderechners 23, 66 G. 18. Juli 1837; Einsichtnahme der Gemeinderechnungen 59 D. 14. Dez. 1789.

Gemeindeverband, Aufnahme in denselben 3 RV.

Gemeindevoranschlag, Pflichtausgaben 30, Einnahmen 31, 32, Feststellung des G. 33—39 G. 18. Juli 1837.

Gemeindewaldungen, Allgemeines 90—112 FGB.; 128—146 FO.; Abgabe von Erträgnissen in Natur O. 5. Febr. 1846; Abgrenzung und Abmarkung O. 23. März 1845; Betriebsplan O. 2. Dez. 1845; D. 25. Aug. 1861; Forstordnung 1, 90, Forstschutzbeamte 94, 97—99, Gehalt 108 FGB.; Unterstützung G. 28. März 1881; Gabholz 103 ff. FGB.; Hauungspläne Erl. 12. Aug. 1874; Jagd D. 25. Prair. XIII; Nebenbenutzungen O. 3. Okt. 1841; Nutzungsrechte D. 12. April 1854; D. 19. Mai 1857; Verkauf der Schläge 100 ff. FGB.; O. 10. Juni 1840; O. 24. Aug. 1840; Versteigerung der Windfälle O. 15. Sept. 1838; Verwaltungskosten 5 G. 15. Juni 1841; 6 G. 9. Juli 1845; 14 G. 14. Juli 1856.

Gemeindeweide (parcours) s. Koppelhut.

Gemeindezeitung D. 25. Juni 1852; Bkm. 6. Mai 1876.

Gemeinnützige Anstalten, Anerkennung 1 V. 23. Juli 1879 Bd. I A 16.

Gemischte Arbeiten 1, 2 G. 7. April 1851; 7 O. 18. Sept. 1816; Bildung einer gemischten Kommission 6 G. 19. Jan. 1791; Verfahren bei Uebertretungen 6—10 G. 7. April 1851.

Gendarmen, Hülfsbeamte der Staatsanwaltschaft 14 AV. z. GVG.; s. Verhaftsgebühr.

Gendarmerie, Einrichtung der G. in E.-L. G. 20. Juni 1872; Dienstvorschriften für die G. Allerh. Erl. 26. Sept. 1872; Abänderung der §§ 16—18 der Dienstvorschriften Allerh. Erl. 19. Dez. 1874; Entlassung aus der G. 42 Zusatz I zu (§ 42) MStGB.

Genehmigung bei Verträgen 1115, 1120, 1311, 1326, 1338 ff., bei Schenkungen an Gemeinden rc. 910, 937, bei nichtiger Ehe 183 CGB.; s. Eheschließung, Ermächtigung, Bestätigung.

General-Auditoriat 86—88 MStGO.

Generaldirektion s. Eisenbahn.

Generaldirektor für die Verwaltung der Zölle und indirekten Steuern Erl. 27 Febr. 1875; Regul. über seine Befugnisse 24. Jan. 1876; s. auch Steuern, indirekte und Zölle.

General-Gouvernement, Einsetzung desselben in Els.-Lothr. Erl. 14. Aug. 1870 Bd. III; Zusammensetzung desselben Erl. 21. Aug. 1870 Bd. III.

Generalkonferenzen in Zollvereinsangelegenheiten Bem. 10 z. Vertrag 8. Juli 1867 Bd. III S. 344.

Generalprokurator-Syndik 1 Tit. II G. 5. Nov. 1790.

Generalrath s. Bezirkstag.

Generalstabsstiftung G. 31. Mai 1877; Statut Erl. 31. März 1878.

Generalvikare, Ernennung durch Bischof oder Erzbischof 21 G. 18. Germ. X; Befähigung O. 25. Dez. 1830; Gehaltsbezug O. 13. März 1832; 8 G. 23. April 1833.

Genossenschaften, eingetragene G. 4. Juli 1868, Bd. III, eingeführt in Els.-Lothr. durch G. 12. Juli 1872; Deklaration des § 1 G.

v. 4. Juli 1868 durch G. v. 19. Mai 1871; Ausfuhr=V. v. 28. Sept. 1872; Errichtung 1—8, Register 4—8, 18, 23, 25, 35—37, 41, 63, 66—69, 71, Rechtsverhältnisse der Genossenschaften 9—16, Vorstand, Aufsichtsrath, Generalversammlung 17—33, Auflösung, Ausscheiden 34—39, Liquidation 40—62, Verjährung der Klagen gegen die Genossenschaften 63—65 G. 4. Juli 1868 Bd. III; Konkurs 195—197 KO.; Vorrechte ihrer Pfandbriefe 17 Nr. 1—3 EG. z. KO.; Strafbestimmung 214 KO.

Genossenschaftsregister 1, 18—25, Gebühren 2 Instr. 28. Sept. 1872; 69 G. 4. Juli 1868 Bd. III.

Genuß 543, 544 CGB.; s. Nießbrauch.

Genußmittel G. 14. Mai 1879.

Geräthschaften 524, 1064, 1766, 2102 Zus. 1 CGB.

Gerichte, ordentliche 12, 13, besondere 14 GVG.; 3 EG. z. GVG.; Ausnahmegerichte 16, G. entscheiden über Zulässigkeit des Rechtswegs 17 GVG.; Aufsicht 83 Sen.-Beschl. 16. Therm. X; Aufsichtsbehörde über Standesbeamte 11 G. 6. Febr. 1875; Beginn der Wirksamkeit Bkm 19. Sept. 1871; Bekanntmachungen 23 D. 17. Febr. 1852; Bezeichnung der G. 1 G. 14. Juli 1871; 7 G. 4. Nov. 1878; Bezirke u. Verfassung 1 ff. V 14. Juli 1871; amtliche Geschäftssprache V. 17. Sept. 1874; Bkm. 15. Nov. 1874; V. 17. Dez. 1874; Justizverweigerung 4 CGB.; Mobiliar D. 20. Juli 1853; Plenarversammlungen 61, 121 GVG.; 61—69 D. 6. Juli 1810; 8 u. 11 G. 16. Juni 1824; 11 G. 11. April 1838; O. 18. April 1841; O. 18. Jan. 1846; Untersuchungsrichter G. 22. Sept. 1873; G. dürfen nicht allgemeine Verfügungen erlassen 5 CGB.
S. Rechtsweg, Zuständigkeit.

Gerichtliche Bekanntmachungen s. Einrückung.

Gerichtliches Geständniß s. Geständniß.

Gerichtsärzte 17 V. 13. Juni 1879 Bd. I C S. 27.

Gerichtsbarkeit, freiwillige Bem. 1 z. fr. CPO.; höhere und niedere 19—21 MStGO.

Gerichtsboten 85 MStGO.

Gerichtsferien 201—204 GVG.

Gerichtsherr 77 MStGO.

Gerichtskosten GKG. v. 18. Juni 1878 Bd. I Anh. Nr. 25 (abg. durch G. 29. Juni 1881); AG. dazu v. 3. April 1880 Bd. I Anh. Nr. 30; Befreiung des Reichs, der Bundesstaaten, der Landeskasse 98 GKG.; 16 AG.; G. in bürgerlichen Rechtsstreitigkeiten, auf welche CPO. Anwendung findet 8—49 GKG.; in Ehescheidungen mit gegenseitiger Einwilligung 8, Einziehung durch Zwangsbefehle 21 AG. z. GKG.; Entscheidung des Gerichts, Beschwerde 4 GKG.; in Sachen der freiwilligen Gerichtsbarkeit 1, 2, 6, 9, 10, in Sachen, welche vor die Gewerbegerichte gehören 14 AG. z. GKG.; Instruktion über Erhebung u. Zahlung Vf. 26/27. Sept. 1879; Vf. 11/12. März 1880; Instruktion betr. das AG. z. GKG. Vf. 20. Mai 1880; in der Kassationsinstanz 5 AG. z. GKG.; im Konkursverfahren 50—58, Kostenvorschuß 81—85, Kostenzahlung 86—97, Mindestbetrag, Abrundung 7, Niederschlagung wegen Unkenntniß 6, Stempel- und Registrirungsgebühr neben den Gerichtskosten 2, 100, 101 GKG.; G. in Sachen der streitigen Gerichtsbarkeit, auf welche CPO. nicht Anwendung findet 1 AG. z. GKG.; Verjährung der Straf-G. 5 O. 28. Nov. 1838; G. im Vertheilungsverf. betr. unbewegl. Vermögen 12 AG. z. GKG.; Vorzugsrecht der Straf-G. G. 5. Sept. 1807; G. für Entscheidungen in Sachen betr. die Zwangsvollstreckung in das unbew. Verm. u. im Hypotheken-Reinigungsverf. 11 AG. z. GKG.

Gerichtsschreiber 154 GVG.; 28—31 AG. z. GVG.; Amtstracht V. 2. Niv. XI; 105 D. 30. März 1808; Erfordernisse zur Anstellung G. 10. Juli 1872; Regl. 18. Juli 1872; 16 V. 13. Juni 1879; Befugniß zur Ertheilung von Aufträgen an Gerichtsvollzieher 162 GVG.; Dienst 90—92 D. 30. März 1808; 54 ff. D. 6. Juli 1810; 25 ff. D. 18. Aug. 1810; Disziplin 62 G. 20. April 1810; 26, 27 D. 18. Aug. 1810; können Dolmetscher sein 192 GVG.; Ernennung durch Minist. G. 30. Juli 1880; Prüfung 16 V. 13. Juni 1879; Siegelungen im Konkurs 30, dürfen Versteigerungen nicht im Auftrage von Privaten vornehmen 29 AG. z. GVG.; Zahl 7 V. 14. Juli 1871; Zuständigkeit 29, 30 AG. z. GVG.
Strafsachen, Zuziehung eines G. bei den Untersuchungsverhandlungen 116, in der Voruntersuchung 185, 186, bei der Hauptverhandlung 225, 271, bei dem Urtheil 275, bei dem Spruch der Geschwornen 308, bei der Strafvollstreckung 483, bei der Hinrichtung 486, Pflichten des G. in der Berufungsinstanz 361, 430, Ladungen durch den G. in Privatklagen 425 StPO.; vierteljährliche Einsendung von Strafverzeichnissen 600, 601 fr. StPO.
Civilsachen, Ablehnung 49, durch G. verursachte Kosten 97, Geschäfte bei Zustellungen 124, 152—156, 173, 179, 187, 458, 730, Protokolle über mündliche Verhandlung 145 Nr. 2, 149, Verhandlungen vor dem Amtsrichter 151, 193, 233, Ertheilung von Ausfertigungen rc. 271, 288, Geschäfte bei Abfassung des Urtheils 286—288, bei der Beweisaufnahme 327, Ladung der Zeugen 243, G. des Be-

rufungsgerichts 506, Beschwerde 539, Zeugniß über Rechtskraft des Urtheils 646, vollstreckbare Ausfertigung 662, 663, 668, 705 CPO.

Gebühren der G. für Akte, auf welche GKG. nicht Anwendung findet u. Liquidation 3 AG. z. GKG. u. Bem.; D. 24. Mai 1854 Bd. I Anh. S. 25; Ersatz für Registerstempel 1 D. 8. Dez. 1862 Bd. I Anh. S. 27; Gebühr für Eintragung in das Repert. 1 Nr. 14 D. 24. Mai 1854; G. bei dem Oberlandesgericht; Gebühren für Akte, auf welche GKG. nicht Anwendung findet u. Liquidation 6, 8, 9, Ersatz für Registerstempel 1 D. 8. Dez. 1862; Gebühren für Eintragung in das Handelsregister V. 12. Juli 1872 Bd. I Anh. S. 28; in welchen Sachen die Geschäftsgebühren (émoluments) der G. bestehen bleiben 3 AG. z. GKG. Bd. I Anh. S. 59.

S. Amtsgerichtsschreiber, Gerichtsschreibereigebühren.

Gerichtsschreibereien, hinterlegte Gegenstände O. 23. Jan. 1821; O. 22. Febr. 1829; O. 9. Juni 1831.

Gerichtsschreibereigebühren (droits de greffe), in welchen Sachen dieselben bestehen bleiben 3 AG. z. GKG. Bd. I Anh. S. 59; für Abfassung und Ueberschreibung 5 G. 21 Vent. VII Bd. I Anh. S. 5; 1 D. 12. Juli 1808 Bd. I Anh. S. 11; für Ausfertigungen 9, Nachschlagegebühr 14 G. 21. Vent. VII; 1 Nr. 9 D. 24. Mai 1854 Bd. I Anh. S. 25; Erhebung, Register 10—13 G. 21. Vent. VII; 2 Tit. I G. 23. Juli 1820 Bd. I Anh. S. 18; Antheil der Gerichtsschreiber 19, 20 G. 21. Vent. VII; Verjährung 6 D. 12. Juli 1808.

Gerichtssprache ist die deutsche 186 GVG.; in Elf.-Lothr. 12 EG. z. GVG.; Zuziehung eines Dolmetschers wenn der A. der G. nicht mächtig ist 258 StPO.; s. Geschäftssprache.

Gerichtsstand in Civilsachen, allgemeiner 13—20, abgeleiteter 17, ausschließlicher 22, 25, 40, G. der belegenen Sache 25—27, G. der Erbschaft 28, G. der juristischen Personen 19, 23, G. der Niederlassung 22, G. der unerlaubten Handlung 32, G. der Vermögensverwaltung 31, G. der Widerklage 33, G. des Aufenthalts 21, G. des Fiskus 20, G. des Messe- u. Marktortes 30, G. des Zusammenhangs 26, 34, dinglicher G. 25—27, vereinbarter G. 38—40 CPO.

G. des Beschuldigten 7—21, 125 StPO.; 1—5, 9—18 MStGO.

Gerichtstage der Amtsgerichte, Bkm. 23. Sept. 1879; Erl. 17. April 1880.

Gerichtsverfassung D. 30. März 1808; G. 20. April 1810; D. 6. Juli 1810; D. 18. Aug. 1810; G. 14. Juli 1871; V. 14. Juli 1871; GVG. 27. Jan. 1877 Bd. I C S. 1; EG. z. GVG. 27. Jan. 1877 Bd. I C S. 21; G. 4. Nov. 1878 (AG. z. GVG.) Bd. I C S. 24; V. 13. Juni 1879 (AV. z. GVG.) Bd. I C S. 27; Senate des Oberlandesgerichts V. 29. April 1880.

Gerichtsvollzieher, Allgemeines über Organisation, Disziplin u. Geschäftsverhältnisse 155, 156, 162 GVG.; 28—31 AG. z. GVG.; D. 14. Juni 1813; O. 26. Juni 1822; Anstellung 17 G. 14. Juli 1871; Erfordernisse G. 10. Juli 1872; Regul. 18. Juli 1872; 16 V. 13. Juni 1879; Abschriften, Leserlichkeit D. 29. Aug. 1813; Amtsbezirk 16 G. 25. Mai 1838; Amtssiegel bei Wechselprotesten Vf. 8. Juli 1872; Beeidigung 7 D. 14. Juni 1813; keine Enregistrementsgebühren D. 31. Mai 1807; Dienst 94—99 D. 30. März 1808; 116—118 D. 6. Juli 1810; Disziplinarkammern O. 6. Okt. 1832; Ernennung G. 30. Juli 1880; Geschäftsanweisung 16. Sept. 1879; Geschäftsregister V. 16. Dez. 1874; s. Repertorien. Hülfsbeamte der Staatsanwaltschaft 14 AV. z. GVG.; Ladung der Zeugen und Sachverständigen in Strafsachen durch G. 38 StPO.; Parteivertretung 18, 19 G. 25. Mai 1838; Dienst beim Schöffengericht 15 G. 28. Flor. X; Siegelungen im Konkurse 30 AG. z. GVG.; Vornahme von Versteigerungen s. Verkäufe, öffentliche. Wiedereinsetzung in die früheren Rechte G. 19. März 1864; Wohnort, Bestimmung des W. früher 66 D. 18. Juni 1811, jetzt G. 30. Juli 1880; Thätigkeit außerhalb desselben 84 G. 18. Juni 1811.

Die G. beziehen kein festes Gehalt sondern Gebühren 67 D. 18. Juni 1811; Gebührenordnung für G. 24. Juni 1878 Bd. I Anh. S. 44; Gebühren in Sachen auf welche die Reichsjustizgesetze keine Anwendung finden 25, 32, für Inventur, Siegelung 2c. im Konkurs 31, für Proteste 33, für Vorführung, Verhaftung 35, für Anheftung 36, für Sitzungsdienst 37, für Anfertigung von Klagen 2c. 39 AG. z. GKG. Bd. I Anh. S. 59; Auslagen 13 Geb.-O.; 40 AG. z. GKG.; Gebühren für freiwillige Verkäufe 3 G. 15. Nov. 1875; 38 AG. z. GKG.; Verjährung der Gebühren 22, 72 CGB.; Kontrolregister 83 D. 18. Juni 1811.

Strafe wegen Nichtverzeichnung der Gebühren 66 D. I 16. Febr. 1807; wegen Ueberhebung von Gebühren in Strafsachen 86, 64 D. 18. Juni 1811; desgl. für Verkäufe 6 D. 5. Nov. 1851; wegen Dienstverweigerung 85 D. 18. Juni 1811.

Gerichtsvollzieherurkunden, Stempel u. Enregistrement 1 G. 13. Brum. VII; 68 I 30 G. 22 Frim. VII; 43, 13 G. 28. April 1816;

4 AG. z. GKG.; Zeilenzahl 20 G. 2. Juli 1862; D. 30. Juli 1862.

Gesammtstrafe 74 StGB.

Gesammtverbindlichkeiten bezw. =Rechte 1197—1216, 1219, 1365, 2249, Ehefrau 1431, 1487, Miethe 1734, Gesellschaft 1862, Leihe 1887, Vollmachtsvertrag 1995, 2002, Bürgschaft 2021 ff., 2025, 2030 CGB.

G. in Handelsgeschäften 112, 269, 280, 281, insbes. aus Zuwiderhandlungen 173, 178, 204, 241, 245, 247, 257 HGB.

Gesandte, Beleidigung 104, Amtsverletzungen 353 a StGB.; Gerichtsbarkeit 18—20 GVG.

Geschäftsführer von Zeitungen, Verpflichtungen und Voraussetzungen 5, 6, Verantwortlichkeit 8 G. 18. Juli 1828; Stellvertreter während der Haft 14 G. 27. Juli 1849; Bestrafung 9, 10 G. 9. Juni 1819; 13 G. 25. März 1823; 14 G. 18. Juli 1828; s. Gesellschaften, Druckerei.

Geschäftsführung 1732 CGB.; s. Vormundschaft, Gesellschaftsvertrag.

Geschäftsjahr der Gerichte 46, 60—62, 64, 78, 87, 97, 99 GVG.; Kalenderjahr 1 AV. z. GVG.

Geschäftsordnung für das Reichsgericht 141 GVG., 20 EG. z. GVG.; für Gerichtsschreiber Erl. 20. Dez. 1879; für Gerichtsvollzieher Erl. 16. Sept. 1879; bei den Disziplinarbehörden Anlage zu G. 31. März 1873.

Geschäftsregister der Gerichtsvollzieher V. 16. Dez. 1874.

Geschäftssprache, amtliche 10—15 G. 14. Juli 1871; G. 31. März 1872; V. 21. Juni 1872; 4 G. 24. Jan. 1873; V. 17. Sept. 1874; Bkm. 15. Nov. 1874; V. 17. Dez. 1874; 186, 187 GVG.; 12 EG. z. GVG.; V. 5. Dez. 1877; s. Gerichtssprache.

Geschenke, Annahme durch Beamte 331, 335 StGB.; s. Schenkungen.

Geschwister, Erbrecht 731, 742, 748—753, 766, Substitutionen zu Gunsten der Kinder von G. 897, 1044 CGB.; s. ferner 162, 174, 408, 423 CGB.; Anfechtung der vom Gemeinschuldner mit den G. abgeschlossenen Verträge 24 Nr. 2 KO.

Geschwisterkinder 174, 446, 479, 738 CGB.

Geschworene, Vorschlag, Wahl, Ausloosung 81, 84—98, Berathung, Abstimmung 194, 197, 199, 200, Ablehnung des Schöffenamts 35 Nr. 2 GVG.; Zahl 3, Urlisten 4 AV. z. GVG.

G. Ausschließung von dem Dienste eines G. 32, 317, Anfechtung des Urtheils wenn ein solcher G. dabei mitgewirkt hat 377 Nr. 2, 379, desgleichen wenn ein pflichtwidriger G. mitgewirkt hat 399 Nr. 3, 402 Nr. 3 StPO.; Jahresliste der G. 2 EG. z. StPO.; Spruchliste 277, 279, 280, Ausloosung, Annahme oder Ablehnung 278—285, 437, Beeidigung 288, Verhandlung vor den G. 289—317, Fragestellung 290—301, 305, 306, 311, 379, Berathung und Abstimmung 304, 307, Spruch der G. 306—313, 316, 317 StPO.

Falsche Entschuldigung 138, Bestechung 334 StGB.

Reisekosten G. 31. März 1880; 33 AG. z. GKG.; der G. in Zwangsenteignungssachen 30 das.

G. in Zwangsenteignungssachen s. Zwangsenteignung.

Geschworenenbank, Bildung derselben 278—288, Zulässigkeit der Revision wenn die G. nicht ordnungsmäßig besetzt war 377 Nr. 1, 379 StPO.; s. Zwangsenteignung.

Geschworenendienst, Amt im Sinne des StGB. 31 Abs. 2 StGB.

Gesellen (Gehülfen), Streitigkeiten mit Arbeitgebern 23 Nr. 2 GVG.

Gesellschaften, 529, Handelsgesellschaften 1873 CGB.; Buch II HGB.; G. zur Herausgabe von Zeitungen 4 G. 18. Juli 1828; v. d. G. über die Gesellschaften v. 24. Juli 1867 bleibt der Tit. V in Wirksamkeit 1 Nr. 1 EG. z. HGB.; s. auch Aktien=, Handels=, Kommandit=, Offene Stille, Versicherungs=Gesellschaften.

Gesellschaftsvertrag 1831 ff., 854, 1525 CGB.

Gesinde s. Dienstverhältniß.

Gesinde=Diebstahl 247 StGB.

Gesinde=Streitigkeiten gehören vor die Amtsgerichte 23 Nr. 2 GVG.

Gesetz, Allgemeines 2—6 CGB.; G. im Sinne der CPO. 12 EG. z. CPO.; G. im Sinne der KO. 2 EG. z. KO.; G. im Sinne der StPO. 7 EG. z. StPO.

Ausfertigung O. 27. Nov. 1816; O. 18. Jan. 1817; Verkündigung G. 3. Juli 1871; Druck von G. vor der Verkündigung 1, 2 D. 6. Juli 1810.

Gesetzgebende Versammlungen, Sprengung 105, Verhinderung 106, Beleidigung 197 StGB.; Mitglieder können Schöffen und Geschworenenamt ablehnen 35 Nr. 1, 85 GVG. S. Abgeordnete.

Gesetzgebung, Ausübung derselben in E.=L. 3 G. 9. Juni 1871 Bd. I A 1; 8 G. 25. Juni 1873 Bd. I A 4; G. 2. Mai 1877 Bd. I A 12; 21 G. 4. Juli 1879 Bd. I A 14; G. im Reiche 5 RV. Bd. I A 4.

Gesetzliche Hypotheken, Reinigungsverfahren StRG. 1. Juni 1807; StRG. 8. Mai 1812; Erneuerung der Eintragung StRG. 22. Jan.

1808; Erforderniß der Eintragung 8 G. 23. März 1855; s. Hypothek.

Geständniß 1354 CGB.
G. im Civilprozeß, Feststellung durch Schriftsätze 270, durch das Sitzungsprotokoll 470, Wirksamkeit des gerichtl. G. 261—263, 494, in Ehesachen 577, in Entmündigungssachen 611, 620, 624, 626 CPO.; in Gütertrennungssachen 3 AG. z. CPO.
G. des Beschuldigten vor dem Amtsrichter 211, Verlesung des Protokolls über ein G. in der Hauptversammlung 253, Wiederaufnahme des Verfahrens wenn der Freigesprochene ein G. ablegt 402 Nr. 4 StPO.

Gestohlene Sachen 1953, 2279, 2280 CGB.

Gestütswesen D. 4. Juli 1806; O. 16. Jan. 1825; O. 10. Dez. 1833; O. 24. Okt. 1840.

Gesundheit, Verletzung 223, 229, 324—326; Atteste 277—280 StGB.

Gesundheitspflege, öffentliche V. 18. Dez. 1848.

Gesundheitspolizei G. 3. März 1822.

Getränke, verfälschte 10, 11 G. 14. Mai 1879; Entwendung 370 Nr. 5 StGB.

Getreide fällt nicht unter meubles 533, Nießbrauch an G. 587, Aufrechnung 1291 CGB.; Privattransitläger Regul. 13. Mai 1880.

Gewährämter für Gold- und Silberwaaren G. 19. Brum. VI; V. 15. Prair. VI; O. 5. Mai 1820.

Gewährleistung bei Theilungen 884 ff., für Heirathsgut 1440, 1547, beim Kauf 1625—1649, bei Cession 1693—1695, bei Erbschaftskauf 1696—1698, Tausch 1704 ff., Miethe 1721, 1725 ff., Gesellschaft 1845, Vollmacht 1997, G. der Baumeister 2270 CGB.

Gewährsmängel beim Kauf von Waaren 347—350 HGB.; s. Viehmängel.

Gewalt des Ehemannes 214—226, 1388, elterliche G. 371—387, höhere G. 1148, 1730, 1733, 1755, 1784 CGB.; Verlust oder Beschädigung des Frachtguts durch höhere G. 395, 423, 607, 674 HGB.; s. Zufall, Zwang.
Unwiderstehliche Gewalt 52 StGB.
S. Widerstand, Raub, Entführung, gesetzgebende Versammlungen, Unzucht.

Gewerbebetrieb, Aufsicht und Gesetzgebung des Reichs 4 Nr. 1 RV.; im Umherziehen G. 14. Mai 1877.

Gewerbefreiheit 7 G. 17. März 1791.

Gewerbegerichte als besondere Gerichte zugelassen 14 Nr. 4 GVG.; Einrichtung 1, Zuständigkeit 2, Ausgaben 3, Zusammensetzung 4 ff., Vereidigung 16, Amtsenthebung 17, Vergleichsamt 18, 26 ff., Sitzungen 19, Gerichtsschreiber 20, Verfahren 21 ff., Rechtsmittel 40 ff., Zwangsvollstreckung, Arrest, einstweilige Verf. 43 ff., Aufhebung der bisherigen Bestimmungen 46 G. 23. März 1880; Register über Quittungsbücher der Gewerbeunternehmer 20 ff., Register über Zahl der Gewerbe u. Arbeiter 29 G. 18. März 1806; Einsichtnahme der Arbeitsstätten StRG. 20. Febr. 1810; Abgabe von Gutachten 17 G. 1. Juni 1853; Geschäftsordnung 21. Dez. 1880; G. bestehen in Mülhausen, Straßburg, Thann, Markirch, Metz, Bischweiler, Colmar, Bem. 6 zu G. 23. März 1880.

Gewerbelegitimationskarten der Handelsreisenden Vertrag 25. Juni 1873 Schlußprot. Nr. 17.

Gewerbeordnung, Einführung des § 29 durch G. 15. Juli 1872.

Gewerbesteuer im Allgemeinen G. 25. April 1844; 16 ff. G. 15. Mai 1850; 13 ff. G. 10. Juni 1853; 8, 19 ff. G. 4. Juni 1858; 3 G. 2. Juli 1862; 3 G. 13. Mai 1863; 4 G. 2. Aug. 1868; 3 G. 27. Juli 1870; Befreiung von derselben 13, 23 G. 25. April 1844; 13 G. 10. Juni 1853; 11 G. 4. Juni 1858; 3 G. 2. Juli 1862; Einschätzung zu derselben 20, Entrichtung derselben 23 ff., feste Abgabe 3 ff., 16, 17 G. 25. April 1844; 17, 23 G. 15. Mai 1850; 9 G. 4. Juni 1858; 19 G. 26. Juli 1860; 4 G. 2. Aug. 1868; Haftung der Hauseigenthümer 25 G. 25. April 1844; V. 9. Okt. 1878; Handelsgesellschaften 16 ff. G. 25. April 1844; 24 G. 15. Mai 1850; 19 G. 26. Juli 1860; 3 G. 8. Mai 1869; Handlungsreisende, Fremde 19, Hausirer 14, 18, 24 G. 25. April 1844; Reichsbank Bem. zu 13 G. 25. April 1844; 21 G. 14. März 1875; Reklamationen 21 ff. G. 25. April 1844; Tarif 3 G. 25. April 1844, Anh. zu G. 25. April 1844; Veränderungen, Volkszählung 5 G. 25. April 1844; 4 G. 4. Aug. 1844, während des Etatsjahrs 13 G. 4. Juni 1858; verhältnißmäßige Abgabe 8 ff., 14 G. 25. April 1844; Waarenmäkler 4 G. 26. Dez. 1873; Zuschläge 4 G. 20. Juli 1837; 32 G. 25. April 1844; 12 G. 4. Juni 1858; s. auch Steuern, direkte.

Gewerbesteuerscheine 26 ff. G. 25. April 1844; 12 G. 4. Juni 1858.

Gewerbtreibende, Untreue 266 Nr. 3, Maß, Gewicht, Feuerpolizei 369 Nr. 2 u. 3, Baupolizei 367 Nr. 15, Tödtung 222, Körperverletzung 230, 232 StGB.
Streitigkeiten 23 Nr. 2 GVG.

Gewerkschaft 75 ff., Repräsentant, Grubenvorstand 87, 98 Bergges. 16. Dez. 1873.

Gewichte, Einführung der Maß- u. Gewichtsordnung v. 17. Aug. 1868 durch G. v. 19. Dez. 1874; Eichung 22—30 Eichordnung v. 16. Juli 1869 Bd. III u. Nachträge v. 22. März 1876;

Eichung der Goldmünzgewichte Erl. 31. Jan. 1872; Eichgebühren, Taxe V. 12. Dez. 1869 u. 30. Nov. 1875; äußerste Grenzen Bkm. 6. Dez. 1869 u. 5. Sept. 1875.
Falsche G. 369 Nr. 2 u. Schluß StGB.

Gewinn, entgangener 1149 CGB.; 283 HGB.

Gewohnheiten 1390 CGB; s. Ortsgebräuche, Handelsgebräuche.

Gewohnheitswucher, Bestrafung 302 d StGB.; s. Wucher.

Gewohnheitsrecht, Beweis 265 CPO.

Gift, Giftstoffe, Beschädigung 229, Brunnen 324, Zubereitung ohne Erlaubniß 367 Nr. 3, Zuwiderhandlung gegen die Vorschriften über Aufbewahrung ꝛc. 367 Nr. 5 StGB.
Verkauf G. 19. Juli 1845; O. 29. Okt. 1846; Arsenik 8 O. 29. Okt. 1846; Verzeichniß D. 8. Juli 1850; D. 1. Okt. 1864.

Glaube, guter, böser s. Redlichkeit.

Gläubiger, Rechte überh. 1166, 1167, bei Ernennung u. Absetzung des Vormundes 406, 421, bei Nießbrauch 618, 622, bei Ausschlag von Erbschaften 788, bei Benefizialerbschaften 806, 809, bei Theilungen 820, 821, 826, 882, bei Rückbringen 857, 865, Rechte gegen die Erben 877, auf Güterabsonderung 878—881, 2111, bei Gütertrennung 1446 ff., bei Verzicht auf Gütergemeinschaft 1464 CGB.

Glücksspiel 254, 285, 360 Nr. 14 StGB.; Durchsuchung solcher Räume, welche als Schlupfwinkel des G. bekannt sind 104—106 StPO.

Glücksverträge s. Verträge.

Gnadenmonat 69 G. 31. März 1873; 6 G. 24. Dez. 1873.

Gnadenquartal 7, 8, 31 G. 31. März 1873; 6 G. 24. Dez. 1873.

Gassen s. Straßen.

Geld fällt nicht unter meubles 533, einer ledigen Erbschaft 813, Substitution 1065, Gelddarlehn 1895, 1905, Hinterlegung 1936 CGB.

Goldmünzen G. 4. Dez. 1871; Erl. 17. Febr. 1875; Bkm. 8. Juni 1875; Bkm. 19. Dez. 1875.

Goldmünzgewichte Erl. 31. Jan. 1872; Bkm. 27. Jan. 1877.

Gold= und Silberwaaren Dekl. 26. Jan. 1749; D. 31. März 1791; G. 19. Brum. VI; D. 28. Flor. XIII; Abgaben für Prüfung des Feingehalts aufgehoben G. 21. Mai 1873; Verkauf durch die Gerichtsschreibereien O. 23. (21.) Jan. 1821.

Gothaer Vertrag v. 15. Juli 1851 eingef. durch G. v. 8. Jan. 1873 Bd. III S. 303.

Gottesdienst, Störung 166, 167, Diebstahl 243 Nr. 1, Beschädigung 304, Brandstiftung 306 StGB.; Abdruck der zum G. dienenden Bücher 1, 2 D. 7. Germ. XIII.

Gotteslästerung 166 StGB.

Grab 168, 304 StGB.

Gräben 666 CGB.; Beschädigung 17 Tit. II G. 6. Okt. 1791.

Gräbereien 2 Berggeſ. 16. Dez. 1873; Haftpflicht für Tödtungen u. Körperletzungen G. 7. Juni 1871.

Grade der Verwandtschaft 135 ff., 755 CGB.

Grenzaufsichtsbeamte s. Beamte, Waffengebrauch.

Grenze, Verrückung ꝛc. von Grenzsteinen 274 Nr. 2, Abpflügen 370 Nr. 1 StGB.; s. Abmarkung.

Grenzlinie zwischen Frankreich und Elsaß=Lothringen 1 Friedenspräl. 26. Febr. 1871; 1 Friedensvertr. 10. Mai 1871; 10 zusätzl. Uebereinkunft 12. Okt. 1871; Uebereink. v. 24—27. und v. 28—31. Aug. 1872.

Grenzsteine, Beschädigung ꝛc. 274 StGB.; in Wäldern 33 FStG.

Großbritannien s. Auslieferungsverträge.

Großeltern s. Aszendenten.

Großjährigkeit G. 17. Febr. 1875; 488, 1307, 1311, 1313, 1940 CGB.

Gruben, Anlegung von G. 552 CGB.; Unverdecktlassen 367 Nr. 12 StGB.

Grunddienstbarkeiten, Eintheilung 637—639, G. aus der Lage der Oertlichkeit 640—648, gesetzliche G. 649—685, bestellte G. 686—710, Arten desselben 687—689, Begründung 690 ff., Inhalt 697 ff., Erlöschung 703 ff. CGB.; Ueberschreibung 2 G. 23. März 1855.

Grundlasten, Ablösung G. 18. Dez. 1790.

Grundrenten, Ablösung G. 29. Dez. 1790.

Grundsteuer, allgemeine Bestimmungen 1 ff. G. 3. Frim. VII; Abgang von steuerpflichtigem Gut 16 G. 31. Juli 1821; Abschätzung des Ertrags 56 ff., Abzug von Grundrenten 98 ff., Anstalten, öffentliche 110 G. 3. Frim. VII; D. 11. Aug. 1808; Befreiung, dauernde 103 ff. G. 3. Frim. VII; 1 G. 19. Vent. IX; D. 11. Aug. 1808; 7 G. 8. Mai 1869; 1 G. 25. Mai 1873. 5 G. 26. Dez. 1873; Befreiung, zeitweilige 88, 111 ff. G. 3. Frim. VII; 226 HGB.; Erhebung 124 ff. G. 3. Frim. VII; Gebäude, leerstehende 38 G. 15. Sept. 1807; 5 G. 28. Juni 1833; Bf. 10. Aug. 1877; Gebäude, neuerbaute 88 G. 3. Frim. VII; Gebäude, zerstörte 2 G. 17. Aug. 1835; Reinertrag derselben 5, 82 ff. G. 3. Frim. VII; Gemeindegut 109 G. 3. Frim. VII; G. 26. Germ. XI; D. 11. Aug. 1808; Kanäle G. 5. Flor. XI; 26 G. 23. Juli 1820; 5 G. 26. Dez. 1873; Kataster=Erneuerung 7 G. 7. Aug. 1850; Katastrirung Bem. zu 37 G. 15. Sept. 1807; Krongut Bem. zu 16 G. 31. Juli 1821; Kulturen, neue

111 ff., Mühlkanäle 104, Mutterrolle, Fortschreibung des Eigenthumswechsels 31 ff. G. 3. Frim. VII; Reklamationen, Zulässigkeit 37 ff. G. 15. Sept. 1807; Salinen und Salzwerke D. 15. Okt. 1810; 17 G. 17. Juni 1840; Staatsgut 105 ff. G. 3. Frim. VII; D. 11. Aug. 1808; 1 G. 25. Mai 1873; Staatswaldungen G. 19. Vent. IX; 14 ff. G. 31. Juli 1821; 7 G. 8. Mai 1869; steuerpflichtiger Ertrag 3 ff., Straßen und Plätze 103 G. 3. Frim. VII; Vertheilung auf die Bezirke 38 G. 15. Mai 1818; Vertheilung auf die Kreise u. Gemeinden 25 G. 3. Frim. VII; 19, 20 G. 31. Juli 1821; Waldungen, neu angelegte 113, 116 G. 3. Frim. VII; 226 FGB.; Waschschiffe und ähnl. 2 G. 18. Juli 1836; Zahlung bei Emphyteusis StRG. 2. Febr. 1809; Zahlung bei Pachtverträgen 147 G. 3. Frim. VII; 6 G. 4. Aug. 1844; Zugang von steuerpflichtigem Gut 15 G. 31. Juli 1821; 2 G. 17. Aug. 1835; Zuschläge für Gemeindeausgaben 31 G. 15. Mai 1818; s. auch Steuern, direkte.

Grundstücke sind unbewegliche Güter 518, 524, 646 CGB.; Verträge über G. sind keine Handelsgeschäfte 275 HGB.; s. Liegenschaften.

Grund und Boden ist frei 1 Tit. I Abschn. 1 G. 6. Okt. 1791.

Gut, öffentliches s. Staatsgut.

Gutachten der Sachverständigen in Strafsachen 73—85, Verlesung desselben in der Hauptverhandlung 255, Einsicht desselben durch den Vertheidiger 157, G. bei Münzverbrechen 92 StPO.

G. im Civilprozeß 372—379, schriftliches 376 CPO.

S. Sachverständige.

Güter, Eintheilung 516 ff., unbewegliche G. 517—526, bewegliche G. 527—538 CGB.; s. auch Vormundschaft, Gütergemeinschaft; öffentliche G. 538—540, ledige G. 539, herrenlose G. 539, 713, G. im allgemeinen Gebrauche 714, G. des Meeres 717, verlorene G. 717, 2279 ff., gestohlene G. 2279 ff., verbrauchbare, nicht verbrauchbare G. 587, 1238, 1291, 1532, 1566, 1851, 1874, 1892, theilbare, untheilbare G. 827 ff., 1217—1225, vertretbare, nicht vertretbare G. 1291, 1878, streitige G. 1699—1701, im Verkehr befindliche G. 1125, 1302 ff., 1598, 1878, 2118, 2226, unkörperliche G. 1607, 1689, 2075 CGB.; s. Gemeinde, Staat, Liegenschaften.

Güterabsonderung s. Absonderung, Gütertrennung.

Güterabtretung 1265—1268 CGB.; Rechtswohlthat der G. beseitigt 5 Nr. 2 EG z. KO.

Gütergemeinschaft, eheliche, gesetzliche 1400 ff., vertragsmäßige 1497 ff., Ausschließung 1529 ff. CGB.; unter Ehegatten, wenn einer von ihnen zu den Kaufleuten gehört 8 HGB.; 6 EG. z. HGB.; Vorlegung der Handelsbücher in Angelegenheiten der G. 40 HGB.

Verzicht auf die G. geschieht auf der Gerichtsschreiberei 874, 997 ff. fr. CPO.

Gütertrennung 311, gerichtliche G. 1441 ff. CGB.; 9 EG. z. HGB.; vertragsmäßige 1536 ff. CGB.; Klage 3—9, Anfechtung von Urtheilen 7 AG. z. CPO.

Gymnasien s. Unterrichtswesen; Schulen, höhere.

H.

Habe, fahrende s. Güter, bewegliche.

Häfen 538 CGB.; Abgaben zur Unterhaltung 6—8 G. 14. Flor. X.

Haft 1, 18, 19, 28, 29, 70 Nr. 6, 77, 78 StGB.; H. gegen ungebührliche Parteien, Zeugen rc. 178, 179, 184 GVG.; Strafe der ausbleibenden Zeugen 345 CPO.; 50 StPO.; bei Verweigerung des Zeugnisses 355, 597, des Gutachtens Sachverständiger 374, 597 CPO.; 72 ff. StPO.; Haft zur Zwangsvollstreckung auf Handlungen 774, 775, 780 ff. CPO.

Haftbarkeit s. Haftpflicht.

Haftbefehl, Erlaß und Aufhebung 114, 123—132, H. gegen den Angeklagten 229, 235, Befugniß der Staatsanwaltschaft einen H. zur Vollstreckung einer Freiheitsstrafe zu erlassen 489 StPO.; s. auch Verhaftung.

Haftpflicht für Delikte u. Quasidelikte 1382—1386, für fehlerhafte Bauten 1386, 1792, 2270 CGB.; H. der Eisenbahnen, Bergwerke rc. G. 7. Juni 1871 eingef. durch G. 1. Nov. 1872; der Gemeinden bei Aufläufen G. 10. Vend. IV; H. der Eltern, Dienstherren rc. in Steuersachen 35 D. 1. Germ. XIII; 22 G. 5. Juli 1872; bezügl. des Fuhrwesens 13 G. 30. Mai 1851; bezügl. des Straßenwesens V. 4. Aug. 1731, 16. Dez. 1759; bezügl. der Feldfrevel 7 Tit. I Abschn. 7, u. 7 Tit. II G. 6. Okt. 1791, bezügl. der Forst- u. Weidefrevel 3 FStG.; bezügl. der Jagdfrevel 28 G. 3. Mai 1844; bezügl. der Fischereifrevel 74 G. 15. April 1829; H. der Fährpächter 54 G. 6. Frim. VII; H. der Schulvorsteher für die Internen 79 D. 15. Nov. 1811; H. für Geldstrafen: wie vorstehend in Steuersachen, in Sachen des Straßenwesens, des Fuhrwesens, der Forstfrevel, der Fährpächter.

Halbbürtige Verwandte 733, 752 CGB.

Handarbeitsunterricht s. Unterrichtswesen.

Handel, Oberrath D. 2. Febr. 1853. H. der Ehefrau 220, der Minderjährigen 487, 1308, Handelsgesellschaften 1862, 1873 CGB. S. Kaufmann.

Handelsbörsen s. Börsen, Wechselagenten.

Handelsbriefe, Aufbewahrung 28, 33 HGB.

Handelsbücher 28—40 HGB.; 1329 CGB.; unterlassene Führung 209 Nr. 3 u. 4, 210 Nr. 2 KO.

Handelsfirma s. Firma.

Handelsfrau, Begriff, Rechte u. Pflichten derselben 6—9 HGB.; 5 EG. z. HGB.; 220 CGB.

Handelsgebräuche, Berücksichtigung derselben 1 HGB.; französische H. G. 13. Juni 1866; D. 15. Juni 1867.

Handelsgerichte, Aufhebung 7, Landgerichte treten an deren Stelle 17, event. die Kammer für Handelssachen 21 AG. z. GVG.

Handelsgeschäft (Handlung), Uebernahme eines bestehenden H. 22, 23 HGB.

Handelsgeschäfte, Begriff 271—277, 378, 388, 420, allgemeine Bestimmungen darüber 278—316 HGB.

Handelsgesellschaften, Arten: offene H. 85—149, Kommanditgesellschaften 150—172, Kommanditgesellschaften auf Aktien 173—206, Aktiengesellschaften 207—249a HGB.; besondere Bestimmungen für bestehende H. 31—33 EG. z. HGB.; Konkurs 198—201, Strafe gegen die Liquidatoren 214 KO.

Handelsgesetzbuch Bd. I E S. 17; Einführung G. 19. Juni 1872 Bd. I E S. 110.

Handelskammern, Ausgaben D. 23. Sept. 1806; Straßburg B. 3. Niv. XI; B. 17. April 1875; Colmar D. 18. Juni 1870; B. 11. Nov. 1872; Metz D. 19. Mai 1815; Mülhausen O. 29. Okt. 1828; Kosten B. 4. Dez. 1873; 11 ff. G. 23. Juli 1820; 4 G. 14. Juli 1838; 33 G. 25. April 1844; Berathungskammern für Fabriken B. 10. Therm. X; Verfassung D. 3. Sept. 1851; Wahl D. 30. Aug. 1852.

Handelsmäkler s. Mäkler; Verkäufe, öffentliche.

Handelsregister, allgemeine Bestimmungen 12—14 HGB.; 18 ff. EG. z. HGB.; Gebühren für Eintragungen in das H. 1—3 B. 12. Juli 1872; Führung des H. Instr. 28. Sept. 1872.

Handelsrichter, Richterliche Stellung 11, Ernennung u. Beeidigung 109, 111—117 GVG.; 9—13 AB. z. GVG.; Disziplin 20, Dienst 12 das.

Handelssachen 10 EG. z. HGB.; Kammern für H. 100—118, 67, 70, Abstimmung 199 GVG.

Handelsvertrag mit Frankreich 2. Aug. 1862; Costa-Rica 18. Mai 1875; Persien 11. Juni 1873; Portugal 2. März 1872; Königreich der Hawaischen Inseln 25. März 1879; Belgien 22. April 1880; Schweiz 1. Mai 1880; s. Freundschaftsvertrag.

Handelszeichen G. 13. Nov. 1872.

Handgeld s. Draufgabe.

Handlungsbevollmächtigte 42, 47—49 HGB.

Handlungsfähigkeit s. Fähigkeit.

Handlungsgehülfen 57—65 HGB.; Streitigkeiten und Ansprüche 23 Nr. 2, 101 Nr. 3e GVG.

Handlungslehrlinge 57—65 HGB.

Handlungsreisende, Rechte und Pflichten derselben 49 HGB.

Handschriften, Veröffentlichung von H. 1, 2 D. 20. Febr. 1809.

Handwerker, wieweit das Handelsgesetzbuch auf dieselben Anwendung findet 10, 272, 273 HGB.; Vorrecht ihrer Forderungen 41 Nr. 6 KO.; Streitigkeiten 23 Nr. 2 GVG.; s. Urtheilsvollzug.

Hansestädte, Vernehmung der Senatsmitglieder als Zeugen in Strafsachen 49, 53 StPO.; Mitglieder der Senate sollen nicht zu Schöffen ernannt werden 85 GVG.

Haufen, bewaffneter 127 StGB.

Hauptausbesserungen bei Nießbrauch 605 ff., bei Gebrauchs- und Wohnungsrecht 635, bei Miethe 1720 CGB.; s. Ausbesserungen, festigende.

Hauptintervention 61, 62, 78, 236 462 CPO.

Hauptsache 566 ff. CGB.

Hauptverfahren, Zuständigkeit für dasselbe 17, 18, Vorbereitung 188, Eröffnung 196—210, 214, 242, H. vor der Strafkammer 23, H. vor den Schöffengerichten 211 StPO.

Hauptverhandlung im Strafverfahren, Vorbereitung 212—224, Eröffnung und Leitung 225—275, H. vor den Schwurgerichten 276—317, H. vor den Schöffengerichten 211, in Untersuchungen gegen Abwesende 319—322, 327, insbesondere gegen solche, die sich der Wehrpflicht entzogen haben 470, 471, H. in der Berufungsinstanz 364—367, 370—373, in der Revisionsinstanz 390, 391, bei Wiederaufnahme des Verfahrens 410, 411, 413, bei Privatklagen 417, 427, 431, bei Nebenklagen 438, 440, bei amtsrichterlichen Strafbefehlen 448, 451, 452, bei dem Antrage auf gerichtliche Entscheidung gegen polizeiliche Strafverfügungen 456—458, desgl. gegen Strafbescheide der Verwaltungsbehörden 462, 465, bei Einziehungen 478 StPO.

Haus, Unverletzlichkeit 76 Verf. 22. Frim. VIII.

Häuser 535, 536, Ausbesserung 605 ff., 1720, 1754 ff., Stockwerke 664, Miethe 1715 ff., 1752 ff.; Abputzen in Straßburg, Metz, Mülhausen 5 D. 26. März 1852; s. Gebäude, baufällige Gebäude, Numerirung.

Hausfriedensbruch 123, 124, durch Beamte 342 StGB.

Hausgeistliche, Gehalt B. 11. Frukt. XI.

Hausgenossen, Stehlen zc. 247, 361 Nr. 9 StGB.

Hausirer, 10 HGB.; Gewerbebetrieb im Umherziehen G. 14. Mai 1877; H. mit Büchern zc. 6 G. 27. Aug. 1849.

Hausirhandel im Grenzbezirk 124 VZG. 17. Juli 1871.

Haussuchung bei Personen unter Polizeiaufsicht 39 Nr. 3 StGB.; s. Durchsuchung.

Hausthiere, Kauf und Tausch G. 20. Mai 1838.

Hausvater, Bestimmung dess. begründet Dienstbarkeiten 692 ff., Sorgfalt des ordentlichen H. 450, 601, 627, 1137, 1374, 1728, 1806, 1880, 1962 CGB.

Hausverfassung der Landesherren 5 EG z. GVG.

Haverei 702—741 HGB.

Hazardspiel s. Glücksspiel.

Hebammen, Ausbildung 30 ff., Strafbestimmung 35 u. 36 G. 19. Vent. XI; Rangordnung ihrer Forderungen 54 Nr. 4 KO.; Gebühr für Ueberschreibung des Patents Bem. 4—7 AG. z. GKG. Bd. 1 Anh. Nr. 30; Offenbaren von Geheimnissen 300 StGB.; s. Geburten.

Hecken 670 ff. CGB.

Heer, Organisation 1—8, Ergänzung 9—37, aktives 38 ff. RMG.

Heer-Ordnung Bem. 20 zu 19 G. 9. Nov. 1867 Bd. III.

Hehler sind als Zeugen unbeeidigt zu vernehmen 56 Nr. 3, Beschlagnahme schriftlicher Mittheilungen zwischen ihnen und dem Beschuldigten 97, Durchsuchung der Wohnung eines H. 102 StPO.

Hehlerei 258 ff. StGB.; Zuständigkeit der Schöffengerichte 27 Nr. 8, 75 Nr. 9, der Strafkammer 73 Nr. 6 GVG.

Heimathsrecht der Bundesangehörigen 5—7, 11 G. 1. Nov. 1867 Bd. III.

Heimathsverhältnisse, Erlaß von Bestimmungen darüber 4 Nr. 1 RV.

Heirath s. Eheschließung.

Heirathsgut 1540, Bestellung 204, 511, 1438, 1439, 1542 ff., Gewährleistung 1440, 1547, System des H. (Dotalsystem) 1442—1581, Rechtsverhältnisse des Heirathsguts während der Ehe 1443, 1563, 1531 ff., 1548 ff., 1562, 2255, bei Rückgabe und nach Auflösung der Ehe 1469, 1564 ff., 1571 ff., Hypothek 2121, 2135, 2140, 2144, 2193 ff. CGB.; s. ferner 952, 963, 1054, 124 CGB.

Heirathsvertrag s. Ehevertrag.

Herausforderung 201—204 StGB.

Herboristen 37 G. 21. Germ. XI; 5 G. 15. Juli 1872.

Herd 674 CGB.

Herde 616 CGB.; s. Viehpacht.

Herrenlose Sachen auf Flüssen 16, 17 Tit. 31 O. Aug. 1669.

Hessen s. Schulpflicht.

Hetzen, Hunde 366 Nr. 6 StGB.

Heuer, Entlaufen mit der H. 298 StGB.

Heuerntebann 471 Nr. 1 fr. StGB.

Heuerverträge 453, 529, 530, 538—547 HGB.

Hinrichtung des zur Todesstrafe Verurtheilten 486 StPO. u. Bem.; Verfahren Vf. 14. Aug. 1880; früherer Tod bei H. von mehreren Personen G. 20. Prair. IV.

Hinterlassenschaften, Regulirung von H. in Rußland, Konvent. 16. Nov. 1874.

Hinterlegung, im Allgemeinen 1915—1920, 2236, freiwillige H. 1921—1948, H. zur Nothzeit 1949—1954, 2060, H. von Zahlungen 1257 ff., Sequestration 1655—1963 CGB.

H. von Geldern, deren H. gesetzlich vorgeschrieben oder durch eine Behörde angeordnet wird: alle bei der Aktiengesellschaft für Boden- u. Kommunalkredit 1—4 O. 3. Juli 1816; 1 G. 4. Nov. 1872; Vertr. 25. Nov. 1872 (s. aber Bem. zu 2 O. 3. Juli 1816); Verpflichtungen der ministeriellen Beamten 5, 7—10 O. 3. Juli 1816; Zinsen 8 G. 23. Niv. XIII; 14 O. 3. Juli 1816; 7 G. 4. Aug. 1844; Gefahr u. Kosten 8 G. 23. Niv. XIII; 13 O. 3. Juli 1816; Rückzahlung 15—17, Empfangsbescheinigung 12 das.

Empfangnahme durch Enregistrementseinnehmer V. 18. Mai 1880; Rückzahlung durch die Aktienges. für Boden- u. Kommunalkredit 4 das.

Freiwillige H. von Bezirken u. Gemeinden, Voraussetzungen 8, betr. freiwillige oder private H., Lauf u. Höhe der Zinsen 5, Rückzahlung u. Verantwortlichkeit für Weigerung 9, 10, Verfahren bei Verlust des Empfangsscheins 11 O. 3. Juli 1816; H. bei Nichtpräsentation von Inhaberpapieren G. 6. Therm. III.

Hochverrath 80 ff., 102, 139, 4 Nr. 1 u. 2 StGB.; bei Kriegszustand 4 EG. z. StGB.; Zuständigkeit des Reichsgerichts 136 Nr. 1, 138 GVG.; auch erfolglose Aufforderung zum H. strafbar 3 G. 12. Juli 1873.

Hochzeit, Kosten 852 CGB.

Hoheitsgrenzen in der Gemeinde Avricourt Uebereink. 24—27. August 1872; in den Gemeinden Raon-les-Leaux und Raon-sur-Plaine Uebereink. 28—31. Aug. 1872.

Hoheitszeichen 135, ausw. Staaten 103 a StGB.

Höhenlage, Festsetzung in Baufluchtsplänen 5 D. 26. März 1852.

Hohenzollern, Anwendung der StPO. auf die Mitglieder der fürstlichen Familie H. 4 EG. z. StPO.; Vernehmung derselben als Zeugen 71 StPO.; in Civilsachen 196, 340, 441, 444 CPO.; Anwendung des GVG. auf die Mitglieder der fürstl. Familie 5 EG. z. GVG.

Höhere Gewalt s. Gewalt.

Hohlmaße 14—21 Eichordnung 16. Juli 1869 Bd. III; Taxe 12. Dez. 1869 u. 30. Nov. 1875; Bkm. 11. Juli 1875.

Höllenmaschinen, Verbot 3 G. 27. Febr. 1858.

Holz, Abgabe V. 10. Dez. 1880.

Holzdiebstahl, in Baumanpflanzungen welche nicht Wälder sind 36, 37 Tit. II G. 6. Okt. 1791; s. Forstdiebstahl.

Holzkaufgelder Bkm. 31. Okt. 1873; Bkm. 21. Febr. 1874.

Holzversteigerungen frei von Stempel- u. Registrirgebühren 5 G. 20. Dez. 1875.

Hospizien s. Pflegehäuser.

Hülfeleistung, verweigerte 360 Nr. 10 StGB.; bei Waldbränden 29 Nr. 4 FStG.; der Bergwerksbesitzer 181 Bergges. 16. Dez. 1873; bei Vollstreckung von Urtheilen G. 22. Germ. IV.

Hülfsbeamte der Staatsanwaltschaft 153 GVG.; welche Beamte gehören dazu? 27 AG. z. GVG.; 14 AV. z. GVG.; V. 26. Jan. 1880; Beschlagnahmen u. Durchsuchungen Vf. 12. Juli 1880.

Hülfsfragen an die Geschworenen 294, 296 StPO.

Hülfsgenossenschaften auf Gegenseitigkeit, Erklärung der Gemeinnützlichkeit 1, 11, 12 G. 15. Juli 1850; 1—3 D. 14. Juni 1851; Genehmigung u. Voraussetzungen dazu 1 D. 26. März 1852; Zweck 2 G. 15. Juli 1850; 6 D. 26. März 1852; Einsendung von Jahresberichten 13 G. 15. Juli 1850; besondere Rechte: Ueberlassung von Lokalen durch die Gemeinde, Stempelfreiheit der Urkunden, Befreiung von Begräbnißsteuer, Einzahlung in die Sparkasse 9, 10, 11, 14 D. 26. März 1852; Ernennung des Vorsitzenden 5 G. 15. Juli 1850; 3 D. 26. März 1852; D. 18. Juni 1854; Aufsicht 4 G. 15. Juli 1850; 7—9 D. 14. Juni 1851; Verwaltung und Geschäftsführung 13 G. 15. Juli 1850; 2—7 G. 26. März 1852; 1 D. 18. Juni 1854; Auflösung 12 G. 15. Juli 1850; 13—17 D. 14. Juni 1851; 15, 16 D. 26. März 1852; Liquidation 17 D. 14. Juni 1851.

Hülfsgeschworene 89, 90, 98 GVG.; Zuziehung derselben 280, 285 StPO.

Hülfskassen, eingeschriebene, allgemeine Bestimmungen 1—15, 23—27, Vorstand derselben 16—19, Generalversammlung 20—22, Auflösung 28—33, Verbände mehrerer H. 35, H. auf Grund landesgesetzlicher Vorschriften 36, Einsendung von Uebersichten 27 G. 7. April 1876; Bkm. 4. Febr. 1877.

Hülfspfarrer 31 ff. G. 18. Germ. X.

Hülfsrichter bei den Landgerichten 69, bei den Oberlandesgerichten 122, beim Reichsgericht unzulässig 134 GVG.

Hülfsschöffen 42 Nr. 2, 43, 44, 48, 49 GVG.

Hunde 295, 366 Nr. 6 StGB.

Hundesteuer G. 2. Mai 1855; D. 4. Aug. 1855; D. 3. Aug. 1861; 1 Nr. 3 V. 10. Febr. 1875.

Hurerei 361 Nr. 6 StGB.

Hypothek überhaupt 2094, 2114 ff., gesetzliche H. 2121, gerichtliche 2123 CGB. u. Bem. dazu; aus Verurtheilungen u. Zwangsbefehlen der Verwaltungsbehörden StRG. 25. Therm. XII; StRG. 12. Nov. 1811; StRG. 24. März 1812; vertragsmäßige 2124 ff., Rang 2134 ff., Eintragung 2146 ff., Löschung 2157 ff., Minderung 2161 ff., Wirkungen 2166 ff., 2209, Erlöschung 2180 CGB.; Ueberschreibung G. 23. März 1855.

Hypothekareintragungen, Arme und Pflegehäuser D. 11. Therm. XII; nicht fällige Forderungen G. 3. Sept. 1807; Dauer bei gesetzlichen Hypotheken StRG. 22. Jan. 1808; Berichtigung StRG. 26. Dez. 1810; Löschung der H. von Gemeinden O. 15. Juli 1840; Kosten derjenigen welche von Amtswegen vorgenommen werden 124, 125 D. 18. Juni 1811.

Hypothekenbewahrer, Verantwortlichkeit 2196 ff., 2108, 2150, Strafen 2202, 2203 CGB.; Bestallung u. Wirkungskreis 3, 4, Verjährung der Entschädigungsklagen 8, Stellvertretung 12 G. 21. Vent. VII; Besoldung G. 27. Okt. 1872; Kautionen 1 G. 15. Okt. 1874; 2 Nr. 10 V. 28. Nov. 1873; V. 24. Okt. 1875.

Hypothekenbewahrung G. 21. Vent. VII.

Hypothekengebühren im Allgemeinen 19 — 27 G. 21. Vent. VII; 60, 61 G. 28. April 1816; für Eintragung eventueller Ansprüche 1, 2, 3 G. 6. Meff. VII; Salare D. 21. Sept. 1810; StRG. 16. Sept. 1811; D. 9. Juni 1866; G. 27. Okt. 1872; Verjährung G. 24. März 1806; Zwangsverkaufs-Verfahren O. 10. Okt. 1841.

Hypothekenregister 2196 ff. CGB.; 16—18 G. 21. Vent. VII; Berichtigung StRG. 26. Dez. 1810; s. Hypothek.

Hypotheken-Reinigungsverfahren 2181 — 2195 CGB.; StRG. 1. Juni 1807, 8. Mai 1812; 35—41 G. 30. April 1880; Amtsgericht zuständig 36, 39, Wiederverkauf bei Uebergebot 40, 41 das.; Unterlassung bei geringfügigen Erwerbungen durch Gemeinden O. 18. April 1846; D. 14. Juli 1866; Gebühren der Gerichtsschreiber Bem. 4 z. AG. z. GVG.

Hypothekenwesen, Einrichtung G. 21. Vent. VII.

I.

Ill, Fischerei D. 10. Juli 1835.

Impfung G. 8. April 1874; V. 6. April 1875; G. 14. Nov. 1875.

Incidentpräjudizialklage 253 CPO.

Indigenat, gemeinsames für ganz Deutschland 3 RV.

Indirekte Steuern s. Steuern, indirekte.

Indossament, bei Wechseln 9—17 WO.; Uebertragung von Aktien durch J. 182, 223, Uebertragung von Anweisungen, Konnossementen, Lieferungsscheinen rc. 301—305, desgl. von Ladescheinen 417, desgl. von Polizen 896, 904, Verpfändung indossirter Papiere 309—312 HGB.

Indossant, Verpflichtung desselben 14, Verjährung der Ansprüche an d. J. 78, 79, 83 WO.

Indossatar, Rechte desselben 10, 26 WO.

Industrie, Oberrath D. 2. Febr. 1853.

Injurien s. Beleidigung.

Inhaberpapiere, Veräußerung, Verpfändung 307, 308, Pfandrecht an denselben 309—312, Ort ihrer Auszahlung 325, 342 HGB.; Fälschung 149, 360 Nr. 6 StGB.; Aufgebot 838 CPO.; Verfahren in Betreff der Sperre der Zahlung 15 Nr. 2 EG. z. CPO.; J. mit Prämien G. 8. Juni 1871; G. 27. Jan. 1872; Zuwiderhandlungen gehören vor die Strafkammer 74 Nr. 3 GVG.

Inkompatibilität s. Unvereinbarkeit.

Inländer s. Franzosen.

Inschriften, öffentliche s. Aufschriften.

Inseln 560 ff. CGB.

Insertion s. Einrückung.

Inspektoren, protestantische 12 D. 26. März 1852; 14 V. 10. Nov. 1852; D. 26. Aug. 1865; Erl. 15. Nov. 1872; Bkm. 22. April 1873.

Instanzengerichte 68 ff. MStGO.

Interesse, dessen Berechnung 260, dessen Geltendmachung in d. Zwangsvollstreckung 778 CPO.

Interimsscheine zu Aktien, Ausstellung derselben 173, 222 HGB.; Fälschung 149, 360 Nr. 6 StGB.

Intervention in Prozessen 61—68, 462, Hauptintervention 61, 62, 78, 236, Nebenintervention 62—68, 71, 96, 236, 414, im Zwangsvollstreckungsverfahren 690 CPO.; bei Annahme und Zahlung von Wechseln 56—65 WO.

Invalidenfonds G. 11. Mai 1877.

Inventar, Errichtung nach Sterbefall 451, 1442, 1456, 1461, 1483 CGB.; Verfahren dabei 941 ff. fr. CPO.; Befreiung davon 3 G. 22. Okt. 1873; Rechtswohlthat 986 ff. fr. CPO.; 793 CGB.; s. Benefizialerbe.

Inventarisirung des Mobiliars des Staats 8 G. 26. Juli 1839; 3 Bkm. 27. Mai 1876; des Bezirks 8 G. 26. Juli 1839; D. 3. Febr. 1830; D. 7. Aug. 1841.

Inventarisirungen, besondere Formvorschriften G. 10. Brum. XIV.

Inventur der Kaufleute 29—33, der off. Gesellschaft 91, 107 HGB.

Irrenanstalten, öffentliche und Privatanstalten 1 ff. G. 30. Juni 1838; öffentliche 1 ff., Privatanstalten 17 ff. D. 18. Dez. 1839; Strafbestimmungen 41 G. 30. Juni 1838; Reisekosten der gerichtl. Aufsichtsbeamten D. 2. Mai 1844; Beförderung eines Angeschuldigten in eine Irrenanstalt zur Prüfung seines Geisteszustandes 81 StPO.

Irrthum, bei Eheschließung 180, 181, 201, bei Verträgen 1109 ff., 1304, bei Aufrechnungen 1299, bei Schuldscheinen 1327, bei gerichtl. Geständniß 1356, bei Zahlungen 1376 ff., bei Vergleichen 2052, 2053, 2058, bei Hypothekenauszügen 2197 CGB.; J. als Grund des Widerrufs eines gerichtl. Geständnisses 263 CPO.; J. bei Bezeichnung der Rechtsmittel unschädlich 342 StPO.

J. in Thatsachen bei strafbaren Handlungen 59 StGB.

Israeliten, Aufrechterhaltung ihrer Rechte Bkm. 12. Dez. 1870 Bd. III; s. Kultus, israelitischer.

Italien, Vertrag betr. Verzicht auf die Beibringung von Trauerlaubnißscheinen 2. Dez. 1874; betr. Armenrecht Bkm. 1. Okt. 1879; s. Auslieferungsverträge.

J.

Jagd, unbefugte 292—295, Betreten fremden Gebiets in Jagdausrüstung 368 Nr. 10, Ausnehmen von Eiern und Jungen 368 Nr. 11 StGB.; s. Staatswaldungen, Gemeindewaldungen.

Jagdpolizei, Jagdschein 1, 5, Verweigerung 6—8 G. 3. Mai 1844; Bkm. 5. Juli 1872; nicht erforderlich für Jagd in umfriedigten Räumen 2, Strafe des Jagens ohne Jagdschein 11 Nr. 1, 12, 14, 15, 16 G. 3. Mai 1844.

Eröffnung, Schluß der Jagd 3, Verkauf von Wild rc. zur Schonzeit 4, Strafe 12 Nr. 4, 14, 15, 16, Jagen zur Schonzeit 12 Nr. 1, 14, 15, 16 G. 3. Mai 1844.

Verordnungen der Bezirkspräsidenten betr. Vögel, Wasserwild, wilde Thiere, Schneezeit 9, Uebertretung 11 Nr. 3, 12, 14, 15, 16 G. 3. Mai 1844.

Jagen zur Nachtzeit, mit Schlingen rc. 12 Nr. 2, Besitz von Schlingen rc. 12 Nr. 3, Jagen mit verbotenen Lockmitteln 12 Nr. 5 u. 6, 14—16 G. 3. Mai 1844.

Belohnungen 9 G. 5. Mai 1845; D. 4. Aug. 1852; Haftbarkeit der Eltern 2c. 28, Verjährung der Jagdfrevel 29 G. 3. Mai 1844.

Jagdrecht, Aufhebung D. 4. Aug. 1789.

Jahresliste der Schöffen 44, 49, 52, der Geschworenen 90, 94 GVG.

Jahrmärkte D. 13. Aug. 1864.

Jesuiten G. 4. Juli 1872; Bkm. 5. Juli 1872; G. 8. Juli 1872; Bkm. 20. Mai 1873.

Journale s. Zeitungen.

Juden s. Kultus, Israeliten.

Jugendliche Angeschuldigte 55—57 StGB.; Vertheidigung derselben 140 Nr. 1, Frage an die Geschworenen ob der Angeschuldigte die erforderliche Einsicht von der Strafbarkeit seiner Handlungen besessen habe 298, jugendliche Zeugen sind unbeeidigt zu vernehmen 56 Nr. 1 StPO.

Junge, Ausnehmen 368 Nr. 11 StGB.

Juristische Personen, Ermächtigung zu Veräußerungen, Erwerbungen, Schenkungen G. 5. Mai 1873; 1 V. 23. Juli 1879 Bd. I A 16; s. Gemeinnützige Anstalten.

Justizdienst, Vorbereitung 2 Reg. 17. Febr. 1872; 2 GVG.

Justizminister, Disziplinarbefugnisse über die Gerichte 81, 82 SC. 16. Therm. X; 56, 57, 59 G. 20. April 1810; 3 G. 14. Juli 1871; 2 G. 4. Juli 1879 Bd. I A 14.

Justizverweigerung s. Rechtsweigerung.

Juwelierwaaren G. 19. Brum. VI; V. 1. Mess. VI.

K.

Kaffeehäuser, Eröffnung D. 29. Dez. 1851; Strafe G. 16. Nov. 1875.

Kaiser, Rechte und Pflichten des K. in Bezug auf die Reichsverfassung und das Militärwesen 8, 11, 61, 63—65, 68, in Bezug auf die völkerrechtliche Vertretung des Reichs 11, gegenüber dem Bundesrath 5, 7, 8, 10, 15, 37, gegenüber dem Reichstag 16, 24, bezüglich der Post- und Telegraphenverwaltung 50, 52 RV.; Staatsgewalt in Elf.-Lothr. 3 G. 9. Juni 1871; Genehmigung des K. zur Vernehmung des Reichskanzlers als Zeugen 49, 53 StPO.; Mord des K. 80, Beleidigung 94, 95 StGB.; s. Begnadigungsrecht, Belagerungszustand.

Kaiserlicher Rath, Zusammensetzung und Zuständigkeit 9 G. 30. Dez. 1871; Verfahren V. 22. Febr. 1873; 11 G. 4. Juli 1879 Bd. I A 14.

Kaiser-Wilhelm-Stiftung für Post- und Telegraphen-Beamte G. 4. März 1876.

Kalender s. ABCbücher.

Kamine 657, 674, 1754 CGB.

Kammern, Sprengung 105, Verhinderung 106, Beleidigung 197, Redefreiheit 11, Berichte 12 StGB.; s. Civilkammern, Strafkammern.

Kammern für Handelssachen 100—118, 67, 70, 199 GVG.; 19—21 AG. z. GVG.; Vorsitzender 19 das.; 13 AV. z. GVG.; Zuständigkeit 21 AG. z. GVG.; Sitze: Colmar, Mülhausen, Straßburg 8 AV. z. GVG.

Kammerverhandlungen s. Berichterstattung.

Kanäle, Zerstörung 321, 325, 326 StGB.; s. Schifffahrtskanäle.

Kaninchen 564 CGB.

Kantone, Aenderung der Grenzen 3 G. 30 Dez. 1871; V. 13. Nov. 1871; V. 6. März 1873; V. 23. Febr. 1877; V. 12. Nov. 1879; V. 23. Juli 1880.

Kantonalärzte sind Gerichtsärzte 17 AV. z. GVG.

Kapellen D. 14. Dez. 1810; D. 22. Dez. 1812; Gesuch betr. Errichtung StRG. 6. Nov. 1813.

Kapläne, Gehalt V. 11. Frukt. XI; 8 G. 23. April 1833.

Kartellträger 203, 204, 209 StGB.

Kasernirungskostenbeiträge der Gemeinden D. 7. Aug. 1810; 46 G. 15. Mai 1818; O. 5. Aug. 1818.

Kassation s. Kassationshof, Kassationsrekurs.

Kassationsfristen G. 2. Juni 1862.

Kassationshof ist das Oberlandesgericht 22 AG. z. GVG.; Evokation, Bestimmung des zuständigen Richters O. Aug. 1737; Dienstordnung O. 15. Jan. 1826; Verfahren V. 28. Juni 1738; Verfassung G. 1. Dez. 1790; G. 2. Brum. IV; Zuständigkeit G. 1. Dez. 1790; D. 4. Germ. II; G. 7. Niv. V; Disziplinarbefugnisse 82 SC. 16. Therm. X; Verweisung an ein anderes Gericht 79 G. 27. Vent. VIII; 7 G. 14. Juli 1871.

Kassationsrekurs in Civilsachen, gegen Urtheile im Zwangsenteignungsverfahren 20, 42 G. 3. Mai 1841; 16 G. 21. Mai 1836; gegen Entscheidungen der freiwilligen Gerichtsbarkeit 2 G. 1. Dez. 1790; Bem. zu 22 AG. z. GVG.; gegen amtsgerichtliche Entscheidungen über Reklamationen gegen Wahllisten 22 D. 2. Febr. 1852; 3 G. 7. Juli 1852; 36 G. 5. Mai 1855; gegen Urtheile der Notariatskammern G. 25. Vent. XI; O. 4. Jan. 1843; Frist G. 2. Juni 1862; Frist der Seeleute G. 2. Sept. 1793; gegen Urtheile des Oberlandesgerichts nicht zulässig 22 AG. z. GVG.; in Strafsachen mit Aufhebung des Kriegsgerichts Straßburg beseitigt 7 G. 12. Juli

1873; G. 24. Jan. 1881; K. im Interesse des Gesetzes 88 G. 27. Vent. VIII; Succumbenzstrafe abgeschafft 5, Kosten 5 AG. z. GKG.; nach Kassation des Urtheils ist das Gericht, in welches die Sache verwiesen wird, an die Entscheidung des Kassationshofs gebunden 7 G 14. Juli 1871; s Kassationshof

Kataster, Bildung Bem zu 37 G. 15. Sept 1807; Erneuerung 7 G. 7. Aug. 1850.

Katasterauszüge, Ertheilung Bkm. 26. Sept 1877, 7. Juli 1878.

Katasterkarten, Aufbewahrung Bkm 7. Juli 1878.

Kathedralkapitel 35 ff. G 18 Germ. X.

Kathedralkirchen 104 ff D 30. Dez. 1809; 49 ff D 6. Nov 1813

Katholische Kirche, Verhältniß zum Staat G. 18 Germ. X; D. 25 Febr 1810; D 28. Febr 1810; Aufrechthaltung ihrer Rechte V 12. Sept. 1870 Bd. III.

Kauf 1582—1701, Wesen und Form 1582 ff, Personen 1594 ff, Gegenstand 1598 ff, Verbindlichkeiten des Verkäufers 1602—1649, zur Lieferung 1604 ff, zur Gewährleistung wegen Entwährung 1625 ff, wegen Mängel 1625, 1641 ff, Verbindlichkeiten des Käufers 1650 ff., Wiederauflösung 1654 ff., durch Rückkaufsrecht 1659 ff., wegen Verletzung 1674 ff., K. von Forderungen u. unkörperl Rechten 1689 ff, K. bei Miethe 1743 ff, Verbot für Vormünder 450, für Richter, Beamte 2c. 1596 ff. CGB; K. v. Handelsartikeln 337—359, K auf Probe, Besicht, nach Muster 2c 339—341 HGB; v. Hausthieren G. 20. Mai 1838; s Verkauf, Versteigerung.

Kauffahrteischiffe, Behandlung der Deutschen K und ihrer Flagge 54, 55 RV.

Kaufleute, Begriff und allgemeine Bestimmungen 4—11, Sorgfalt welche der Kaufmann bei seinen Geschäften anzuwenden hat 282, 344, 361, 367, 380, Berechtigung zu Zinsen und Provision 289—293, Retentionsrecht 313—316 HGB; Rechtsstreitigkeiten gehören vor die Kammer für Handelssachen 100—118, 67, 70, 199 GVG; s. Eheverträge

Kaufmann s. Kaufleute.

Kaufpreis, Vorzugsrecht 2103 Nr. 1, 2108 CGB.

Kautionen, Zinsfuß hinterlegter K. 7 G. 4. Aug. 1844; s. Hinterlegung.

K. der Auswanderungsunternehmer D 9. März 1861.

Einführung des G. u. der V über Amts-K der Reichsbeamten in E.-L. G. 11. Dez. 1871; Höhe V. 29. Juni 1869 Bd. III; V 14. Juli 1871; V. 16. Aug. 1876; Rechte des Reichs an den K. 10—12 G. 2. Juni 1869 Bd III; Arrestlegung auf K 10 G 15. Okt. 1873; K der bei dem ausw Amte, der Verwaltung der Reichsinvalidenfonds u im Büreau d. Reichstags angestellten Beamten V 6. Juli 1874; K der Reichsbankbeamten V. 23. Dez. 1875; K. d. Telegraphenbeamten G 3. April 1876.

K der Beamten des Staats, der Gemeinden u. öffentl. Anstalten G 15. Okt. 1873; Höhe V. 22. Nov 1873; V 2 Mai 1881; Inanspruchnahme bei Defekten 142 G. 31 März 1873; der Hypothekenbewahrer V 24 Okt. 1875; der Uebergangssteuererheber, Ortseinnehmer, Nebenzollamts- und Steueramtsdiener V 12 Mai 1877; der Wechselagenten, Mäkler V 29 Germ. IX; 90, 92 G 28. April 1816; V. 9 Jan. 1818; V 6. Febr. 1834; V. 27 Mai 1836.

Gebühren für Verhandlungen betr die Amtsk Bem. 4—7 z. AG z. GKG Bd I Anh S. 30.

K der Unternehmer von öffentl. Arbeiten 1—4 Bkm. 10. Nov. 1878.

K bei Zeitungen 3, 4, 5 D 17. Febr. 1852; Haftung 3 G. 9. Juni 1819; 13 G. 18. Juli 1828; Rückzahlung 8 O 18. Nov 1835.

Keller, unverdeckte 367 Nr 12 StGB.; Verbot unter Straßen 5, 7 Ed. v. Dez. 1607

Kinder, eheliche K 312—330, angenommene K 343 ff., elterliche Gewalt 371 ff, Ernährung, Erziehung, Ausstattung 2c. 203, 204, 1409, 1422, 1427, 1438 ff., 1448, 1496, 1527, 1544, Rechte der Eltern am Vermögen der Kinder 384, 389, Erbfolge 745, 730, 787, 847, 1389; Pflichttheil 913 ff, nach einer Schenkung geborene Kinder 953, 960 ff, Substitution 1048 ff, elterlicher Theil 1075 ff, Verfügungen zu Gunsten der K im Ehevertrag 1082—1089, Verhältnisse bei Ehescheidung 267, 302—305, b Putativehe 201 ff., bei Abwesenheit 141 ff., Haftung der Eltern 1384 CGB.

Natürliche K., Legitimation 331 ff, Anerkennung 334 ff, Unterhalt 338, 752, Erbrecht 723 ff, 756 ff., 773, 908, 765 ff, in Ehebruch oder Blutschande erzeugte K. 331, 335, 342. 762—764 CGB

K des Gemeinschuldners, Unterhalt, Erziehung 1 Abs. 2, Anfechtung der mit ihnen geschlossenen Verträge 24 Nr. 2, 33 Nr. 2, Vorrecht ihrer Forderungen 54 Nr. 5 KO; 13 EG. z. KO.

Zurechnungsfähigkeit 55, Unzucht 173, 174, 176 Nr. 3, 181 Nr. 2, Antrag 189, 195, K.-Raub 235, Unterschiebung 169, Aussetzung 221, unterlassene Abhaltung von Betteln, Stehlen 2c. 361 Nr 4 u. 9 StGB.

K. (Enkel) des Beschuldigten können ihr Zeugniß in Strafsachen verweigern 51 Nr. 3 StPO.; K. (Enkel) einer Civilpartei desgl. 348 Nr. 3 CPO.
Gerichtsstand der K. 17 CPO.
K. von Deutschen, deren Staatsangehörigkeit 3, 4, 11, 13, 19, 21 G. 1. Juni 1870 Bd. III; 2, 4—6 Vertr. 15. Juli 1851 Bd. III S. 303.
S. Angehörige, Geburt, Nachkommen, Verleugnung, Vormundschaft.

Kinderarbeit G. 22. März 1841; D. 7. Dez. 1868.

Kindesmord 217 StGB.

Kindschaft 312—330 CGB.; s. Kinder, natürliche.

Kirche, Beschimpfung, Störung 166, 167, Diebstahl 243 Nr. 1 StGB.; s. Protestanten, katholische Kirche.

Kirchen, Rangordnung ihrer Forderungen 54 Nr. 3 KO.
Protestantische K., Unterhaltung D. 5. Mai 1806.

Kirchenämter, unbefugte Ausübung G. 4. Mai 1874.

Kirchendiener, unerlaubte Korrespondenz 207 fr. StGB.

Kirchengüter B. 7. Therm. XI; Entsch. 25. Frim. XII; D. 15. Vent. XIII; D. 28. Meff. XIII; D. 22. Frukt. XIII; D. 30. Mai 1806; D. 16. Juni 1806; D. 31. Juli 1806; D. 17. März 1809; D. 8. Nov. 1810; D. 6. Nov. 1813; O. 28. März 1820.

Kirchenfabriken B. 7. Therm. XI; D. 30. Dez. 1809; G. 14. Febr. 1810; D. 6. Nov. 1813; D. 36. Dez. 1813; Annahme von Schenkungen D. 15. Febr. 1862.

Kirchenpfleger 3 B. 7. Therm. XI; 13—35, 41 ff., 45 ff. D. 30. Dez. 1809.

Kirchenräthe, protestantische D. 26. März 1852; B. 10. Sept. 1852; B. 10. Nov. 1852; B. 20. Mai 1853.

Kirchhöfe, Anlage 7 ff. D. 23. Prairial XII; 1 ff. O. 6. Dez. 1843; Privatbegräbnisse 3 ff. das.; Polizei 15 ff. D. 23. Prairial XII; 6 O. 6. Dez. 1843; Bauten in der Nachbarschaft D. 7. März 1808; s. Beerdigungen.

Kirchliche Anstalten, Annahme von Schenkungen 1 G. 2. Jan. 1817; Aufforderung der Erben 3, Vorlage eines Vermögensverzeichnisses 5 O. 14. Jan. 1831; Erwerb u. Verkauf von Grundstücken 2, 3 G. 2. Jan. 1817; B. 23. Juli 1879 Bd. I A 16.

Kirchliche Gewalt, Erklärung der franz. Geistlichkeit 19. März 1682; Edikt 23. März 1682; D. 25. Febr. 1810.

Klage 230 ff., 457—461, K. auf Ehescheidung 568, 575, 580, 592, K. auf Herstellung des ehelichen Lebens 568, 575, 576, 580, 592, K. auf Nichtigkeit der Ehe 586 ff., Aenderung der K. 240—242, 489, Beantwortung der K. 244, Beschränkung der K. 240 Nr. 2, Erweiterung der K. 240 Nr. 2, Zurücknahme der K. 243 CPO.; K. des Staats und gegen den Staat 13, 15 Tit. III G. 5. Nov. 1790; G. 19. Niv. IV; StRG. 28. Aug. 1873; O. 6. Mai 1838; K. beweglich, unbeweglich 526, 529, Verjährung 2262 CGB.
Erhebung der öffentlichen K. 151—155, Vorbereitung derselben 156—175 Nr. 39, Erlaß eines Haftbefehls vor Erhebung der öffentlichen K. 125, 126, Vorführung des Festgenommenen 129, Erhebung der öffentlichen K. bei Beleidigungen und Körperverletzungen 416 StPO.
S. auch Anklage, Privatklage.

Klagebeantwortung 244 CPO.

Klagenhäufung 232 CPO.

Kleinkinderschulen 57 G. 15. März 1850; D. 21. März 1855; Befähigungs-Nachweis der Lehrer B. 3. Dez. 1877.

Klostergelübde, Aufhebung D. 19. Febr. 1790; B. 14. Sept. 1791; D. 18. Aug. 1792.

Knallpulver, Verbot des Verkaufs 3 G. 27. Febr. 1858.

Knallquecksilber, Fabriken O. 25. Juni 1823; O. 30. Okt. 1836.

Knappschaften 142 ff. Berggef. 16. Dez. 1873.

Koalitionen s. Arbeitseinstellung, Arbeit.

Kohlenmeiler 30 FStG.; s. Wälder.

Kolportiren von Schriften ꝛc. 6 G. 27. Juli 1849; s. Fischerei-, Jagdpolizei.

Kommanditgesellschaften, allgemeine Bestimmungen 150—172, Firma 17, 24, 153, 155, 168, K. auf Aktien 173—206, Firma 17, 24, 175 HGB.; Konkurs 198—201 KO.; Vorrecht ihrer Pfandbriefe 17 Nr. 1—3 EG. z. KO.; strafbare Handlungen der Vorstände 47 Nr. 2 GBG.

Kommissionär, Begriff, Rechte u. Pflichten 360—378 HGB.

Kommodat s. Leihvertrag.

Kompetenz s. Zuständigkeit.

Kompetenzkonflikte zwischen Gerichten und Verwaltungsbehörden O. 1. Juni 1828; O. 12. März 1831; 17—24 D. 25. Jan. 1852; 9, 23 G. 30. Dez. 1871; die vorstehenden Bestimmungen sind gegenstandslos geworden 17 GVG.; 13 EG. z. GVG.; 15 Nr. 1 EG. z. CPO.

Kompulsorien 841 ff. fr. CPO.

Konflikt s. Zuständigkeitsstreit.

Konfiskation s. Einziehung.

Konfrontation 359 CPO.; 58 StPO.

Konfusion 802, 1300 ff., 1209, 2035, 2177, bei Dienstbarkeiten 705 CGB.

Kongregationen D. 3. Meff. XII; D. 18. Febr. 1809; G. 24. Mai 1825; D. 31. Jan. 1852; G. 4. Juli 1872; Bkm. 5. Juli 1872; G. 8. Juli 1872; Bkm. 20. Mai 1873.

Konkordat (v. 26. Meff. IX) G. 18. Germ. X; K. v. Fontainebleau (v. 25. Jan. 1813) D. 13. Febr. 1813, Ausführungs-B. dazu: D. 25. März 1813.

Konkurrenz s. Zusammentreffen.

Konkurs, Eröffnungsverfahren 94—106, Beschluß, sofortige Beschwerde 100, 101, Wirkung 5, 6, auf die Verjährung 12, 13, Gemeinschuldner, Pflichten u. Rechte 92—96, Unterhalt u. Unterstützung desselben in der Familie 51 Nr. 3, 53, 118, 120, Offenbarungseid 115, 162 Nr. 1, Vorführung u. Haft 98, Strafbestimmungen 209—211, Gelder, Hinterlegung 118, 120, 125, Aufhebung 105, 106, 151—153, 175, 197, Einstellung 188—192, Wiederaufnahme 184—187, Kostbarkeiten, Hinterlegung 118, 120, 125, Gläubigerausschuß 79 ff., Eintragung der Eröffnung 2c. in's Hypothekenbuch 30, Beschränkung der Rechtsfähigkeit des Gemeinschuldners 31, Versteigerung von Liegenschaften 32 AG. z. CPO.; Kosten 99, 190 KO.; K. unterbricht das Verfahren 218 CPO.

Konkursrecht 1—63, Anfechtung 22 ff. KO.; Verfolgung der Anfechtungsansprüche der Gläubiger 13 G. 21. Juli 1879; Aussonderung 35 ff., Absonderung 39 ff., Aufrechnung 46 ff., Erfüllung der Rechtsgeschäfte 15 ff., Massegläubiger 50 ff., Konkursgläubiger 54 ff. KO.

K. von offenen Handelsgesellschaften 122, 123, 133, K. von Kommanditgesellschaften 169, 170, K. von Kommanditgesellschaften auf Aktien 200, 201, K. von Aktiengesellschaften 240, 242, K. von stillen Gesellschaften 258—261, K. von Mitrhedern 472, Retentionsrecht der Kaufleute bei Eröffnung des K. 314 HGB. S. Falliment.

Konkursgericht, Amtsgericht 64 KO.

Konkursgläubiger 2, allgemeine Bestimmungen 54—63, Rechte 10, 72, 95, 115, Prüfung ihrer Forderungen 130—133, 135, Vertheilung 137, 140—144, Zwangsvergleich 160, 166—169 KO.

Konkursmasse 1, 2, Befriedigung aus der K. 2, 10, 53, 57, 61, 186, Leistungen aus der K. 7, 21, 31, 50—52, 176, Leistungen an die K. 30, 42, Theilungsmasse 107—125 KO.

Konkursordnung v. 10. Febr. 1877 Bd. I F S. 3; EG. das. S. 21; Uebergangsbestimmungen 43 AG. z. CPO.

Konkursverfahren s. Konkurs.

Konkursverwalter, Ernennung 70—72, 102, Entlassung 76 ff., Rechnungslegung 78, 150, 153, Beaufsichtigung des K. 75, 76, 80, Vergütung 77 KO.

Konsistorien, israelitische D. 17. März 1808; D. 11. Dez. 1808; O. 20. Aug. 1823; O. 25. Mai 1844; D. 15. Juni 1850.

K., protestantische D. 26. März 1852; B. 10. Sept. 1852; B. 10. Nov. 1852; D. 10. Nov. 1852; B. 20. Mai 1853.

Konsolidation s. Bergwerkseigenthum.

Konsul, Unvereinbarkeit der Stelle mit derjenigen eines Gerichtsschreibers Bf. 4. Okt. 1877; Gerichtsstand 21 GVG., der Wahlkonsuln in Strafsachen 11 StPO.

Konsulargerichtsbarkeit G. 10. Juli 1879 u. Instr. 10. Sept. 1879; s. Egypten, Bosnien.

Konsularvertrag mit Rußland v. 8. Dez./26. Nov. 1874; mit dem Königreich der Hawaiischen Inseln s. Handelsvertrag.

Konsulatsgebühren, Aufhebung G. 21. Mai 1873.

Konsulatswesen des Deutschen Reichs 4 Nr. 7, 56 RV.

Kontokurrent 291, 294 HGB.

Kontrebande, Begriff und Bestrafung 134, 136 VZG. 17. Juli 1871.

Kontumazialverfahren s. Versäumnißverfahren, Fahnenflüchtige.

Konventionalstrafe 284 HGB.; 1226 ff. CGB.

Konzession s. Verleihung.

Koppelhut 648 CGB.; 2 Tit. I Abschn. 4 G. 6. Okt. 1791; Beschränkungen 9 ff. das.

Körpermaße 3 G. 17. Aug. 1868 Bd. III; Eichordnung 16. Juli 1869 Bd. III; Erl. 15. Febr. 1871.

Körperschaften, Beschlußfassung wegen Beleidigungen 4 G. 26. Mai 1819.

Körperverletzung, vorsätzliche 233, mit Waffen 223 a, schwere 224, 225, Tod 226, 227, Gift 229, fahrlässige 230, Buße 231, Antrag 232, Erwiderung 233, durch Beamte 340 StGB.

Zuständigkeit der Schöffengerichte 27 Nr. 2, 3, 75 Nr. 5 GVG.

Verlesung ärztlicher Atteste über K. in der Hauptverhandlung 255, Verfolgung derselben im Wege der Privatklage 414, 416, 428 StPO.; 11 EG. z. StPO.; Kostenpunkt 500 StPO.

Korporationen, Zulässigkeit der Privatklage wegen Beleidigungen derselben 414, 416 StPO.; Fälschung von Schuldverschreibungen 149,

Beleidigung 197 StGB; Beschlußfassung über den Antrag wegen Beleidigungen 4 G. 26. Mai 1819; s. Gemeinnützige Anstalten.

Korpsgericht, Zusammensetzung u Zuständigkeit 23, 29, 30 MStGO

Körschein V. 3. Mai 1880

Kosten, Prozeß-K 87—100, 247 Nr 5, 279, 292, Sicherheitsleistung für die K. 85, 102, 104, 247 Nr. 4, Rechtsmittel 94, Uebergehung des Kostenpunkts im Urtheil 292 CPO

K. in Strafsachen, Tragung derselben 496—506, ein Zeuge, welcher im Termine nicht erscheint oder das Zeugniß verweigert, ist zum Ersatz der Kosten verbunden 50, 69, ebenso der Sachverständige 77, desgl der Vertheidiger 145 StPO

K in Militäruntersuchungen 273 ff MStGO.

K des Konkursverfahrens 99, 190, Rangordnung im Konkurse 40, 55 Nr 1, 56 Nr 2, 135 KO

K. für Untersuchung von Geisteskranken 29 G 25. Juni 1841

S Gerichtskosten.

Kostenvorschuß s. Gerichtskosten.

Kostgelder 2101, 2271 CGB

Kragsteine 654 CGB

Krankenanstalt, der Aufenthalt des Verurtheilten in einer K. ist in die Strafzeit einzurechnen 493 StPO

Krankenhäuser, freigebige Verfügungen zu Gunsten derselben 910, 937 CGB.

Krankenpfleger, Rangordnung ihrer Forderungen 54 Nr 4 KO

Kräuter s. Wälder

Kräuterhändler s Herboristen

Krebse, Schonstrecken in Lothringen V 28. Mai 1880; im O.-E. V 12. Nov. 1880; im U.-E V 18. Dez 1880.

Krebsen 296, 370 Nr 4 StGB

Kreditgeben an Minderjährige 301, 302 StGB

Kreisärzte, Befähigung zur Anstellung V 20. März 1875; sind Gerichtsärzte 17 AV z. GVG.

Kreisdirektoren an Stelle der Unterpräfekten 14 G. 30 Dez. 1871; Befugnisse 9 G 28. Pluv. VIII; 6 Dez.-D. 13 April 1861; V 20 Sept. 1873; V. 28. Aug. 1875; Zuständigkeit zu dringlichen Maßregeln in Sachen des großen Straßenwesens 3 G. 29 Flor X.

Kreise, Eintheilung der Bezirke in Kreise 2, Grenzveränderungen 3 G. 30. Dez. 1871; V. 8. Nov 1872; V 1. März 1873

Kreisstraßen in Lothringen Bem. zu 6 G. 21. Mai 1836.

Kreistage an Stelle der Arrondissementsräthe 1 G. 24. Jan 1873; Zahl der Mitglieder 20, 21 G 22. Juni 1833; V 27. März 1873; Einberufung, Eidesleistung und Vorstandswahl 27 G 22. Juni 1833; 6 G. 23 Juli 1870; Beschlußfähigkeit, verbotene Beschlüsse, Ausschluß der Oeffentlichkeit 28 G 22 Juni 1833; Einsichtnahme der Beschlüsse 3 G 23. Juli 1870; Vorbereitung der Arbeiten 5 G. 19 Flor VIII; Dauer der Sitzungsperiode 10 G 28. Pluv VIII; Befugnisse 39—47 G 10 Mai 1838; Auflösung 26 G 22. Juni 1833; V 23 Juli 1879; s. Wahlen

Krieg von 1870 u 1871, verschollene Theilnehmer G. 23 Okt. 1873.

Kriegergrabstätten, Schutz der K 16 Friedensvertr 10. Mai 1872; K in E.-L G. 2. Febr 1872

Kriegsbedürfnisse, Auslieferung an den Feind 90, Nichterfüllung des Lieferungs-Vertrags 329, unbefugte Vertheilung 127 StGB; Handel u. Fabrikation bedarf der Erlaubniß 3 G 24 Mai 1834.

Kriegsdienst, Verpflichtung G 9 Nov. 1867 Bd. III (eingeführt am 23. Jan. 1872); fremder K. 88, 234, Entziehen 140—143 StGB.

Kriegserklärung, Recht zur K. 11 RV

Kriegsgericht zu Straßburg, aufgehoben durch G v 24. Jan. 1881; Anreizung zu Handlungen, welche zur Zuständigkeit des K gehörten 3 G 12 Juli 1873.

Kriegsgerichte 64 ff MStGO.; Zuständigkeit, Zusammensetzung u Verfahren, wenn Belagerungszustand erklärt ist 10—13 G. 4. Juni 1851 Bd. III S. 341.

Kriegsgesetze 9, 10 MStGB

Kriegsleistungen der Gemeinden 3 ff., Landlieferungen 16 ff., Mobilmachungspferde 25 ff. G. 13 Juni 1873 (eingef. am 6. Okt. 1873) Ausführungs-V. 1. April 1876.

Kriegsverrath 57 ff. MStGB.

Kriegswaffen, Begriff 2 G. 14. Juli 1860; Erforderniß der Erlaubniß zu Fabrikation u. Handel 3 G 24. Mai 1834; 1 G. 14. Juli 1860; D 6. März 1861; Strafen 4, 11 G 24. Mai 1834; 12 G 14. Juli 1860; Probiren der Läufe 6, 16 das.; D 22. April 1868; Strafe 13, Abstempeln 16 G 14. Juli 1860.

Kriegszustand, Straferhöhung IV EG. z. StGB; s. Belagerungszustand.

Kriminalkosten, was gehört dazu? 2, 3 D. 18. Juni 1811; s. Gerichtskosten

Krongut-Waldungen 86—88 FGB.; 124 FO.

Kugeln, widerrechtl. Aneignung 291 StGB.

Kultus, israelitischer D. 17. März 1808; D. 17. März 1808; O. 29. Juni 1819; O. 25. Mai 1844; D. 29. Aug. 1862; D. 5. Febr. 1867; V. 22. Juli 1872.

K. protestantischer, Allgemeines 1 ff. G. 18. Germ. X; Prozeßermächtigung O. 23. Mai 1834; Verfassung D. 26. März 1852; Disziplin 19 ff. V. 10. Nov. 1852; Ausländer V. 17. Nov. 1873.

K. katholischer, Ausübung 39 ff., Gebäude 75—77 G. 18. Germ. X.

Kunstgegenstände, Beschädigung 304 StGB.

Künstler, Vorrecht ihrer Forderungen 41 Nr. 6 KO.

Kunstwerke s. Schweiz.

Kupons s. Zinsscheine.

Kupferstecher D. 22. März 1852; s. Stiche.

Kuppelei 180, 181 StGB.

Kurator s. Pfleger.

Kurkosten des Gemeinschuldners, Rangordnung 54 Nr. 4 KO.

Kurs, Waaren D. 22. Dez. 1866; s. Börsen.

Kux 81 ff. Bergges. 16. Dez. 1873.

L.

Ladescheine, Begriff und Inhalt ꝛc. 413—419, Indossirung der L. 302—305; Bedeutung des L. für das kaufmännische Retentionsrecht 313; für das Pfandrecht des Kommissionärs und Spediteurs 374, 382 HGB.

Ladungen, Zustellung der L. durch den Gerichtsvollzieher in Strafsachen 38, der Zeugen 48—50, der Sachverständigen 193, des Beschuldigten 133, 211, abwesender Angeklagter 320, 321 StPO.; der Geschworenen 93, 56 GVG.; des Beschuldigten zur Vernehmung 133, zur Hauptverhandlung 215, 425, des Vertheidigers 217, des abwesenden Angeklagten 133, 211, 330, 473, des Privatklägers 425, der Zeugen u. Sachverständigen 48—50, 193, 38 StPO.

L. in Civilsachen 119 ff., öffentl. Zustellung 187, zu Terminen 191, in Anwaltsprozessen 192—193, Ladungsfrist 194, 204, Entbehrlichkeit einer Ladung 195, L. von Zeugen 342 CPO.; L. der Familienrathsmitglieder 411 CGB.

Ladungsfrist 194, 204 CPO.

Lagergeld für Aufbewahrung von Waaren und anderen Sachen 290 HGB.

Lagerhäuser G. 28. Mai 1858; D. 12. März 1859; 323, 343, 371, 407 HGB.

Lagerscheine 302—305, 313, 374, 382 HGB.; 2 ff. G. über Lagerhäuser 28. Mai 1858; regl. Bestimmungen 12 ff. D. 12. März 1859; s. Warrants.

Landesausschuß, Errichtung u. Zusammensetzung des L. Erlaß 29. Okt. 1874; 4 G. 2. Mai 1877; 12 G. 4. Juli 1879; Wahlen zum L. V. 23. März 1875; 13 ff. G. 4. Juli 1879; V. 1. Okt. 1879; Rechte 21 G. 4. Juli 1879.

Landesfiskus s. Fiskus.

Landesgesetzgebung, Verhältniß zur Reichsgesetzgebung 2 RV.

Landesherrn, Mord 80, Thätlichkeit 94, Beleidigung 95, 102, 103, Haus 96, 97 StGB.

Beurkundung des Personenstandes 72 G. 6. Febr. 1875; Anwendung des GVG. 5 EG. GVG.

CPO. findet nur soweit Anwendung als nicht Hausverfassung oder Landesgesetze anders bestimmen 5 EG. z. CPO.; Vernehmung als Parteien 196, als Zeugen 340, Eidesleistung 441, 444 CPO.

Vernehmung des L. als Zeugen in Strafsachen 71, Genehmigung des L. zur Vernehmung seiner Minister ꝛc. als Zeugen 49, 53, Entscheidung der L. über Vollstreckung der Todesstrafe 485 StPO.; Anwendung der Bestimmungen über Strafprozeßordnung auf den L. 4 EG. z. StPO.

Landeskasse, Uebernahme der Rechte und Verpflichtungen bezüglich der Annahme, Verwaltung und Rückzahlung der Kautionen, der gerichtl. und administrativen Depositen 1, Befugniß der Uebertragung dieser Obliegenheiten auf ein Bankinstitut 2, Kontrole 3, Verwendung d. Einnahme zu gemeinnützigen Landeszwecken 4 G. 4. Nov. 1872; s. Staatskasse, Hinterlegung.

Landeskokarde 34 Nr. 1 StGB.

Landespolizeibehörde 38, 39, 284, 362 StGB.

Landesschulkommission V. 27. März 1879.

Landesverrath 87—93, 139, 4 Nr. 1 u. 2 StGB.; erhöhte Strafe bei Kriegszustand IV EG. z. StGB.; auch erfolglose Aufforderung ist strafbar 3 G. 12. Juli 1873; Zuständigkeit des Reichsgerichts 136 Nr. 1, 138 GVG.

Landesverwaltung, Verkündigung von Bekanntmachungen der L. Bkm. 9. Sept. 1871, 27. März 1879, 8. Dez. 1879.

Landesverweisung s. Ausweisung.

Landfriedensbruch 125 StGB.

Landgerichte 58—78, 12 GVG.; 20 EG. z. GVG.; ausschließliche Zuständigkeit 16 das.; s. Civilkammern, Kammern für Handelssachen, Strafkammern.

Landgerichtliches Verfahren 230 ff. CPO.

Landgerichts-Präsident, Befugnisse in Betreff der Schwurgerichte 83, 89, 99 GVG.; kann Amtsrichter mit der Vertretung beauftragen 15 AG. z. GVG.

Landstreicher 361 Nr. 3, 362, sind als Angeschuldigte der Flucht verdächtig 112 Nr. 2, Verhängung der Untersuchungshaft gegen dieselben 113 StPO.

Landsturm G. 12. Febr. 1875.

Landtag s. Kammern.

Landwehr 5, 50, 62—68 RMG. 2. Mai 1874; Kontrole G. 15. Febr. 1875; Auswanderung ohne Erlaubniß 360 Nr. 3 StGB.; L.-Bezirks-Eintheilung von E.-L. Bem. 1 z. Wehr-Ordnung 28. Sept. 1875; s. Reserve.

Landwirthschaftlicher Generalrath D. 25. März 1852.

Landwirthschaftliche Vereine G. 20. März 1851.

Landwirthschaftskammern D. 25. März 1852.

Landzwang 126, 254 StGB.

Längenmaße 3 G. 17. Aug. 1868 Bd. III; 1—4 Eichordnung 16. Juli 1869 Bd. III; Taxe 12. Dez. 1869 u. 30. Nov. 1875.

Lärm, ungebührlicher 360 Nr. 11 StGB.

Laudatio auctoris 73 CPO.

Läufe s. Waffen, Kriegswaffen.

Lebensfähigkeit 314, 725, 906 CGB.

Lebensmittel s. Eßwaaren.

Lebensscheine D. 21. Aug. 1806; D. 23. Sept. 1806; O. 30. Juni 1814; O. 20. Mai 1818; O. 6. Juni 1839; D. 9. Nov. 1853.

Lebensversicherungen 66 G. 24. Juli 1867.

Ledige Erbschaft s. Erbschaft.

Lediges Gut s. Güter.

Legalisation s. Beglaubigung.

Legislaturperioden des Reichstags 24 RV.

Legitimation der natürlichen Kinder 331 ff., 960, 962 CGB.; Erleichterung für Arme G. 10. Dez. 1850.

Legitimationspapiere, Fälschung 363 StGB.

Lehmgraben 370 Nr. 2 StGB.

Lehranstalten s. Unterrichtswesen, Schulen.

Lehrer, Haftbarkeit für Zöglinge 1384, Verjährung 2271 CGB.

Anstellung 9, 10 V. 10. Juli 1873; Rechtsverhältnisse G. 23. Dez. 1873; Pensionen ihrer Wittwen u. Waisen G. 24. Dez. 1873; unmittelbare Landesbeamte Bkm. 29. April 1879; Unzucht 174 Nr. 1, Kuppelei 181 Nr. 2 StGB.

S. Unterricht, Schulen.

Lehrer des Rechts, Befähigung zum Richteramt 4 GVG.

Lehrerinnen, Erhöhung der Besoldung 11 G. 22. Dez. 1876; s. Lehrer, Unterricht, Schulen.

Lehrerseminarien s. Unterrichtswesen.

Lehrlinge, Streitigkeiten 23 Nr. 2 GVG.

Lehrverträge G. 22. Febr. 1851.

Leibesfrucht, Abtreibung 218—220 StGB.

Leibrente, zu Nießbrauch 588, Vermächtniß 610, 1015, beim Erbtheil 872, 886, b. Berechnung des Vorbehaltes 917 ff., Verzinsung der Rückstände 1155, Bestellung 1964, 1968 ff., Zwangsvollstreckung 1981, Verjährung 2277 CGB.

Lebensscheine D. 21. Aug. 1806; D. 23. Sept. 1806; O. 30. Juni 1814; O. 20. Mai 1818; O. 6. Juni 1839.

Erlöschen der dem Staate geschuldeten L. D. 8. Vent. XIII.

S. Renten.

Leiche s. Leichnam.

Leichengepränge 18 ff. D. 23. Prair. XII; Tit. II u. III D. 18. Mai 1806.

Leichenkosten 385, 2101 Nr. 2, 2105 CGB. (aufgeh.).

Leichenöffnung 87—90 StPO.; Gebühren Regul. 17. Jan. 1873.

Leichenschau 87 StPO.; Gebühren Regul. 17. Jan. 1873.

Leichenzüge D. 18. Mai 1806.

Leichnam, Diebstahl 168, heimliche Beerdigung, Wegnahme von Theilen eines L. 367 Nr. 1 StGB.; Beerdigung des L. eines Unbekannten oder Selbstmörders 157, desgl. des L. eines Hingerichteten 486 StPO.; s. Beerdigung.

Leihhäuser s. Pfandhäuser.

Leihvertrag 1874—1914, L. auf Gebrauch (Kommodat) 1875—1891, Aufrechnung 1293 CGB.; L. auf Verbrauch s. Darlehen.

Leinpfad 556; 660 CGB.; 7 Tit. 28 O. Aug. 1669; 2 V. 24. Juni 1777; an Flüssen die erst schiffbar gemacht werden D. 22. Jan. 1808.

Leumundszeugniß, Verlesung desselben in der Hauptverhandlung 255 StPO.

Licht, unvorsichtiges Umgehen mit L. 368 Nr. 5 StGB.

Lichtöffnungen 675 ff. CGB.

Lieferung 1136 ff., 1264 CGB.; 338 HGB.; Bestimmungen über Lieferungsgeschäfte 338, 357—359 das.

Lieferungsverträge, im Krieg 329 StGB.

Lieferzeit der Frachtführer 394, 397, 399 HGB.

Liegenschaften 517—526, errungene während der Ehe 1402, eingebrachte L. 1404 ff., L. als Dos 1552 ff., Uebergabe 1605, Nutzpfand 2103 ff., Hypothek 2218 ff., Zwangsverkauf 2204 ff., Verjährung 2265 ff. CGB., Erforderniß der Ueberschreibung bei Uebertragung von L. und Verzicht 1 G. 23. März 1855 s. Güter.

Limito 363, 364 HGB.

Liquidation bei Auflösung einer offenen Handelsgesellschaft 133—145, bei Kommanditgesellschaften 172, bei Kommanditgesellschaften auf Aktien 205, bei Aktiengesellschaften 244, bei stillen Gesellschaften 265, bei Beendigung eines gemeinschaftlichen Handelsgeschäfts 270, Liquidationsfirmen 139 HGB.; L. der Genossenschaften 40—62 G. 4. Juli 1868 Bd. III.

Liquidatoren, Verpflichtungen betr. den Konkurs 194, 196, 199, Strafbestimmungen 214 KO.

Literarische Erzeugnisse s. Schweiz.

Lithographen s. Steindrucker.

Litigiosität 226 CPO.

Litisconsorten s. Streitgenossen.

Litis denunciatio s. Streitverkündigung.

Litispendenz s. Rechtshängigkeit.

Lizenzgebühr 144, 171 G. 28. April 1816; 1 G. 24 Juni 1824; 44 G. 21. April 1832; G. 23. April 1836; G. 20. Juli 1837; O. 14. Juni 1844; G. 5. Mai 1880; Bkm. 6. Mai 1880.

Lizitation s. Versteigerung.

Lotterien, verboten 1, Ausnahmen 5 G. 21. Mai 1836; Strafe der Unternehmer 286 StGB.; der Agenten auswärtiger L., der Vertreiber von Loosen ausw. L. 4 G. 21. Mai 1836; Formen der Genehmigung von L. zu mild. Zwecken O. 29. Mai 1844.

Luxemburg, Uebereink. betr. gegenseitigen Markenschutz 14. Juli 1876; betr. Armenrecht Bkm. 12. Juni 1879; s. Auslieferungsverträge.

M.

Macadamisirte Straßen in den großen Städten bezügl. der Kosten gleich gepflasterten 8 D. 26. März 1852.

Mädchen, Verführung 182 StGB.

Mädchenpensionate s. Unterrichtswesen.

Mahnverfahren 628 ff. CPO.; auch während der Gerichtsferien 204 GVG.

Maischbottichsteuer s. Branntweinsteuer.

Majestätsbeleidigung 94, 96, 4 Nr. 2 StGB.

Majorate, Verbot G. 12. Mai 1835.

Majorats-Waldungen 89 FGB.; 125—127 FO.

Mäkler (Handelsmäkler), Anstellung, Rechte und Pflichten derselben 66—84, 311, 343, 354, 365 HGB.; die Bestimmungen über das Mäklerwesen bleiben neben dem Handelsgesetzbuche in Wirksamkeit 1 Nr. 3 EG. z. HGB.; Anstellung G. 28. Vent. IX; B. 29. Germ. IX; Kaution das.; Pflichten B. 27. Prair. X; Stellenübertragung O. 3. Juli 1816; Streitigkeiten zwischen M. u. Parteien 101 Nr. 3 f. GVG.; Syndikatskammer D. 5. Jan. 1867; Untreue 266 Nr. 3 StGB.; Verpflichtungen G. 8. Mai 1791; Waarenmäkler G. 18. Juli 1866; D. 22. Dez. 1866; Mäklergebühren 82, 83 HGB.; s. Verkäufe, öffentliche.

Mängel der Sachen beim Kauf 1625, 1641 ff., bei Miethe 1721 ff., bei der Leihe 1891, bei Bauten 1386, 1733, 1792, 2270 CGB.; M. der erkauften Waare 347—350 HGB.; s. Viehmängel.

Manifestationseid s. Offenbarungseid.

Marken s. Markenschutz.

Markrechnung G. 9. Juli 1873; V. 31. Dez. 1874.

Markenschutz G. 30. Nov. 1874; Bkm. 8. Febr. 1875; Streitigkeiten betr. den M. 101 Nr. 3c GVG.; Uebereinkunft wegen gegenseitigen M. mit Belgien Bkm. 13. Sept. 1875; Brasilien Bkm. 28. Febr. 1877; Dänemark Bkm. 4. April 1879; Frankreich 28 Handelsvertrag 2. Aug. 1862; Großbritannien Dekl. 14. April 1875; Italien Bkm. 20. April 1875; Luxemburg Bkm. 14. Juli 1876.

Markirch, Gewerbegericht O. 10. Aug. 1825; V. 21. Febr. 1849.

Marksteine, Errichtung von M. und Vornahme amtlicher Vermessungen auf Liegenschaften 1 ff., Entschädigung 2 ff., Ueberwachung der M. 11 G. 21. Nov. 1875.

Marktpreis 311, 343, 353, 357, 359, 376, 612, 713, 721 HGB.

Marktsachen sind Feriensachen 202 Nr. 3 GVG.

Marodiren 135 MStGB.

Maß beim Kauf 1585, 1616 ff., bei Pacht 1765 CGB.; unrichtiges M. 369 Nr. 2 StGB.

Maß- und Gewichtssystem Ordnung durch das Reich 4 Nr. 3 RV.

Maß- und Gewichtsordnung G. 17. Aug. 1868 Bd. III; Taxe 12. Dez. 1869 Bd. III; G. 19. Dez. 1874; Bezeichnung Bkm. 20. Nov. 1877.

Massegläubiger 50—53 KO.

Massekosten 50, 51, 53 KO.

Masseschulden 9, 50, 52, 53 KO.

Masseverwalter, Untreue 266 StGB.; s. Konkursverwalter.

Mast- u. Schmalzweide 53 FGB.

Materialien, Entnahme zu öffentlichen Arbeiten 1, 2 V. 7. Sept. 1755; Ertheilung der Ermächtigung 1 D. 8. Febr. 1868; Entschädigungsrecht 3 V. 7. Sept. 1755; 2 G. 28. Juli 1791; 55 G. 16. Sept. 1807; Verfahren zur Feststellung der Entschädigung 2—9 D. 8. Febr. 1868.

Mauern, gemeinschaftliche 653 ff. CGB.

Medizinalpersonen s. Aerzte rc.

Medizinalpolizei, Aufsicht und Gesetzgebung des Reichs 4 Nr. 15 RV.

Meer s. See.

Meineid 153—155, 157—159, 161, fahrlässiger M. 163 StGB.; Restitutionsklage wegen M. eines Zeugen oder Sachverständigen 543 Nr. 3 CPO.; Wiederaufnahme des Verfahrens bei dem M. eines Zeugen oder Sachverständigen 399 Nr. 2, 402 Nr. 2 StPO.; s. falscher Eid.

Meldung, falsche 139 MStGB.

Menschenraub 234, 235, Anzeige 139 StGB.

Mergelgruben 370 Nr. 2 StGB.

Meßanstalten V. 7. Brum. IX; G. 29. Flor. X; B. 2. Niv. XII.

Messer bei Schlägereien 223 a, 367 Nr. 10 StGB.

Messerschmiedewaaren D. 5. Sept. 1810.

Meßgeräthe, Holzgeist z. Essig Bkm. 1. März 1880.

Meßsachen sind Feriensachen 202 Nr. 3 GVG.

Metallwaaren, Fälschung D. 5. Sept. 1810.

Meterkonvention, internationale 20. Mai 1875.

Metz, Börse V. 25. Pluv. X; Gewerbegericht O. 22. Nov. 1826; D. 22. April 1863; V. 22. Febr. 1873; Einführung des D. betr. Straßenbauten 2c. D. 2. Juni 1853.

Metzger, Fleischtaxe 30 Tit. I G. 22. Juli 1791; Verkauf über der Taxe 479 Nr. 6, 480, 482, 483 fr. StGB.

Meuterei 122 StGB.; 103 MStGB.

Miethe überhaupt und Arten 1708—1712, Sachmiethe 1713—1778, allgem. Regeln für die Sachmiethe 1714—1751, besondere Regeln für die von Häusern und Fahrniß 1752—1762, desgl. für die von ländlichen Grundstücken (Pacht) 1763—1778, Arten der Dienstmiethe 1779, Dienstmiethe im engern Sinn 1780, 1781, Frachtvertrag 1782—1786, Werkverdingung 1787—1799, Viehpacht 1800—1831, M. von Gütern der Minderjährigen 450, 481, 1718, M. von Gütern der Ehefrauen 1429 ff., des Staates und der Gemeinden 1712, M. von Gegenständen eines Nießbrauchs 595, 602 CGB.; s. Miethgelder, Miethverträge.

Miethgelder (Miethzins), Vorzugsrecht 41 Nr. 4 KO.; 23 AG. z. CPO.; Verjährung 2277, bürgerliche Früchte 584, 586 CPO.; Vorzugsrecht des Vermiethers an Illaten 2c. des Aftermiethers 820 fr. CPO.

Miethsstreitigkeiten gehören vor die Amtsgerichte 23 Nr. 2, sind Feriensachen 202 Nr. 4 GVG.

Miethverträge, Uebersehreibung 2 G. 23. März 1855; Einfluß des Konkurses 17, 18 KO

Miethzins s. Miethgelder.

Mildernde Umstände, bei Verbrechen und Vergehen des fr. Rechts 463, bei Uebertretungen des fr. Rechts 483 fr. StGB.; bei Preßdelikten 15 G. 11 Mai 1868. Die Urtheilsgründe müssen sich darüber aussprechen 266, Nebenfrage an die Geschworenen über das Vorhandensein mildernder Umstände 297, die Verneinung derselben erfordert eine Mehrheit von 7 Stimmen 297, 307 StPO.

Milderungsrecht des bestätigenden Befehlshabers 172 MStPO.

Militäranwärter, Anstellung in E.-L. V. 26. Jan. 1878.

Militärbeamte, Begriff und rechtliche Stellung Bem. 4 zu 5 MStGB.; Klasseneintheilung V. 29. Juni 1880; Verfahren gegen M. 211 ff. MStGO.; Tagegelder, Fuhrkosten und Umzugskosten V. 20. Mai 1880; bei Beschäftigung außerhalb des Wohnorts 7, bei Mobilmachung 8 das.; direkte Steuern s. Offiziere.

Militärbehörde, Begriff im Sinne der Prozeßordnungen Vf. 23. Juli 1880.

Militärbetten s. Kasernirungskostenbeiträge.

Militärdienst G. 9. Nov. 1867 Bd. III; Reichsmilitärges. 2. Mai 1874; Abänderungen 6. Mai 1880; Gesuche um Zurückstellung bezw. Befreiung Regl. 12. Sept. 1872; Landsturm G. 12. Febr. 1875; Beurlaubtenstand G. 15. Febr. 1875; Wehrordnung 28. Sept. 1875; Vergehen betr. den M. 140—143 StGB.

Militär-Disziplinarkommissionen 121, 122 G. 31. März 1873.

Militär-Ersatz-Instruktion Bem. 1 z. G. 23. Jan. 1872.

Militärgerichte 22 ff. MStGO.

Militärische Verbrechen und Vergehen 1—3 MStGB.

Militärische Wache, Begriff 111 Abs. 2 MStGB.

Militär-Justizbeamte, Rechtsverhältnisse derselben 158 G. 31. März 1873.

Militärpersonen, Begriff 4 ff. MStGB.
Abwesenheit G. 11. Vent. II; G. 16. Frukt. II; G. 6. Brum. V; G. 13. Jan. 1817; Tod StRG. 17. Germ. XIII; Verschollenheit G. 21. Okt. 1873; Beurkundung des Personenstandes V. 4. Nov. 1875; V. 20. Jan. 1879; M. sollen nicht zum Schöffenamte berufen werden 34 Nr. 8, nicht zum Geschworenenamte 85 GVG.; Befreiung von der Vormundschaft 428, 436, Testamente 981 ff. CGB.
Gerichtsstand der M. 14, 21, Haftvollzug gegen M. 785 Nr. 2, 786 Nr. 2, 793, Ladungen und Zustellungen 343, 158, 184, Zwangsvollstreckung gegen M. 673, 699, 749 Nr. 6 u. 8 CPO.
Ladung einer dem aktiven Heere oder der Marine angehörigen M. als Zeugen in Strafsachen 48, Festsetzung und Vollstreckung der

Strafe gegen ausbleibende M. 50, desgl. gegen M. welche ohne Grund ihr Zeugniß oder ihr Gutachten verweigern 69, 76, 77 StPO.

Minderjährige 388 ff., Wohnsitz 108, Emanzipation 476—487, Testament 903, 904, Handlungsfähigkeit 450 ff., 1124 ff., 1304 ff., 1384, 1398, 1990, Theilung und Versteigerung ihrer Güter 465, 466, 1314, 1687, Miethe 450, 481, 1712, 1718, Kauf 450, gesetzl. Hypothek 2121, 2135, 2153, 2194, Zwangsverkauf 2206—2208, Verjährung 2252, 2278 CGB.; keine Aufhebung der Folgen einer Versäumung 210, Eideszuschiebung an M. 435 CPO.; M. Kaufleute 3 u. 4 EG. z. HGB.; Zwangsenteignung von Gütern der M. 13 ff., 25 G. 3. Mai 1841.
Strafrechtliche Verantwortlichkeit 57, Strafantrag 65, Entführung 235, 237, Benutzung des Leichtsinns 301, 302 StGB.; s. Vormundschaft.

Mineralbäder, Besichtigungs-Gebühren 30. G. 25. Juni 1841; s. Mineralquellen, Mineralwasseranstalten.

Mineralien. Welche M. sind von dem Verfügungsrecht des Grundeigenthümers ausgeschlossen? 1 Bergges. 16. Dez. 1873; unbefugte Gewinnung 190 das.; Wegnahme von Erde, Steinen 2c. 370 Nr. 2 StGB.

Mineralöle D. 18. April 1866.

Mineralquellen, ärztliche Inspektion 19 G. 14. Juli 1856; Tit. I D. 28. Jan. 1860; Kosten derselben 10 B. 6. Niv. XI; 18 G. 14. Juli 1856; Tit. III D. 28. Jan. 1860; Erklärung der Gemeinnützlichkeit Tit. I G. 14. Juli 1856; D. 8. Sept. 1856; Schutzbezirk 2 ff. G. 14. Juli 1856; Tit. II D. 8. Sept. 1856; Verordnungen über Ordnung, Polizei, Sanität 19 G. 14. Juli 1856; 15 ff. D. 28. Jan. 1860; Strafe 14 G. 14. Juli 1856; s. Mineralbäder, Mineralwasseranstalten.

Mineralwasser, Erlaubniß zur Fabrikation künstlicher 2 Nr. 7 D. 13. April 1861; Erlaubniß zu Niederlagen künstlicher u. natürlicher 2 Nr. 8 D. 13. April 1861; Anfertigung künstlicher, Niederlagen künstlicher und natürlicher Tit. II O. 18. Juni 1823; s. Mineralwasseranstalten, Mineralquellen.

Mineralwasser-Anstalten künstlichen u. natürlichen Wassers, Ermächtigung 1 O. 18. Juni 1823; ärztliche Inspektion Tit. I das.; Verwaltung, Verpachtung staatlicher 20—24 das.; 7 B. 6. Niv. XI; 1 B. 3. Flor. VIII; den Gemeinden 2c. gehöriger 19 ff. O. 18. Juni 1823; 7 B. 6. Niv. XI; Verwendung der Ueberschüsse 6, 7 das.; 19 O. 18. Juni 1823; 3 B. 3. Flor. VIII; Besichtigungsgebühren 30 G. 25. Juni 1841; s. Mineralquellen.

Minister, Entscheidung in streitigen Sachen 6 D. 2. Nov. 1864; sollen nicht Schöffen oder Geschworene sein 34 Nr. 8, 85 GVG.; Vernehmung der M. als Zeugen in Strafsachen 49, 53 StPO.; in Civilsachen 341, 347 CPO.

Ministerielle Beamte, Disziplin 102—104 D. 30. März 1808; Wiedereinsetzung in die früheren Rechte G. 19. März 1864.

Ministerium für Elsaß-Lothr., Errichtung und Rechte 3, Ernennung der Ministerialbeamten 6 G. 4. Juli 1879 Bd. I A 34; Einrichtung desselben B. 23. Juli 1879 Bd. I A 40.

Ministerium, öffentliches s. Staatsanwaltschaft.

Mißbrauch des Ansehens 2c. 48, M. des Amts 339 StGB.; der Dienstgewalt 114 ff. MStGB.
M. der geistlichen Gewalt, Beschwerde wegen M. (recours comme d'abus) 6 G. 18. Germ. X (Konkord. 26. Mess. IX); Bundesrath 9 Verw.-G. 30. Dez. 1871.
M. von Thieren 360 Nr. 13 StGB.
S. Körperverletzung.

Missionen, kirchliche D. 26. Sept. 1809.

Mist s. Dünger.

Mitbürgen 2025 ff., 2033 CGB.

Miteigenthum s. Gemeinschaft.

Mittelwaldschläge s. Verkäufe, öffentliche.

Mitthäter 47 StGB.

Mitverwaltung O. 6. Nov. 1814.

Mitvormund 396 CGB.

Mobiliar, Erhaltung des M. der Gerichte D. 20. Juli 1853; s. Güter.

Mobiliarsteuer s. Personal- und Mobiliarsteuer.

Mobilmachung, Beurkundung des Personenstandes B. 20. Jan. 1879.

Mobilmachungspferde, Beschaffung Reglem. 15. Okt. 1874.

Modelle, Urheberrecht G. 11. Jan. 1876; Zuständigkeit für Streitigkeiten betr. den Schutz 101 Nr. 3 c GVG.

Moder, Fischerei B. 26. Sept. 1877.

Monat, Berechnung bei Freiheitsstrafen 19 StGB.; Fristberechnung 200 CPO.; Verfallzeit in Handelsgeschäften nach Monaten 327, 328 HGB.; Berechnung einer Frist nach Monaten in Strafsachen 43 StPO.; in Civilsachen 200 CPO.

Montirungsstücke, Ankauf 370 Nr. 3 StGB.

Mord 80, 211, 139, 307 Nr. 2 StGB.

Mohel und Schohet 52 O. 25. Mai 1844; 10 D. 29. Aug. 1862.

Mosel, Fischerei O. 10. Juli 1835.

Mühlen s. Wassermühlen, Wasserläufe.

Mühlenfabrikate, Zollerleichterung Best. 13. Mai 1880.

Müller s. Wassermüller.

Mülhausen, Gewerbegericht D. 7. Mai 1808; D. 24. Jan. 1852; Handelskammer O. 29. Okt. 1828; Kammer für Handelssachen 8 AB. z. GVG.; Einführung des D. betr. Straßenbauten rc. D. 21. Jan. 1853.

Mündliche Verhandlung 119 ff., 246 CPO.

Munition 291 StGB.

Münzen, verrufene 146 StGB.; Annahmeverweigerung der vaterländischen M. 475 Nr. 11, 478, 483 fr. StGB.

Münzgesetz 9. Juli 1873; G. 6. Jan. 1876.

Münzsorte der Zahlung bei Handelsgeschäften 336 HGB.; bei Wechseln 37 WO.

Münzsystem, Reichssache 4 Nr. 3 RV.

Münzverbrechen 146 ff., 4 Nr. 1 u. 2, 139, 360 Nr. 4—6 StGB.; Gutachten der betr. Behörde 92 StPO.

Müßiggänger 361 Nr. 5 StGB.

Muster, Urheberrecht G. 11. Jan. 1876; Register Bkm. 29. Febr. 1876; Zuständigkeit für Streitigkeiten betr. den Schutz 101 Nr. 3 GVG.

Musterregister Bkm. 29. Febr. 1876; Bkm. 23. Juli 1876.

Muthen 15 ff. Bergges. 16. Dez. 1873.

Mutter, Erziehung der Kinder 141, 371 ff., 381, Nießbrauch 384 ff., 601, 730, Vormundschaft 390 ff., Recht zur Emanzipation 477, zweite Ehe 395 ff., 399 ff. CGB.; s. Eltern.

Mutterschaft, Anerkennung 334 ff., Erforschung 341, 342 CGB.

N.

Nachbarn, Rechtsverhältnisse derselben 640—685, 1370 CGB.

Nachdruck s. Urheberrecht.

Nacheichung B. 27. Mai 1876; Bkm. 3. März 1877; B. 23. Mai 1878.

Nachgeborene Kinder 953, 960 CGB.

Nachkommen, Einwilligung und Einspruch der Aszendenten bei deren Eheschließung 150, 182, 183, bei Ehescheidung 278, Legitimation 332, Grade 736, Erbfolge 745 ff., 1389, 351, Erbvertretung 740 ff., N. von Geschwistern 748 ff., Theilung unter N. 1075 ff., Substitution 1048 ff. CGB.; s. Kinder, Aszendenten, Eltern.

Nachlaß, Gerichtsstand 28 CPO.; Konkurs 202—206, abgesonderte Befriedigung der Nachlaßgläubiger 43 KO.; N. des rechtskräftig Verurtheilten haftet für die Untersuchungskosten 497 StPO.; Haftung für Geldstrafen 30 StGB.; s. Erbschaft, Siegelung, Erlaß.

Nachlässigkeit 1383 CGB.

Nachlese vor der Ernte 471 Nr. 10, 473, 474, 483 fr. StGB.; im Feldgehege verboten 21 Tit. II G. 6. Okt. 1791; Vorschriften zum Schutze des Rechts zur N. 23 das.

Nachschlagegebühr der Gerichtsschreiber 1 Nr. 9 D. 24. Mai 1854; 14 G. 21. Vent. VII Bd. I Anh. S. 18; der Notare 10 Not.-Tarif 26. Dez. 1873.

Nachschlüssel 369 Nr. 1 StGB.

Nachtzeit 243 Nr. 7, 250 Nr. 4, Jagen 293, Fischen 296, Feuer 322, 326 StGB.
Zwangsvollstreckung zur N. 681 CPO.; Forstdiebstahl zur N. 12 Nr. 1 FStG. 28. April 1880.
Durchsuchung einer Wohnung zur N. 104 StPO.

Nahrungsmittel G. 14. Mai 1879; B. 25. Juni 1880; Entwendung 370 Nr. 5 StGB.; Pfändung 715 Nr. 2 CPO.

Namen, Führung falscher N. 360 Nr. 8 StGB.

Namensänderung 4—9 G. 11. Germ. XI; Siegelgebühr 12 G. 20. Juli 1837.

Nasen, Fang B. 9. April 1880.

Nationalkokarde s. Landeskokarde.

Naturalisation von Ausländern 2, 6, 8—11 G. 1. Juni 1870 Bd. III; G. 8. Jan. 1873; G. 20. Dez. 1875; Naturalisations-Urkunden, Ausfertigung und Kosten Bkm. 23. Jan. 1873; Gebühren 55 G. 28. April 1816; 12 G. 20. Juli 1837.

Naturalleistungen für die bewaffnete Macht im Frieden, Vorspann 3, Naturalverpflegung 4, Fourage 5 G. 13. Febr. 1875; Instr. 2. Sept. 1875 u. 11. Juli 1878.

Nebenfrage an die Geschworenen 295—298 StPO.

Nebenintervention 63 ff., 71, 72, 96 CPO.

Nebenklage 435—446, 417, 467 StPO.

Nebenvormund s. Gegenvormund.

Negerhandel, Uebereinkommen wegen Unterdrückung des N. 29. März 1879.

Neue Waaren s. Verkäufe, öffentliche.

Nichtanerkannte Bekenntnisse D. 19. März 1859.

Nichterscheinen eines Zeugen 50, eines Sachverständigen 77, N. des Angeklagten in der Hauptverhandlung 229, des Privatklägers 431, des Vertheidigers 145 StPO.; im Verhandlungstermine 295—298 CPO.

Nichtgebrauch bei Dienstbarkeiten 704 CGB.

Nichtgemeinschaft der Güter während der Ehe 1529 ff. CGB.

Nichtigkeit der Ehe 180 ff., der Rechtshandlungen der Ehefrauen 217, 225, 1125, der Verträge zwischen Mündel und Vormund 472, der

Rechtshandlungen Entmündigter 502, 1125, der Theilungen 887—892, der Schenkungen 900 ff., 943, 965, der Testamente 900 ff., 925, 1001, 1021, 1039, 1043, der Theilungen der Aszendenten 1078, der Verträge überh. 1109, Klagen auf Nichtigkeit 1304 ff., Genehmigung 1338, N. bei Gütertrennung 1443, N. v. Veräußerungen des Heirathsgutes 1560, des Kaufes 1596—1601, 1658 ff., der Bürgschaft 2012, v. Vergleichen 2054 ff. CGB.; s. auch Minderjährige, Auflösung, Beeinträchtigung der Gläubiger.

Nichtigkeitsbeschwerde gegen militärgerichtl. Erkenntnisse 268 MStGO.

Nichtschuld, Zahlung einer N. 1235, 1376 ff., 1299 CGB.

Nichtstreitige Gerichtsbarkeit Bem. 1 z. fr. CPO.; es gelten die Vorschriften der GVG. über Rechtshülfe, Sitzungspolizei, Berathung und Abstimmung 32 AG. z. GVG.

Nießbrauch 578—624, 526, 2236, elterlicher N. 384 ff., 453, 754, Vermächtniß 610 ff., 899, 1094, 917 ff., Vorbehalt des N. 949, 950, N. während ehel. Gütergemeinschaft 1403, 1409, 1422, bei Nichtgemeinschaft 1530—1533, N. am Heirathsgut 1540, 1555, 1562, N. am Paraphernalgut 1580, N. als Gegenstand der Hypothek 2118, Zwangsverkauf 2204 CGB.

Niederlagen für unverst. inländ. Taback Regul. 29. Mai 1880; für unverzollte Waaren Abschn. 13 VZG. (G. 17. Juli 1871); Bkm. 5. Aug. 1871; Vf. 8. Aug. 1871; Bkm. 6. Okt. 1871; Bkm. 22. Nov. 1871; G. 2. Dez. 1871; für oktroipflichtige Gegenstände 95 D. 17. Mai 1809; 41 ff. O. 9. Dez. 1814; 3 G. 23. Juli 1820; 24. Juni 1824; 9 G. 28. Juni 1833.

Niederlande, Vertrag betr. Kanalverbindung 12. Okt. 1876.

Niederlassung, Recht der Bundesangehörigen 1, 2 G. 1. Nov. 1867 Bd III; Bestimmungen durch das Reich 4 Nr. 1 RV.; Vertrag mit der Schweiz 27. April 1876.

Nivellement s. Höhenlage.

Nominatio auctoris 73 CPO.

Norddeutscher Bund, Einlösung der Darlehenskassenscheine G. 6. Mai 1878.

Notare, amtliche Geschäftssprache 13 G. 14. Juli 1871; 2 V. 17. Sept. 1874; Bkm. 15. Nov. 1874; Beamte im Sinne des StGB. 359 StGB.; Beeidigung 1—3 G. 20. Sept. 1871; keine Enregistrementsgebühren dafür Bem. z. D. 31. Mai 1807; Dienstsiegel Vf. 16. Dez. 1871; Disziplinarkammern 50 ff. G. 25. Vent. XI; O. 4. Jan. 1843; Eheverträge der Kaufleute 6 EG. z. HGB.; Enregistrement 41, 42 G. 22. Frim. VII; 13 G. 16. Juni 1824; Ernennung 16, 17 G. 14. Juli 1871; Gebühren 1—5, 11 G. 26. Dez. 1873; Tarif Anl. z. G. 26. Dez. 1873; Geheimnisse, Offenbarung 300 StGB.; Kaution 1, 14 G. 15. Okt. 1873; 1 Nr. VII V. 22. Nov. 1873; Lebensscheine D. 21. Aug. 1806; D. 23. Sept. 1806; O. 30. Juni 1814; O. 20. Mai 1818; O. 6. Juni 1839; Oberstaatsanwalt Vorgesetzter 8 G. 26. Dez. 1873; Pflichten im Allgemeinen G. 25. Vent. XI; Register 4 G. 26. Dez. 1873; Repertorium 49 G. 22. Frim. VII; 29, 30 G. 25. Vent. XI; Schenkungen und Vermächtnisse zu Gunsten von Pflegehäusern 2 O. 4. Pluv. XII; 5 O. 2. April 1817; D. 30. Juli 1863; Unvereinbarkeit des Amts eines N. mit dem eines Anwalts, Gerichtsschreibers G. 7. März 1793; mit dem eines amtlichen Versteigerers O. 31. Juli 1822; Urkunden 8 ff. G. 25. Vent. XI; Verfassung des Notariats G. 25. Vent. XI; Verjährung der Gebühren 3 G. 26. Dez. 1873; Vermächtnisse für kirchliche Anstalten 3 O. 14. Jan. 1831; Versicherungsverträge 47 G. 5. Juni 1850; Versteigerungen im außergerichtlichen Theilungsverfahren G. 1. Dez. 1873; im gerichtlichen Theilungsverfahren 15 AG. z. CPO.; im Zwangsvollstreckungsverfahren 4 ff. G. 30. April 1880; Verst. u. Abschätzungen v. Gegenständen d. bew. Vermögens G. 17. Sept. 1793; Verwahrung der Urkunden 9, 10 G. 26. Dez. 1873; Vorbereitung z. Amte eines N. 15 AV. z. GVG.; Regul. 17. Febr. 1872; Wechselproteste 87—91 WO.; Wechselstempelsteuer 21 G. 10. Juni 1869 Bd. III; Wiedereinsetzung in die früheren Rechte G. 19. März 1864; Zahl der N. 7 G. 26. Dez. 1873; Zeugen 6 G. 26. Dez. 1873; G. 21. Juni 1843; Zinsen von Auslagen 5 G. 26. Dez. 1873.

Notariat, Amt im Sinne des StGB. 31 StGB.; Verfassung G. 25. Vent. XI; G. 26. Dez. 1873; s. Notare.

Notariatskammern 50 ff. G. 25. Vent. XI; O. 4. Jan. 1843.

Notariatstarif Anlage z. G. 26. Dez. 1873.

Notariatsurkunden, im Allgemeinen 8 ff. G. 25. Vent. XI; zweiter Notar oder Zeugen G. 21. Juni 1843; 6 G. 26. Dez. 1873; Verwahrung 9, 10 das.; Vollstreckbarkeit 702 Nr. 5 CPO.; s. Notare.

Nothadressen, auf Wechseln, Wirkungen derselben 56 ff., 62, 69 WO.

Nöthigung 52, 105, 114, 122, 240, 253 StGB.

Nothfrist 201, 202, 211, 226, 228, 304; Berufungsfrist 477; für die Nichtigkeit und Restitutionsklage 549; für die Anfechtungsklage im Aufgebotsverfahren 835 CPO.

Nothstand 54, 329 StGB.

Nothweg 682 ff. CGB.
Nothwehr 53 StGB.
Nothzucht 176—178 StGB
Notorietätsakt s. Offenkundigkeitsurkunde.
Novation 1234, 1271 CGB.
Numerirung der Häuser, Ausführung und Kosten D. 15. Pluv. XIII; O. 23 April 1823.
Nutzbarmachung s. Oedungen, Sümpfe
Nutzpfand 2072, 2085—2091 CGB; Ueberschreibung 2 G 23. März 1855
Nutzung 543 CGB.; s. Früchte, Nießbrauch.

O.

Obdachlosigkeit 361 Nr. 8, 362 StGB
Obduktion s. Leichenöffnung.
Oberreichsanwalt 148 Nr. 1, 149, 150 GVG.
Oberkonsistorium Augsburg Bekenntnisses 8—10 D. 26. März 1852
Oberlandesgerichte 119—124, 12, 117 GVG; 9 EG. z. GVG; Feriensenat 203 GVG; Zuständigkeit desselben zur Entscheidung über Beschwerden gegen Einstellung des Strafverfahrens 170, gegen Beschlüsse u. Verfügungen der O in Strafsachen findet eine Beschwerde nicht statt 346 StPO
Senate des O. in Colmar V 29. April 1880; Geschäftsordnung desselben 20. Mai 1880
Oberpräsident, dessen Amtsbefugnisse in Bezug auf die allgemeine Landesverwaltung 4—12, 14—17, 21—23 G. 30 Dez. 1871; Entscheidung auf Rekurse und Beschwerden gegen Entscheidungen der Bezirksräthe in nicht streitigen Sachen 8 V 1. Sept. 1872. — Uebergang der Befugnisse auf Statthalter u Ministerium 2, 3 G. 4. Juli 1879 Bd I A 14.
Oberste Reichsbehörde s. Reichsbehörde.
Obmann der Geschworenen 304, 307, 308 StPO.
Obst, Entwendung 471 Nr. 9, 474, 483 fr. StGB.; s. Oktroi.
Oedungen und Sümpfe der Gemeinden, Nutzbarmachung G. 28. Juli 1860; Anwendung des G. über Drainirung 8 G. 28. Juli 1860; Ausführungs-Verordnung D. 6. Febr. 1861.
Offenbarungseid 711, 780 ff CPO; 914 Nr 9, 943 Nr. 8 fr. CPO.; 16 Nr. 3 EG z. CPO; des Gemeinschuldners 115, 162 Nr 1 KO.
Offene Handelsgesellschaften, Bestimmungen darüber 85—149, Firma derselben 17, 24, 87 HGB.
Offener Arrest im Konkurse 102, 103, 108 KO.
Offenkundigkeitsurkunden, Gebühren des Gerichtsschreibers 16 D. I 16. Febr 1807.
Oeffentlichkeit der Verhandlungen vor dem erkennenden Gericht 2c. 170, 174—176, 17 Nr. 3, 195, Ausschließung der Oeffentlichkeit 171—173, 175, 176 GVG; Anfechtung des Urtheils wegen unterbliebener Oeffentlichkeit des Verfahrens 377 Nr 6 StPO; 513 Nr 6 CPO.
Oeffentliche Arbeiten s Arbeiten.
Oeffentliches Ministerium s. Staatsanwaltschaft
Oeffentliche Zustellung 187—190, 304, 578, 628 CPO.
Offiziere der Reichskriegsmarine und des Reichsheeres, Ernennung, Beeidigung 53, 63, 64, 66 RV.
O und Militärbeamte, direkte Steuern V. 28 Therm X; 30 G 23. Juli 1820; 25 G. 31. Juli 1821; 14, 15, 27 G. 21 April 1832; 46 RMG
Offizierkasinos, direkte Steuern 12, 27 G 21 April 1832.
Oeffnungen, unverdeckte 367 Nr. 12 StGB.; Oeffnungen in Mauern 675 ff CGB
Oktroi, allgemeine Vorschriften G 27 Frim. VIII; V 28. Vent. XII; V. 5. Germ. XII; D 17. Mai 1809; D 15. Nov 1810; O 9 Dez. 1814; 147 ff. G 28. April 1816; O. 3. Juni 1818; G. 23. Juli 1820; G. 24. Juni 1824; G. 29. März 1832; G 21. April 1832; G. 28. Juni 1833; G. 24 Mai 1834; O. 21. Dez. 1838; G. 10. Mai 1846; 17 u. 25 D 17. März 1852; D 12. Febr. 1870; Städte in denen O erhoben wird Bem. z. G. 27. Frim. VIII; allgemeiner Tarif 1 ff u. Anlage D. 12. Febr 1870; Art. 5 des Zollvertrags findet auf O. keine Anwendung 5 G. 25. Juni 1873 Bd. I A Nr 3; Buch- und Rechnungsführung s. Kassen- und Rechnungswesen.
Oktroibeamte, Hülfsbeamte der Staatsanwaltschaft 14 AV z. GVG; Feststellung der Fahrkontraventionen durch O 1 D. 18. Aug. 1810; s. Beamte.
Oktroigefälle, Zuständigkeit 16 Abs. 2 AG z. GVG; Strafe bei Zuwiderhandlungen 28 O. 9. Dez. 1814; 8, 9 G. 29 März 1832; 27, 46 G 28. April 1816; Einziehung 29 O 9. Dez. 1814; 65 V. 17. Mai 1809; Verfahren 75—83 O. 9 Dez. 1814; 1 G 5 Juli 1872.
Operationspläne, Verrath 90 Nr 4 StGB.
Opposition s Einspruch, Pfändung.
Option, Recht dazu 2 Friedensvertrag 10. Mai 1871; 1 Zus.-Konv. 11. Dez. 1871; Bkm. 7 März, 16. März 1872.
Orden, unberechtigtes Tragen 360 Nr. 8 StGB.
Orderpapiere s. Inhaberpapiere.
Ordreverfahren s. Vertheilungsverfahren betr. unbewegliche Sachen.

Ort der Zahlung und Erfüllung 1247, 1258, 1264, 1296, 1609, 1651, 1903, 1942—1944 CGB; 324, 325, 327, 336, 342 HGB.

Ortseinnehmer bei der Verwaltung der indirekten Steuern 233, 234 G. 28. April 1816.

Ortsgebrauch beim Nießbrauch 590, 593, Scheidemauern 663, Baumpflanzungen 671, Bauten 674, Verträge 1135, 1159, Wandlungsklage 1648, Miethe 1736, 1745, 1753, 1754, 1757—1762, Pacht 1777 CGB.; 57, 61, 70, 80, 82, 83, 279, 285, 326, 327, 334, 339, 342, 346, 349, 351, 352, 369—371, 394 HGB.

Ortszulagen, pensionsfähiger Theil 8 G 26. Dez. 1873; V. 11. Febr. 1874

Ostbahn, Abtretung an das Deutsche Reich Zusatzartikel 10. Mai 1871.

Oesterreich-Ungarn, Verträge mit Oesterreich betr. Eisenbahnverbindung 2. März 1877; betr Uebernahme und Verpflegung ausgewiesener Landesangehörigen Bkm. 29. April 1874; 2. Sept. 1875; Vertrag wegen Beglaubigung von Urkunden 25. Febr. 1880.

P.

Pacht 1711, 1763—1778 CGB.; im Konkurse 17, 18 KO.; s. Miethe, Miethgelder

Pachtzins, Vorrecht 41 Nr 2 KO.

Päderastie 175 StGB.

Paläste, bischöfliche 104 D. 30. Dez. 1809; Mobiliar O. 7 April 1819; 8 G. 26 Juli 1826; O. 3. Febr. 1830; O. 4 Jan. 1832; Bauten D 7 März 1853.

Paläste, kaiserliche, Vornahme gerichtlicher Amtshandlungen O. 20. Aug. 1827.

Papiere auf den Inhaber s. Inhaberpapiere.

Papiergeld, Fälschung 146 ff., 149, 360 Nr. 3—6 StGB; Verausgabung von außerdeutschem P. 3 G 7. Jan. 1872.

Paraphernalgüter 1574 ff. CGB

Parcours s. Koppelhut.

Parteien, Vertretung 74, 75, persönliches Erscheinen 132, zum Sühneversuch 268, Recht der P. neben dem Anwalt das Wort zu nehmen 128, Entziehung des Wortes 143, Zustellungen an P. 169, Rechtsnachfolger 236 CPO.

Parteilichkeit von Beamten 336 StGB.; P. des Richters 543 Nr. 5 CPO.

Paß (Reisepaß), Fälschung 275 Nr. 2, 363 StGB

Paßkarten V. 12. Febr. 1874.

Paßwesen, Aufsicht und Gesetzgebung durch das Reich 4 Nr. 1 RV.

Patent s. Drucker, Buchdrucker.

Patentamt 13 ff. G. 25. Mai 1877; V 18. Juni 1877.

Patente G. 25 Mai 1877.

Patentsteuer s. Gewerbesteuer.

Patronen, Verbot des Handels ohne Erlaubniß 3 G 24. Mai 1834.

Pensionen der Beamten und Lehrer G 23. Dez. 1873; 35—71 G. 31. März 1873; P. der Wittwen u. Waisen derselben G. 24. Dez. 1873; P von Universitätsprofessoren G. 25. Dez 1873; Pfändung von Pensionen 749 Nr 7 u. 8 CPO.

Uebernahme von P auf das Reich G 17 Juni 1878; Uebernahme von P französischer Beamten 2 Zusatz-Konvent. 11 Dez. 1871

Pensionirung u. Versorgung der Militärpersonen des Reichsheeres und der K Marine, Offiziere 2 ff., Unteroffiziere u. Soldaten 58 ff, untere Militärbeamte 89 ff, Bewilligung für Hinterbliebene 94 ff. G. 27. Juni 1871 (unterm 8. Febr. 1875 eingef.); Novellen 4. April 1874 u. 30. März 1880; Ausführungs-Bestimmungen 22. Febr. 1875.

Personal- u. Mobiliarsteuer, im Allgemeinen 7 V. 24. Flor. VIII; 8. G 26. März 1831; 8 ff. G 21 April 1832; Beamte mit Dienstwohnungen 15 ff G. 21. April 1832; V 9. Okt. 1878; Haftung der Erben 21 G 21. April 1832; Haftung der Hauseigenthümer 22 ff G. 21. April 1832; V 9. Okt. 1878; Kontingentsänderungen, Neubau oder Abbruch von Wohngebäuden 2 G 4. Aug. 1844; Offiziere u. Militärbeamte s. Offiziere; Uebernahme durch die Gemeinde 20 G. 21 April 1832; 5 G. 3. Juli 1846; Vertheilung auf Bezirke, Kreise, Gemeinden 8 ff. G. 21 April 1832, Zuschläge für Gemeindeausgaben 31 G 15. Mai 1818; s auch Steuern, direkte

Personenrecht 7—515 CGB.

Persönliches Erscheinen der Parteien kann angeordnet werden zur Aufklärung 132, P. E. zum Sühneversuch 268, P. E. in Ehesachen 572, 579 CPO.

Persönlicher Sicherheitsarrest 798 ff, 812 CPO

Personenstand G. 6. Febr 1875; Personen zur See 61—64 G 6. Febr 1875; V. 4. Nov 1875; Ausland 85 G. 6. Febr 1875; G 4. Mai 1870 Bd. III; Instr 1 März 1871; Behörden V. 19. Nov 1875.

Verbrechen u. Vergehen in Bezug auf den P. 169, 170, 338, Schließung einer zweiten Ehe durch Personenstandsbeamte oder Geistliche 338 StGB.; andere Vergehen des Standesbeamten 67, 69 G 6. Febr 1875.

Personenstandsregister, Verlesung der Auszüge aus denselben in der Hauptverhandlung 248 StPO; s. Personenstand.

Personentransportfuhrwerke, Beschaffenheit der Wagen 20—27, Anschläge, Schilder 29, 30 D. 10. Aug. 1852; 3, 7, 8 G. 30. Mai 1851; Kontrollvorschriften 17, 18, 31, 32, 36, 37, 82, Beleuchtung 28 D. 10. Aug. 1852; 2 D. 24. Febr. 1858; Führung der Gespanne 33, 34, Ausweichen 35, Qualifikation der Postillone 38, Beschwerdebuch 39 D. 10. Aug. 1852; Strafen 4, 6 G. 30. Mai 1851; s. Fuhrwerke.

Pest 985 CGB.

Petitionen an den Reichstag 23 RV.; P. an den Landesausschuß 21 G. 4. Juli 1879.

Petitorium s. Rechtsklage.

Petroleum D. 18. April 1866; G. 14. Mai 1879.

Pfand, Aneignung durch den Eigenthümer 289 StGB.; s. Faustpfand, Pfandrecht.

Pfandhäuser, Gründung u. Zweck 1, 2 G. 16. Pluv. XII; StRG. 12. Juli 1807; als gemeinnützige Anstalten 1, Ausnahme 10, Vorstand, Ernennung u. Funktionen 2, Verwalwaltung 3, 4, 5 G. 24. Juni 1851; Erwerbungen, Veräußerungen, Darlehen, Bauten 2 O. 18. Juni 1823; Kautionen der Beamten 9 D. 24. Meff. XII; Verkauf der Pfänder auf Verlangen der Hinterleger 7 G. 24. Juni 1851; Zinsfuß 8 D. 24. Meff. XII; Zwischenhändler 6, Stempelfreiheit 8 G. 24. Juni 1851; Zuwendung des Gewinnes an die Pflegehäuser StRG. 12. Juli 1807; 5 G. 24. Juni 1851; Rechnungswesen 1 O. 18. Juni 1823; 2 G. 24. Juni 1851; Errichtung ohne Erlaubniß, Buchführung 411 fr. StGB.

Pfandleiher, Gebrauch der verpfändeten Gegenstände 290, Zuwiderhandlung gegen die erlassenen Anordnungen 360 Nr. 12 StGB.; s. Pfandhäuser.

Pfandrecht, Werthberechnung des P. 6, P. durch Pfändung beweglichen Vermögens begründet 709, 810, P. gewährt Dritten kein Widerspruchsrecht gegen die Pfändung 710 CPO.; an Waaren-Papieren ꝛc. 306—312, P. des Kommissionärs 306, 374, 410, 411, P. des Spediteurs 306, 382, 410, 411, P. des Frachtführers 306, 382, 409, 411 HGB.; s. Faustpfand.

Pfändung, von Forderungen 708 ff., 729 ff., P. von Früchten 714, 725, P. von körperlichen Sachen 708 ff., 712, P. von Vermögensrechten 708 ff., 754 CPO.

P. wegen Forstfrevel 58 ff. FStG.; P. wegen Feldfrevel 12, 25 Tit. II G. 6. Okt. 1791.

S. Zwangsvollstreckung.

Pfändungsrecht s. Pfändung.

Pfandverschleppung 137 StGB.

Pfarreien 60 ff. G. 18. Germ. X; D. 11. Prair. XII; D. 30. Sept. 1807; O. 25. Aug. 1819.

Pfarrer, katholische 27—34 G. 18. Germ. X; Klassen B. 27. Brum. XI; O. 6. April 1832; Gehälter B. 18. Germ. XI; O. 13. März 1832; 8 G. 23. April 1833.

P., protestantische 18 ff., 33 ff. G. 18. Germ. X.

Pfarrgüter D. 6. Nov. 1813.

Pfarrhäuser 72—74 G. 18. Germ. X; O. 3. März 1825.

Pferdebestand, periodische Vormusterungen, Reglement 15. Okt. 1874.

Pflanzungen 552 ff., 671 CGB.

Pflasterung, Kosten StRG. 25. März 1807; 28 Fin.-G. 25. Juni 1841.

Pflegebefohlene, Rangordnung ihrer Forderungen 54 Nr. 5 KO.; 13 EG. z. KO.

Pflegelterliche Vormundschaft 361—370 CGB.

Pflegehäuser, Gründung Bem. z. G. 16. Vend. V; Zusammensetzung und Obliegenheiten der Verwaltungskommissionen 6, 10, 11 G. 16. Meff. VII; 4 D. 19. Vend. XII; 1—4, 6 G. 15. Pluv. XIII; StRG. 21. Dez. 1808; 14, 15, 22 D. 19. Jan. 1811; 2 O. 2. April 1817; 7, 13—16 O. 31. Okt. 1821; 7 O. 28. Juni 1833; 3, 4, 6—11, 13, 14, 16, 17 G. 7. Aug. 1851; D. 23. März 1852; 4 G. 5. Mai 1869; Aufsicht 1 G. 16. Vend. V; 9, 10, 12 G. 16. Messid. VII; Rechte der Gründer D. 31. Juli 1806; Aufnahme von kranken Personen 1, 3 G. 7. Aug. 1851; von Soldaten 9, 10 B. 24. Therm. VIII; Vormundschaft über die unterstützten Kinder 1—6 G. 15. Pluv. XIII; Erleichterung der Zurücknahme der in P. Untergebrachten G. 10. Dez. 1850; Erbansprüche 8 G. 15. Pluv. XIII; StRG. 3. Nov. 1809; Arbeiten in P. 13, 14 G. 16. Meff. VII; Hypothekareintragungen D. 11. Therm. XII; Kapitalanlage StRG. 21. Dez. 1808; D. 16. Juli 1810; 4 O. 2. April 1817; 9, 10 G. 7. Aug. 1851; Bauten 3, 5 D. 10. Brum. XIV; 15, 16 O. 31. Okt. 1821; 1 O. 6. Juli 1846; Kauf und Verkauf von Grundstücken 2 das.; Verpachtung 15 G. 16. Messid. VII; 3 O. 6. Juli 1846; Lieferungen 8 G. 16. Meff. VII; 15 G. 7. Aug. 1851; Vergleich 15 B. 7. Meff. IX; 5 O. 6. Juli 1846; Klage B. 9. Vent. X; Beamten, Ernennung 18 O. 31. Okt. 1821; 14 G. 7. Aug. 1851; Pensionen 12—22 D. 7. Febr. 1809; Geschäftsführung des Oekonomen O. 29. Nov. 1831; Privatbethäuser D. 17. Meff. XII; Rechnungswesen 10 D. 7. Flor. XIII; 547 ff. D. 31. Mai 1862; s. Rechner, Steuerempfänger, Krankenhäuser.

Pfleger, bei bürgerlich Todten 25, bei Abwesenden 113, für die Leibesfrucht 393, P. der Emanzipirten 175, 480, 482, 935, 940, 1030, der ledigen Erbschaft 812 ff., der

Taubstummen 935, der wegen Hypotheken aufgegebenen Liegenschaften 2174 CGB.; Untreue 266 Nr. 1 StGB.

Pflegekosten des Gemeinschuldners 54 Nr. 4 KO.

Pflichtexemplare s. Druckschriften.

Pharmakopöe, Einführung der deutschen P. V. 5. Juli 1872.

Pharmazie, Staatliche Aufsicht 25 ff. G. 21. Germ. XI; V. 25. Therm. XI; G. 29. Pluv. XIII; D. 23. März 1859.

Photographien, Urheberrecht G. 10. Jan. 1876.

Pilze s. Wälder.

Platten 41, 42, 151, 152, 360 Nr. 4—6 StGB.

Plattirte Waaren 95—100 G. 19. Brum. VI; D. 26. Mai 1860.

Plenarbeschlüsse des Reichsgerichts 128, 129, 131, 139 GVG.

Plenum der Gerichte 61, 121 GVG.

Plünderung 129 ff. MStGB.

Pocken, Schutz gegen die Weiterverbreitung der Blattern oder P. V. 20. Jan. 1871.

Polizei, in den Städten 13 G. 24. Juli 1867; Verwaltung der P. in den Städten Straßburg, Metz, Mülhausen 24 G. 30. Dez. 1871; Metz V. 11. Aug. 1872; Straßburg V. 28. Febr. 1873; P. der Waldungen 169—180 FO., Strafbestimmung 27—57 FStG.

Polizeiaufsicht 38, 39, 45, 57 Nr. 5, 76, 361 Nr. 1 StGB.; Durchsuchung der Wohnung und Räume solcher Personen, welche unter P. stehen 103—106, Verhängung der Untersuchungshaft gegen dieselben 113 StPO.

Polizeibeamte, Verhältniß zur Staatsanwaltschaft 153, Befugnisse gegen flüchtige Personen 168 GVG.; Rechte u. Pflichten der P. zur Ermittelung strafbarer Handlungen 157, 161, 162, P. haben den Aufträgen der Staatsanwaltschaft Folge zu leisten 159, 187, Befugniß der P. zu Beschlagnahmen 98, desgl. zu Durchsuchungen 105, ferner zur vorläufigen Festnahme eines Beschuldigten oder Verdächtigen 127, zum Erlaß von Steckbriefen 131, zur Festsetzung von Strafen bei Uebertretungen 453 StPO.; 6 Nr. 3 EG. z. StPO.

Polizeigesetze und =Verordnungen 3, 552, 652, 714 CGB.

Polizeikommissare, örtliche Zuständigkeit 1 D. 28. März 1852; 1 u. 2 D. 17. Jan. 1853; Anstellung 6, Beitragspflicht der Gemeinden zu ihrem Gehalt 7 D. 28. März 1852; die P. sind Hülfsbeamte der Staatsanwaltschaft 14 AV. z. GVG.

Polizeistunde 365 StGB.

Polizeiverordnungen, Uebertretung 471 Nr. 15, 474, 483 fr. StGB.

Portofreiheiten G. 5. Juni 1869 (eingef. 1. März 1872.)

Portopflichtige Postsendungen E.=L.'scher Behörden Anweisung 3. Juni 1874.

Possessorium s. Besitzklage.

Post, Beschlagnahme von Briefen u. Sendungen auf der Post 99—101 StPO.; Briefe für den Gemeinschuldner 111 KO.; Diebstahl in P. Gebäuden 243 Nr. 4 StGB.; Zustellungen durch Aufgabe zur P. 161, 164, 683, Zustellungen durch die P. 176, 179 CPO.

Postanstalten, Briefe für den Gemeinschuldner 111 KO.

Postbeamte, Verletzung des Briefgeheimnisses, Unterdrückung von Briefen 354 StGB.; s. Amtskautionen.

Post= und Porto=Defraudationen, Strafbestimmungen 27—33, Strafverfahren 33—46 G. 28. Okt. 1871.

Postordnung 8. März 1879.

Posttaxwesen G. 28. Okt. 1871 (eingef. 4. Nov. 1871); 17. Mai 1873 (eingef. 8. Febr. 1875) u. 3. Nov. 1874.

Postvertrag mit Brasilien 30. Sept. 1873; Chili 22. März 1874; Peru 11. Juni 1874; Belgien 22. Nov. 1874; über Weltpostverein 1. Juni 1878; betr. Briefe mit Werthangabe 1. Juni 1878; betr. Postanweisungen 4. Juni 1878; betr. Packete 3. Nov. 1880.

Postverwaltung, Ersatzleistung 6 ff., Vorrechte 16 ff. Post=G. 28. Okt. 1871; Verhältniß zu den Eisenbahnen, Eisenbahn=Postges. 20. Dez. 1875; Vollzugsbestimmungen desselben 9. Febr. 1876 u. 28. Mai 1879.

Postwesen, Aufsicht und Gesetzgebung des Reichs 4 Nr. 10, 48 RV.; Anstellung der Beamten 49 RV.; Ueberschüsse für Reichskasse 51 RV.; G. über das P. 28. Oktober 1871 (eingef. 4. Nov. 1871).

Post= und Telegraphenwesen, Verwaltung V. 22. Dez. 1875 u. Erl. 23. Febr. 1880.

Postzwang 1—3 Postgesetz 28. Okt. 1871.

Präfekten sind von der Vormundschaft befreit 427 CGB.; s. Bezirkspräsident.

Präfekturrath s. Bezirksrath.

Präparandenschulen s. Unterrichtswesen.

Präsentation von Wechseln 18—20 WO.

Präsidium der Landgerichte 63, 69, 78, der Oberlandesgerichte 83, 119, des Reichsgerichts 133 GVG.

Präsumtionen, gesetzliche 16 EG. z. CPO.; s. Vermuthungen.

Preissteigerung oder =Minderung, künstliche 419 fr. StGB.

Presse s. Druckgeräthe.

Preßvergehen, Schwurgerichte zuständig 6 EG. z. GVG.; Veröffentlichung des Urtheils 26 G. 26. Mai 1819; 11 G. 9. Juni 1819.

Preußen s. Schulpflicht.

Preußische Bank G. 4. Juli 1871; Vertr. 17. Mai 1875.

Preußische Banknoten Bkm. 16. Dez. 1875.

Primawechsel 66 WO.

Prinzipal, Rechte und Pflichten desselben gegen Prokuristen 41—65 HGB.

Privatbuße s. Buße.

Privatgeheimnisse, Offenbarung 300 StGB.

Privatgläubiger eines Gesellschafters, deren Rechte 119—122, 126, 132, 169, 170, 200, 263 HGB.

Privatklage, allgemeine Bestimmungen 414—446, Entscheidung über den Umfang der Beweisaufnahme 244, 264, Befugniß des Privatklägers zur Ablehnung eines Richters 24, desgl. eines Sachverständigen 74, Antrag des Privatklägers auf Einziehung, Verhandlung und Entscheidung darüber 477—479, Kostenpunkt bei P. 503 StPO.

Zuständigkeit der Schöffengerichte 27 Nr. 3, Berufungs-Strafkammer 77 GVG.

Privattransitläger von Getreide Regul. 13. Mai 1880; von Bau- und Nutzholz 24. Mai 1880.

Privaturkunden, Unterzeichnungen ders. StGB. 1. April 1808.

Privatwaldungen 117—121 FGB.; 150, 151 FO.; Ausrodungen 219 — 226 FGB.; 192—199 FO.; 47 FStG.

Probe, Kauf auf P., nach P., zur P. 339—341 HGB.; Kauf auf P. 1588 CGB.; Aufbewahrung der P. durch den Mäkler 80, Mittheilung bei Verkaufsanerbieten 337 HGB.

Professoren der Universität 3 D. 9. März 1852; Pension der Wittwen u. Waisen G. 25. Dez. 1873.

Prokura, Ausstellung, Wirkung und Aufhebung derselben 10, 41—46, 53—55; insbesondere bei Handelsgeschäften 104, 118 HGB.

Prokura-Indossament, Begriff und Rechtsverhältnisse aus demselben 17 WO.

Prokurator, Kaiserlicher s. Staatsanwaltschaft.

Prokuristen, Begriff, Rechte u. Pflichten derselben 41—46, 52—56 HGB.; 10 Nr. 3 d EG. z. HGB.; Streitigkeiten mit dem Eigenthümer 101 Nr. 3 e GVG.

Promessen der Kommanditgesellschaften auf Aktien 173 HGB.

Protest bei Wechseln 16, 18, 20, 29, 41—44, 62—64, 87—92, 99 WO.; s. Wechsel.

Protestanten, Aufrechterhaltung ihrer Rechte D. 17. Aug. 1790; V. 12. Dez. 1870 Bd. III; Güter G. 10. Dez. 1790; s. Kultus.

Protokoll über die mündliche Verhandlung in Civilsachen 145 ff., 270, 284, 315 ff.; P. des Gerichtsvollziehers 683 CPO.

P. der Gerichtsschreiber, betr. die Schöffen- u. Geschworenenlisten 45, 51, 91, 94 GVG.

P. in Strafsachen, Aufnahme und Inhalt des P. über die Einnahme des Augenscheins in Strafsachen 86, über andere Untersuchungsverhandlungen 186, insbesondere über die Hauptverhandlung 271—275, 254, desgleichen über die Vernehmungen vor der Hauptverhandlung 223, 232, ferner über die Vollstreckung der Todesstrafe 486, Einsicht der P. von Seiten des Vertheidigers 147, Verlesung früher aufgenommener Protokolle in der Hauptverhandlung 232, 248, 250, 253, 254, insbesondere in der Berufungsinstanz 366 StPO.

S. Gerichtsschreiber.

Provision der Kaufleute in Handelssachen 290, P. der Kommissionäre 370—376, P. der Spediteure 381—385 HGB.

Provokationsklagen 231 CPO.

Prozeßakten, Einsicht 271 CPO.

Prozesse, Ermächtigung der Forstdirektionen Bkm. 8. April 1873; P. der Ehefrau 211 ff., 2208 CGB.; 861—864 fr. CPO.; der Minderjährigen 464, 482, der Verbeistandeten 499, 513 CGB.

Prozeßbevollmächtigte 74 ff., 160, 162—164, Klagen der P. 34 CPO.

Prozeßfähigkeit 50 ff., 157, 319, Unterbrechung des Verfahrens wegen Verlustes der P. 219, Einrede der mangelnden P. 247 Nr. 6 CPO.

Prozeßvorschriften, Rüge der Verletzung 267, in der Berufungsinstanz 492 CPO.; P. der Reichsgesetze bleiben in Kraft, Ausnahmen 13, P. der Landesgesetze 14 EG. z. CPO.

Prüfungen zum Richteramt 2, 3 GVG.; 22 EG. z. GVG.; naturwissenschaftliche P. an der Universität Straßburg V. 24. Juli 1872; s. Unterrichtswesen.

Prüfungstermin 102, 126, 129—133, besonderer 130 KO.

Pulver s. Schießpulver.

Pulverfabriken O. 25. Juni 1823; Verz. z. D. 31. Dez. 1866.

Pulvermagazine, Grunddienstbarkeiten in der Umgebung von Kriegs- und Marine-P. G. 22. Juni 1854.

Q.

Quälerei von Thieren 360 Nr 13 StGB.

Quartierleistung für die bewaffnete Macht im Frieden G. 25. Juni 1868 Bd. III, eingef durch G. 14. Juli 1871; Ausführungs-Instr. 31. Dez. 1868 Bd. III.

Quasidelikte 1370, 1382 ff., 1310, 1348 CGB

Quasikontrakte 1371 ff. CGB.

Quellen, Benutzung 641—643 CGB.

Quittung, Wirkung 1211 ff., 1255 ff., 1502, 1908, Fähigkeit zur Ausstellung 482, 499, 513, 1534, 1549, Erforderniß behufs Subrogation 1250, Vorzugsrecht 2103 Nr. 2 u. 5 CGB; der Ueberbringer einer Q. ist ermächtigt Zahlung in Empfang zu nehmen 296, nicht aber der Ueberbringer einer unquittirten Rechnung 51, Beweiskraft der Q. 295 HGB.; 17 EG. z. CPO.; Q. bei Wechselzahlungen 39, 54 WO

Quittungsbogen, Fälschung 149 StGB.

Quote, disponible s verfügbarer Theil.

R.

Rabbiner D. 17. März 1808; V. 15. Okt. 1832; O. 25. Mai 1844; D. 9. Juli 1853; 9 D 29. Aug. 1862.

Rang der Beamten wird durch kais. Verordnung bestimmt 17 RBG.; I G. 23. Dez. 1873. R. der Hypotheken zc. s. Hypotheken, Vorzugsrechte.

Rangordnung der Gläubiger 808, 2091, 2112, 2134 ff., 2166, 2186, 2195, 2218 CGB.; s. Vertheilungsverfahren betr unbewegliche Sachen; R. im Konkurse 53, 54 KO.; 12 EG. z. KO.

Rangverhältnisse für öffentliche Feierlichkeiten zc. D. 24. Mess. XII; D. 27. Febr. 1811; StRG. 1. Juni 1811; StRG. 13. Okt. 1812; StRG. 23. Jan. 1814.

Rasen, Wegnahme 370 Nr. 2 StGB.

Raserei s. Wahnsinn.

Rath für Adelstitel (conseil du sceau des titres) D 8. Jan. 1859.

Rath, kaiserlicher, an Stelle des Staatsraths 8 G 30. Dez. 1871; Verfahren V. 22. Febr. 1873; Zahl der Mitglieder 11 G. 4. Juli 1879.

Raub 249 ff, 244, 258, 261, 307 Nr. 2, 139 StGB.

Raupen G. 26. Vent. IV; Strafe 368 Nr 2 StGB.

Rayon, Festungs-Rayon G. 21 Dez. 1871 (eingef. 21. Febr. 1872); Eintheilung der Umgebung von Festungen in Rayons 2 ff., Rayonplan u Rayonkataster 9 ff, Rayonbeschränkungen 13 ff, Strafbestimmungen 32, Kontrole 33, Entschädigung 34 ff. G 21 Dez. 1871

Realgymnasien s Unterrichtswesen.

Real-Injurien 185 StGB.

Realschulen s. Unterrichtswesen; Schulen, höhere.

Reben, Einfuhrverbot V 31. Okt 1879

Reblauskrankheit, Maßregeln dagegen G. 6. März 1875; internationale Uebereinkunft 17. Sept 1878; Beitritt von Luxemburg Bkm. 5. April 1880, Beitritt von Serbien Bkm. 31. Mai 1880.

Rechner, Unvereinbarkeiten 17, 18, verbotene Geschäfte 19 D 31. Mai 1862

R von Armenräthen u. Pflegehäusern 5 Nr 9 Dez-D. 25 März 1852; Amtspflichten 1 V. 19 Vend XII; bei Anfall von Schenkungen 4 V. 4. Pluv. XII; betr. Vormundschaftsgelder von unterstützten Kindern 5, 6 G 15. Pluv XIII; Verantwortlichkeit 5 V 19 Vend. XII; 3 O. 29. Nov 1831

Rechnungen, Anfechtung wegen Irrthums zc 541 fr. CPO; R über Waaren zc., Quittiren derselben 50, 51, Uebersenden der R. gilt nicht als Mahnung 288, Anerkennung einer R. 294, der Ueberbringer einer quittirten R. ist ermächtigt Zahlung zu empfangen 291 HGB Fälschung 351 StGB.

Rechnungsablage bei Abwesenden 113, 125, R des pflegeelterlichen Vormundes 370, des Vaters 389, des Vormundes 469 ff., für Emanzipirte 480, der Benefizialerben 803, 810, Recht über ledige Erbschaft 813 ff, bei Theilungen 828, R. der Testamentsvollstrecker 1031, des Ehemannes 1577 ff., des Bevollmächtigten 1483 CGB.

Rechnungsbeamte, entlassene, Vorgerichtstellung StRG 16. März 1807

Rechnungsfehler beim Vergleich 2058 CGB; im Urtheil 290 CPO

Rechnungshof, Einrichtung u Befugnisse G 27 März 1872; G. 11 Febr 1875; Instr 5 März 1875.

Rechnungspflichtige Beamte 2121, 2153 CGB

Rechnungswesen, allgemeine Regeln 1—29, R der Bezirke 448—483, R. der Gemeinden 484—546, R. der Wohlthätigkeitsanstalten, Irrenanstalten, Leihhäuser 547—585 D 31 Mai 1862.

Rechte, bürgerliche 7 ff., 102, 488, 980, streitige R. 1597, 1699 ff CGB.; körperliche, unkörperliche, bewegliche, unbewegliche R s. Güter

Rechtfertigung der Berufung und Revision in Strafsachen 358, 359, 361, 364, 384, 392 StPO

Rechtsanwälte, Rechtsanwaltungsordnung 1 Juli 1878; Amtstracht V. 2. Niv. XI; 105 D. 30. März 1808; D. 2. Juli 1812; Anwaltskammern 41—61 RAO.; ausschließliches Recht der avoués zur Antragstellung beseitigt Bem. z. 94 G. 27. Vent. VIII; ehrengerichtliches Verfahren 62—97, Eid 17 RAO.; keine Enregistrementsgebühren dafür Bem. z D. 31 Mai 1807; Handakten 32, Rechte und Pflichten 26—40 RAO.; Beschäftigung der Referendare bei R. 2 GVG; Verpflichtung Referendare zu beschäftigen 40 RAO.; Sorge für Stellvertretung und Anzeige 29 RAO.; ungebührliches Benehmen in der Sitzung 180 GVG.; Unvereinbarkeit mit andern Aemtern StRG. 5. Aug. 1809; O. 20. Nov. 1822; Zulassung zur Rechtsanwaltschaft 1—25 RAO.

Strafbare Handlungen: Offenbaren v. Geheimnissen 300; Gebührenüberhebnng 352, 358, Bedienung beider Parteien 356, 358 StGB.

Civilprozeß: Anwaltsprozeß 74 ff., Zuordnung eines R an eine arme Partei 107 Nr. 3 CPO; 34 RAO. Tragung der durch ihre Schuld verursachten Kosten 97, Zustellungen an R. 168, 181, 192, von Anwalt zu Anwalt 181, Beglaubigung von Schriftstücken 156, Tod des R. 221, Zeugnißverweigerung 348 Nr 5 CPO.

Strafverfahren: in welchen Fällen dieselben ihr Zeugniß verweigern können 52 Nr. 3, schriftliche Mittheilungen zwischen ihnen und dem Beschuldigten unterliegen der Beschlagnahme nicht 97, welche Anträge und Schriftsätze in Strafsachen von einem R unterzeichnet sein müssen 170, 385, 406, 430, R. können als Vertheidiger gewält und bestellt werden 138, 139, 144, sie können Beistand oder Vertreter eines Privatklägers sein 418, 427, desgl. Vertreter einer Verwaltungsbehörde 464 Gebühren der R. als Vertheidiger 150, Gebühren und Auslagen derselben als Beistände und Vertreter des Privatklägers 503 StPO.; s. auch Anwalt, Amtsanwalt.

Gebühren der R.: Gebührenordnung 7 Juli 1879 Bd. I Anh. Nr. 28; Gebühren in bürgerlichen Rechtsstreitigkeiten, auf welche CPO Anwendung findet 9—52, im Konkursverfahren 53—62, in Strafsachen 63—75, für Erhebung ꝛc. von Geldern 87, für Gutachten 88, im schiedsrichterl. Verfahren ꝛc. 91 Geb.-O.; in Sachen, auf welche die Reichsjustizgesetze nicht Anwendung finden 25, 26, in der Kassationsinstanz 26, im Hypotheken-Reinigungsverfahren 27, im Vertheilungsverf. betr. unbew. Vermögen 28, für Verzicht auf Nachlaß ꝛc. 29, in Zwangsenteignungssachen 30 AG. z. GKG.; Auslagen 76, Einforderung der Gebühren und Auslagen 84—86 Geb.-O.

Rechtsanwaltschaft, Zulassung 1—25 RAO 1 Juli 1878.

Rechtsanwalsordnung 1 Juli 1878.

Rechtshandlungen, Anfechtung durch die Gläubiger im Konkurse 22—34 KO.; außerhalb des Konkurses G. 21. Juli 1879.

Rechtshängigkeit 235 ff, 249, 254, 636 ff, 641 CPO

Rechtshülfe, gegenseitige Leistung 157—169 GVG.; 32 AG z. GVG.; Kosten und Auslagen 165 GVG; im Verkehr mit Frankreich Vertr. 16. April 1846 (18 Zus.-Konv. 11 Dez 1871); deutsches Rechtshülfegesetz G. 21. Juni 1869 Bd III, eingef durch G 11 Dez. 1871

Rechtsirrthum beim Vergleich 2052 CGB

Rechtskraft des Urtheils 1350—1351 CGB., 293 CPO.; Eintritt der R. 645, Zeugnisse über die R 646, R. im Sinne des EG z. CPO 19 das; R. in Strafsachen wird durch Einlegung der Berufung gehemmt 357, desgleichen durch Einlegung der Revision 383 StPO

Rechtskundige, Zulassung derselben als Vertheidiger 139, 144 StPO

Rechtslehrer an deutschen Hochschulen können zu Vertheidigern gewählt werden 138 StPO.

Rechtsmittel in Civilprozessen 472—540, allgemeine Bestimmungen 63, 94, 105, 110, 164, 645, Befugniß des Staatsanwalts R. einzulegen 589, 590, Kosten 92 CPO.

R. in Sachen, welche nicht zur ordentlichen streitigen Gerichtsbarkeit gehören Bem. 17 zur fr. CPO. u. Bem. 10 zum AG. z. GVG.

R. in Strafsachen, allgemeine Bestimmungen in Strafsachen 338, 375, Beschwerde, Berufung, Revision in Strafsachen 346—398, R. bei Wiederaufnahme des Verfahrens 405, bei Privatklagen 417, 430, bei Nebenklagen 435, 441, gegen Strafbescheide der Verwaltungsbehörden 469, bei Einziehungen 479, R. gegen die Entscheidungen und Urtheile des Amtsrichters 211, Kosten eines R. 505 StPO

Rechtsnachfolger, Ladung beim Tode der Partei 217, Wirkung der Rechtshängigkeit für den R. 236, 237, 238, Ertheilung vollstreckbarer Ausführungen für und gegen R 665, 671, Arrestbefehle 809 CPO.

Rechtsnorm, Nichtanwendung oder unrichtige Anwendung 512, 516 Nr. 1 CPO.; 12 EG. hierzu; 376 StPO; 7 EG. hierzu.

Rechtsstreitigkeiten, Zuständigkeit der Gerichte in bürgerlichen R. 14, 23, 70, 71 GVG.

Rechtsverhältnisse der zum dienstlichen Gebrauch einer Reichsverwaltung bestimmten Gegenstände G. 8. Dez. 1873.

Rechtsvermuthungen werden durch CPO. nicht berührt 16 Nr. 1 EG. z. CPO.; Begriff 1350, 1352 CGB.; einzelne R. 312 ff., 720 ff., 1202, 1273, 1283, 1286, 1302, 1499, 1541, 1569, 1731, 1732, 1774, 1908, 2015, 2230, 2231, 2234, 2268, 2279 CGB.; 109 HGB.

Rechtsverweigerung 185 fr. StGB.

Rechtsweg, die Gerichte entscheiden über die Zulässigkeit 17 GVG.; nicht ausgeschlossen, weil Fiskus Beklagter 4 EG. z. CPO.; Erweiterung des R. 8 AG. z. CPO.

Zulässigkeit bei Vergütungsansprüchen für Kriegsleistungen 34 G. 13. Juni 1873; in Bergwerksangelegenheiten 9, 10, 31, 35, 50, 95, 96, 109, 124—126, 130, 135, 137, 153, 189 G. 16. Dez. 1873; wegen Defekte und Gehaltsansprüche der Beamten 144, 149 RBG. 23. Dez. 1873; für Ansprüche der Richter auf Gehalt 2c. 9 GVG.; bei Streitigkeiten zwischen Fischereipächtern und Staat 4 G. 15. April 1829; in Angelegenheiten betr. Ent- und Bewässerungs- und sonstige wasserrechtliche Unternehmungen 4 G 11. Mai 1877; 4 G. 29. April 1845; 3 G 11. Juli 1847; 5 G. 10. Juni 1854; 8 G. 28. Juli 1860, 19 G. 21. Juni 1865.

Rechtswohlthat s. Absonderung, Benefizialerbe, Theilung, Vorausklage.

Recours comme d'abus s. Mißbrauch der geistlichen Gewalt.

Redakteur s. Geschäftsführer.

Referendare, Prüfung und Beschäftigung 2, 3, Zulassung bei der Berathung 195 GVG.; richterliche Geschäfte 6, Geschäfte des Amtsanwalts 25 AG. z. GVG.; können Vertheidiger sein 139, 144 StPO.

Reformirte Kirche 15 ff. G. 18. Germ. X.

Regimentsgerichte, Zusammensetzung u. Zuständigkeit 23, 27 MStGO.

Register, Vernichtung 133, Fälschung 271—273, 348, 349, 351 StGB.

R. der Gerichtsschreiber V. 5. Vend. V; O 5. Nov. 1823.

S. Repertorium.

Registerstempel, Ersatz der Gerichtsschreiber 1, 4 D. 8. Dez. 1862.

Règlement d'administration publique s. Staatsverwaltungs-Verordnung.

Règlement des juges s. Bestimmung des zuständigen Richters.

Regreß bei Wechseln 25—29 WO.

Regreßklage gegen Richter s. Syndikatsklage.

Rehabilitation s. Wiedereinsetzung in die früheren Rechte.

Reichsamt des Innern AErl. 24. Dez. 1879

R. für die Verwaltung der Reichseisenbahnen Erlaß 27 Mai 1878

Reichsanwälte 143 Nr. 1, 148 Nr 1, 149, 150 GVG.

Reichsanzeiger, die Beschlagnahme des Vermögens eines Angeschuldigten ist durch den R. bekannt zu machen 326, 333, 334, ebenso die Aufhebung der Beschlagnahme 335, desgl. die Freisprechung eines früher Verurtheilten bei Wiederaufnahme des Verfahrens 411 StPO; Bkm durch den R. in Konkurssachen 103, 105 KO.

Reichsbank Bankgesetz 14. März 1875; Vertr. 17 Mai 1875; Statut 21. Mai 1875; Bkm. 27 Dez. 1875; Bkm. 29. Dez. 1875; Bkm. 1 April 1876; Bkm. 23. Juli 1876; Bkm. 13. Okt 1877; Gewerbesteuer Bem. zu 13 G. 25. April 1844; 21 G. 14. März 1878.

Reichsbeamte Reichsbeamtengesetz v 31 März 1873, eingef. in E.-L. durch G. v. 23. Dez. 1873; allgemeine Bestimmungen 1—22, Rang wird durch K. Verordnung bestimmt 17, Versetzung 23, einstweilige Versetzung in den Ruhestand 24—31, Pensionirung 34—60, Berechnung der Dienstzeit 45—52, zwangsweise Versetzung in den Ruhestand 61—68, Bewilligung für Hinterbliebene 69, Disziplinarbestrafung 72—79, Disziplinarverfahren 80—119, 124, Civilbeamte der Militärverwaltung 120—123, vorläufige Dienstenthebung 125—133, Defekte 134—148, Verfolgung vermögensrechtlicher Ansprüche 149—155 RBG.

Welche R. nicht zu Schöffen u Geschworenen ernannt werden sollen 34 Nr 3, 85, Zuständigkeit der Landgerichte für Ansprüche der R. gegen den Reichsfiskus 70 Nr. 1, desgl. für Ansprüche gegen R 70 Nr 2 GVG.; Gerichtsstand der im Ausland angestellten R in Strafsachen 11 StPO.

S. auch Beamte.

Reichsbehörden, Vernehmung der Vorstände als Zeugen in Strafsachen 49 StPO.; in Civilsachen 347 CPO; oberste u. höhere B. 23. Febr. 1874; 23. Nov. 1874; 19. Dez. 1875.

Reichsbevollmächtigte s. Reichskontrole

Reichsgericht 125—141 GVG.; Aufsichts- und Disziplinarbefugnisse 1 Abs. 2 G. 16. Juni 1879; Gerichtsschreiberei 154, Gerichtsvollzieher 155 GVG.; Geschäftsordnung 8. April 1880; Hülfssenate V. 27. Sept. 1879; oberster Gerichtshof für E.-L. G. 14. Juni 1871; Patente 32 G. 25. Mai 1877; V 1. Mai 1878; Rechtsanwaltschaft 98—102 RAO. 1. Juli 1878; Sitz G. 11. April 1877.

Vertretung der Parteien durch Rechtsanwälte in Civilsachen 74 CPO.; 8 EG. z. CPO;

Entscheidung über Beschwerden 539 CPO.; desgl. über Revision 7 EG. z. CPO.
Verfahren vor dem R. in Strafsachen, Entscheidung über die Beschwerden wegen Einstellung des Verfahrens 170, Voruntersuchung 176, Bestellung des Untersuchungsrichters 184, Vertheidigung 140, Eröffnung des Hauptverfahrens 207, Beschwerden gegen Beschlüsse und Verfügungen des R. 346, Kosten zu den zur Zuständigkeit des R. gehörigen Sachen 506 StPO.

Reichsgesetzblatt 2 RV.

Reichsfinanzen 69 RV

Reichsfiskus s. Fiskus.

Reichshauptkasse Bkm. 29 Dez. 1875.

Reichsinvalidenfonds s. Kautionen.

Reichskanzler, Ernennung, Rechte und Pflichten 15, 17, 23, 70, 72 RV; bezüglich Elsaß-Lothr 4 G. 9. Juni 1871; Vernehmung des R. als Zeugen in Strafsachen 49, 53 StPO.; in Civilsachen 341, 347 CPO.; s. Stellvertretung.

Reichskanzleramt s. Reichsamt des Innern.

Reichskasse, Vorrecht ihrer Forderungen 41 Nr. 1, 54 Nr. 2 KO; 20 AG. z. CPO.

Reichskassenscheine G. 30. April 1874; Umtausch Bkm. 18 Mai 1876.

Reichskontrole bezügl. der Zölle u. gemeinschaftl. Reichssteuern 20 ZBV. 25. Juni 1873.

Reichs-Militärgesetz 2. Mai 1874; Novelle 6 Mai 1880.

Reichstag, Zusammensetzung, Rechte des R. 5, 11, 16, 20—32, 71, 72 RV Bd. I A 4; s. Wahlen, gesetzgebende Versammlungen

Reichstagsbeamte, Verhältnisse derselben 156 G 31. März 1873; s. Kautionen.

Reichsverfassung Bd. I unter A Nr. 4; Einführung in E.-L. 2 G. 9. Juni 1871; G. 17. Juli 1871; G. 19. Aug. 1871; G. 18. Okt. 1871; G 11 Dez. 1871; G. 20. Dez. 1872.

Reichswährung G. 9. Juli 1873; V. 31. Dez. 1874; V. 22. Sept. 1875; Aktien G. 16. Dez. 1875

Reinigung der Hypotheken und Vorzugsrechte s. Hypotheken-Reinigungsverfahren.

Reisegebühren s. Reisekosten.

Reisegepäck, Diebstahl 243 Nr. 4 StGB.; Haftung der Eisenbahnen für dasselbe 425 HGB.

Reisende, Streitigkeiten mit Wirthen 23 Nr. 2 GVG.; Haftung der Wirthe für deren Sachen 1952 ff. CGB.; Mitnahme gefährlicher Sachen an Bord des Schiffs 297 StGB.

Reisekosten der Beamten 2 G. 3 Febr. 1872; V 25. Okt. 1880; V. 29 Nov. 1880; der Reichsbeamten V. 21 Juni 1875; V. 5. Juli 1875; V. 29. Juni 1877; V. 23. April 1879; der Friedensrichter und Friedensgerichtsschreiber G. 11. Jan. 1873.

Reisekosten der Zeugen 6 ff Geb.-O. 30. Juni 1878 Bd. I Anh. 27.

Reiten, übermäßig schnell 366 Nr 2, in Feldern ꝛc 368 Nr 9 StGB.

Religion, Vergehen welche sich auf die R. beziehen 166—168 StGB.

Religionsdiener, Erwerb durch freigebige Verfügungen 909 CGB; Friedensstörung 130a, Beleidigung der R. im Amte 196, Eheschließung 338 StGB; 67 G. 6. Febr 1875; unerlaubte Korrespondenz 207 fr StGB.; R. sollen nicht Schöffen und Geschworene sein 34 Nr 7, 85 GVG
Israelitische R., Gehaltsübernahme auf den Staat G. 8. Febr 1831; Befähigung zur Anstellung V. 15. Okt. 1832; Ernennung der Rabbiner D. 9. Juli 1853; Allgemeines 53 ff. O. 25. Mai 1844.
S. Geistliche.

Religionsgesellschaft, Beschimpfung 166, Störung 167 StGB.; Gebrauch der Betheuerungsformel statt des Eides in Strafsachen 51 GVG.; 64, 288 StPO.; in Civilsachen 446 CPO.

Religiöse Bekenntnisse, Angriff gegen ihre Freiheit 3 D 11. Aug. 1848.

Remittent von Wechseln 4, 9, 25—29 WO

Renten, Ablösung 530, 872, 1911, 1912, 1978, 1979, bürgerl. Früchte 584, Erwerb 586, Nießbrauch von R. 588, vermachte R. 610, 1015, Gewähr unter Miterben 886, zinsbar 1155, Zahlung bei Gesammtverbindlichkeiten 1212, Anrechnung 1254, in ehelicher Gütergemeinschaft 1401, 1409, 1512, Heirathsgut 1567, Bestellung 1909 ff., Hypothek 2151, Verjährung 2263, 2277 CGB; s. Erb- und Leibrenten.

Rentenanstalten, Einrichtung ohne die gesetzliche Erlaubniß 360 Nr. 9 StGB.

Repertorien 49 ff. G. 22 Frim. VII; 11 G. 16. Juni 1824; in welchen Sachen Gerichtsschreiber und Gerichtsvollzieher ein solches zu führen haben 3 AG. z. GKG.; Führung bei den Verwaltungsbehörden Bf. 3 Okt. 1872; Gebühr für Eintragung 1 Nr 14, 6 Nr. 3 D. 24. Mai 1854; Gebühr für Stempelersatz s. Registerstempel

Replik 245, 251 CPO.

Reserve- und Landwehr-Mannschaften, Unterstützung ihrer Familien G. 27. Febr. 1850 Bd. III, eingef. 22. Juni 1872.

Reservisten, Auswanderung 360 Nr 3, Verfahren gegen beurlaubte R. welche sich der Wehrpflicht entzogen haben 470—476 StPO

Res judicata s. Urtheil, Rechtskraft.

Res litigiosa, Veräußerung 236 CPO.

Respekttage bei Wechseln finden nicht statt 33 WO.

Restitutio in integrum s. Wiedereinsetzung in den vorigen Stand.

Restitution gegen militärgerichtl. Erkenntnisse 260 ff. MStGO.

Restitutionsklage 541, 543 ff., 834 Nr. 6 CPO.

Retentionsrecht der Kaufleute wegen Forderungen aus Handelsgeschäften 313—316 HGB.; s. Zurückhaltungsrecht.

Reugeld in Handelssachen 285 HGB.

Revision, Rechtsmittel in Civilsachen 507—529 CPO.; 6, 7 EG. z. CPO.; in Strafsachen 374—398 StPO.; Oberlandesgericht zuständig 123 Nr. 2, 3, Reichsgericht 135 Nr. 1, 136 GVG.; Verordnung betr. die Begründung der R. 28. Sept. 1879; Bkm. 11. April 1880; (G. 15. März 1881); Verletzung von Sätzen des fr. Rechts 2, 4, 12 V. 28. Sept. 1879.

Revisionsanträge in Strafsachen 384—387, insbesondere bei Privatklagen 430, desgl. bei Strafbescheiden der Verwaltungsbehörden 469 StPO.; in Civilsachen 516, 522 CPO.

Revisionsfrist in Civilsachen 514 CPO.; in Strafsachen 381, 382, 385, 387 StPO.

Rheder, Rhederei 450—477 HGB.; Streitigkeiten 101 Nr. 3 GVG.

Rhein, Fischerei O. 10. Juli 1835; V. 24. Dez. 1876; V. 9. April 1880; Transport entzündlicher rc. Stoffe V. 17. u. 25. März 1880; s. Rheinarbeiten, Rheinschiffahrt.

Rheinarbeiten, Belastungen der Waldungen zu Gunsten der R. 136 ff. FGB.; 162 ff. FO.; 48 FStG.

Rheinschifffahrt, Polizei und Floß-Ordnung 2. Juli 1869; Nachtrag 4. Sept. 1877; Transport explosiver rc. Stoffe V. 17. u. 25. März 1880.

Rheinschifffahrtsakte 17. Okt. 1868.

Rheinschifffahrtsgerichte als besondere Gerichte zugelassen 14 Nr. 1 GVG.; Einrichtung G. 21. April 1832; 33 R.Sch.Akte; 14 GVG.; Zuständigkeit 34 R.Sch.Akte; Verfahren 9 G. 21. April 1832; 36—40 R.Sch.Akte; Berufung, Landger. Straßburg 2 G. 21. April 1832 oder Zentralkomm. in Mannheim 43 R.Sch Akte; Kassationsrekurs 7 G. 21. April 1832.

Rheinschifffahrts-Kontraventionen, Strafe 32 R.Sch.Akte 17. Okt. 1868.

Richter, Anstellung rc. 6, 7, 8, sollen nicht Schöffen oder Geschworene sein 34 Nr. 5, 85, Versetzung in den Ruhestand 8 GVG.; R. werden vom Kaiser ernannt 1, Verleihung der Gehälter nach dem Dienstalter 3, Vergütungen für richterliche Geschäfte verboten 4 AG. z. GVG.; Amtstracht V. 2. Niv. XI; D. 29. Mess. XII; D. 6. Jan. 1811; Ausscheiden aus dem Amte 77 D. 6. Juli 1810; G. 16. Juni 1824; 1—3 D. 1. März 1852; Dienstalter V. 18. Febr. 1880; Disziplin IV G. 23. Dez. 1873; 81—83 SC. 16. Therm. X; 48—59 G. 20. April 1810; 9 G. 11. April 1838; 4 D. 1. März 1852; Disziplinarverfahren, Kosten 16 G. 3. April 1880; Rang 2—8, 47, 52 30. März 1808; 36 D. 6. Juli 1810; 28 D. 18. Aug. 1810; Stellvertretung 9 G. 11. April 1838; 65, 66, 69 GVG.; 6, 15 AG. z. GVG.; Verwandtschaft 63 G. 20. April 1810; Wohnsitz 100 D. 30. März 1808; 29 D. 18. Aug. 1810.

Anmaßung von Regierungsrechten 126, 129 fr. StGB.; Erwerb streitiger Rechte 1597 CGB.

Ausschließung des R. in Civilsachen 41, 42, 48, Ablehnung 42—48, Anfechtung des Urtheils 513 Nr. 2, 3, 542 Nr. 2, 3, 834 Nr. 4 CPO.

Ausschließung und Ablehnung eines R. in Strafsachen 22—30, Anfechtung des Urtheils wenn ein solcher R. dabei mitgewirkt hat 377 Nr. 2 u. 3, 379, Wiederaufnahme des Verfahrens wenn ein pflichtwidriger Richter dabei mitgewirkt hat 399 Nr. 3, 402 Nr. 3 StPO.

S. Amtsrichter, Gerichte, Syndikatsklage, Untersuchungsrichter.

Richteramt, Ausübung desselben 1—11 GVG.; Bestimmungen darüber 1—6 AG. z. GVG.

Richterliche Funktionen s. Unvereinbarkeit.

Rinderpest, Maßregeln gegen die R. G. 7. April 1869 Bd. III, eing. 11. Dez. 1871; Instr. 9. Juli 1873; Gebührnisse d. Militärkommando's Bkm. 12. Dez. 1878, der Sachverständigen V. 27. Okt. 1879; Strafbestimmungen bez. Vieheinfuhrverbote G. 21. Mai 1878.

Rübenzuckersteuer s. Zuckersteuer.

Rückbringen zur Erbschaft 760, 829, 830, 843—869, 918, 919, 1573, R. zur Gütergemeinschaft 1468 ff. CGB.

Rückfall 244, 245, 250 Nr. 5, 261, 264 StGB.; R. bei Verbr. u. Verg. d. fr. Rechts 56—58, R. bei Uebertretungen d. fr. Rechts 483 fr. StGB.; bei Fischereifreveln 69 G. 15. April 1829; bei Jagdpolizei-Uebertretungen 15 G. 3. Mai 1844; bei Forstfreveln 16, 17 FStG.; Vertheidigung 140 Nr. 2, die Schuldfrage begreift nicht die Voraussetzungen des Rückfalles 262 StPO.

Begriff des R. im Militärstrafrecht 13 MStGB.

Rückfallsrecht, gesetzliches 351, 747, bedungenes 951, 952 CGB.

Rückgabe der Schuldurkunden 1282 ff., bei Zahlung einer Nichtschuld 1376, des Heirathsguts 1564—1573, bei Leihe 1889, bei Darlehn 1895, bei Hinterlegung 1293, 1932 ff., des Faustpfandes 2082 CGB.

Rückgriff der Miterben 875, bei Gesammtschuld 1214, bei untheilbaren Verbindlichkeiten 1221, 1225, 1232 ff., bei Zahlung einer Nichtschuld 1377, R. unter Ehegatten 1432, 1484 ff., 1489 ff., 1494, 1519, bei Bürgschaft 2028, 2033, R. des dritten Besitzers bei Hypotheken 2778 CGB.

Rückkaufshändler 360 Nr. 12 StGB.

Rückkaufsrecht 1659—1673, 1151 CGB.

Rücknahme, schuldenfreie, des Einbringens der Frau 1514 CGB.

Rücknahmen der Ehegatten s. Ersatzforderungen.

Rückübertragungen von enteigneten Grundstücken 60, 61, 62 G. 3. Mai 1841; O. 22. März 1835.

Rückwechsel des Regreßnehmers 53 WO.

Ruf, gemeiner 1415, 1442, 1504 CGB.; 259 CPO.

Ruhe, Störung 360 Nr. 11, 366 Nr. 10 StGB.

Ruhegehalt, Rechtsweg 9 GVG.; Lebensscheine D. 21. Aug. 1806; D. 23. Sept. 1806; O. 30. Juni 1814; O. 20. Mai 1818; O. 6. Juni 1839; s. Pensionen.

Ruhen des Verfahrens 228 CPO.

Ruhestand, einstweilige Versetzung in dens. 24, 25, definitive 34—71 G. 31. März 1873; II, III G. 23. Dez. 1873; Richter D. 2. Okt. 1807; G. 16. Juni 1824; 1—3 D. 1. März 1852.

Rundschreiben von Wahlkandidaten 10 G. 16. Juli 1850.

Ruralgesetz G. 6. Okt. 1791.

Rußland, Vertrag mit R. betr. Regulirung der Hinterlassenschaften 16. Nov. 1874.

S.

Saar, Fischerei O. 10. Juli 1835.

Saat, -Korn, -Kosten 524, 548, 585, 2062, 2102 CGB.

Sachbeschädigung 303—305 StGB.

Sachen s. Güter.

Sachliche Zuständigkeit der Gerichte 23, 70, 71, 101 GVG.

Sachsen s. Schulpflicht.

Sachverständige im Civilprozeß: Auswahl, Vernehmung u. Beeidigung 367—379, 324 Nr. 2, 447, 449, 451, 577, in Entmündigungssachen 597—599, 612, im schiedsrichterlichen Verfahren 861, 862, Feststellung der Aussagen im Protokoll 146 Nr. 3, 147, Zuziehung bei Augenschein 135, 337, 447, bei Schriftververgleichung 407 CPO.

S. in Strafsachen: allgemeine Bestimmungen 72—85, 91, 93, Ladung der S. 38, 48, 72, zur Hauptverhandlung 218—221, 243, 364, 426, Zuziehung und Vernehmung derselben bei den gerichtlichen Verhandlungen im Vorverfahren 167, desgleichen in der Voruntersuchung 185, 191—193, Vernehmung derselben vor der Hauptverhandlung im Krankheitsfalle 222, ferner in der Hauptverhandlung 238—245, 247, Verlesung ihrer früheren Aussagen 250—252, Vernehmung der S. in Untersuchungen gegen Abwesende 328, desgl. in der Berufungsinstanz 364, 366, ferner bei Wiederaufnahme des Verfahrens 409, bei Privatklagen 426, Beschwerde der S. gegen Verfügungen der Gerichte 346, Wiederaufnahme des Verfahrens wegen Verletzung ihrer Eidespflicht 399 Nr. 2, 402 Nr. 2 StPO.

Falsches Gutachten 154, 155 Nr. 2, 157, 161 StGB.

Vergütung 2 ff. Geb.-O. 30. Juni 1878 Bd. I Anh. Nr. 27; s. Zeugen, Aerzte, Chemiker.

Sachverständigenvereine Instr. 12. Dez. 1870; Bkm. 29. Febr. 1876; Bkm. 16. Juli 1879.

Sackgebühr D. 1. Juli 1809; D. 17. Nov. 1852.

Sägemühlen 54—57 FStG.

Salles d'asile s. Kleinkinderschulen.

Salpeter-Monopol, Aufhebung G. 21. Mai 1873.

Salze der Verfügung des Grundeigenthümers entzogen 1 Bergg. 16. Dez. 1873; Anlegung von Magazinen 674 CGB.

Salzsteuer, Forterhebungen nach den französischen Gesetzesbestimmungen Bkm. 26. Aug. 1870; Einführung einer S. im deutschen Zollgebiet G. 12. Oktober 1867 Bd. III; G. 17. Juli 1871; V. 1. Aug. 1871; Amtsstellen für die Erhebung und Kontrolirung Bkm. 1. Aug. 1871; allgemeine Vorschriften G. 17. Juli 1871; Errichtung von Privatsalzlagern Bkm. 22. Nov. 1871; Befreiung des zu landwirthschaftl. u. gewerbl. Zwecken bestimmten Salzes Bkm. 2. Aug. 1872.

Salzwerke, Bergwerksteuer 4 G. 17. Juni 1840; Grundsteuer 1 G. 15. Okt. 1810; 17 G. 17. Juni 1840.

Sammlungen zum Aufbringen von Geldstrafen 5 G. 27. Juli 1849.

Sammtfabriken G. 21. Juli 1856.

Sammtrechte 2c. s. Gesammtverbindlichkeiten.

Sandgraben 370 Nr. 2 StGB.; s. Baumaterialien.

Sandgruben, Abstand von großen Straßen und Eisenbahnen V. 14. März 1741; 1 V. 5. April 1772; von Vizinalwegen Dekl. 17. März 1780; 375 Reglement 21. Juli 1854.

Sänger, öffentliche 1 G. 16. Febr. 1834.

Sanhedrin V. 10. Dez. 1806; D. 17. März 1808.

Schadensersatz 1146 ff., 1139, 1142—1145, 1382 ff. CGB.; 778 CPO.; G. 7. Juni 1871; s. Gemeinde.

Schädliche Thiere, Jagd V. 19. Pluv. V; Vertilgung 9 Nr. 3 G. 3. Mai 1844.

Schaffner, Untreue 266 Nr. 3 StGB.

Schankwirthschaften, Erlaubniß D. 29. Dez. 1851; Strafe G. 16. Nov. 1875.

Scharfrichter werden vom Justizmin. ernannt O. 7. Okt. 1832; 115 D. 18. Juni 1811; Verschaffung einer Wohnung 114 D. 18. Juni 1811.

Schatz 518, 716 CGB.; öffentlicher Sch. s. Staat.

Schatzanweisungen, Ausgabe 4 ff. G. 24. März 1880; 3 ff. G. 26. März 1880; Verjährung der Zinsen 7 G. 24. März 1880; 6 G. 26. März 1880.

Scheidegräben, -Hecken, -Mauern 653—673 CGB.

Schenkungen, überhaupt 711, 893—1100, allgemeine Bestimmungen 893—900, Fähigkeit 25, 217, 901—912, verfügbarer Theil 913—919, Minderung 920—930, gesetzlicher Rückfall 351, 747, bedungener Rückfall 951, 952, Form und Gegenstand 931—952, 1339, 1340, Rückbringen 843—869, Widerruf 953—966, erlaubte Substitutionen 1048—1074, Theilung der Aszendenten 1075—1080, Sch. im Ehevertrage 947, 1081—1090, Sch. unter Ehegatten 947, 1091—1100, 1480, bei zweiter Ehe 1098—1100 CGB.; Sch. des Gemeinschuldners, Anfechtung 25 Nr. 1 KO.; besondere Vorschriften über testamentarische Sch. s. Testament, Vermächtniß.

Sch. u. Vermächtnisse an kirchliche und gemeinnützige Anstalten, Ermächtigung 1 O. 2. April 1817 und Bem.; zur Annahme berufene Personen 3 das.; O. 7. Mai 1826; Wahrung der Rechte vor Ermächtigung 4 V. 4. Pluv. XII; 5 O. 2. April 1817; 11 G. 7. Aug. 1851; Sch. an Sparkassen 10 G. 5. Juni 1835; Sch. an Hülfsgenossenschaften 7 G. 15. Juli 1850; 8 D. 26. März 1852; s. Kirchliche Anstalten, Kirchenfabrik.

Schenkwirthschaften s. Schankwirthschaften.

Schiedsrichter 851 ff. CPO.; Bestechung 334, 336 StGB.

Schiedsrichterliches Verfahren 851 ff. CPO.

Schiedsspruch, Hypothek 2123 CGB.

Schiedsvertrag 1989 CGB.

Schießen 367 Nr. 8, 368 Nr. 7 StGB.

Schießpulver, Geheime Ansammlung 360 Nr. 2, Zuwiderhandlung gegen die Vorschriften über Zubereitung, Aufbewahrung 2c. 367 Nr. 4 u. 5 StGB.; s. Pulverfabriken.

Schießpulver-Monopol, Aufhebung G. 21. Mai 1873.

Schiffe, beweglich 531 CGB.; Verpfändung 14 Nr. 1 KO.

Zuständigkeit des Gerichts in Betreff der auf einem Schiffe im Auslande begangenen strafbaren Handlungen 10 StPO.; Stranden 265, Zusammenstoßen 145, Diebstahl 243 Nr. 7, Kontrebande 297, Brandstiftung 306, Gefährdung 305, 322, 323, 325, 326 StGB.

Allgem. Bestimmungen durch das Reich 54, 4 Nr. 9, Erhebung von Abgaben für Schifffahrt 54 RV.

Schiffer 478—527 HGB.; Haftbarkeit 1782 ff. CGB.; Streitigkeiten zwischen Reisenden u. Sch. 23 Nr. 2, zwischen Rheder und Sch. 109 GVG.; 649 Nr. 3 CPO.

Strafbare Handlungen 297, 298 StGB. S. Fischereipolizei.

Schiffsmeldungen bei den Konsulaten G. 25. März; V. 28. Juli 1880.

Schifffahrtsabgaben s. Binnenschifffahrtsabgaben.

Schifffahrtskanäle, Polizeiverordnungen 25. Jan., 18. Febr., 22. Febr. 1876; von Grundsteuern frei 5 G. 26. Dez. 1873.

Schifffahrtsordnung V. 24. Juni 1777.

Schifffahrtsvertrag mit Frankreich 2. Aug. 1862; 11 Friedensvertrag 10. Mai 1871; Persien, Portugal s. Handelsvertrag;

Schiffsgläubiger 757—781 HGB.

Schiffsmannschaft 528—556 HGB.; Streitigkeiten gehören vor die Kammer für Handelssachen 101 Nr. 39, 109 GVG.

Schiffsmeldungen bei den Konsulaten des Deutschen Reichs G. 25. März 1880; V. 28. Juli 1880.

Schlachthäuser O. 15. April 1838; D. 1. Aug. 1864.

Schlageisen 367 Nr. 8 StGB.

Schlägerei 227, 367 Nr. 10 StGB.

Schleusen 321, 325, 326, 367 Nr. 14 StGB.

Schlitten 366 Nr. 4 StGB.

Schlosser 369 Nr. 1 StGB.

Schlüssel 369 Nr. 1, falsche Schl. 243 Nr. 3 u. 4 StGB.

Schlußnoten der Mäkler 73, 76—79, 82 HGB.

Schöffen, Allgemeines 26, 30, 31, 11, 54, Ablehnung des Amts 35, 53, Beeidigung 51 GVG.; Jahresliste 2 EG. z. StPO.; 7 AV. z.

GVG.; Ausschließung und Ablehnung 31 StPO.; Ordnungsstrafen 56, Unfähigkeit 32—34, 52, Urliste, Wahl, Ausloosung 36—50, 57, 97 GVG.; 4, 6, AV. z. GVG.; Zahl 3 das.; in welchen Fällen die Hauptverhandlung vor dem Amtsrichter ohne Schöffen stattfinden kann 211 StPO.; insbesondere in Forst- und Feldrügesachen 3 EG. z. StPO.; 64 FStG.; Reisekosten 55 GVG.; 33 AV. z. GVG.; G. 31. März 1880.

Unwahre Entschuldigung 138, Bestechung 334 StGB.

Schöffengerichte, Besetzung, Einrichtung, Zuständigkeit 25—57, 75, Abstimmung 199, Staatsanwaltschaft 143, 146 GVG.; Wahl des Ausschusses 14, Zahl der Schöffen 3—7 AG. z. GVG.; s. Schöffen.

In den zur Zuständigkeit der S. gehörigen Sachen ist die Voruntersuchung unzulässig 176, Einreichung der Anklageschrift 197, 199, Hauptverhandlung 211, Unzuständigkeit des Sch. 207, 270, Berufung gegen die Urtheile des Sch. 354, Wiederaufnahme des Verfahrens, wenn neue Thatsachen oder Beweismittel beigebracht werden 399 Nr. 5, Verfahren bei amtsrichterlichen Strafbefehlen 447, 451, desgl. bei Anträgen auf gerichtl. Entscheidung gegen polizeiliche Strafverfügungen 456—458, Strafvollstreckung 483 StPO.

Schonung, unbefugtes Betreten 368 Nr. 9 StGB.

Schonreviere s. Fischereipolizei.

Schonzeit, Jagen zur, 293 StGB.; s. Jagd-, Fischereipolizei.

Schornsteine, Revidiren ders. 9 Tit. II G. 6. Okt. 1791; Strafe 368 Nr. 4 StGB.

Schreibgebühren in gerichtl. Angelegenheiten 80 GKG. Bd. I Anh. 25; 18 AG. z. GKG. Bd. I Anh. 30; der Gerichtsvollzieher 14 Geb.-O. Bd. I Anh. 26; der Rechtsanwälte 76 Geb.-O. Bd. I Anh. 28; 25 AG. z. GKG. Bd. I Anh. 30.

Schriften, Aufforderung z. Hochverrath 85, Widerstand und andere Vergehen 110, 111, unzüchtige Sch. 184, beleidigende Sch. 186, 187, 200 StGB.; Austheilung 2c. 6 G. 27. Juli 1849.

Schriftvergleichung zur Ermittelung der Echtheit oder Unechtheit eines Schriftstückes in Strafsachen 93 StPO.; in Civilsachen 406, 407 CPO.; Rechte und Pflichten der Verwahrer v. Urkunden 201, 203, 205 fr. CPO.

Schriftliches Verfahren in Rechnungssachen 313—319 CPO.

Schriftsätze, vorbereitende 120 ff., 244, 245, 269, 270, 480, 484, 515, 516, 551 CPO.

Schuldensonderung 1510—1513 CGB.

Schuldentilgungskasse, Zahlung der Zinsen StRG. 24. März 1809.

Schuldfrage 262, 293, 299 StPO.

Schuldscheine der Kaufleute 274, 295 HGB.; Rückgabe 1282 ff. CGB.

Schuldverschreibungen, Stempel- und Uebertragungsabgaben 27 ff. G. 5. Juni 1850; 6 ff. G. 23. Juni 1857; D. 17. Juli 1857; D. 11. Jan. 1862; D. 11. Dez. 1864; D. 28. März 1868.

Schuldurkunden des Deutschen Reiches, Aufgebot G. 12. Mai 1873.

Schulen, Eröffnung 2 G. 12. Febr. 1873; Eintheilung 1 ff., Unternehmer von Sch. 4, Vorsteher 5, 6 V. 10. Juli 1873; Rangordnung ihrer Forderungen 54 Nr. 3 KO.; Schließung 11, 12 V. 10. Juli 1873; Schulgeld 41 G. 15. März 1850; G. 14. Juni 1859.

Höhere Sch., Benennung Bkm. 13. Febr. 1874; Ernennung der Lehrer 3 D. 9. März 1852; Gehälter der Lehrer 2c. 3, Internate 4, 5, juristische Persönlichkeit 1, Schulgeld 14—19 G. 1. Nov. 1878; Höhe V. 1. Nov. 1878; Schulkommissionen 8—14 G. 1. Nov. 1878; V. 4. Jan. 1879; Unterhaltung u. Verwaltung G. 1. Nov. 1878; Verpflichtungen der Gemeinden 2—7 das.; Normalplan 15. Nov. 1878; Verzeichniß der h. Sch. Anlage z. G. 1. Nov. 1878.

Geistliche Sch. O. 5. Okt. 1814; O. 16. Juni 1828; O. 16. Juni 1828.

S. Lehrer, Unterricht, Unterrichtswesen.

Schulhäuser, Einrichtung, Ausstattung 2c. Bestimmungen 3. Juli 1876; s. Schullokale.

Schullehrer sollen nicht Schöffen und Geschworene sein 34 Nr. 8, 85 GVG.; s. Lehrer, Unterricht, Schulen, Elementarschulen.

Schullokale, Herstellung 7—12 D. 7. Okt. 1850; s. Schulhäuser.

Schulversäumnisse 6 V. 18. April 1871.

Schulpflicht 1 ff. V. 18. April 1871; Vereinbarung mit Baden Bkm. 15. Juli 1874; mit Preußen Bkm. 5. Juli 1876; mit Sachsen Bkm. 24. Okt. 1876; mit Hessen Bkm. 1. März 1877; mit Württemberg Bkm. 4. Mai 1878.

Schulvorsteher, Verantwortlichkeit für die Internen 79 D. 15. Nov. 1811.

Schulzwang s. Schulpflicht.

Schürfen 5 ff. Bergges. 16. Dez. 1873.

Schwägerschaft, Unterhaltungspflicht 206 ff. CGB.; Schwiegereltern und Schwiegerkinder des Beschuldigten, desgl. Verschwägerte bis zum zweiten Grade können ihr Zeugniß verweigern 51 Nr. 3 StPO.; 348 Nr. 3, 349 Nr. 1, 350 Nr. 3 CPO.

Schweden und Norwegen s. Auslieferungsverträge.

Schweinefleisch, Verbot der Einfuhr aus Amerika V. 25. Juni 1880.

Schweiz, Verträge mit der S. betr. Niederlassung 27. April 1876; betr. Schutz von Kunstwerken und literarischen Erzeugnissen Bkm. 19. Sept. 1873; s. Auslieferungsverträge.

Schwester s. Geschwister.

Schwurgerichte, Einrichtung, Zuständigkeit 78—99 GVG.; Staatsanwaltschaft bei den Sch. 143 Nr. 2 EG. z. StGB.; Wiederkehr der Sitzungen 18 AG. z. GVG. (88, 89 D. 6. Juli 1810); vgl. auch 19, 20 G. 20. April 1810; Zahl der Haupt- u. der Hülfsgeschworenen 3 AV. z. GVG.

Verhandlung vor dem Sch. 276—317, keine Verhandlung v. Privatklagen 424, in Schwurgerichtssachen ist Voruntersuchung nothwendig 176, desgl. die Vertheidigung 140, Rechtsmittel der Revision gegen Urtheile des Schwurgerichts 374, in Betreff der Einziehung tritt die Strafkammer an die Stelle des Sch. 477 StPO.

Schwurgerichtspräsident, Ehrenrechte D. 27. Febr. 1811; StRG. 1. Juni 1811; StRG. 13. Okt. 1812.

Secundawechsel 66 WO.

See, Zuständigkeit des Gerichts in Betreff der auf offener See begangenen strafbaren Handlungen 10 StPO.; in die S. geworfene Sachen 717, Testamente 988 ff. CGB.

Seedampfer O. 17. Jan. 1846.

Seefrachtgeschäft, Beförderung von Gütern 556—664, desgl. von Reisenden 665—679 HGB.

Seehandel 432—449 HGB.

Seen, Anschwemmung 558 CGB.

Seenoth, Bergung und Hülfeleistung 742—756 HGB.

Seerecht, Streitigkeiten 101 Nr. 3 g GVG.

Seeschiffe, Beurkundung des Personenstandes 61—64 G. 6. Febr. 1875; Militärpersonen V. 4. Nov. 1875.

Seeversicherungsvertrag 781—905 HGB.

Seewarte G. 9. Jan. 1875; Geschäftskreis, Einrichtung u. Verwaltung V. 26. Dez. 1875.

Seidenspinnerei, Arbeitszeit D. 31. Jan. 1866.

Seitenverwandte, Erbfolge 736, 738, 750—755 CGB.

Sekretäre, Ernennung G. 30. Juli 1880.

Selbstbeschädigung 81 MStGB.

Selbstgeschosse 367 Nr. 8 StGB.

Selbstverstümmelung 142 StGB.

Seminare, katholische 104 ff. D. 30. Dez. 1809; 62 ff. D. 6. Nov. 1813; 23—26 G. 18. Germ. X; Aufnahme D. 9. April 1809; Errichtung G. 23. Vent. XII; Freistellen D. 30. Sept. 1807; O. 2. Nov. 1835; Unterricht D. 17. März 1808.

S. protestantische, Stipendien O. 31. Juli 1821.

S. Unterrichtswesen.

Senate der Oberlandesgerichte 120, 124 GVG.; V. 29. April 1880; des Reichsgerichts 126, 127, 13, 140 GVG.

Senatoren der Hansestädte, Vernehmung derselben als Zeugen in Strafsachen 49, 53 StPO.; in Civilprozessen 341, 347 CPO.

Sequester, Untreue 266 Nr. 1 StGB.; Bestellung eines S. bei Pfändung eines Anspruches auf eine unbewegliche Sache 747 CPO.

Sequestration 1916, 1955—1963, 2060 CGB.; Anordnung durch einstweilige Verfügung 817 CPO.

Servis-Tarif v. 3. Aug. 1878 Beil. B G. 25. Juni 1868 Bd. III; Klasseneintheilung der Orte E.-L.'s Beil. C ebenda.

Servituten s. Grunddienstbarkeiten.

Sicherheit, öffentliche 366 Nr. 2—5 u. 7—10 StGB.; eidliche S. 162 StGB.

Sicherheitsleistung in Civilsachen 101 ff., 107 Nr. 2, 247 Nr. 4, 650, 672, 688, 652, 738, 775, 801, 805, 807, 818 CPO.; in Strafsachen: Freilassung des Angeschuldigten von der Untersuchungshaft gegen S. 117—125, Aufschiebung der Strafvollstreckung gegen S. 488, der Antragsteller hat für die Kosten des Verfahrens S. zu leisten 174, ebenso der Privatkläger 419, aber nicht der Nebenkläger 436 StPO.; s. Bürgschaft.

Sichtwechsel 4, 19, 31, 32, 53, 93 WO.

Siegel, Beschädigung 136, Anfertigung 151, 360 Nr. 4 u. 5, Einziehung 152, 360 Schlußsatz StGB.; Nachlässigkeit des bewachenden Beamten 249, 250 fr. StGB.

Siegelabnahme 928 ff. fr. CPO.

Siegelanlage s. Siegelung.

Siegelgebühren (droits de sceau) O. 29. Dez. 1814; 55 G. 28. April 1816; 77 G. 15. Mai 1818; 14 G. 29. Jan. 1831; G. 21. April 1832; 12 G. 20. Juli 1837; 17 G. 7. Aug. 1850.

Siegelung, Fälle der S.: Ehescheidung 207, Vormundschaft 451, Sterbefall, Ehegatte und Staat 769, Minderjährige 819—821 CGB.; nicht nothwendig bei geringem Nachlaß 2 G. 22. Okt. 1873; wenn Vaterlandsvertheidiger erben G. 11. Vent. II; G. 16. Frukt. II; Testamentsvollstrecker 1031 CGB.; auf Antrag von Gläubigern 909 Nr. 2, von Hausgenossen 909 Nr. 3 fr. CPO.; der zur Konkursmasse gehörigen Gegenstände 112, 114 KO.; S. des Nachlasses von Beamten 20 G. 31. März 1873.

Verfahren nach Sterbefall 907 ff., Einsprüche 926, Abnahme der Siegel 928 fr. CPO.; nach dem Tode von Generälen 2c. G. 13. Niv. X.

S. bei der Beschlagnahme in Strafsachen 109, 110 Abs. 3 StPO.

Kosten der S. sind Last des Nachlasses 810 CGB.; Gebühren des Gerichtsschreibers 16 D. 16. Febr. 1807 Bd. I Anh. Nr. 2.

Siegelungs-Verhandlungen, besondere Formvorschriften G. 10. Brum. XIV.

Siegelwächter dürfen nicht Frauen sein G. 21. Vend. III; Nachlässigkeit 249, 250 fr. StGB.; Gebühren 26 D. I 16. Febr. 1807.

Signale, falsche 315 StGB.

Signalordnung für Eisenbahnen v. 4. Jan. 1875.

Simultaneum Schr. 1. März 1727; V. 22. April 1843.

Sinnbilder f. Ausstellung.

Sittlichkeit, Verbrechen u. Vergehen 171—184, 235 StGB.; Schöffengericht 75 Nr. 3, Ausschluß der Oeffentlichkeit 173 GVG.

Sitzungspolizei 176—185 GVG.; 32 AG. z. GVG.

Sitzungsprotokoll 145 ff., 270, 284 CPO.

Sklavenhandel, Unterdrückung G. 4. März 1831; Uebereink. 29. März 1879.

Sklaverei, Abschaffung G. 27. April 1848.

Sodafabriken D. 13. Dez. 1862.

Sodomiterei 175 StGB.

Solawechsel 96 WO.

Solidarität f. Gesammtverbindlichkeit.

Sondergüter der Ehegatten f. Gütergemeinschaft, Gütertrennung, Heirathsgut.

Sonderung f. Absonderung, Schuldensonderung, Gütertrennung.

Sonntag, Berechnung der Frist in Strafsachen, wenn das Ende derselben auf einen S. fällt 43 StPO.; Zustellungen an S. 171, Termine in Civilsachen 193, Fristberechnung 200, Zwangsvollstreckung 681 CPO.; Bestimmungen wenn der Verfalltag zur Erfüllung von Handelsgeschäften auf einen S. oder Feiertag fällt 329, 330 HGB.; desgl. bei Verfall v. Wechseln 92 WO.; f. Feiertage.

Sonntagsfeier 366 StGB.; G. 18. Nov. 1814; f. Feiertage.

Sozialdemokratie G. gegen die S. 21. Okt. 1878 u. 31. Mai 1880.

Spanien f. Auslieferungsvertrag.

Sparkassen, Errichtung 1 G. 5. Juni 1835; 13 D. 15. April 1852; Einlagen, Höhe 4, 6 G. 5. Juni 1835; 6 G. 15. Juli 1850; 1, 6 G. 30. Juni 1851; 24, 36 G. 7. April 1876; Umschreibung auf andere S. 8, Zinsfuß 3 G. 5. Juni 1835; 7 G. 30. Juni 1851; 1 G. 7. Mai 1853; 5 D. 15. April 1852; Verfall zu Gunsten der S. 4 G. 7. Mai 1853; Einlagen in Staatspapieren 2, 4, 5, 9 G. 30. Juni 1851; 4 G. 7. Mai 1853; Verwahrung der Gelder und Werthpapiere 9, 14—17 D. 15. April 1852; Hinterlegung bei der Depositenkasse 1 G. 31. März 1837; 10, 12, D. 15. April 1852; Ausstellung v. S.-Büchern 7 G. 5. Juni 1835; 5 G. 22. Juni 1845; Vorstand u. Verwaltung 1—3, 12, 18, 23, Buchführung 6—8, 11, 28 D. 15. April 1852; 3 G. 7. Mai 1853; Kautionen der Beamten 22—27, Aufsicht 18—21 D. 15. April 1852.

Spediteur, Begriff, Rechte und Pflichten 379—389, 412, 431 HGB.

Spiel 1964—1967 CGB.; 361 Nr. 5, 362 StGB.; Bestrafung des Gemeinschuldners 210 Nr. 1 KO.; f. Glücksspiel.

Spielkarten, Anfertigung unechter Stempelabdrücke für S. 275 Nr. 2 StGB.

Spielkartenstempel G. 3. Juli 1878; Bkm. 6. Juli 1878; Bkm. 2. Nov. 1878; Bkm. 24. April 1879; Bkm. 15. Juli 1879.

Spion 90 Nr. 5 StGB.

Spiritus, Kleinhandel G. 16. Mai 1877.

Spruchgerichte, militärische 61 ff. MStGB.

Spruchliste der Geschworenen 92—94 GVG.; 277, 279, 280 StPO.

Staat, Recht auf erblosen oder ledigen Nachlaß 33, 539, 811 ff., Erbfolge 723 ff., 768 ff., Staatsgüter 537—541, 560, 713, 1712, Vorzugsrecht 2098 u. Bem. dazu, gesetzliche Hypothek 2121, 2153, Verjährung 2227 CGB.; der S. als Beklagter f. Fiskus; Befreiung von Bürgschaftsstellung, G. v. 21. Febr. 1827.

Staatsangehörigkeit, Erwerb 2—11 G. 1. Juni 1870 Bd. III; Verlust 13 ff.

Staasanwälte werden vom Kaiser ernannt 23 AG. z. GVG.

Staatsanwaltschaft, Allgemeines 141—153 GVG.; 23—27 AG. z. GVG.; Stellvertretung 26 G. 27. Vent. VIII; Amtstracht B. 2. Niv. XI; D. 29. Meff. XII; D. 6. Jan. 1811; Aufsicht 84 SC. 16. Therm. X; 79 ff. D. 30. März 1808; Benennung V. 1. Dez. 1879; Dienstalter V. 18. Febr. 1880; Dienstordnung 42 ff. D. 6. Juli 1810; 19 ff. D. 18. Aug. 1810; Disziplin 60, 61 G. 20. April 1810; Ernennung 17 G. 14. Juli 1871; 23 G. 4. Nov. 1878; G. 22. Sept. 1873; Geschäftsordnung für Amtsanwälte 15. Juli 1880; Kassation im Interesse des Gesetzes 88 G. 27. Vent. VIII; Beamte der S. sollen nicht Schöffen oder Geschworene sein 34 Nr. 5, 85 GVG. Sekretäre der S. Ernennung G. 30. Juli 1880; Mitwirkung bei Bildung des Schwurgerichts 91, 94, 96 GVG.; Stellvertretung 26 G. 27. Vent. VIII; Theilnahme an den Berathungen der Richter 88 D. 30. März 1808; 66 D. 6. Juli 1810; 2 G. 18. April 1841; Verfassung 6, 43, 45, 47 G. 20. April 1810; 6 V. 14. Juli 1871; Wohnsitz 100 D. 30. März 1808; s. Hülfsbeamte.

Strafsachen: Befugniß der S. zur Beschlagnahme von Sachen 98, 100, desgl. zu Durchsuchungen 105, zur Durchsicht der Papiere 110, Verhaftung und Freilassung des Angeschuldigten 124, 127, Erlaß von Steckbriefen 131, Einlegung der Rechtsmittel 338, 343—345, Berufung 361, 362, 367, Revision 377 Nr. 5, 379, 387, 388, 391, Wiederaufnahme des Verfahrens 409, Mitwirkung der S. bei Privatklagen 416, 417, 422, 429, 430, desgl. bei Nebenklagen 436, 441, ferner bei amtsrichterlichen Strafbefehlen 447, 448, desgl. bei polizeilichen Strafverfügungen wenn auf gerichtliche Entscheidung angetragen wird 454, 460, 465, ferner bei Umwandlung einer Geldstrafe in Freiheitsstrafe 463, bei Einziehungen 477, 478, bei der Strafvollstreckung 483, 489, 493, 494, insbesondere bei Vollstreckung der Todesstrafe 486 StPO.

Civilsachen: Pflichten und Rechte bei Standesbeurkundung 49, 53, 99, Abwesenheit 114, 116, 118, 123, 126, Anfechtung von Ehen 184, 190, 191, 199, 200, Ehescheidung 235, 239, 240, 246 ff., 250, 253, 256, 257, 267, 288, 289, 292, 293, 298, 302, 308, Annahme an Kindesstatt 354 ff., Einsperrung von Kindern 371 ff., 382, Vormundschaft 458, 483, 467, 2045, Entmündigung rc. 491 ff., 496, 511, 515, Erbschaften rc. 770, 812, 819, 1057, 1061 CGB.; Mitwirkung in Ehesachen 569, 586, 589, 592, Mitwirkung in Entmündigungssachen 595, 597, 607, 614, 618, 620 CPO.; Mitwirkung in Sachen der freiwilligen Gerichtsbarkeit 83, 84 fr. CPO.

Aufsichtsbehörde über Standesbeamte StRG. 12. Brum. XI; O. 26. Nov. 1823; O. 10. März 1825; 11 G. 6. Febr. 1875; Dispensation v. Aufgebot 2 V. 22. Nov. 1875.

Staatsbeamte, Beeidigung derselben G. 20. Sept. 1871; s. Beamte.

Staatsbürgerrecht 7 ff. CGB.

Staatsdienst, Erwerb der Staatsangehörigkeit durch Anstellung im S. 9 G. 1. Juni 1870; G. 20. Dez. 1875.

Staatsgewalt, Wiederstand gegen dieselbe, Schöffengericht 75 Nr. 1 GVG.; Ausübung der S. in Elsaß-Lothringen durch den Kaiser 3 G. 9. Juni 1871.

Staatsgut, Natur und Haupteintheilungen 1—5 G. 1. Dez. 1790; D. 9. April 1811; Verwaltung 1 G. 5. Nov. 1790; 1 G. 20. März 1791; Bkm. 27. Mai 1876; Bkm. 10. Jan. 1877; Veräußerung 8—13 G. 1. Dez. 1790; G. 1. Juni 1864; Formen der Versteigerung 16 G. 17. Nov. 1790; G. 16. Brum. V; G. 15 Flor X; G. 16. Flor. X; 105, 106 G. 5. Vent. XII; O. 7. Okt. 1814; Tausch 18 G. 1. Dez. 1790; O. 12. Dez. 1827; Verpachtung 13—21 G. 5. Nov. 1790; G. 11. Febr. 1791; 6 G. 20. März 1791; 8—12 G. 12. Sept. 1791; Mobiliarverkauf V. 23. Niv. VI; Widmung 5 V. 13. Mess. X; O. 14. Juni 1833; G. 24. März 1852; Abrechnung über den Kaufpreis D. 22. Okt. 1808; Kaufpreiszinsen 2 G. 15. Mai 1850; Verjährung 36 G. 1. Dez. 1790; Verbot der Nachweisung D. 27. Juli 1864; s. Domanialnutzungen, Dienstwohnung.

Staatsforsten s. Staatswaldungen.

Staatskasse, Zahlungen D. 19. Juli 1793; Voraussetzungen für ihre Verantwortlichkeit für Bons, Wechsel 2 G. 24. April 1833; Vorrechte im Konkurse 41 Nr. 1, 54 Nr. 2, Vorzugsrechte 41 Nr. 1 KO.; 20 AG. z. CPO.; an Liegenschaften s. die einzelnen in der Bem. zu Art. 2103 CGB.

Staatsoberhaupt, Ernennung der Beamten 6, Erkärung des Belagerungszustandes 12 V. 14. Jan. 1852.

Staatsrath, franz. D. 25. Jan. 1852 u. Bem.; in E.-L. Zusammensetzung, Befugnisse 9 ff. G. 4. Juli 1879 Bd. I A Nr. 14.

Staatssekretär, Befugnisse 3, 4 G. 4. Juli 1879 Bd. I A Nr. 14; V. 23. Juli 1879 Bd. I A Nr. 17; Ernennung 6 G. 4. Juli 1879.

Staatsstraßen s. Straßen, große.

Staatsverwaltungs-Verordnung (règlement d'administration publ.) Bem. zu 9 Verw.-G. 30. Dez. 1871.

Staatswaldungen, Abgrenzung und Abmarkung 8—14 FGB.; 57—66 FO.; Betriebsplan 15 u. 16 FGB.; 67—72 FO.; Bewilligungen 58—60 FGB.; 109—111 FO.; Eichellese 53—57 FGB.; 100—104 FO.; Holzeinschlag 29—46 FGB.; 92—96 FO.; Jagd V. 20. Aug. 1814; O. 14. Sept. 1830; O. 24. Juli 1832; 5 G. 24. April 1833; O. 20. Juni 1845; Mast- u. Schmalzweide 53—57 FGB.; 100—104 FO.; O. 23. Juni 1830; Nachmessung und Nachschau 47—52 FGB.; 97—99 FO.; Nutzungsrechte 61—85 FGB.; 117—123 FO.; D. 12. April 1854; Vermessung 73 ff. FO.; Versteigerung der Schläge 17—28 FGB.; 73—91 FO.; O. 15. Okt. 1834; O. 26. Nov. 1836; V. 24. Dez. 1870; V. 25. Jan. 1871; Versteigerung von Windfällen O. 20. Mai 1837; Wiederaufforstung 105—108 FO.

Städtewappen, Siegelgebühr O. 29. Dez. 1814; 55 G. 28. April 1816.

Stämme bei der Erbtheilung 733, 734, 743, 745, 836 CGB.

Standesbeamte, Anzeigepflicht von Sterbefällen 1 G. 22. Okt. 1873; Aufsichtsbehörde über dieselben O. 26. Nov. 1823; O. 10. März 1825; 11 G. 6. Febr. 1875; Bestellung 3—6 G. 6. Febr. 1875; Erlaubniß zu Beerdigungen D. 4. Therm. XIII; 60 G. 6. Febr. 1875; Pflichten ꝛc. 35 ff. CGB.; Vergehen der S. bei Eheschließungen, Strafkammer ausschließlich zuständig 74 Nr. 4 GVG.; Strafen 11, 69 G. 6. Febr. 1875.

Standesherrn, Recht auf Austräge bleibt 7 EG. z. GVG.

Standesregister, Allgemeines 12—16 G. 6. Febr. 1875; O. 22. Juni 1875; Beweiskraft 15, Berichtigung 65 und 66 G. 6. Febr. 1875; Kosten des Berichtigungs-Verf. werden von der Enreg.-Verw. vorgeschossen 121, 122 D. 18. Juni 1811; Prüfung O. 26. Nov. 1823; O. 10. März 1825.

Standgerichte 66 ff. MStGO.

Stationskontrolöre s. Reichskontrole.

Statistik des Waarenverkehrs des deutschen Zollgebiets mit dem Auslande G. 20. Juli 1879; Bkm. 20. Nov. 1879.

Statthalter, Ernennung, Rechte desselben 1 u. 2 G. 4. Juli 1879 Bd. I A Nr. 14; V. 23. Juli 1879 Bd. I A Nr. 16.

Steckbrief, Erlaß eines S. zur Verhaftung des Angeschuldigten 131, 132, desgl. zur Strafvollstreckung 489 StPO.

Steinbrüche, unterirdische 172 Abs. 4, Tagebau 173 Abs. 2 Berggef. 16. Dez. 1873; Pol.-V. 7. Sept. 1879; Anlegung von Uebergängen zu großen Straßen 2—6 V. 5. April 1772.

Nießbrauch 598, Gütergemeinschaft 1403 CGB.; Haftpflicht für Tödtungen u. Körperverletzungen G. 7. Juni 1871.

Steindrucker O. 8. Okt. 1817; s. Stiche.

Steine, Werfen 366 Nr. 7, Wegnahme 370 Nr. 2 StGB.

Stellenvermittelungsgeschäfte D. 25. März 1852.

Stellionat 2136 CGB.

Stellvertretung im Prozesse 81 CPO.

S. des Reichskanzlers G. 17. März 1878 Bd. I A Nr. 13; des Statthalters 4 G. 4. Juli 1879 Bd. I A Nr. 14; des Staatssekretärs 10 V. 23. Juli 1879 Bd. I A Nr. 17; der Beamten s. Urlaub.

Stempel für Gold- und Silberwaaren G. 19. Brum. VI; O. 5. Mai 1819; O. 7. April 1838; D. 13. Jan. 1864.

Unerlaubte Anfertigung von S. u. Stempelabdrücken 151, 360 Nr. 4—6 StGB.

S. Stempelsteuer.

Stempelmarken 19 G. 11. Juni 1859; 24—27 G. 2. Juli 1862; D. 29. Okt. 1862; 5 G. 8. Juli 1865; 6 G. 27. Juli 1870; Erl. 31. Dez. 1873; s. Stempel, Stempelpapier.

Stempelpapier, Größe 3, nochmalige Benutzung 22, 23, 28, Verkauf 27 G. 13. Brum. VII; Fälschung 275, 276, 360 Nr. 4, nochmalige Verwendung 364 StGB.

Stempelsteuer, Aktien 14 ff. G. 5. Juni 1850; 9 G. 23. Juni 1857; im Allgemeinen 1 ff. G. 13. Brum. VII; 17 ff. G. 2. Juli 1862; Arten 2, Ausfertigungen 19, 20 G. 13. Brum. VII; 63 G. 28. April 1816; ausl. Staatspapiere 6—9 G. 13. Mai 1863; 6 G. 8. Juni 1864; ausl. Urkunden 13 G. 13. Brum. VII; Beitreibungsverfahren 76 G. 28. April 1816; Diplome 26 D. 4. Juni 1809; Extrastempelung 7, 18 G. 13. Brum. VII; V. 7. Frukt. X; Ernennung ministerieller Beamten 34 G. 21. April 1832; Feststellung von Hinterziehungen 31, 32 G. 13. Brum. VII; 23 G. 2. Juli 1862; Frachtbriefe G. 21. Mai 1873; Gepräge, Verletzung 21, Haftbarkeit für Zahlung derselben 29 G. 13. Brum. VII; 75 G. 28. April 1816; Handelsbücher 4 G. 20. Juli 1837; Hinterlegungsscheine StRG. 1. April 1808; Hinterziehungen, Strafe 26 G. 13. Brum. VII; 10 G. 16. Juni 1824; 22 G. 2. Juli 1862; Hinterziehungen, Verjährung 16 G. 16. Juni 1824; Oktroibezettelungen 243 G. 28. April 1816; V. 5. März 1875; Pfandbriefe 29 G. 8. Juli 1852; Postscheine G. 21. Mai 1873; Quittungen 12, 16 G. 13. Brum. VII; StRG. 21. Okt. 1809; G. 15. Dez. 1874; öffentl. Rechner G. 8. Juli 1865; D. 21. Juli 1865; Erl. 31. Dez. 1873; Rechnungen G. 15. Dez. 1874; Register 12, 16 G. 13. Brum. VII; bleibt bei der Rechtshülfe außer Ansatz 165 GVG.; Schlußnoten 13 G. 5. Juni 1850; 19 G. 2. Juli 1862; Schriftstücke welche demselben unterliegen 12, 14, 16 G. 13. Brum. VII; Schuldscheine G. 6. Prair. VII; 18 ff. G. 24. Mai 1834; 1 ff. G. 5. Juni 1850; Schuldverschreibungen 27 G. 5. Juni 1850; 9 G. 23. Juni 1857; 6—9 G. 13. Mai 1863; 6 G. 8. Juni 1864; Schulgeld 9 G. 3. Juli 1846; 41 G. 15. März 1850; G. 14. Juni 1859; 18 G. 1. Nov. 1878; Spielkarten s. Spielkartenstempel; Steuerbezettelungen 243 G. 28. April 1816; V. 5. März 1875; Bkm. 10. Nov. 1875; Straßenanschläge D. 5. Sept. 1870; Stundung 71 G. 28. April 1816; verhältnißmäßiger

Stempel 28 G. 13. Brum. VII; 6 G. 6. Prair. VII; StRG. 1. April 1808; 12 G. 16. Juni 1824; 18 ff. G. 24. Mai 1834; 1 G. 5. Juni 1850; Verpflichtungen der Beamten u. Gerichte 24, 25 G. 13. Brum. VII; 49 G. 5. Juni 1850; Versicherungsverträge 33 ff. G. 5. Juni 1850; G. 9. Mai 1860; 18 G. 2. Juli 1862; Verwaltungsakte 78, 80, 82 G. 15. Mai 1818; Wechsel s. Wechselstempel; Wechselproteste 23 G. 24. Mai 1834; Widerrufung von Testamenten und Vollmachten D. 15. Juni 1812; Zeitungen, St. aufgehoben Erl. 18. März 1871.

Sterbefälle, Beurkundung 56—60 G. 6. Febr. 1875; V. 4. Nov. 1875; Unterlassung der Anzeige 68 G. 6. Febr. 1875.

Sterbekassen 360 Nr. 9 StGB.

Steuerbeamte, Hilfsbeamte der Staatsanwaltschaft 14 AV. z. GVG.; Prüfung Bkm. 16. Mai 1879.

Steuerbezettelungen, Stempel V. 5. März 1875; Bkm. 10. Nov. 1878.

Steuerdirektionen G. 3. Frim. VIII; 39 G. 15. Sept. 1807.

Steuerdirektor, Amtsbefugnisse 11, 12 G. 30. Dez. 1871.

Steuerempfänger, Beitreibung von Forderungen der Wohlthätigkeitsanstalten 1, Verantwortlichkeit 3, Gebühren 4, Verfolgungen 5 O. 28. Juni 1833; Gehaltsverhältnisse 4 ff. G. 22. Dez. 1876; Haftung für unbeibringliche Steuern 148 G. 3. Frim. VII.

Steuerkontingente, Feststellung der Grundsteuer 25 G. 3. Frim. VII; 19, 20 G. 31. Juli 1821; der Personal- und Mobiliarsteuer 8 ff., der Thür- und Fenstersteuer 24 ff. G. 21. April 1832; Veränderung der Bevölkerungszahl 3 G. 4. Aug. 1844; Veränderung durch Neubau oder Zerstörung von Häusern 2 G. 17. Aug. 1835; 2 G. 4. Aug. 1844; durch Zugang von grundsteuerpflichtigem Gut 15 G. 31. Juli 1821.

Steuerkontrolöre, Bestellung 7 G. 26. Dez. 1873.

Steuern, Vorrechte 4 Nr. 1, 54 Nr. 2 KO.; Ueberhebung 353 StGB.

Steuern, direkte, Ausfallfonds 4 G. 7. Brum. VII; 28 V. 24. Flor. VIII; 15, 16, 22 G. 13. Flor. X; 5 G. 28. Juni 1833; 32 G. 25. April 1844; 1 G. 31. Okt. 1850; 14 G. 8. Juli 1852; 17 G. 13. Mai 1863; Doppelbesteuerung 12 G. 21. April 1832; G. 14. Jan. 1872; Einziehung V. 16. Therm. VIII; 30 G. 26. März 1831; V. 24. März 1877; Erlaß 24 ff. V. 24. Flor. VIII; 37, 38 G. 15. Sept. 1807; 22 G. 25. April 1844; Rekurs V. 24. Febr. 1879; Ertragsverlust 24 ff. V. 24. Flor. VIII; 37, 38 G. 15. Sept. 1807; 5 G. 28. Juni 1833; Militärpersonen 46 G. 2. Mai 1874; s. auch Offiziere; Pfändung, Eigenthumsansprüche Dritter 4 G. 12. Nov. 1808; Reklamationen im Allg. V. 24. Flor. VIII; 37, 38 G. 15. Sept. 1807; 28 ff. G. 21. April 1832; 8 G. 4. Aug. 1844; Reklam., Förmlichkeiten 19 G. 2. Meff. VII; 28 G. 21. April 1832; Reklam., Gegenprüfung 34 ff. G. 2. Meff. VII; 29 G. 26. März 1831; Reklam., Grundsteuer G. 2. Meff. VII; Rekurs 30 G. 21. April 1832; V. 24. Febr. 1879; Reklam., Sachverständige 202 ff. G. 2. Meff. VII; Reklam., Zuständigkeit zur Entscheidung 5 G. 3. Frim. VIII; 4 G. 28 Pluv. VIII; 29 G. 21. April 1832; Steuerrollen, Bekanntmachung G. 4. Meff. VII; Vollziehbarerklärung 13 V. 16. Therm. VIII; Terminänderung des Rechnungsjahrs V. 1. Okt. 1878; unbeibringliche 148 G. 3. Frim. VII; 1 D. 31. Okt. 1850; 16 G. 22. Juni 1854; zu Unrecht veranlagte 6 G. 3. Juli 1846; 16 G. 22. Juni 1854; Unterstützungsfonds 29 G. 31. Juli 1821; Verjährung 149 G. 3. Frim. VII; 17 G. 16. Therm. VIII; Vorzugsrecht G. 12. Nov. 1808 Bem.; Wiederumlagefonds 1, 4, 6, 7, 14, 15 G. 24. Flor. VIII; 22 G. 13. Flor. X; 38 G. 15. Sept. 1807; 5 G. 28. Juni 1833; Zuschläge für den Staat 1 G. 3. Frim. VII; 15, 16, 23 G. 13. Flor. X; 4 G. 20. Juli 1837; 32 G. 25. April 1844; 14 G. 8. Juli 1852; 12 G. 4. Juni 1858; 17 G. 13. Mai 1863; 5 G. 20. Juli 1837; Zuschläge für Bezirke u. Gemeinden 9 G. 4. Aug. 1849; 15 G. 27. Juli 1870; G. 13. Juli 1873; Zwangsvollstreckung V. 24. März 1877; s. auch Gewerbesteuer, Grundsteuer, Personal- und Mobiliarsteuer, Thür- und Fenstersteuer.

St. indirekte, Allgemeine Vorschriften G. 28. April 1816; G. 14. Juli 1855; Forterhebung gemäß den franz. Gesetzen Bkm. 26. Aug. 1870 Bd. III; V. 22. Okt. 1870 Bd. III; Direktor für die Verwaltung der ind. St. u. Zölle Bkm. 20. April 1872; s. Generaldirektor; Organisation des Erhebungs- und Aufsichtsdienstes Bkm. 26. Sept. 1872; Verjährung 50 D. 1. Germ. XIII; s. Bier-, Branntweinsteuer, Enregistrement, Kasernirungskostenbeiträge, Lizenzgebühr, Oktroi, Salzsteuer, Siegelgebühren, Spielkartenstempel, Stempel, Tabacksteuer, Wechselstempel, Wein-, Zuckersteuer, Zuwiderhandlungen.

Steuervertheiler 8 ff. G. 3. Frim. VII; Ernennung u. Anzahl V. 19. Flor. VIII.

Steuerzettel 50 ff. G. 15. Mai 1818; 21 G. 26. März 1831; 15 G. 22. Juni 1854.

Stiche, Platten, Verpflichtung zur Hinterlegung 3, 9 O. 24. Okt. 1814; O. 9. Jan. 1828.

Stief=Eltern und **=Kinder** s. Angehörige.

Stiftungen, die vom protestantischen Seminar in Straßburg verwalteten G. 19. Nov. 1873.

Stille Gesellschaften, Begriff u. Rechtsverhältnisse 250—265 HGB.

Stimmrecht, Verhinderung ꝛc. 106, 107 StGB.

Stimmzettel, Verfälschung 108 StGB.

Stipendien, protestant. Seminare O. 31. Juli 1821; s. Freistellen.

Stockdegen 367 Nr. 9 StGB.; Dekl. 23. März 1728.

Stockwerke, Eigenthum 664 CGB.

Stoppelhütung (vaine pâture) s. Weidgang.

Stoppeln s. Nachlese.

Störung des öffentl. Friedens 126, des Gottesdienstes 167, des Fahrwassers 321, 325, 326, der Sonntagsfeier 366 Nr. 1 StGB.

Strafarten, nur die des StGB.'s noch zulässig V EG. z. StGB.

Strafbarkeit, Umstände, welche dieselbe ausschließen, vermindern oder erhöhen 51 ff. StGB.; Einfluß derselben auf die Fragestellung und auf das Urtheil 262, 264, 266, 295 StPO.

Strafbefehle des Amtsrichters, Verfahren 447—452 StPO.

Strafbescheide der Verwaltungsbehörden bei Zuwiderhandlungen gegen die Vorschriften über die Erhebung öffentlicher Abgaben u. Gefälle 459—469 StPO.

Strafen, gesetzliche 2, Arten 13—42, Verhältniß 21—29, Zusammentreffen 73 ff., Ausschließung 51 ff. StGB.; nur die Strafarten des StGB's noch zulässig V EG. z. StGB.

Zuweisung (Strafattribution) O. 30. Dez. 1823; D. 14. Sept. 1864.

S. Geldstrafe, Haft, Freiheitsstrafe, Enregistrementsgebühren, Stempelsteuer.

Straffestsetzung, Beschwerde gegen Straffestsetzungen der Gerichte 347 StPO.

Straffolgen 31, 35 Nr. 2 StGB.

Strafgefangene, Beschäftigung 15, 16, 362 StGB.; unzulässiger Zugriff des Staates auf den denselben zugewiesenen Arbeitsverdienst für Kosten des, 497 StPO. 24 AG. z. GVG. Bd. I Anh. 30.

Strafgeding 1226—1233 CGB.

Strafgesetzbuch franz. Bd. I G S. 3; deutsches Bd. I G S. 14; Einführungsgesetz v. 30. Aug. 1871 Bd. I G S. 50; neue Redaktion G. u. Bkm. 6. Febr. 1876.

Strafgesetze 2—6 StGB.; besondere neben dem StGB. in Kraft gebliebene S. II EG. z. StGB.

Strafkammern 59, 72—78 GVG.; Besetzung 23 StPO.; Geschäfte der Strafkammern bei den Schwurgerichten 82, 83, 98 GVG.; bei Einziehungen tritt die S. an Stelle des Schwurgerichts 477 StPO.

Strafliſten, Vorlesung derselben in der Hauptverhandlung 248 StPO.

Strafprozeßordnung franz. Bd. I H S. 3; deutsche 1. Febr. 1877 Bd. I H S. 11; Einführungsgesetz v. 1. Febr. 1877 Bd. I H S. 54; Uebergangsbestimmungen 44 AG. z. CPO., KO. u. StPO. Bd. I D S. 96.

Strafsachen, Zuständigkeit der Gerichte 13, 25, 73—75, 79, 136, sind Feriensachen 202 Nr. 1 GVG.; Rechtshülfe G. 21. Juni 1869 Bd. III; 157 ff. GVG.

Strafsenate der Oberlandesgerichte 120, des Reichsgerichts 132, 137—139 GVG.

Strafurtheil, Verlesung früherer S. in der Hauptverhandlung 248, Entscheidung über die Auslegung eines S. 490 StPO.; hat für den Civilrichter keine bindende Kraft 14 Nr. 1 EG. z. CPO.; s. Urtheil.

Strafverfügung, Erlaß polizeilicher S. bei Uebertretungen 453 StPO.; 6 Nr. 3 EG. z. StPO.; Antrag auf gerichtliche Entscheidung gegen S. 454—458 StPO.

Strafverzeichnisse s. Gerichtsschreiber.

Strafvollstreckung 481—495, Nachweis der Zustellung bei der S. 39 StPO.; Anwendung der StPO. auf die Vollstreckung früher erkannter Strafen 12 EG. z. StPO.; im Wege der Rechtshülfe 163—165 GVG.; Verbüßung v. Freiheitsstrafen Allg. Verf. 23. Aug. 1880; Kosten der Strafhaft werden vom Ministerium festgestellt 24 AG. z. GKG.

Verjährung der S. 70—72, widerrechtliche S. 345, 346 StGB.

Straßburg, Einschränkungen der Baufreiheit G. 21. Mai 1877; Börse V. 7. Frukt. IX; Gewerbegericht D. 17. Mai 1813; D. 10. Dez. 1855; Handelskammer V. 3. Niv. XI; V. 17. April 1875; Kammer für Handelssachen 8 AV. z. GVG.; s. Polizei, Universität.

Straßburger Zeitung Bkm. 18. Okt. 1870; V. 25. Sept. 1871; Aufhebung des Zwangsabonnements Bkm. 18. März 1872.

Straßen, Diebstahl 243 Nr. 5, Raub 250 Nr. 3, Beschädigung 305, Ordnungswidrigkeiten 366 Nr. 2—5 u. 8—10, 367 Nr. 12 u. 14 StGB.

Eintheilung der S. 1 V. 6. Febr. 1776; 1 D. 16. Dez. 1811; Breite 2 V. 6. Febr. 1776; Geradlegung, Erweiterung 2 D. 26. März

1852; s. Bauflucht, Vizinalwege, Straßenwesen großes, Wälder.

Große S., was gehört dazu? 1 V. 6. Febr. 1776; Verlängerungen in den Ortschaften 1 Vkm. 14. Okt. 1790; Ausroden des Unterholzes (essartement) 3 Tit. 28 O. Aug. 1669; 1 V. 3. Mai 1720; 5 V. 6. Febr. 1776; Bäume, Abstand V. 17. Juni 1721; O. 4. Aug. 1731; Bepflanzung durch die Anlieger 6 V. 3. Mai 1720; 1, 5 G. 9. Vent. XIII; 88 ff. D. 16. Dez. 1811; Breite 2, 7 V. 6. Febr. 1776; 1 Tit. 28 O. Aug. 1669; Eigenthum der Straßenbäume 3, 4 G. 9. Vent. XIII; 86, 87 D. 16. Dez. 1811; 1 G. 12. Mai 1825; Fällen und Aushauen der Bäume 99 ff., 102 ff. D. 16. Dez. 1811; O. 29. Mai 1830; Gräben, Breite 2 V. 3. Mai 1720; 8 V. 6. Febr. 1776; Räumung 2 G. 12. Mai 1825; Verbot des Ausfüllens V. 17. Juni 1721; O. 4. Aug. 1731; Klassirung 4, Kosten 5, 7 D. 16. Dez. 1811; Veräußerung überflüssiger Stücke 4 G. 20. Mai 1836; G. 24. Mai 1842; Verbot, Vieh auf den Rändern weiden zu lassen V. 16. Dez. 1759; Zoll 11 G. 14. Flor. X; G. 11. Juni 1859; s. Bezirksstraßen, Straßenwesen großes, Wegweiser.

Straßenanlagen in Straßburg, Metz, Mülhausen D. 26. März 1852.

Straßenbäume, Beschädigung 43 Tit. II G. 6. Okt. 1791.

Straßengebühren (droits de voirie) 31 Nr. 8, 43 G. 18. Juli 1837.

Straßenwärter 70 D. 16. Dez. 1811.

Straßenwesen, großes, Zuständigkeit des Präfekten 6 Vkm. 11. Sept. 1790; s. Bauflucht; alte Verordnungen in Kraft erhalten 29 Tit. I G. 22. Juli 1791.

Zuwiderhandlungen V. 17. Juni 1721; O. 4. Aug. 1731; allgemeine Strafherabsetzung G. 23. März 1842; dringliche Maßregeln der Kreisdirektoren 3 G. 29. Flor. X; Zuständigkeit 4 G. 29. Flor. X; Geldstrafen, Einziehung, Vereinnahmung D. 29. Aug. 1813; Zutheilung derselben 115 D. 16. Dez. 1811; Civilhaftbarkeit der Herren 2c. O. 4. Aug. 1731.

S. Bauflucht, Straßen, Eisenbahnen.

Kleines S., Uebertretung der Verordnungen 471 Nr. 5 u. 15 fr. StGB.; s. Bauflucht, Vizinalwege, Vorsprünge, Pflaster.

Straßenzoll s. Straßen, große.

Strandung, von Schiffen 265, 322—326 StGB.

Strandungsordnung, 17. Mai 1874.

Streitgenossen 56 ff., Nebenintervenient 66, Kosten 95, 96, Eid 391, 414, 434, 438, 690 CPO.

Streitgegenstand, Werth 2—9 CPO.; in Klageschrift und Schriftsätzen anzugeben 121 Nr. 1, 230, S. bei der Gebührenberechnung in bürg. Rechtsstreitigkeiten 8 ff. GKG. Bd. I Anh. 25.

Streitverkündung 69, Verpflichtung dazu 740 CPO.; 1640 CGB. u. Bem.; S. des Beklagten unterbricht die Wechselverjährung 80 WO. u. Bem. hierzu.

Ströme s. Flüsse, Wasserläufe.

Stumme, Testamente 979 CGB.; Zuziehung eines Dolmetschers 188 GVG.; Zeugen, Vereidigung derselben in Strafsachen 63, S. Angeschuldigte, Nothwendigkeit der Vertheidigung 140 Nr. 1 StPO.; Eidesleistung in Civilsachen 445 CPO.

Subalternbeamte der Justiz G. 30. Juli 1880.

Subrogation 1249—1252 CGB.

Substitutionen, verbotene 896 CGB.; erlaubte 897 ff., 1048 G. 17. Mai 1826; Majorate G. 7. Mai 1849.

Succumbenzstrafe, abgeschafft 5 AG. z. GKG.

Sühneversuch vor Privatklagen wegen Beleidigung 420 StPO.; Bürgermeister zuständig 10—20 AV. z. GVG.; Ladung zum S. in Civilsachen 268, 471 CPO.

Sulu-Archipel, Regelung des Handels- u. Schifffahrtsverkehrs v. 11. März 1877.

Summen, Meinungsverschiedenheit der Richter 198 GVG.

Sümpfe, Austrocknung durch den Staat oder Unternehmer 2, mit Zwangsenteignung 24 G. 16. Sept. 1807; 18 G. 21. Juni 1865; Konzessionirung 4, 5, Syndikat 7, Abschätzung vorher 8, 9, 13, 15, nachher 17, 18, Pläne 10—12, Entschädigung der Unternehmer durch die Eigenthümer 19 ff., mit Land 21, Einregistrirungsgebühr 21, durch Rente 22, Vorzugsrecht 23, Unterhaltung der Arbeiten 25—27, Spezialkommissionen 42—47 G. 16. Sept. 1807; Präfekturrath an Stelle der letzteren für Rechtsstreitigkeiten 26, Beitragsfestsetzung 26, 15, Streitigkeiten 26, 16, Bestellung von Grunddienstbarkeiten 26, 19 G. 21. Juni 1865.

Austrocknung durch Syndikat-Genossenschaft 1 Nr. 3 G. 21. Juni 1865.

Nutzbarmachung der den Gemeinden gehörigen S. u. Oedungen s. Oedungen.

S. Syndikat-Genossenschaften.

Suspension vom Amte 123 ff. RBG.; vom Dienst 98 MStGO.

Syndikat-Genossenschaften, Gegenstand 1, Rechts- u. Prozeßfähigkeit 3, Beitritt durch Vertreter 4, freie S.-G. 2, 5—8, Umwandlung in ermächtigte 8 G. 21. Juni 1865.

Ermächtigte (autorisirte) Gegenstand 9 G. 21. Juni 1865; 1 G. 11. Mai 1877; Vorbedingungen 10, 11 G. 21. Juni 1865; Ausführungs-V. dazu D. 17. Nov. 1865; Mehrheitsbeschluß 12 G. 21. Juni 1865; Stimmen der Ausbleibenden 2 G. 11. Mai 1877; Ermächtigung 12, Recht der Minderheit ihr Eigenthum aufzugeben 14 G. 21. Juni 1865; 9—19, Beiträge, Festsetzung der Hebelisten 15, Streitigkeiten vor Bezirksrath 16, Zwangsenteignung 18, Streitigkeiten über Grunddienstbarkeiten 19 G. 21. Juni 1865; erleichterter Umtausch von Grundstücken 3 G. 11. Mai 1877.

Folgen der Nichtausführung 25, Generalversammlung, Wahl der Syndiken und des Direktors 20—24 G. 21. Juni 1865.

S. Rechtsweg.

Syndikat-Kommissionen bei Prozessen einer Gemeindeabtheilung gegen die Gemeinde 56—58, zur Verwaltung ungetheilten Eigenthums mehrerer Gemeinden 70—73, bei Theilung von Gemeinden 3 G. 18. Juli 1837.

Syndikats-Kammer, Mäkler D. 5. Jan. 1867.

Syndikatsklage 505—508 fr. CPO.

T.

Taback, Freigebung des Detailhandels V. 26. Aug. 1870 Bd. III.

Tabackgewichtssteuer Regulativ betr. die Kreditirung v. 16. Juni 1880.

Tabackmanufaktur, Veräußerung G. 11. Nov. 1872.

Tabacksmonopol, Aufhebung Bkm. 26. Aug. 1870 Bd. III.

Tabacksteuer, G. 16. Juli 1879; BRV. 27. Nov. 1879; Bkm. 25. März 1880; Ertrag 8 G. 15. Juli 1879.

Tabelle im Konkurse 128, 133, 134 Abs. 1, 152 KO.

Tag, Berechnung bei Freiheitsstrafen 19 StGB.; Berechnung der Fristen nach T. in Strafsachen 42 StPO.; in Civilsachen 199 CPO.

Tagebau auf Eisenerze 2, 189 Bergges. 16. Dez. 1873; s. Steinbrüche.

Tagegelder, Gewährung bei Dienstreisen 1 G. 3. Febr. 1872; V. 7. Febr. 1872; V. 25. Okt. 1880; V. 29. Nov. 1880; der Reichsbeamten V. 21. Juni 1875; V. 5. Juli 1875; V. 29. Juni 1877; V. 23. April 1879; T. und Reisekosten der Personen des Soldatenstandes V. 15. Juli 1873; s. Reisegebühren.

Taglöhner, Verjährung 2271 CGB.

Talon s. Erneuerungsschein.

Taube, Verhandlungen mit T. 188, 189 GVG.; Angeschuldigte, Nothwendigkeit der Vertheidigung 140 Nr. 1, Verfahren in der Hauptverhandlung 258 StPO.; Schiedsrichter 858 CPO.

Tauben, Eigenthum 564 CGB.; Jagdrecht D. 4. Aug. 1789.

Taubstumme, Zurechnungsfähigkeit 58, Strafantrag 65 StGB.; Angeklagte, Frage an die Geschworenen, ob der Angeklagte die zur Erkenntniß der Strafbarkeit erforderliche Einsicht besessen habe 298 StPO.; Schenkungen an T. 936 CGB.; s. Stumme.

Tausch 1702—1707 CGB.; s. ferner 1038, 1407, 1559 das.; T. von Hausthieren G. 20. Mai 1838.

Tara beim Kauf von Waaren 352 HGB.; Bestimmungen für den Zollverkehr BRV. 19. Nov. 1871.

Taxen für Holzbezüge 1 G. 17. Aug. 1828.

Teiche, Anschwemmung 558 CGB.; zwangsweise Beseitigung schädlicher T. G. 11. Sept. 1792; s. Fische, Sümpfe.

Telegramme, Beschlagnahme der an den Beschuldigten gerichteten T. 99—101 StPO.

Gebührenfreie Beförderung V. 2. Juni 1877.

Telegraph, Monopol 1, optischer T., Schutzmaßregeln 9 D. 27. Dez. 1851; Telegraphen-Ordnung 13. Aug. 1880; internationaler Vertrag V. 10/22. Juli 1875.

Störung 2c. 317, 318, desgl. durch Beamte 319, Nichtentfernung verurtheilter Beamten 320, Verfälschung von Depeschen 355 StGB.

Freimarken G. 16. Mai 1869 Bd. III eingef. unterm 8. Febr. 1875; Defraudationsstrafe 2 das.; Fälschung 275 StGB.

Telegraphenanstalten, Depeschen für den Gemeinschuldner 111 KO.; s. Telegraph.

Telegraphenbeamte s. Telegraph.

Telegraphenvertrag, internationaler 10/22. Juli 1875.

Telegraphenwesen s. Postwesen.

Termine 59, 90 191 ff., 233, 281, 333 CPO.

Testament, überhaupt 893—1074, Fähigkeit 226, 901 ff., Form 967—1001, Eröffnung 1007, 123, Verfügungen 1002, 1048 ff., Widerruf und Zerfall 1035—1047, Annahme an Kindesstatt 366, Beistandsernennung 392 CGB.; s. Schenkung, Vermächtniß.

Gebühren des Gerichtsschreibers für Hinterlegung 1 Nr. 5 D. 24. Mai 1854.

Testamentsvollzieher 1025 CGB.

Testamentszeugen 980 CGB. u. Bem.

Thann, Gewerbegericht O. 9. Jan. 1821.

Thatbestand des Urtheils 284 Nr. 3, 285, Berichtigung 291, 292, in der Berufungsinstanz 505, in der Revisionsinstanz 524 CPO.

Thatbestandsberichtigung 291, 292 CPO.

Thatsachen, erdichtete 131, beleidigende T. 186, 187 StGB.

Thätlichkeiten gegen Kaiser u. Landesherrn 94, 96, T. gegen Bundesfürsten 98, 100, Beleidigung 185 StGB.

Theater, Aufsicht über dieselben 1, 6 G. 19. Jan. 1791; 1, 2 D. 21. Frim. XIV; Erklärung vor Eröffnung 1, Verbot der Kindertheater 5 D. 6. Jan. 1864; Führung von Registern 3 G. 1. Sept. 1793; Maßregeln zur Verhütung von Bränden V. 1. Germ. VII.

Theilbarkeit der Verbindlichkeiten 1217 ff., 1244 CGB.; 281 u. 359 HGB.

Theilnahme 47—50 StGB.; 47 MStGB.; Antrag 63, 64, Diebstahl 243 Nr. 6, 247, Begünstigung 257, Wehrpflicht 143 StGB.

Theilpächter 522, 524, 1763 ff., 1827 ff., 2062 CGB.

Theilungen, Abwesenheit 113, bei Minderjährigen rc. 465, 466, 1314, 1687, Erbschaften 815—824, Wirkung 883 ff., 2103 Nr. 3, Auflösung 887—892, Theilungen der Aszendenten 1075—1080, Servituten 700, Verbindlichkeiten 1210, 1213, 1217 ff., 1233, T. der Gütergemeinschaft 1467 ff., 1520, der Früchte der Dotalgrundst. 1571, bei Gesellschaften 1863, 1872, Rechtswohlthat der Theilung 1203, 2026 CGB.

Außergerichtliche T. bei Betheiligung Minderjähriger u. Entmündigter 1—3, Bittschrift, Beschluß, Beschwerde 14 G. 1. Dez. 1873.

Gerichtliche T., Verfahren 966 ff. fr. CPO.; Versteigerung durch Notar 15, Vollstreckbarkeit der Bestätigungsbeschlüsse 16 AG. z. CPO.

Theilurtheil 273, 274, 318 CPO.

Theilzahlung 1221, 1224 ff., 1284 CGB.

Thierärzte, Prüfungsvorschriften Bkm. 27. März 1878.

Thiere, bewegl. oder unbew. 522, 524, 528, Schadenersatz 1385 CGB.

Laufenlassen in Feldern 12 Tit. II, Verscharren todter 13 G. 6. Okt. 1791; Unzucht 175, Aufsicht 366 Nr. 5, gefährliche Thiere 367 Nr. 11, Quälen 360 Nr. 13, Werfen 366 Nr. 7 StGB.

Thomas-Stift G. 29. Nov. 1873.

Thür- und Fenstersteuer, im Allgemeinen G. 4. Frim. VII; 24 ff. G. 21. April 1832; 3 G. 20. Juli 1837; Beamte, Dienstwohnung 5 G. 4. Frim. VII; 27 G. 21. April 1832; Erhebung 10, Fabriken 2 G. 4. Frim. VII; 19 G. 4 Germ. XI; Häuser, leerstehende 5 G. 28. Juni 1833; Bf. 10. Aug. 1877; Häuser, neuerbaute oder zerstörte 2 G. 17. Aug. 1835; öffentliche Gebäude 5 G. 4. Frim. VII; Vertheilung 24 ff. G. 21. April 1832; Waschschiffe u. ähnl. 2 G. 18. Juli 1836; Zahlung durch Miether 12, 15 G. 4. Frim. VII; s. auch Steuern, direkte.

Titel, Besitz und Verjährung 549, 550, 2229—2241, 2265—2267, 2279, Begründung der Dienstbarkeiten 686, 690 ff. CGB.; s. Urkunden.

T. der Beamten 17, 75 G. 31. März 1873; Verlust, Unfähigkeit 33, 34 Nr. 3, unbefugte Annahme 360 Nr. 8 StGB.

Titelgebühr neben Gerichtskosten 100 GKG.; 22, 23 AG. z. GKG.

Töchterschulen s. Unterrichtswesen.

Tod, Vermuthung des früheren T. 720 ff. CGB.; bei Hinrichtung mehrerer G. 20. Prair. IV; bei Geschäftsführung 1373, Wirk. auf ehel. Güterverhältnisse 1441, 1452, 1462, 1517, 1570, Miethe 1742, 1795, Gesellschaft 1844, 1865, 1868, Hinterlegung 1939, Leibrenten 1971—1983, Bevollmächtigung 1991, 2003, 2008—2010 CGB.; T. der Handelsgesellschafter 123, 133, 170, 200, 261, 264, des Mandaten 54, 297 HGB.

T. der Partei 217 ff., T. des gesetzl. Vertreters 219, T. d. Schuldners im Vollstreckungsverfahren 693 ff. CPO.

Verfahren, wenn jemand eines nicht natürlichen T. gestorben ist 157 StPO.

Todesstrafe 1, 13, 32, 44, 49, 57, 67, 70, 80, 211 StGB.; Vollstreckung d. T. 486 StPO.; 14 MStGB.; s. Hinrichtung.

Todesurtheil, Vollstreckung 485, 486 StPO. u. Bem. zu Art. 486.

Todte Hand, Abgabe der T. H. G. 20. Febr. 1849.

Todtschlag 212—214, bei Schlägerei 227, 228 StGB.

Tödtung 211, 222, 226—229, T. eines Landesfürsten 81 Nr. 1, bei Unzucht 178, im Zweikampf 206, 207, durch Freiheitsentziehung 239, bei Raub 251, durch Brandstiftung 307 Nr. 1, 309, durch Ueberschwemmung 312, 314 Nr. 1, durch Transportgefährdung 315, 316 StGB.

Tonnengebühr 7 G. 14. Flor. X.

Tonga, Freundschaftsvertrag 1. Nov. 1876.

Tontinen StRG. 1. April 1809; 66 G. 24. Juli 1867; 10 EG. z. HGB.

Torfgruben, Nießbrauch 598 CGB.

Torfmoor, Anzünden 308—310, 325 StGB.

Tragen von Zeichen nicht gestatteter Vereine 6 D. 11. Aug. 1848.

Transport auf Eisenbahnen 315, 316, 325, Diebstahl 243 Nr. 4 StGB.; T. gefährlicher Waaren G. 18. Juni 1870; s. Entzündliche Waaren, explodirende Stoffe.

Transportabgaben G. 21. Mai 1873.

Transportgeschäfte, inwiefern dieselben als Handelsgeschäfte anzusehen sind 271, 272, Transport von Waaren durch Vermittelung des Spediteurs 279—387, T. eines Kaufmanns 388, Transport durch Frachtführer 390—421, Transport auf Eisenbahnen 422—431 HGB.

Transportirung Beschuldigter 4—12 D. 18. Juni 1811.

Transskription s. Ueberschreibung.

Trassirt=eigene Wechsel 6 WO.

Trauerjahr 1570 CGB.

Trauerkosten 1481, 1570 CGB.

Trauerlaubnißscheine s. Belgien, Italien.

Traumdeuter s. Wahrsager.

Travaux mixtes Bem. z. 6 G. 19. Jan. 1791.

Treidelweg 556, 650 CGB.

Trennung der Ehe dem Bande nach, T. v. Tisch u. Bett 592 CPO.; s. Ehescheidung, Gütertrennung.

T. der Verhandlung über Klage und Gegenforderung 274, T. d. V. über mehrere Ansprüche 136, 141 CPO.

Trichinen 10, 11 G. 14. Mai 1879.

Trödler, Minderkaufleute 10 HGB.; Einschreibung in die Listen Dekl. 29. März 1778.

Trottoirs, Errichtung in Gemeinden, Kostenvertheilung G. 7. Juni 1845; s. Bürgersteige.

Trunkenbolde 361 Nr. 5, 362 StGB.

Trunkenheit im Dienst 151 MStGB.

U.

Uebergabe 711, bei Schenkungen 938, bei Verträgen 1136 ff., Kauf 1583, 1604 ff., Cession 1689, Miethe 1720, Hinterlegung 1919 CGB.; U. der Waaren 342, 345, 351, Folgen der verspäteten 355—359 HGB.

Uebergangsabgaben, allgemeine Vorschriften und Ausfuhrvergütungen Bkm. 15. Jan. 1877; U. von Bier V. 27. Nov. 1870 Bd. III; von Branntwein 2 G. 16. Mai 1873; von Branntwein im Verkehr mit Luxemburg Bkm. 22. Dez. 1875; s. auch Uebergangsverkehr, Zuwiderhandlungen.

Uebergangsstraßen und Uebergangssteuerstellen, gesetzliche Bestimmungen 2—4 G. 14. Dez. 1872; 1 G. 30. Juni 1873; Verzeichniß 1, 2 Bkm. 28. Juli 1873; s. auch Uebergangsverkehr.

Uebergangsverkehr mit steuerpflichtigen Gegenständen, allgemeine Vorschriften Abschn. 2 VZG. 17. Juli 1871; G. 14. Dez. 1872; Bkm. 28. Juli 1873; Zuwiderhandlungen G. 30. Juni 1873; U. mit Branntwein zwischen der Branntweinsteuergemeinschaft und Luxemburg Bkm. 22. Dez. 1875; mit Wein zwischen E.=L. und Württemberg Bkm. 6. März 1876; s. auch Uebergangsstraßen, Uebergangsabgaben.

Ueberlieferung von Sachen 1604 CGB.

Uebergebot 2185 ff., 2192 CGB.; U. nur im Falle des Art. 2185 CGB. zulässig 8 G. über Theilungen 1 Dez. 1873; Wiederverkauf im Falle des U. 41 G. 30. April 1880; Befreiung des Staates von der Bürgschaftsstellung G. 21. Febr. 1827.

Uebernahme von Staatsangehörigen Vertr. 15. Juli 1851 Bd. III S. 303.

Ueberschreibung, Nothwendigkeit 1, 2, 4, 8, 9 G. 23. März 1855.

U. von Schenkungen 939 ff., U. der erlaubten Substitutionen 1069 — 1074, Beweiskraft 1336, U. der Urkunden über Eigenthumserwerb 2180—2183, 2188, 2189, 2108, 2155, Register, Pflichten des Hypothekenbewahrers 2196—2203 CGB.

Ueberschreibungsgebühren 25 G. 21. Vent. VII; 52, 54, 61 G. 28. April 1816; 12 G. 23. März 1855; Verjährung G. 24. März 1806.

Ueberschwemmen von Nachbargrundstücken 15 Tit. II G. 6. Okt. 1791.

Ueberschwemmung, Verursachung 312—314, 325, Androhung 126, 254 StGB.

Uebertragung, Nießbrauch 595, Gebrauchs= und Wohnungsrecht 631, 634, Erbrecht 780, 841, 888 ff., Forderungen und sonstige Rechte 1689 ff., 450, 1295, 2112, 2214, U. streitiger Rechte u. Klagen 1587, 1699 ff. CGB.; U. von Forderungen im Handelsrecht 299, 368 HGB.; s. Indossament.

Uebertretungen, Begriff und Bestrafung 1, 18, 27—29, 57 Nr. 4, Ausland 6, Versuch straflos 43, Beihülfe desgl. 49, Verjährung 67, 70 StGB.; Uebertretungen d. fr. R.'s 1, 465 ff. fr. StGB.

Zuständigkeit der Schöffengerichte 27 Nr. 1, Berufungsinstanz 77 GVG.

In welchen Fällen bei U. Untersuchungshaft zulässig ist 113, Hauptverhandlung 211, Bestimmung über den Umfang der Beweisaufnahme 244, 264, Erzwingung des Zeugnisses durch Haft 69, Erlaß polizeilicher Strafverfügungen bei U. 453 StPO.

Ueberweisung 1275 ff. CGB.; U. gepfändeter Forderungen 736—738, 742, 750—753, U. an Zahlungsstatt 748, U. eines Anspruchs auf Herausgabe von Sachen 772 CPO.

Ufer der Flüsse und des Meeres 538, 556 ff., 717 CGB.; Uebertretung der zum Schutze der U. erlassenen Polizeiverordnungen 366 a StGB.

Umlaufsteuer (droit de circulation), Aufhebung für Wein 1 G. 20. März 1873.

Umwandlung der Strafen 21, 28, 29, 44, 57 Nr. 3 StGB.; U. der in einem Strafbescheide festgesetzten Geldstrafe 463 StPO.; nachträgliche U. 491, 494 StPO.

Umzugskosten der Civilbeamten 11—18 V. 25. Okt. 1880; V. 29. Nov. 1880; U. der Reichsbeamten V. 21. Juni 1875; V. 5. Juli 1875; V. 29. Juni 1877; V. 23. April 1879; U. der Personen des Soldatenstandes V. 23. Mai 1878.

Unbewegliche Sachen s. Liegenschaften.

Unbrauchbarmachung von Schriften, Pressen rc. 41, 42 StGB.

Undank, Widerruf von Schenkungen u. Vermächtnissen wegen U. 953, 955 ff. 1046 CGB.

Uneheliche Kinder s. Kinder, Kindesmord.

Unfug 166, 360 Nr. 11 StGB.

Ungehorsam, Aufforderung zum U. 110, 112 StGB.; 91 ff. MStGB.

Ungetheilte Waldungen 113—116 FGB.; 147—149 FO.; Verwerthung der Forsterzeugnisse; V. 24. Dez. 1870 Bd. III; V. 25. Jan. 1871.

Unglücksfälle, Nichthülfeleistung bei U. auf polizeiliche Aufforderung 360 Nr. 10 StGB.; s. Hülfeleistung.

Ungültigkeit s. Richtigkeit.

Uniform, unberechtigtes Tragen 360 Nr. 8 StGB.

Universalvermächtniß s. Vermächtniß.

Universität zu Straßburg, Stiftungsurkunde 28. April 1872; Abänderung V. 22. Juni 1877; G. betr. die U. 28. April 1872; Statut 24. Febr. 1875; Rechtsverhältnisse der Lehrer IX G. 23. Dez. 1873; Pensionen der Wittwen u. Waisen G. 25. Dez. 1873.

Universitäts- und Landesbibliothek, Errichtung V. 19. Juni 1872; Statut 1. Juli 1872.

Unkenntniß von Thatumständen bei strafbaren Handlungen 59 StGB.

Unmöglichkeit bei Bedingungen 900, 1172 CGB.

Unrath, Werfen mit U. 366 Nr. 7 StGB.

Unreife Früchte, Verkauf D. 6. Meff. III; D. 23. Meff. III.

Unterbrechung der Verjährung 2242—2250 CGB. U. der Hauptverhandlung im Strafverfahren 227 StPO.

U. der mündlichen Verhandlung im Civilprozeß 127, U. des Verfahrens 217 ff. CPO.

Unterdrückung von Zeitungen als Zwangsmaßregeln 8 G. 16. Juli 1850; 5, 31 D. 17. Febr. 1852.

Untergang der Sachen beim Nießbrauch 617, 623, Dienstbarkeiten 703, Rückbringen 855, Vermächtniß 1042, bei Verbindlichkeiten 1148 ff., 1234, 1302, bei alternativer Verbindlichkeit 1193 ff., 1379, beim Kauf 1601, Miethe 1722, 1732 ff., 1741, 1788, Viehpacht 1804, 1810, 1822, 1825, 1827, 1828, Gesellschaft 1865, 1867, Leihe 1883 CGB.

Unterhalt der Aszendenten u. Deszendenten 203—211, 303, 1409, U. der Ehegatten 214, 259, 268, 301, 1409, 1448, 1537, 1558, 1575, der Wittwe 1465, 1495, 1570, bei Annahme an Kindesstatt 349, pflegeelterliche Vormundschaft 364, 367, U. unehelicher Kinder 762 ff., Rückbringen 852, Vermächtniß 610, 1015 CGB.; s. auch 955, 1293, 25 CGB.

Unterhaltung s. Ausbesserung.

Unterlieferanten bei Kriegslieferungen, Vorzugsrecht D. 12. Dez. 1806.

Unternehmer, Rechtsweg 8 AG. z. GVG.; s. Werkverdingung.

Unterpräfekt s. Kreisdirektor.

Unterricht, gewerbsmäßige Ertheilung 2 G. 12. Febr. 1873; Ertheilung von Privat-U. 13 V. 10. Juli 1873.

Kosten des U. unterliegen nicht dem Rückbringen 852, Verjährung der Klage auf Bezahlung der Kosten des U. 2271 CGB.; s. Schulen, Schulzwang.

Unterrichtsräthe s. Bezirksunterrichtsräthe.

Unterrichtswesen G. 12. Febr. 1873; V. zur Ausf. desselben v. 10. Juli 1873; Aufsicht der Staatsbehörden 1 das.; Regul. für die höheren Lehranstalten 10. Juli 1873; Normalplan für Gymnasien rc. 23. April 1878; Abgangsprüfung an Gymnasien u. Realgymnasien V. 29. Dez. 1877; Abgangsprüfung an den Realschulen V. 26. Mai 1874; Unterhaltung und Verwaltung der höheren Schulen G. 1. Nov. 1878; s. Schulen, Elementarschulen.

Niederes U., Uebergang des Vermögens der Bezirke an den Staat 1, 2, Bestimmungen über Berechnung der Dienstzeit u. Besoldung 3, 4 G. 19. Mai 1879; Aufsicht über das niedere U., Befugnisse des akademischen Raths, des Bezirksschulraths u. der Präfekten 4, 7 ff. G. 14. Juni 1854; Regulativ für die Elementarschulen 4. Jan. 1874; AV. 22. Juni 1874; gemischte Elementarschulen 2, 3 Reg. 4. Jan. 1874; Regulativ für Präparandenschulen, Regulativ für die Elementarlehrer- u. Elementarlehrerinnen-Seminare 4. Jan. 1874; Normallehrplan für die deutschen Elementarschulen 7. Juni 1877; Prüfungsordnungen: für Elementarlehrer u. Elementarlehrerinnen 4. Jan. 1874; für Lehrerinnen u. Vorsteherinnen höherer Töchterschulen 13. April 1876; für Lehrer an Mittelschulen u. höheren Töchterschulen 13. April 1876; für Seminardirektoren, Vorsteher von Präparandenschulen 13. April 1876; für Kandidaten des höheren Schulamts Reglem. 28. Okt. 1872; Unterricht in den höheren Töchterschulen u. Mädchenpensionen V. 5. Aug. 1874; Handarbeitsunterricht in den Elementarschulen V. 31. Juli 1875.

Unterschlagung 246—248 StGB.; 138 MStGB.; Begünstigung 258 das.; U. von Beamten 350, 351 StGB.

Unterschiebung von Kindern 169 StGB.

Unterstützte Kinder, Begriff 1, Aufnahme in Pflegehäuser 3, 10, 22 D. 19. Jan. 1811; Unterbringung bei Ammen und auf dem Lande 2—5 B. 30. Vent. V; 7, 9 D. 19. Jan. 1811; bei Handwerkern 13 B. 30. Vent. V; 17, 18 D. 19. Jan. 1811; Vermögensverwaltung und Vormundschaft 1—7 G. 15. Pluv. XIII; Vergütung der Pflegeeltern und Feststellung 9 B. 30. Vent. V; Zahlung 13 D. 19. Jan. 1811; 6 O. 28. Juni 1833; besondere Entschädigungen der Pflegeeltern 8, 15, Aufsicht 6, 7 B. 30. Vent. V; 14 D. 19. Jan. 1811; Deckung der Auslagen 2, 3, 4 G. 5 Mai 1869; Rückerstattung 9 G. 15. Pluv. XII; 21 D. 19. Jan. 1811.

Unterstützungsfonds 29 G. 31. Juli 1821.

Unterstützungskasse für Geistliche D. 13. Therm. XIII; D. 28. Juni 1853.

Unterstützungswohnsitz, Voraussetzungen: Geburt 2, 3, 7, 8, Aufenthalt 4, Heirath 13, Dienstverhältniß 14, Alter und Krankheit 17, 18 G. 24. Vend. II; 1, 9 G. 7. Aug. 1851; Hülfsbedürftige anderer Bundesstaaten Bkm. 16. Jan. 1874; Reichsrechtliche Bestimmungen 5—7, 11 G. 1. Nov. 1867 Bd. III; G. 8. Jan. 1873.

Untersuchung, Eröffnung einer gerichtlichen U. 151—153, Aussetzung derselben wegen Civilansprüche 261 StPO.

U. übersendeter Waaren 347, Verfahren bei Entdeckung von Mängeln 347—350 u. Bem. dazu, 365, 375, 387, 407 HGB.

U. (enquête) de commodo et incommodo s. Vorverfahren.

Untersuchungsführender Offizier 80, 81 MStGO.

Untersuchungsgefängnisse, Einrichtung 503 ff. fr. StPO.; Behandlung der Angeschuldigten im U. 116 StPO.

Untersuchungsgerichte, militärische 24, 44 ff. MStGB.

Untersuchungshaft, Verhängung derselben gegen den Angeschuldigten 112, 113, 205, Freilassung desselben gegen Sicherheitsleistung 117, 124, aus andern Gründen 123, Befreiung von der U. durch Ertheilung sichern Geleits 337 StPO.; U. gegen ein Mitglied des Reichsgerichts 129 Abs. 2 GVG.; Anrechnung der U. auf die erkannte Strafe 60 StGB.; 482 StPO.

Untersuchungsrichter 60, 64 GVG.; Ernennung G. 22. Sept. 1873; U. darf nicht Mitglied des erkennenden Gerichts sein 23, Ablehnung des U. 27, Bestellung desselben bei dem Reichsgericht 184, Befugniß des U. zu Stellungen und die Vollstreckung von Beschlüssen zu veranlassen 36 StPO.; Rechte des U. 609, 613 fr. StPO.; gegen ausbleibende Zeugen 50, desgl. gegen Zeugen, welche ihr Zeugniß ohne Grund verweigern 69, Befugniß der U. zum Erlaß des Haftbefehls 124, desgl. zur Verhaftung oder Freilassung eines Festgenommenen 129, Ermittelungen des U. im Auftrage des Gerichts 171, Geschäfte desselben in der Voruntersuchung 182—195 StPO.; Beschwerde gegen Verfügungen des U. 72, GVG.; 346, 348 StPO.

Untersuchungsverhandlungen s. Veröffentlichung.

Untheilbarkeit der Sachen und Verbindlichkeiten 1217 ff., 1222—1225, 1232, 2249, U. des Faustpfandes 2083, U. der Hypothek 2114 CGB.

Untreue 266 StGB.; des Handlungsgehilfen 64, des Spediteurs 386 HGB.

Unvereinbarkeit der Verwaltungs- u. richterlichen Funktionen Tit. 1, der Verwaltungsfunktionen unter sich Tit. 2, der richterlichen Funktionen unter sich Tit. 3 G. 24. Vend. III.

Unvordenklichkeit 691 CGB.

Unwürdigkeit zur Erbfolge 727 ff. CGB.

Unzucht 174 ff., 236, 237, gewerbsmäßige U. 361 Nr. 6, 362 StGB.; Zuständigkeit der Strafkammern 73 Nr. 4 GVG.

Unzulässigkeit des Rechtsweges, Einrede der U. 247 Nr. 2, 509 Nr. 1, 528 Nr. 2 CPO.

Unzurechnungsfähigkeit 51—58 StGB.

Unzuständigkeit des Gerichts, in Civilsachen: Vereinbarung 38—40, Einrede der U. 247 Nr. 1, 249, 465, Revision 509 Nr. 1, 513 Nr. 4, 528 Nr. 2 CPO.

In Strafsachen: Einwand des Angeschuldigten 16, wenn ein Gericht in Strafsachen seine U. ausspricht 18, 19, 207, 269, 270, 388, wenn ein Gericht seine Zuständigkeit mit Unrecht angenommen hat 369, 377 Nr. 4, 395 StPO.

Urheberrecht, Schriftwerke: Ausschließliches Recht des Urhebers 1—3, Verbot des Nachdrucks 4—6, was nicht als Nachdruck anzusehen ist 7, Dauer des ausschließlichen Rechts des Urhebers 8—17, Entschädigung und Strafen 18—25, Verfahren 26—32, Verjährung 33—38, Eintragsrolle 39—42 G. 11. Juni 1870 Bd. III, eingeführt in Els.-Lothr. durch G. 27. Jan. 1873. — Geographische, topographische, naturwissenschaftliche, architektonische, technische und ähnliche Abbildungen 43—44 das. — Musikalische Schriftwerke 45—49 das. — Oeffentliche Aufführung dramatischer, musikalischer oder dramatisch-musikalischer Werke 50—56 das. — Allgemeine Bestimmungen 57—62 das.; alte französische Bestimmungen 425—429 fr. StGB.; s. Bildende Künste, Muster, Photographien, Sachverständigenvereine, Frankreich.

Urkunden, als Beweismittel im Civilprozeß 380 ff. deren Beilegung im vorbereitenden Verfahren 122 ff., deren Vorlage kann von Amtswegen angeordnet werden 133, U. mit der Vollstreckbarkeitsklausel 702 Nr. 5 CPO.; Vollstreckbarkeit ausländischer U. O. 15. Jan. 1629; öffentliche U. 380, 382 ff., Privat-U. 381, 384 ff. CPO.; Beseitigung der Beschränkungen betr. den Beweis der Unrichtigkeit 2 AG. z. CPO.

Strafsachen: Verlesung von U. in der Hauptverhandlung 248, Wiederaufnahme des Verfahrens wegen falscher U. 399 Nr. 1, 402 Nr. 1 StPO.

Ueberschreibung der U. G. 23. März 1855.

Mittheilung geheimer U. 92, Vernichtung und Unterdrückung 92, 133, 244, 348, Eröffnung 299 StGB.; s. Urkundenfälschung.

Urkundenamortisation 837 ff. CPO.

Urkundenbeweis 380 ff. CPO.

Urkundenedition 386 ff. CPO.

Urkundenfälschung 267—280, 363, U. v. Beamten 851 StGB.; Restitutionsklage wegen U. 543 Nr. 2 CPO.

Urkundenprozeß 555 ff., Ausländer 102, Vollstreckbarkeit 648 Nr. 4 CPO.

Urlaub u. Stellvertretung der Beamten V. 26. April 1875; V. 2. Nov. 1874; V. 23. April 1879; der Beamten der Justizverwaltung Vf. 20. März 1880; Nachurlaub Nr. 3 das.

Urliste der Schöffen 36—42, 57, 85, der Geschworenen 85, 87 GVG.

Urtheil, Berathung und Abstimmung 194, 195, 198, 199, Verkündung 170, 174 GVG.

Civilgerichtliches U. 272 ff., U. auf Grund von Anerkenntnissen 648, ausländische U. 660, 661, U. im Urkunden- und Wechselprozeß 648 Nr. 2, vorläufig vollstreckbare U. 648, widersprechende U. als Restitutionsgrund 543 Nr. 6 CPO.

Rechtskraft 1350—1351, Hypothek 2123 CGB.; Rechtskraft französ. U. in Elsaß-Lothringen 3 Zus.-Konvent. 11. Dez. 1871; Ueberschreibung 1, 2 u. 4 G. 23. März 1855.

Strafgerichtliches, bindende Kraft für den Civilrichter beseitigt 14 EG. z. CPO.; Fällung des U. in Strafsachen 259—263, 314—317, Urtheilsgründe 266, 267, 316, Unterzeichnung und Ausfertigung 275, Verkündung des U. 267, 315, Zustellung desselben 323, insbesondere an den Vertreter des Angeschuldigten 268, desgl. an die Verwaltungsbehörde 468, Berufung gegen die U. der Schöffengerichte 354—360, 368, Fällung des U. in der Berufungsinstanz 369, 372, Rechtsmittel der Revision gegen die U. der Landgerichte und Schwurgerichte 374—384, U. in der Revisionsinstanz 389, 393—398, U. bei Wiederaufnahme des Verfahrens 407, 413, auf Privatklagen 429, gegen abwesende Personen welche sich der Wehrpflicht entzogen haben 475, 476, Entscheidung über die Auslegung eines Strafurtheils 490, Verlesung früherer Strafurtheile in der Hauptverhandlung 248, die Vollstreckung eines Strafurtheils wird durch Wiederaufnahme des Verfahrens nicht gehemmt 400, Bekanntmachung des Straf-U. wegen falscher Anschuldigung 165, wegen öffentlicher Beleidigung 200 StPO.

S. Preßdelikte.

Urtheilsgründe s. Entscheidungsgründe.

Urtheilsvollzug, Requisition von Arbeitern dazu G. 22. Germ. IV.

Usancen s. Handelsgebrauch.

V.

Vaine pâture s. Weidgang.

Vater, Gewalt 371 ff., 389 CGB.; s. Eltern, Aszendenten.

Antrag desselben auf Bestrafung 65, 195, 189 StGB.

Vaterlandsvertheidiger, Abwesenheit G. 11. Vent. II; G. 16. Frukt. II; G. 6. Brum. V.

Vaterschaft 312 ff., 340 CGB.; Verleugnung G. 6. Dez. 1850.

Veräußerung der Liegenschaften Abwesender 128, Ehefrauen 217 ff., während der Ehescheidung 271, V. der Liegenschaften Minderjähriger 457 ff., Emanzipirter, Entmündigter u. mit einem gerichtlichen Beistande Versehener 484, 499, 513, Nießbrauch 595, Gebrauchs- und Wohnungsrecht 631—634, Erbrecht 780, 791, V. des ehelichen Gemeinschaftsvermögens 1421 ff., V. der Güter der Frau 1428, 1449, 1507, 1508, 1538, V. des Heirathsgutes 1535, 1554 ff., V. der Paraphernalgüter 1576, V. durch Gesellschafter 1860, V. durch Bevollmächtigte 1988 CGB.

V. des Streitgegenstandes 236 ff., Einfluß auf die Zwangsvollstreckung 665 CPO.

V. bei Gericht verwahrter Fahrnißstücke O. 22. Febr. 1829; O. 9. Juni 1831; Gold- u. Silberwaaren O. 23. Jan. 1821.

S. Verkauf, Versteigerung.

Verantwortlichkeit der Drucker 24 G. 17. Mai 1819; s. Geschäftsführer; V. für Delikte, Quasidelikte, Geldstrafen s. Haftpflicht; s. auch Beamte, Gemeinden, Gastwirthe, Schulvorsteher.

Verbände, Vorrechte 41 Nr. 1, 54 Nr. 2, 3 KO.; 17 Nr. 1—3 EG. z. KO.

Verbindlichkeiten 711, vertragsmäßige V. im Allg. 1100—1369, nicht vertragsmäßige 1370 ff., V. aus Quasikontrakten 1371—1381, aus Delikten u. Quasidelikten 1382—1386; aus einzelnen Verträgen 1387 ff., Wirkung 1134 ff., V. zu geben 1136 ff., zu thun oder zu unterlassen 1142 ff., Wirkung der Nichterfüllung 1146 ff., bedingte V. 1168—1684, befristete V. 1185—1188, alternative 1189—1196, Gesammt-V. 1197, 1216, theilbare, untheilbare 1217—1226, V. mit Strafgeding 1226—1233, Erlöschungsgründe 1234—1314, Beweis 1315—1369, natürliche V. 1235, 349 CGB.; s. Verträge.

Verbindung, verbotene 128, 129, zu Diebstahl, Raub 243 Nr. 6, 250 Nr. 2 StGB.

Verbrauchssteuer (droit de consommation) von Branntwein, Aufhebung 1 G. 16. Mai 1873.

Verbrechen, Begriff 1, Strafen 13, 14, Verjährung 67, 70 StGB.; V., Vergehen, Uebertretungen, die Eintheilg. des StGB. auch für die Landesgesetze maßgebend XI EG. z. StGB.

Zuständigkeit der Schwurgerichte 80, der Strafkammern 73 Nr. 2—7, des Reichsgerichts 136 GVG.

Verhaftung des Angeschuldigten 112 Nr. 1, Nothwendigkeit der Vertheidigung 140 Nr. 2, Verfahren, wenn in der Hauptverhandlung der Angeklagte eines andern Verbrechens beschuldigt wird 265 StPO.

Scheidungsgrund 232—261 CGB.

Verbreitung von Schriften, Abbildungen u. Darstellungen 85, 110, 111, 130a, 184, 186, 187, V. von Thatsachen 131, 186—191 StGB.; V. falscher Nachrichten 15 D. 17. Febr. 1852.

Verdingung s. Dienstmiethe.

Veredelungsverkehr 115 Abschn. 14 VZG. 17. Juli 1871.

Vereinbarungsakt 3 G. 1. Dez. 1873.

Vereine, vorgäng. Genehmigung 291 fr. StGB.; 1 G. 10. April 1834; Strafe 292 fr. StGB.; 2 G. 10. April 1834; Aufforderung zu strafb. Handlung in V. 293, Vermiethen von Wohnungen an V. oder zu Kultusausübung 294 fr. StGB.; an nicht genehmigte V. 3 G. 10. April 1834.

V. für Reichstagswahlen 17 G. 31. Mai 1869 Bd. I A Nr. 5.

Erhebung der Privatklage bei Beleidigung eines V. 414 StPO.

S. Landwirthschaftliche Vereine, Verbindung.

Vereinigte Steuer (droit de taxe unique), Aufhebung für Wein 1 G. 20. März 1873.

Vereinsrecht, Strafvorschriften neben StGB. in Geltung geblieben II EG. z. StGB.; Verfahren bei Zuwiderhandlungen gegen die Gesetze über das V. 6 Nr. 2 EG. z. StPO.

Vereinswesen, Aufsicht u. Gesetzgebung des Reichs 4 Nr. 16 RV.

Vereinszollgesetz, Einführung im Zollgebiet G. 1. Juli 1869 Bd. III; G. 17. Juli 1871; Anweisung zur Ausführung Bkm. 3. Aug. 1871.

Vereinszolltarif s. Zolltarif.

Verfall der Testamente 1039 ff., der Schenkungen im Ehevertrage 1089 CGB.; s. Fälligkeit.

Verfallzeit bei Wechseln 30—35, 92, 93 WO.; V. in Handelsgeschäften, Berechnung derselben 327—334 HGB.

Verfolgung eines Beschuldigten auf frischer That 104, 127, steckbriefliche V. 131 StPO.; V. eines Flüchtigen auf das Gebiet eines anderen Bundesstaats 168 GVG.

Verfolgungsantrag s. Antrag, Körperschaften.

Verfügbarer Theil 913—930, 1970 CGB.; s. Schenkung.

Verführung junger Mädchen 182 StGB.

Vergebung von Arbeiten und Lieferungen durch den Staat, öffentlich 1 O. 4. Dez. 1836; ausnahmsweise aus freier Hand 18 O. 10. Mai 1829; 2 u. 12 O. 4. Dez. 1836; Einschränkung der Oeffentlichkeit 3 das.; Verfahren bei der Vergebung 9—19 V. 10. Mai 1829; 6—10 O. 4. Dez. 1836; Genehmigung des Zuschlags 17—19 O. 10. Mai 1829; 1 O. 8. Juni 1832; 11 O. 4. Dez. 1836.

Vergehen, Begriff 1 StGB. XI EG. z. StGB.; Strafen 16, Verjährung 67, 70 StGB.

Zuständigkeit der Schöffengerichte 27 Nr. 2, 4—8, 75, der Strafkammern 75 Nr. 1 GVG.

Vergiftung 229, 324—326 StGB.; Feststellung des Thatbestandes 91 StPO.

Vergleich 2044—2058, Minderjährige rc. 467, 499—513, V. über Ertheil. 888, Vollmacht 1989 CGB.

Im Prozeß 77, 79, 93, 471, Zwangsvollstreckung aus Vergleichen 702 Nr. 2 CPO.; Registrirungsgebühr bei V. in Prozessen 101 GKG. Bd. I Anh. 25.

Abschließung durch Konkursverwalter 121 Nr. 2 KO.

Vergleichsbehörde im Falle § 420 StPO., 18 AV. z. GVG.

Vergütung s. Schadensersatz, Ersatzforderungen.

Verhaftete, Aufnahme u. Entlassung in Gef.-Anstalten Allg. V. 23. Aug. 1870.

Verhaftung des Angeschuldigten 112—126, 129, in der Berufungsinstanz 370, Einlegung eines Rechtsmittels von Seiten des Verhafteten 341, Beschwerde gegen Entscheidungen über die Verhaftung 347, 352 StPO.

V. in militärgerichtl. Untersuchungen 99 ff. MStGO.

Widerrechtliche V. 341, 358 StGB.

Verhaftungsgebühr der Feldhüter u. Förster 6 D. 7. April 1813 Bd. I Anh. 7; O. 6. Aug. 1823 Bd. I Anh. 10; steht Gendarmen nicht mehr zu Bem. 3 zu D. 7. April 1813; ebensowenig staatlichen Förstern &c. Erl. 12. Nov. 1877 (Samml. GPr. IV S. 12).

Verjährung 1219—2281, 1234, Allgem. Bestimm. 2219—2227, 2264, Erfordernisse, Zeit, deren Berechnung 2260, 2261, Besitz 2228—2235, Hinderungsgründe 2236—2241, Unterbrechung 2242—2250, Stillstand 2251—2259, unvordenkliche V. 691, dreißigjähr. V. 2262 ff., zehn- u. zwanzigjähr. V. 2265, kürzere als zehnjährige 2271 ff., V. bei Gesammtverbindlichkeiten 1199—1206 CGB.; V. der Civilklage aus strafbaren Handlungen VI EG. z. StGB.; andere besondere Verjährungen Bem. zu 2264 CGB.

V. in Handelssachen: V. d. Klage gegen die Mitglieder einer off. Handelsgesellschaft 146—149, desgl. gegen Kommanditisten 172, desgl. gegen den Spediteur 386, gegen Frachtführer 408, V. d. Klage wegen Gewährsmängel beim Kauf v. Waaren 349, 350 HGB.; der Ansprüche aus Wechseln 77—80, 83, 100 WO.; 14 EG. z. HGB.; der Klage gegen Genossenschafter 63—65 G. 4. Juli 1868 Bd. III.

V. der Klagen gegen Hypothekenbewahrer 8 G. 21. Vent. VII.

Fünfjährige V. zu Gunsten der Depositenkasse StRG. 24. März 1809; V. v. Ruhegehältern und Leibrenten 3 O. 13. Okt. 1819; von Forderungen gegen den Staat 9, 10 G. 29. Jan. 1831.

V. der indirekten Steuern 50 D. 1. Germ. XIII.

V. der Strafverfolgung 67, 68, 69 StGB.; die Schuldfrage begreift nicht die Voraussetzungen der V. 262, die polizeiliche Strafverfügung unterbricht die V. 453, ebenso der Strafbescheid einer Verwaltungsbehörde 459 StPO.; besondere V. der Feldfrevel 8 Tit. V Abschn. 7 G. 6. Okt. 1791; Fischereifrevel 62 G. 15. April 1829; Forstfrevel 9 FStG.; Jagdfrevel 29 G. 3. Mai 1844; Preßdelikte 26 G. 26. Mai 1819; 13 G. 9. Juni 1819; 27 D. 17. Febr. 1852; Steuerdelikte Bem. z. G. 15. Juni 1835.

V. der Strafvollstreckung 70—72 StGB.

Verkauf bereits verurtheilter Schriften 27 G. 26. Mai 1819; V. von Bildern &c. ohne Erlaubniß 22 D. 17. Febr. 1852; s. ABC-bücher, Ausstellung, Ausrufer.

Verkäufe, außergerichtliche, von Liegenschaften, Mündelgut 4—11, z. Zweck der Theilung 3, 11, Grundstücke einer Kuratelmasse, einer ledigen Erbschaft, einer Benefizialerbschaft 12—13 G. 1. Dez. 1873; einer Konkursmasse 32 AG. z. CPO.

V. beweglicher Güter welche zu einer Erbschaft gehören 945 ff. fr. CPO.

V. öffentliche, beweglicher Gegenstände, Förmlichkeiten &c. G. 22. Pluv. VII; O. 1. Mai 1816; Vorrecht der Notare, Gerichtsvollzieher &c. G. 17. Sept. 1793; V. 12. Frukt. IV; Bestrafung unbefugter 1 das.; 7 G. 22. Pluv. VII; des Mobiliars des Gemeindeschuldners 4 G. 25. Juni 1841; kaufmännischer Faustpfänder 93 fr. HGB.; von bew. Staats- oder Gemeindegut durch Beamte Bem. 3 zur V. 12. Frukt. IV.

V. von Früchten auf dem Halme u. Mittelwaldschlägen G. 5. Juni 1851.

V. von Waaren im allgemeinen 1 Nr. 3 EG. z. HGB.; den Handelsmäklern gestattet D. 22. Nov. 1811; 1 G. 28. Mai 1858; Fall des Konkurses 4, 9, Befugniß anderer Beamten 10 G. 25. Juni 1841.

V. von neuen Waaren im Einzelnen G. 25. Juni 1841; Verbot 1, Strafe 7, 8, Bedingungen der Zulässigkeit u. Verfahren 2, 5, Zuständigkeit 3, 4, 10 G. 25. Juni 1841.

V. von neuen Waaren im Großen, freiwillige: Zulässigkeit 1 G. 28. Mai 1858; Verzeichniß der Waaren, welche frei verkauft werden dürfen D. 30. Mai 1863; baumwollene Garne in Mülhausen, Colmar D. 7. März 1863; Mäkler befugt 2, Verfahren, Registrirung 2—7 G. 28. Mai 1858; Reglement D. 12. März 1859; D. 30. Mai 1863; auf Anordnung der Gerichte: Veranlassung 1, Zuständigkeit der Mäkler u. ministeriellen Beamten 2 G. 3. Juli 1861; Verfahren D. 6. Juni 1863.

Verkäufliche Stellen im Justizdienst 18 G. 14. Juli 1871; G. 20. Juni 1872; G. 29. Nov. 1875; 10 G. 31. März 1879.

Verkehrsanstalten, Rechte u. Pflichten gegenüber dem Bergbau 132, 133 Berggeſ. 16. Dez. 1873.

Verkoppelungen, Zulassung besonderer Gerichte für V. 14 Nr. 2 GVG.

Verkündung von Reichsgesetzen 2 RV. Bd. 1 A 4; von Landesgesetzen G. 3. Juli 1871 Bd. I A 2; 22 G. 4. Juli 1879 Bd. I A 14; von Verordnungen der Landesverwaltung V. 27. März u. 8. Dez. 1879; s. Zentralblatt.

V. gerichtlicher Entscheidungen in Strafsachen 35, V. des Grundes der Verlesung früherer Aussagen von Zeugen und Sachverständigen in der Hauptverhandlung 250, V. des Urtheils 267, 315, V. des Spruchs der Geschworenen 313 StPO.; V. des Urtheils in Civilsachen 281 ff. CPO.

Verlagsgeschäfte sind Handelsgeschäfte 272 Nr. 5 HGB.

Verleihung von Arbeiten betr. Wasser- u. Wegebauten, Recht der Konzessionäre 9 O. 28. Febr. 1831.

Verleitung zu strafbaren Handlungen 48, 49a, 111, V. z. Desertion 141, V. z. Auswanderung 144, V. zum Meineid 159, 160, V. zur Eheschließung 170, V. z. Beischlaf 179, 182, V. eines Beamten 357 StGB.

Verletzte, Betheiligung des V. bei dem Untersuchungsverfahren, Anstellung der Privatklage 414—416 StPO.

Verletzung beim Antritt einer Erbschaft 783, bei Theilungen 887, 890, bei Theilungen der Aszendenten 1079, bei Verträgen 1118, Minderjährige ꝛc. 1305—1314, Großjährige 1313, Kauf 1674 ff., Tausch 1706, Gesellschaft 1854, Vergleich 2052 CGB.

Verleumdung 187 StGB.; s. Beleidigung.

Verleugnung der Vaterschaft 312 ff. CGB.

Verliegenschaftung 1498, 1500—1504 CGB.

Verlobte können das Zeugniß verweigern 51 Nr. 1 StPO.; 348 Nr. 1 CPO.; Angehörige 52 StGB.

Vermächtniß, überhaupt 1002 ff., Universalvermächtniß 1003 ff., V. unter Universaltitel 1010 ff., Partikularvermächtniß 1014 ff., Anwachsungsrecht 1044 ff., Verfall und Widerruf 1035—1047, Rentenvermächtniß 610, Nießbrauch 899, 1094, 610 ff. CGB.

V. an Hülfsgenossenschaften 7 G. 15. Juli 1850; 8 D. 26. März 1852; an Sparkassen 10 G. 5. Juni 1835.

S. Schenkungen, Testament.

Vermächtnißnehmer, Rechte derselben auf Absonderung der Erbschaft 878 ff., 2111, Benefizialerbschaft 803, 808, Tragung der Schulden und Lasten 871, 1009, 1012—1013, 611 CGB.; abgesonderte Befriedigung im Konkurse 43 KO.

Vermiether, Vorrecht 41 Nr. 4 KO.

Vermischung von Stoffen 573 ff. CGB.

Vermögen, Beschlagnahme 93, 140 StGB.; 480, 325, 326, 333—335 StPO.; s. Güter.

Vermögensabsonderung, unter Eheleuten 155 EG. z. CPO.; s. Gütertrennung.

Vermuthungen 1349, gesetzliche V. 1350—1352 CGB.; Vorschriften des bürgerl. Rechts über V. bleiben von der CPO. unberührt 16 EG. z. CPO.; s. Rechtsvermuthung.

Vernichtung von Urkunden 92 Nr. 2, 133, 348, 274 Nr. 1, 280, V. von Sachen 137, V. eines Grenzsteines 274 Nr. 2, 280 StGB.; von Handelsbüchern 209 KO.; s. Beschädigung.

Veröffentlichung von Geschworenenlisten 11 G. 27. Juli 1849; von Thatsachen des Privatlebens 11 G. 11. Mai 1868; s. Berichterstattung, Preßdelikte.

Verordnungen, kais., Rekurs dagegen 4 D. 22. Juli 1806; Verkündung kais. V. G. 3. Juli 1871 Bd. I A 2; von V. der Bezirkspräs. u. Bürgermeister StRG. 25. Prair. XIII; s. Staatsverwaltungs-Verordnung.

Verpachtungen von Gütern der Gemeinden und Wohlthätigkeitsanstalten: auf lange Jahre, Begriff 2 G. 11. Febr. 1791; G. 25. Mai 1835; vorgängige Untersuchung 2, Ermächtigung 2 V. 7. Germ. IX; Bem. zu 47 G. 18. Juli 1837; von kürzerer Dauer, Ermächtigung 17 Nr. 2 das.; 8 G. 7. Aug. 1851; 6 Nr. 15 G. 13. April 1861; 1 Nr. 2 G. 24. Juli 1867; öffentliche Vergebung aller V. D. 12. Aug. 1807; 3, 4, 6 O. 7. Okt. 1818; Auflösung V. 14. Vent. XI.

Verpächter, Vorrecht 41 Nr. 2 KO.; 20 AG. z. CPO.

Verpfändung von Waaren, Papieren u. anderen Handelssachen 306—312 HGB.

Verpflegung der Rekruten ꝛc. und Landwehrmänner bei Einziehungen u. Entlassungen Regl. 5. Okt. 1854 Bd. III; Erl. 13. Aug. 1872.

Versammlungen, öffentliche, Anzeigepflicht und Ueberwachung 1—6, vorgängige Genehmigung zu polit. u. relig. V. 1, Strafen 9—12, Verbot des Waffentragens 11 G. 6. Juni 1868; V. in Reichstagswahlangelegenheiten 17 G. 31. Mai 1869 Bd. I A 5.

Versammlungsrecht, die besonderen Vorschriften über Zuwiderhandlungen gegen die Gesetze über das V. in Kraft gebliebene II EG. z. StGB.; Verfahren 6 Nr. 2 EG. z. StPO.

Versäumnißfolgen 208 ff. CPO.

Versäumnißurtheil 295 ff., Verkündung 282, Rechtsmittel 474, Vollstreckbarkeit 648 Nr. 3 CPO.

Versäumnißverfahren 295 ff. CPO.

Verschollenheit, Krieg v. 1870 u. 1871 G. 21. Okt. 1873; s. Abwesenheit.

Verschwender 513—515 CGB.; s. Entmündigung, Beistand.

Versetzung, unfreiwillige V. eines Richters 8, eines Mitgliedes des Reichsgerichts 130, 131, des Oberreichsanwalts, der Reichsanwälte 150 GVG.

V. in die II. Klasse des Soldatenstandes 37 ff. MStGB.

Versicherung auf Diensteid 155, V. an Eidesstatt 156, 161, 163 StGB.

Versicherungsgesellschaften 1 Nr. 2 EG. z. HGB.; StRG. 15. Okt. 1809; 66 G. 24. Juli 1867; D. 22. Jan. 1868; V. 19. Juni

1871; Bkm. 28. Juni 1871; Erl. 10. Juli 1872; Strafe der Errichtung ohne Genehmigung 360 Nr. 9, Täuschung der V. durch Zeugnisse ꝛc. 277—280 StGB.

Stempel 33 ff. G. 5. Juni 1850; G. 9. Mai 1860; 13 G. 2. Juli 1862.

Versiegelung s. Siegelung.

Versorgung der Kinder 204, 581, 1422, 1555 ff. CGB.

Versteigerer, Untreue 266 Nr. 3 StGB.; amtliche G. 27. Vent. IX; B. 29. Germ. IX; 89 G. 28. April 1816; O. 26. Juni 1816; O. 31. Juli 1822; G. 10. Juni 1872; G. 29. Nov. 1875; 10 G. 31. März 1879.

Versteigerung der Güter Minderjähriger ꝛc. 452 ff., 460, 827, 1687 CGB.; 7—10 G. 1. Dez. 1873; V. behufs Theilung 575, 822, 826 ff., 838 ff., 1686—1688 CGB.; 15 AG. z. CPO.; V. seitens des Benefizialerben 796, 805, bei Hypothekenreinigung 2185 CGB.; V. von Faustpfändern 311, wegen Verzugs des Käufers 343 HGB.

V. von beweglichem Staats- und Gemeindegut durch Beamte Bem. 3 zu V. 12. Frukt. IV.

V. von Gegenständen des unbeweglichen Vermögens, (Notare ausschließlich befugt G. 21. März 1881); im Konkurse 32 AG. z. CPO.

V. von Ballen, Kisten u. s. w., welche durch öffentliche Fuhrwerksunternehmer befördert und nicht binnen sechs Monaten nach ihrer Ankunft am Bestimmungsorte abgefordert worden sind D. 13. Aug. 1810.

V. der Schläge in Staatswaldungen 17 ff. FGB.

Beeinträchtigung der Freiheit von V. 412 fr. StGB.; 16 G. 15. April 1829.

S. Verkäufe, Vergebungen.

Versteigerungssäle, öffentliche Regl. 12. März 1859 u. 30. Mai 1863.

Verstorbene, Beschimpfung 189, 190 StGB.

Verstümmelung, Militärdienst 142 StGB.

Versuch 43—46 StGB.; 46 MStGB.

Vertheidiger, allgemeine Bestimmungen 137—150, wer in einer Sache als V. thätig ist kann in derselben Sache nicht Richter sein 22 Nr. 4, auch nicht Geschworener 32, in welchen Fällen V. ihr Zeugniß verweigern können 52 Nr. 3, schriftliche Mittheilungen zwischen dem Beschuldigten und seinem V. unterliegen der Beschlagnahme nicht 97, Bestellung eines V. bei Prüfung des Geisteszustandes des Angeschuldigten 81, Fälle der nothwendigen Vertheidigung 140, Theilnahme des V. an den richterlichen Verhandlungen 167, insbesondere bei der Einnahme des Augenscheins 191, bei der Vernehmung von Zeugen und Sachverständigen 191, 223 StPO.

V. bei der Hauptverhandlung 217, 226, 227, 232, 238, 239, 257, bei der Vernehmung des Angeschuldigten in der Voruntersuchung soll der V. nicht zugegen sein 190, V. eines Abwesenden 322, 324, 328, Einlegung und Zurücknahme von Rechtsmitteln 339, 344, V. in der Berufungsinstanz 367, in der Revisionsinstanz 385, 390, 391, bei Wiederaufnahme des Verfahrens 406, beim Einspruch gegen amtsrichterliche und polizeiliche Strafbefehle 451, 452, 457, bei Einziehungen 478, Anwesenheit des V. bei der Hinrichtung 486 StPO.

Ordnungsstrafe wegen Ungebühr 180 GVG.

Vertheidigung in militärgerichtl. Untersuchungen 114 ff., 200 MStGO.

Vertheidigungsmittel 251, Zurückweichung von V. 252, 502, 503, 583 CPO.

Vertheilung von Büchern ꝛc. 6 G. 27. Juli 1849.

Vertheilungsverfahren betr. das bewegliche Vermögen 750 ff. CPO.

V. betr. unbewegliche Sachen nach Zwangsverkauf oder Wiederverkauf bei Uebergebot 42—63, nach Hypotheken-Reinigungsverfahren 64, Ueberschreibung des Versteig.-Prot. 42, Eröffnung des Protokolls über die Vertheilung 45, Aufforderung und Anmeldung 46—49, 57, Theilungsplan 50 ff., Widersprüche 53, 55, 59, Abschluß 54, 56, 60, Beschwerde 58, Löschung der nicht angewiesenen Gläubiger 58, Quittungsleistung der Angewiesenen 62, Hinterlegung des Steigpreises 63, Vollstreckbarkeit der Zahlungsanweisungen 68.

Vertragsstrafen, Rangordnung 55 Nr. 2 KO.

Verträge, Begriff und Arten 1101 ff., zweiseitige (synallagmatische) V. 1102, 1184, 1325, einseitige 1103, gewagte 1104, 1964—1983, Erfordernisse 1108, Einwilligung 1109 ff., Fähigkeit 1123 ff., Gegenstand 1126, Verpflichtungsgrund 1131 ff., Wirkungen 1134—1167, Schadensersatz wegen Nichterfüllung 1142 ff., Wirkung gegen Dritte 1119—1122, 1165—1167, Auslegung 1156 ff. CGB.; s. auch Verbindlichkeit.

Vertrauensmänner 40, 55, 56 GVG.; werden vom Kreistag gewählt 14 AG. z. GVG.; Reisekosten G. 31. März 1880 Bd. I Anh. 29.

Verwalter, Untreue 266 Nr. 1 StGB.; Klage des V. u. gegen den V. 31 CPO.; s. Konkursverwalter.

Verwaltung, Gegenstände der V. dürfen den Gerichten nicht übertragen werden 4 EG. z. GVG.

Elterliche V. 389, der Gütergemeinschaft 1421—1440, des Sondervermögens 1428 CGB.

Verwaltungsbeamte, Anmaßung richterlicher Befugnisse 130, 131 fr. StGB.; Bezeichnung derjenigen, welche nicht zum Schöffen- oder Geschworenenamte berufen werden sollen 34, 85 GVG.; Verfolgung der V. (agents du gouvernement) wegen Amtshandlungen 75 Verf. 22. Frim. VIII; 11 EG. z. GVG.; 11 AG. z. GVG.

Verwaltungsbehörden, Kompetenzstreitigkeiten 17, Ueberweisung gewisser Vergehen an die Schöffengerichte an Stelle der Staatsanwaltschaft 75 Schlußs., Beschäftigung der Referendare bei V. 70 Schlußs. GVG.; amtliche Geschäftssprache G. 31. März 1872; V. 21. Juni 1872; V. 28. Mai 1873; V. 5. Dez. 1877; die Verurtheilungen u. Zwangsbefehle der V. begründen eine Hypothek StRG. 25. Therm. XII; StRG. 12. Nov. 1811; StRG. 24. März 1812.

Verwaltungsbezirke s. Bezirke.

Verwaltungsdienst, Befähigung zur Anstellung Regul. 6. Sept. 1872.

Verwaltungsfunktionen s. Unvereinbarkeit.

Verwaltungsgerichte 13 GVG.

Verwaltungshandlungen Unzuständigkeit der Gerichte D. 16. Frukt. III; V. 2. Germ. V.

Verwaltungsurkunden, Ausfertigung StRG. 4. Aug. 1807.

Verwandte, Befugnisse bei Vormundschaft u. dergl. 381, 407 ff., 446, 449, 479, 490, Grade 737 CGB.; Anfechtung der Verträge des Gemeinschuldners mit seinen V. 24 Nr. 2, 33 Nr. 2 KO.; Anfechtung derartiger Verträge der Zahlungsunfähigen 3 G. 21. Juli 1879.
Beischlaf 173, Todtschlag 215, Mißhandlung 223, 228, Diebstahl 247, 370 Nr. 5 KO.
S. Angehörige.

Verwandtschaft, Verwandte des Beschuldigten oder Verletzten bis zum dritten Grade können nicht Richter in der Sache sein 22 Nr. 3, auch nicht Geschworene 32, sie können ihr Zeugniß verweigern 51 Nr. 3 StPO.; V. als Ablehnungsgrund 41 Nr. 3, V. berechtigt zur Zeugnißverweigerung 348 Nr. 3, 350, 358 Nr. 3 CPO.; V. der Richter 63 G. 20. April 1810; der Gerichtsschreiber G. 27. Germ. VII.

Verwendung, Vorrecht der nützlichen V. 41 Nr. 7 KO.

Verweis bei jugendl. Personen 57 Nr. 4 StGB.; Form XII a. E. EG. z. StGB.

Verweisung einer Strafsache an ein anderes Gericht 394, 395, 398, insbesondere einer Schwurgerichtssache 317 StPO.; V. einer Sache von der Kammer für Handelssachen an die Civilkammer ꝛc. 103—107 GVG.; s. Ausweisung.

Verzeichniß für Erbverzichte ꝛc. 784, 793, 1457, V. der Frachtführer 1785 CGB.; s. Register.

Verzicht auf Erbschaft 780, 784 ff., 845, 869, 1130, V. auf Gütergemeinschaft 1453 ff., 1456 ff., 1492 ff., 124, V. auf Verjährung 2220—2225 CGB.; Ueberschreibung G. 23. März 1855.
V. auf den Streitgegenstand, Vollmacht ermächtigt dazu 77, Beschränkung 79, V. auf die Rüge wegen Verletzung der Prozeßvorschriften 267, Endurtheil bei V. auf den Anspruch 277, V. auf den Einspruch 311, auf die Beeidigung von Zeugen 356, 577, 611, auf vorgeschlagene Z. 364, auf Urkundenbeweis 401, Berufung 475, 482, auf d. Revision 529 CPO.
V. auf Rechtsmittel im Strafv. 344, 482, 345, 365, 391 StPO.

Verzug des Schuldners 1139, 1146, 1153, 1195, 1205, 1207, 1228 ff., 1245, 1302, V. des Gläubigers 1257, 1264, V. des Verkäufers 1610, des Käufers 1652—1657, des Theilpächters 1771, des Hinterlegungsempfängers 1929, 1936, des Bevollmächtigten 1996 CGB.; V. bei Empfangnahme erkaufter Waaren 343, 346, 347, der Gesellschafter bei Entrichtung der Einlage 95, 220, V. in Handelsgeschäften überhaupt 287—289, 375, 467 HGB.

Verzugszinsen 1153 ff. CGB.; s. Verzug.

Viehbeförderung auf Eisenbahnen G. 25. Febr. 1876; Bkm. 13. Juli 1879.

Viehmängel G. 20. Mai 1838; Streitigkeiten gehören vor die Amtsgerichte 23 Nr. 2 GVG.

Viehmärkte D. 13. Aug. 1864.

Viehpacht 522, 1711, 1800 ff. CGB.

Viehseuchen, Abwehr u. Unterdrückung G. 23. Juni 1880; Entschädigung für getödtete Thiere 57 ff. das.; V. 18. Dez. 1774; V. 30. Jan. 1775; O. 27. Jan. 1815 (G. 27. März 1881); Strafvorschriften 65—67 G. 23. Juni 1880; 328 StGB.

Viehtreiben 368 Nr. 9 StGB.

Vikare 38—40 D. 30. Dez. 1809; Gehalt V. 11. Frukt. XI; 8 G. 23. April 1833; 31 ff. G. 18. Germ. X.

Vizinalstraßen Bem. zu 6 G. 21. Mai 1836; s. Vizinalwege.

Vizinalwege, Eintheilung: V. für d. großen Verkehr 7 G. 21. Mai 1836; 217 Vizinalwege-Ordnung 21. Juli 1854; von gemeinsamen Interesse 6 G. 21. Mai 1836; 223 VWO.; Anerkennung 1 G. 28. Juli 1824; Abmarkung 6 V. 9. Vent. XIII; 9 ff. VWO.; Anpflanzung 296, Aushauen der Bäume 313 das.; Arbeitstage 4 G. 21. Mai 1836; s. Frohnden; Breite 7, 15, 21 G. 21. Mai 1836; 2 VWO.; Bauflucht, Bauerlaubniß 281, Bezirksräthe, Zuständigkeit 382 das.; 8 G. 9. Vent. XIII; Böschungen 339, Deklassirung 28 VWO.; Dekl. von V. für den großen Verkehr u. von gemeinsamen Inter. 1 Nr. 9 G. 18. Juli 1866; Enregistrirungsgeb. 20, Eröffnung, Enteignung 45 VWO.; Entsetzung der Eigenthümer 15 G. 21. Mai 1836; 5 VWO.; Enteignung, Entnahme v. Materialien 10, 14, 17 G. 21. Mai 1836; 348 VWO.; Entnahme von Materialien aus Forsten D. 8. Aug. 1845; Erwerb überflüss. Stücke 19 G. 21. Mai 1836; Eingriffe, Anmaßungen 388, Feststellung der Fahrbarkeit 104 VWO.; Feststellung der alten Grenzen 6 G. 9. Vent. XIII; Frohnden 2 G. 21. Mai 1836; Frohnpflichtige 3 G. 21. Mai 1836; 43 VWO.; Frohnrollen 57, Gräben 321 das.; Klassirung 1 Nr. 7 G. 18. Juli 1866; 21 VWO.; Mittel zur Unterhaltung: Zuschläge 2 G. 21. Mai 1836; 83 VWO.; außerordentl. Zuschläge 6 G. 28. Juli 1824; 84 VWO.; Bezirksbeihülfe 8, 12, Beiträge des Staats 13, Beiträge von Fabriken 2c. 14 G. 21. Mai 1836; 99 VWO.; Verwendung der Mittel durch Frohnarbeit 133, nach Loosen (Werkaufgaben) 161, bezahlte Arbeiter 174, Vergebungen 178, Akkord 194, eigener Betrieb 204 VWO.; Naturalleistungen s. Frohnden; polizeiliche Verbote 372 VWO.; Präfekturräthe s. Bezirksräthe; Protokolle 389, Rechnungsführung 213 VWO.; Reglements, allgemeine (Vizinalwege-Ordnung) 21 G. 21. Mai 1836; die einzelnen s. unterm 21. Juli 1854; Veräußerung überflüssiger Stücke 34 VWO.; Verlängerungen innerhalb der Ortschaften 1 G. 8. Juni 1864; Wasserabfluß 342, Wegewärter 210 VWO.; Wegemeister 11 G. 21. Mai 1836; Zuständigkeit der Bezirksräthe bei Besitzanmaßungen 8 G. 9. Vent. XIII.

Vizinalwege-Ordnungen 21 G. 21. Mai 1836; Entwurf 21. Juli 1854; V. für Mosel 20. Aug. 1854; Ober-Rhein 21. Aug. 1854; Murthe 21. Sept. 1854; Nieder-Rhein 9. Okt. 1854; Schirmeck, Saales Bkm. 15. Sept. 1879.

Volljährigkeit s. Großjährigkeit.

Vollmacht s. Bevollmächtigung.

Vollstreckbarkeit ausländischer Urtheile 660, 661, vorläufige V. 496, 502, 523, 644, ohne Antrag 648, auf Antrag 649 CPO.

Vollstreckung der Strafe 481—495, V. eines Todesurtheils 485, 486, V. einer Freiheitsstrafe 487—490, V. einer Geldstrafe 491, gerichtliche Entscheidungen, welche einer V. bedürfen, sind der Staatsanwaltschaft zu übergeben 36 StPO.

V. militärgerichtlicher Erk. 180 ff., 207 MStGO. S. Strafvollstreckung.

Vollstreckungsbefehl, Zuständigkeit bei Nichtigkeits- und Restitutionsklagen 547, im Mahnverfahren 634, 639, 640, Zwangsvollstreckung aus V. 702 Nr. 4, 704 CPO.

Vollstreckungsgericht 684, 685, 710, 728, 729, 755, 756, 771, 780, 810, 813 CPO.

Vollstreckungsklausel 662, 663, 668, 704, 705, V. beim Arrestbefehl 809 CPO.

Vorausklage bei Rückkaufsrecht 1666, bei Bürgschaft 2021—2024, 2042, 2043, bei Hypotheken 2170, 2171, bei Minderung der Schenkung 930 CGB.; Einrede der V. dem Bürgen für Zwangsvergleich nicht gestattet 179 KO.

Vorbehalt s. Verfügbarer Theil.

Vorbeifahren, Hindern 366 Nr. 3 StGB.

Vorbereitende Schriftsätze 120 ff., 230, 244, 245, 269. 270, 480, 484, 515, 516, 551 CPO.

Vorbereitendes Verfahren bei Rechnungssachen, Vermögensauseinandersetzungen 250, 313—319, kein v. V. vor den Amtsgerichten 469 CPO.

Vorbereitung zum Justizdienst Reg. 17. Febr. 1872; 5 u. 6 G. 4. Nov. 1878.

Vor dem Feinde, Begriff 11, 165 MStGB.

Vorempfang, bedungener 1515—1519, bei Nachlaß 844, 919 CGB.; s. Vorwegnahme.

Vorführung eines im Termin ausgebliebenen Zeugen 50, V. des Festgenommenen 128, 129, des Verhafteten 132, des Beschuldigten, 133—135, des Angeklagten 229, 235, in der Berufungsinstanz 370, 371, desgl. bei Privatklagen 427, desgl. zur Vollstreckung einer Freiheitsstrafe 489 StPO.

Vorgesetzte, Rügen 193, Antrag bei Beleidigung Untergebener 196, 232, Verleitung Untergebener 357, 358 StGB.

Vormund über Minderjährige 389—475, über Entmündigte 505 ff., Berufung 390—419, Vormundschaft der Eltern 389—396, Ernennung durch die Eltern 397—401, Aszendenten 402 ff., Uebertragung durch Familienrath 405—419, Verwaltung 450—468, Rechnungsablage 469—475, Hypothek 2121, 2135, 2193 ff., Emanzipation 476 ff., sonstige Bestimmungen 24, 108, 142, 175, 817, 907, 935, 940, 1370, 1513, 1696, 2045, besonderer Vormund 159, 318, 838, 2208, Vormund für erlaubte Substitution 1055 ff. CGB.; Ordnungsstrafen 6 G. 22. Okt. 1873.

V. des Beschuldigten oder Verletzten kann nicht Richter in der Sache sein 22 Nr. 2, auch nicht Geschworener 32, der V. des Angeklagten ist in der Hauptverhandlung als Beistand desselben zuzulassen 149, kann auch Rechtsmittel für seinen Mündel einlegen 340, 371, 398 StPO.

Unfähigkeit in Folge Verlustes der bürgerlichen Ehrenrechte 34 Nr. 6, Befugniß zur Stellung des Strafantrags 65, Unzucht 174, Kuppelei 181, Diebstahl 247, Untreue 266, Betrug 263 StGB.

Vormundschaft s. Vormund, Vormundschaftsverwaltung.

Vormundschaftsverwaltung, Beaufsichtigung und Kosten G. 22. Okt. 1873; Armenrecht 8 ff., Gebührenfreiheit 7 das.

Vornamen, Verbot andere als die in der Geburtsurkunde zu führen D. 6. Frukt. II; Zulässigkeit 1—3 G. 11. Germ. XI.

Vorrechte im Konkurse 41, 54, Erwerbung 12, Angabe bei der Anmeldung 127, 128, 130, Eintragung in die Tabelle 133 KO.; s. Vorzugsrechte.

Vorsänger O. 6. Aug. 1831; 50, 51 O. 25. Mai 1844.

Vorschlagsliste der Geschworenen 88, 89 GVG.

Vorsitzender des Gerichts, Rechte und Pflichten in Civilsachen 55, 127, 130, 131, 149, 171, 185, 193, 204, 207, 217, 221, 234, 286, 287, 291, 294, 314, 326—328, 361, 362, 488, 532, 534, 535, 538, in Ehesachen 570, 573, in Entmündigungssachen 610, 620, Ertheilung vollstreckbarer Ausfertigungen 666, 669, Entscheidung in Arrestsachen, einstweiligen Verfügungen 822 CPO.

Befugnisse in Strafsachen, Erlaß des Haftbefehls 124, Auswahl und Bestellung des Vertheidigers 145, 145, Mittheilung der Anklageschrift 199, Anberaumung des Termins zur Hauptverhandlung 212, Ladung der Zeugen und Sachverständigen 218, 220, Rechte der V. bei der Hauptverhandlung 227, 230, 237—240, 271, 273, 275, vor dem Schwurgericht 280, 281, 288, 290, 300, 301, 303, 306, 308, 309, in Privatklagen 426, Beschwerde gegen Verfügungen des V. 346 StPO.

Vorsprünge (saillies) an Gebäuden gegen den Nachbarn 678, 680 CGB.; in die öffentliche Straße unzulässig ohne Genehmigung 5, 7 Ed. Dez. 1607; Reglements für große Straßen Entw. 20. Sept. 1858.

Vorstrafen s. Gerichtsschreiber.

Voruntersuchung 176—195, Antrag der Staatsanwaltschaft auf gerichtliche V. 168, Antrag des Angeschuldigten 199, Zuständigkeit des Gerichts 17, Verhaftung des Angeschuldigten in der V. 124, Beeidigung der Zeugen 65, Ergänzung der V. 200, Nachweis der Zustellungen 39 StPO.; Zuständigkeit der Strafkammern zu Entscheidungen betr. d. V. 72 GVG.

Vorverfahren in Strafsachen, Nachweis der Zustellungen 39, Maßregeln gegen ausbleibende Zeugen 50 Abs. 3, desgl. gegen Personen welche ihr Zeugniß verweigern 69, Beeidigung der Zeugen 65, 66, Gegenüberstellung derselben mit andern Zeugen oder mit dem Beschuldigten 58, Gutachten der Sachverständigen 82, Bestellung des Vertheidigers 142, 144, Zulassung von Beiständen 149, Vorbereitung der öffentlichen Klage 156—175, Bestimmung wenn das V. mehrere strafbare Handlungen umfaßt 208 StPO.

V. (enquête de commodo et incommodo) welches öffentlichen Arbeiten vorausgehen muß, wenn die Arbeiten nur kraft Gesetzes ausgeführt werden können 1—8 O. 18. Febr. 1834; O. 15. Febr. 1835; wenn zur Ausführung der Arbeiten nur eine Verordnung erforderlich ist 9, 10 O. 18. Febr. 1834; wenn die Arbeiten nur Gemeinden betreffen O. 23. Aug. 1835.

Vorwegnahme bei Erbtheil 830, bei Theilung der ehelichen Gütergemeinschaft 1433, 1470 ff., 1498, 1503 CGB.; s. Vorempfang.

Vorzugsrechte, überhaupt 2094—2113, Rang 2095—2099, Bewahrung 2106—2113, Erlöschung 2180 ff., Eintragung 2146 ff., Löschung 2157 ff. CGB.; Wirkung der Ueberschreibung 6 G. 23. März 1855; V. an beweglichen Sachen 40, 41 KO.; 20—23 AG. z. CPO.; die aufgehobenen in Bem. 671 III z. CGB.; V. an Liegenschaften 2103 CGB.; in gewissen Fällen ohne Eintragung wirksam 24. AG. z. CPO.; V. des Staats für Strafgerichtskosten G. 5. Sept. 1807; V. des V. Staats für Guthaben an rechnungspflichtige Beamte G. 5. Sept. 1807; V des Staats für Vorschüsse zur Entwässerung 3, 4, für Darlehn zur Entwässerung 2 G. 17. Juli 1856; des Staats u. der Unternehmer für Trockenlegung von Sümpfen 23 G. 16. Sept. 1807.

W.

Waagen, 31—39 Eichordnung 16. Juli 1869 Bd. III; Erl. 25. Juni 1872; Taxe 12. Dez. 1869 Bd. III; Apotheker Bkm. 17. Juni 1875; Bkm. 6. Dez. 1869 Bd. III; Bkm. 5. Sept. 1875; Strafen gegen unrichtige W. 369 Nr. 2 StGB.

Waarenlager, Inventur 29—32, Ermächtigung zu Verkäufen 50 HGB.

Waarenmäkler G. 18. Juli 1866; Eintragungsgebühr, Feststellung des Kurses D. 22. Dez. 1866, Aufhebung der erhöhten Patentsteuer 4 G. 26. Dez. 1873.

Waarenverkäufe, öffentliche, Bestimmungen darüber bleiben in Kraft 1 Nr. 3 EG. z. HGB.; s. Verkäufe, öffentliche.

Waarenverkehr des deutschen Zollgebiets mit dem Auslande s. Statistik.

Waarenverzeichniß, amtliches 12 VZG. 17. Juli 1871.

Waarenzeichen G. 23. Juni 1857; Erl. 16. März 1872; G. 30. Nov. 1874; Bkm. 8. Febr. 1875.

Wachvergehen 141 MStGB.

Waffen, Tragen der W. gegen das Deutsche Reich 88, Hausfriedensbruch mit W. 123, Diebstahl mit W. 243 Nr. 5, Raub mit W. 250 Nr. 1, Körperverletzung mit W. 223 a, Schlägerei mit W. 367 Nr. 10 StGB.

Verbot geheimer Dekl. 23. März 1728; D. 12. März 1806; Strafe 367 Nr. 9 StGB.; Verbot des Kriegskalibers bei Handelswaffen 12 D. 14. Dez. 1810; Probiren der Läufe D. 22. April 1868; Strafe 8, Abweichung des Kalibers vom Stempel 15 D. 14. Dez. 1810.

S. Waffenschmiede, Kriegswaffen.

Waffengebrauch des Militärs im Friedensdienste G. 28. März 1872; der Grenzaufsichtsbeamten G. 28. Juni 1834 Bd. III; G. 17. Juli 1871; rechtswidriger 149 MStGB.

Waffenschmiede, Waffenfabrikanten, Registerführung für Handelswaffen 12, Strafe 13 O. 24. Juli 1816; Registerführung für Kriegswaffen 4, Strafe 13 G. 14. Juli 1860; s. Waffen.

Wägeanstalten, V. 7. Brum. IX; G. 29. Flor. X; V. 2. Niv. XII.

Wagen s. Fuhrwerke.

Wahlen, Wahlbezirke für die Reichstagswahlen 5—8, 15, 27, 31, 34, 35 Regl. 28. Mai 1870 Bd. I A 7; Wahlkreise dafür 6—9, 12, 13, 15 G. 31. Mai 1869 Bd. I A 5; 6 G. 25. Juni 1873 Bd. I A 3; Bkm. 1. Dez. 1873 Bd. I A 6; Wahllisten für Reichstagswahlen 1—5, 14—18, 31, 34 Regl. 28. Mai 1870; 8 G. 31. Mai 1869; Wahlrecht, aktives und passives für den Reichstag 1—5, 7—10, 17 das.

W. zu den Bezirks- und Kreisvertretungen: Wahlfähigkeit 5, 6, 25 G. 22. Juni 1833; 14 D. 3. Juli 1848; 27 D. 2. Febr. 1852; 4 G. 23. Juli 1870; 3 G. 24. Jan. 1873; Aufstellung der Wählerlisten u. Beschwerden gegen die Aufstellung 13—24 D. 2. Febr. 1852; Revision der Wählerlisten 1—8 Ausf.-D. 2. Febr. 1852; Einberufung der Wähler 34 G. 22. Juni 1833; Wahl nach Gemeinden, Eintheilung in Wahlbezirke 3 G. 7. Juli 1852; Wahlversammlungen, Polizei derselben, Art der Abstimmung und Stimmenzählung 37, 38, 43, 44, 46 G. 22. Juni 1833; 9—36 Ausf.-D. 2. Febr. 1852; geheime Wahl 3 D. 2. Febr. 1852; Zeitdauer der Wahl 3 G. 7. Juli 1852; 25 Ausf.-D. 2. Febr. 1852; D. 1. Mai 1869; Kosten der Wahl G. 7. Aug. 1850; Anfechtung der Whalhandlung 48, 50—54 G. 22. Juni 1833; 16 Ausf.-D. 2. Febr. 1852; Dauer des Mandats 8, 25 G. 22. Juni 1833.

S. Gemeinderath.

Wahlrecht, Verlust durch Aberkennung der bürgerlichen Ehrenrechte 34 Nr. 4 StGB.

Wahlstimme, Fälschung 108, Kaufen 109 StGB.

Wahnsinnige, Entmündigung 489, Beistand 499 CGB.; s. Geisteskranke.

Wahrheit, Beweis 186, 190, 192, 193 StGB.

Wahrsagen, gewerbsmäßiges 479 Nr. 7, 480, 483 fr. StGB.

Wahrspruch der Geschworenen 301—317 StPO.; 197—199 GVG.

Waisen, Pensionen der W. von Beamten und Lehrern G. 24. Dez. 1873; der W. von Universitätsprofessoren G. 25. Dez. 1873; s. Unterstützte Kinder.

Waldeigenthümer, Widerstand gegen W. 117 StGB.

Wälder, Ablagerung von Holz 38, Ablagerung von Schutt 35 FStG.; Anzündung 308 StGB.; Ausrodung 47, Bauten in der Nähe 51—57 Beschädigung 2c. von Grenzsteinen 33 FStG.; Beschädigung der Wege 31 FGB.; Feuer, Licht 29 FStG.; 368 Nr. 6 StGB.; Kohlenmeiler 30, Kräuter, Beeren, Pilze 46, Offenlassen von Löchern 36, Rheinufer 48, Sägemühlen 54—57, Schleifen von Holz 2c. 34, unbefugtes Fahren, Viehtreiben außerhalb der Wege 28, Vernichtung, Veränderung 2c. des Zeichens des Waldhammers 37, Warnungstafeln 32, Weidefrevel 21 ff., Zuwiderhandlungen gegen die Ordnung der Abfuhr 2c. 39, 40, der Forstberechtigungen 41—45 FStG.; s. Bäume, Waldungen.

Waldfrevel s. Wälder, Forstdiebstahl.

Waldhammer 7 FGB.; Veränderung 2c. des Zeichens 37 FStG.; Gebühren der Hinterlegung Bem. 4—7 AG. z. GKG.

Waldungen, welche der Forstordnung unterworfen sind 1 FGB.; 27—48 FStG.; Zuwiderhandlungen 49—57 FStG.

W. der Privaten 2, 117 ff. FGB.; 150 ff. FO.; zum Staatsgut gehörige 8 ff. FGB.; 57 ff. FO.; zum Krongut gehörige 86 ff. FGB.; 124 FO.; Apanage, Majorate 89 ff. FGB.; 125 ff. FO.; der Gemeinden u. öffentlichen Anstalten 90 ff. FGB.; 128 ff. FO.; ungetheilte 113 ff. FGB.; 147 FO.; 56 FStG.

S. Staatswaldungen, Gemeindewaldungen, Wälder, Weidefrevel, Forstdiebstahl.

Wälle der Festungen 540, 541 CGB.

Wandelungsfehler bei Viehkauf G. 20. Mai 1838.

Wanderbuch, Fälschung 363 StGB.

Wappen eines Bundesfürsten 360 Nr. 7 StGB.; s. Städtewappen.

Warnungszeichen 368 Nr. 9 StGB.

Warrants 302—305 HGB.; 2 ff. G. über Lagerhäuser 28. März 1858; 13 ff. D. 12. März 1859; s. Lagerscheine.

Wartegeld, Rechtsweg 9 GVG.

Wasser, Benutzung 641—645, Ablauf 640, 681 CGB.; s. Wasserläufe, Drainirung, Bewässerung, Entwässerung.

Wasserbaubezirke Bkm. 18. Dez. 1877.

Wasserbaudirektor 16 Verw.-G. 30. Dez. 1871.

Wasserbauten, Störung O. 27. Juni 1723.

Wasserbauverwaltung, dem Ministerium unterstellt 16 Verw.-G. 30. Dez. 1871; Dienstgebäude von Grundsteuer frei 5 G. 26. Dez. 1873.

Wasserläufe, nicht schiffbare, Ausräumung nach Ortsgebrauch und alten Ordnungen, Verordnungsrecht des Präfekten 1 G. 14. Flor. XI; D. 13. April 1861 Tab. D Nr. 6; in welchen Fällen eine Staatsverwaltungs-Verordnung erforderlich ist 2, Beitreibung der Kosten, Rekurs 4 G. 14. Flor. XI; Benutzung zur Bewässerung, Leitung über zwischenliegende Grundstücke G. 29. April 1845; Anschluß der Anlagen an das gegenüberliegende Ufer G. 11. Juli 1847; Anlagen, Triebwerke &c. Tab. D Nr. 3, 4, 5, Vertheilung des Wassers zwischen Landwirthschaft und Industrie Tab. D Nr. 7 D. 13. April 1861; s. Syndikat-Genossenschaften. W. schiff- und floßbare, Fischerei in solchen 1 G. 15. April 1829; Bestimmung derselben O. 10. Juli 1835; V. 26. Sept. 1877; Statthalter V. 23. Juli 1879 Bd. I A 16; Verbot von Mühlen und sonstigen Hindernissen 42 Tit. 27 O. Aug. 1669; 1, 3, 4 V. 24. Juni 1777; Erlaubniß dazu 9 V. 19. Vent. VI; Verbot das Wasser abzuleiten 44 Tit. 27 O. Aug. 1669; 4 V. 24. Juni 1777; Erlaubniß dazu 10 V. 19. Vent. VI; V. 23. Juli 1879 Bd. I A 16; Feststellung der berechtigten Anlagen V. 19. Vent. VI; Störung der Bauten O. 27. Juli 1723; Verbot Hanf zu rösten, Kies und Steine zu entnehmen 4 V. 24. Juni 1777; s. Fischereirecht, herrenlose Sachen.

Wasserleitung, Dienstbarkeit 688 ff., Röhren 523 CGB.; Zerstörung 321, 325, 326 StGB.

Wassermühlen, Stillstandsgebühren 45 Tit. 27 O. Aug. 1669; Verbot der Ueberforderung 9 V. 24. Juni 1777; s. Wasserläufe.

Wassermüller, Haltung der Wasserhöhe 16 Tit. II G. 6. Okt. 1791.

Wasserschöpfgerechtigkeit 688, 696 CGB.

Wasserstand, Vernichtung &c. der Merkmale 274 Nr. 2 StGB.

Wasserstraßen, Diebstahl auf W. 243 Nr. 3, Raub auf W. 250 Nr. 3, Uebertretung von Polizeiverordnungen 366 Nr. 10 StGB.; s. Wasserläufe, schiffbare.

Webereien G. 7. März 1810.

Wechsel, gezogener, Erforderniß 4—7, Annahme 18—24 WO.; Ehrenannahme 56—61 HGB.; Verfallzeit 30—35, Zahlung und Regreß mangels desselben 36—55, Ehrenzahlung 62—65, Vervielfältigung v. W., W.Duplikate u. W.Copien 66—72, Zinsversprechen in W. sind ungültig 7, Amortisation von W. 73 u. Bem. dazu, 98 Nr. 9 WO.; 15 EG. z. HGB.; eigener (trockener) W. Erfordernisse 96—100 WO.

Wechselagenten V. 7. Aug. 1785; G. 29. Juli 1792; Anstellung G. 28. Vent. IX; V. 29. Germ. IX; besondere Plätze D. 15. Sept. 1862; Erfordernisse D. 1. Okt. 1862; Feststellung des Kurses D. 20. Vendem. IV; V. 15. Pluv. IV; Kaution V. 29. Germ. IX; Pflichten V. 27. Prair. X; Stellenübertragung O. 3. Juli 1816; D. 1. Okt. 1862; Vermittelung der Geschäfte V. 26. Nov. 1781; Verpflichtungen G. 8. Mai 1791; D. 1. Okt. 1862; Colmar O. 25. Jan. 1844; Metz V. 25. Pluv. X; Mülhausen O. 6. Febr. 1834; Straßburg V. 7. Frukt. IX.

Wechselbürge (aval), Verbindlichkeit desselben 7, 81 WO.

Wechselduplikate 66—69, 91 WO.

Wechselfähigkeit, Begriff und Wirkungen 1—3, W. von Ausländern 84 WO.

Wechselklage, gegen welche Personen dieselbe gerichtet werden kann 49, 81, durch Behändigung der W. wird die Verjährung unterbrochen 80 WO.; 13 Nr. 6 EG. z. CPO.; 13 KO.; 3 Nr. 3 EG. z. KO.

Wechselkurs, Feststellung D. 20. Vendem. IV; V. 15. Pluv. IV.

Wechselordnung, allgemeine Deutsche, ihre Einführung in E.-L. G. 19. Juni 1872 Bd. I unter E S. 7.

Wechselprotest, mangels Annahme 18, mangels Zahlung 41, beim domizilirten Wechsel 43, allgemeine Erfordernisse 87—90 WO.
Gerichtsvollzieher, Register 16 EG. z. HGB.; Gebühren 33 AG. z. GKG.

Wechselprovision, als Theil der Regreßansprüche bei mangels Zahlung protestirten Wechseln 50, 51 WO.

Wechselprozeß 565—567, Ausländer 102 Nr. 2, Vollstreckbarkeit 648 Nr. 4.

Wechselsachen gehören vor die Kammer für Handelssachen 101 Nr. 2, W. sind Feriensachen 202 Nr. 5 GVG.

Wechselstempelsteuer, Einführung im Nordd. Bunde G. 10. Juni 1869 Bd. III; Einführung in E.-L. G. 14. Juli 1871; allgem. Vorschriften das.; Bkm. 27. Juli 1871; Bkm. 3. Aug. 1871; Bkm. 30. Juli 1873; Abänderung der Vorschriften G. 4. Juni

1879; Bkm. 13. Juni 1879; Bkm. 12. Nov. 1879.

Wege, öffentliche 538, 650 CGB.; Beschädigung 304, 321, 325, 326, Abpflügen 370 Nr. 1 u. 2, Verkehr 366 Nr. 3, 5, 9, 10, 367 Nr. 12, 368 Nr. 9 StGB.; s. Straßen, Straßenwesen, Wälder.

Wegemeister, Regulativ über die Prüfung v. 5. Febr. 1875.

Wegekommissionen 5, 6 O. 10. Mai 1829.

Wegerecht, gesetzliches 652, 682, bestelltes 688, 696, 700 CGB.

Wegewärter 70 D. 16. Dez. 1811.

Wegezoll s. Straßen, große.

Wegweiser an großen Straßen 6 Tit. 28 O. Aug. 1669.

Wehr, Beschädigung 321, 325, 326, 366 a StGB.

Wehr-Ordnung Bem. 19 zu 20 G. 9. Nov. 1867 Bd. III.

Weibliche Kongregationen D. 18. Febr. 1809; G. 24. Mai 1825; D. 31. Jan. 1852.

Weidefrevel, Abweidenlassen bestandener Felder 26 Tit. II, aufsichtslose Thiere 12 Tit. II G. 6. Okt. 1791; Viehtreiben über Gärten oder bestellte Aecker 368 Nr. 9 StGB.; Ziegen an Orten welche der Koppelhut nicht unterworfen sind 18 Tit. II G. 6. Okt. 1791; Weidenlassen auf bepflanzten Straßen V. 16. Dez. 1759; 366 Nr. 10 StGB.; in Waldungen 21 ff., Ersatzgeld 23, W. der Weideberechtigten und Hirten 24, 25, 26 FStG.

Weidgang (vaine pâture) 648, 686 CGB.; 2 Tit. I Abschn. 4 G. 6. Okt. 1791; nicht auf eingefriedigten Grundstücken 7 das.

Weinberge s. Weinlesebann.

Weinlesebann, Bürgermeister zuständig 1 Tit. I Abschn. 5 G. 6. Okt. 1791; 10 G. 18. Juli 1837; Zuwiderhandlung 368 Nr. 1 u. 9 StGB.

Weinsteuer, allgemeine Vorschriften G. 20. März 1873; Bkm. 9 Sept. 1874; Abänderung G. 23. Mai 1877; Bkm. 26. Juni 1877; Befreiung des ausländischen verzollten Weins und Obstweins G. 15. Juli 1872.

Weltpostverein Vertr. 1. Juni 1878; Vertr. betr. Packete 3. Nov. 1880.

Werbung zum Militärdienst 141 StGB.

Werfen von Steinen ꝛc. 366 Nr. 7 StGB.

Werk s. Anlage.

Werkmeister, Vorrecht ihrer Forderungen 41 Nr. 6 KO.; 20 AG. z. CPO.

Werkverdingung 1711, 1779, 1787 ff. CGB.

Werthberechnung des Streitgegenstandes 4 ff. CPO.

Werthpapiere, An- u. Verkauf 271, 273, Anweisungen u. Verpflichtungsscheine über dieselben 301—305, Retentionsrecht hieran 313—316 HGB.; Verkauf gepfändeter W. 722—724, Aufgebot 838 ff., 843—846 CPO.

Werthzölle, allg. Vorschriften Abschn. 13 VZG. 17. Juli 1871; s. Zolltarif.

Wette 1965—1967 CGB.

Wetterdächer 10 Ed. v. Dez. 1607; s. Vorsprünge.

Wettrennen 1966 CGB.

Widerklage 33, 251, 312, Werth 5, Trennung 136, 274, Theilurtheil 273, W. in Ehesachen 574, 575, 587, W. in Entmündigungssachen 608, W. in Urkunden- u. Wechselprozeß 558 CPO.

W. bei wechselseitigen Beleidigungen u. Körperverletzungen 428 ff. StPO.

Widerruf bei Schenkungen unter Lebenden 953—966, Testamente 1035—1038, Verträge 1134, Vollmacht 2003 ff., Gesellschaft 1856 CGB.

Widersetzlichkeit s. Widerstand.

Widersetzung 96 MStGB.

Widerspruchsklage 686, 690, W. gegen eine Pfändung 710 CPO.

Widerstand gegen die Staatsgewalt 110—122 StGB.; Zuständigkeit der Schöffengerichte 75 Nr. 1 GVG.

Wiederanlegung von Geldern für Liegenschaften der Ehefrau 1430 ff., 1450, 1470, 1493 CGB.

Wiederaufhebung s. Richtigkeit.

Wiederaufnahme des Strafverfahrens 399—413, von Seiten des Privatklägers 430 StPO.; W. des Verf. in Civilsachen 541—554, einstw. Einstellung d. Zwangsvollstreckung 647 CPO.

Wiederbewaldung der Berge G. 28. Juli 1860; G. 8. Juni 1864; D. 10. Nov. 1864.

Wiedereinsetzung in den vorigen Stand des Civilrechts 1306—1314 CGB.

Im Civilprozeß 211 ff., 647 CPO.

In Strafsachen gegen die Versäumung einer Frist 44—47, 455, 461, desgl. gegen Urtheile welche auf Ausbleiben des Angeklagten ergangen sind 234, 356, 370, 382, 431, 452, Kosten der W. 505 StPO.

Wiedereinsetzung in die früheren Rechte gegen Ehrenstrafen (Rehabilitation) 619 ff. fr. StPO.; der Statthalter entscheidet Nr. 2 V. 23. Juli 1879 Bd. I A 16; W. der ministeriellen Beamten G. 19. März 1864.

Wiesen, Betreten 368 Nr. 9 StGB.; künstliche W. 9 Abschn. 4 Tit. I G. 6. Okt. 1791; 6 G. 11. Mai 1877.

Wilddieberei 294 StGB.

Wildschaden, Streitigkeiten gehören vor die Amtsgerichte 23 Nr. 2 GVG.

Willkür bei Bedingungen 944, 1170 ff. CGB.

Windfälle, Versteigerung O. 20. Mai 1837; O. 15. Sept. 1838.

Wirthe, Dulden von verspätetem Bleiben 365, Glücksspiel 285 StGB.; Streitigkeiten mit Reisenden gehören vor die Amtsgerichte 23 Nr. 2 GVG.; s. Gastwirthe.

Wirthshaus, verspätetes Bleiben 365 StGB.

Wittwe, Bedenkzeit 174 fr. CPO.; s. Inventar, Unterhalt, Trauerjahr, Trauerkosten.

Pensionen der W. von Beamten und Lehrern G. 24. Dez. 1873; der W. von Universitätsprofessoren G. 25. Dez. 1873.

Wittwen-Kassen, Errichtung 360 Nr. 9 StGB.

Wochen, Berechnung der Freiheitsstrafen nach W. 19, Freiheitsberaubung über eine W. 239 StGB.; Berechnung der Fristen nach W. in Strafsachen 43 StPO.; in Civilsachen 200 CPO.

Wohnung, Unverletzlichkeit 76 Verf. 22. Frim. VIII; Eindringen 123, Beamte 342 StGB.; in welchen Fällen die Durchsuchung einer W. zulässig ist 102—110, insbesondere zur Nachtzeit 104 StPO.; bei der Zwangsvollstreckung 678 CPO.

Wohnungen, ungesunde, Verbesserung der Gesundheitsverhältnisse G. 13. April 1850; G. 25. Mai 1864.

Wohnungsentschädigung, protest. Geistliche O. 7. Aug. 1842.

Wohnungsrecht 625 CGB.; Ueberschreibung 2 G. 23. März 1855.

Wohnsitz 102—111, gewählter W. 111 CGB.; 15 Nr. 5 EG. z. CPO.

W. des Angeschuldigten begründet den Gerichtsstand 8, 11 besondere Bestimmungen über den W. in Betreff der Abwesenden, welche sich der Wehrpflicht entzogen haben 471—473 StPO.

Zurücknahme der Ermächtigung zum W. Fremder 3 G. 3. Dez. 1849.

Wolfsjagden B. 19. Pluv. V; G. 10. Meff. V; O. 15. Aug. 1814; B. 20. Aug. 1814.

Wolfsjagdmeister B. 20. Aug. 1814; O. 24. Juli 1832.

Wucher, Begriff 1 G. 19. Dez. 1850; Handelssachen 27 EG. z. StGB.; Bestrafung 302 a, 302 d StGB.; civilrechtliche Folgen 1 G. 19. Dez. 1850; 3 G. 24. Mai 1880; s. Gewohnheitswucher, Zinsen.

Wundärzte, Rangordnung ihrer Forderungen 54 Nr. 4 KO.; 20 AG. z. CPO.; Erwerb durch reigebige Verfügungen 909, Verjährung 2272 CGB.; Offenbarung von Privatgeheimnissen 300 StGB.

Würden, Verlust und Unfähigkeit 33, 34 Nr. 3, unbefugte Annahme 360 Nr. 8 StGB.

Würste, Verbot der Einfuhr aus Amerika B. 25. Juni 1880.

Württemberg s. Schulpflicht.

Württembergische Truppentheile in E.-L., Militärgerichtsbarkeit 1 Nr. 2 EG. z. MStGO.

Z.

Zahlung im Allgemeinen 1234—1248, theilweise Z. 1221, 1224—1225, 1244, mit Subrogation 1249, 1252, Anrechnung 1253—1256, Anerbieten u. Hinterlegung 1257 ff., 2186, Beweis 1315 ff., beim Kauf 1650 ff., Miethe 1728, 1752, Darlehen 1902 ff., Bürgschaft 2021, Zeit u. Fristen 1244, 1185, 2039, 1650 ff., 1902 ff. CGB.

In welchen Münzen Z. zu leisten sind 9, 10, 14—18 Münzges. 9. Juli 1873; 5 G. 15. Nov. 1874; Reichskassenscheine brauchen von Privaten nicht angenommen zu werden 5 G. 30. April 1874; außerdeutsches Papiergeld G. 7. Jan. 1872.

Inwiefern Handlungsgehülfen, Mäkler rc. zur Empfangnahme von Z. berechtigt sind 50, 51, 67, desgl. der Ueberbringer einer Quittung 296, Z. des Kaufpreises in Handelssachen 342, Ort der Z. 325, 342 HGB.; Zahlungsort bei Wechseln 4 Nr. 8, 91, 97 WO.

Z. der Staatskasse G. 19. Juli 1793.

S. Ort, Nichtschuld, Schulden.

Zahlungsbefehl 628 ff. CPO.

Zahlungseinstellung, Anfechtung der nach der Z. vorgenommenen Rechtshandlungen 23, 24, Rechtshandlungen welche früher als 6 Monate vor Z. vorgenommen sind 26, wenn Z. vorhanden, ist Zahlungsunfähigkeit anzunehmen 94 KO.

Zahlungsfristen, richterliche beseitigt 14 EG. z. CPO.

Zahlungsunfähigkeit des Gemeinschuldners 94, 97, 119, einer Aktiengesellschaft 193, 194, einer Genossenschaft 195, einer Handelsgesellschaft 198, 199 KO.

Zahnärzte, Approbation 1 G. 15. Juli 1872; Prüfungsvorschriften Bkm. 25. Sept. 1869 Bd. III eingeführt durch G. 15. Juli 1872.

Zeichen s. Ausstellung.

Zeit bei Erfüllung der Bedingungen 1176 ff., beim Kauf 1611, 1650 ff., Miethe 1737 ff., 1757 ff., 1774 ff., Gesellschaft 1865, Darlehen 1899, 1902 ff., Hinterlegung 1944 CGB.; s. Verjährung, Zahlung.

Zeitbestimmung s. Befristung.

Zeitungen und **Zeitschriften,** vorausgehende Anzeige 1, 2 G. 11. Mai 1868; Beschaffenheit 7 G. 18. Juli 1828; 1 O. 29. Juli 1828; 3 O. 18. Nov. 1835; Kontestation durch den

Präfekten 10 G. 18. Juli 1828; Hinterlegung von Pflichtexemplaren 7 G. 11. Mai 1868; Fortsetzung unter anderem Titel 20, ausländische Z. 2 D. 17. Febr. 1852; s. Artikel, Geschäftsführer, Gesellschaft, Kaution, Unterdrückung.

Zeitung für Deutsch-Lothringen V. 25. Sept. 1871; Aufhebung des Zwangsabonnements Bkm. 18. März 1872.

Zentralblatt für das Deutsche Reich Bkm. 22. Dez. 1872.

Zentralgefangenanstalten s. Zentralstrafanstalten.

Zentralstrafanstalten, Ensisheim, Hagenau O. 2. April 1817; Aufsichts-Kommission O. 5. Nov. 1847; s. Gefangene, Gefängnisse.

Zettel-Anschläger s. Anschlag.

Zeugen in Civilsachen, Ladung, Vernehmung, Beeidigung 338, 366, 447, in Ehesachen 577, Entmündigungssachen 597, im schiedsrichterlichen Verfahren 861, 862, Benennung der Z. 324 Nr. 2, 338, 449 Nr. 2, 451, Protokoll 146 Nr. 3, 147, Beschwerde der Z. 532, Verweigerung des Zeugnisses 348—355, 358 Nr. 3, 365, 862, Verweigerung der Eidesleistung 355 CPO.

Z. in Strafsachen, allgem. Bestimmungen 48—71, 80, wer in einer Strafsache als Z. vernommen ist, kann in derselben Sache nicht Richter sein 22 Nr. 5, auch nicht Geschworener 32, Ladung der Z. 38, 48, zur Hauptverhandlung 218—221, 243, 364, 426, Vernehmung der Z. in der Voruntersuchung 185, 191, 192, desgl. vor der Hauptverhandlung im Krankheitsfalle 222, Vernehmung derselben in der Hauptverhandlung 238—247, Verlesung ihrer früheren Aussagen 250—252, Vernehmung der Z. in Untersuchungen gegen Abwesende 328, desgl. in der Berufungsinstanz 364, 366, desgl. bei Wiederaufnahme des Verfahrens 409, bei Privatklagen 426, Beschwerde der Z. gegen Verfügungen der Gerichte 346, Wiederaufnahme des Verfahrens wegen Verletzung ihrer Eidespflicht 399 Nr. 2, 402 Nr. 2, Verweigerung des Zeugnisses in Strafsachen 51—55, 69, 251, des Eides 57, 69 StPO.

Ungebührliches Benehmen in der Sitzung 178, 179 GVG.

Gebührenordnung v. 30. Juni 1878 Bd. I Anh. 27, gilt auch für Sachen, auf welche die Reichsjustizgesetze nicht Anwendung finden 25, desgl. für Auskunftspersonen in Zwangsenteignungssachen 30, desgl. für Personen, welche vor der Staatsanwaltschaft zu erscheinen haben 41 AG. z. GKG.

Unfähigkeit als Urkundszeuge 34 Nr. 5, als Z. und Sachverständiger 161, falsche Entschuldigung 138, Meineid 154 ff., beim Zweikampf 209 StGB.

Z. bei Testamenten 971—981, 985 CGB.; bei Notariatsurkunden 6 G. 26. Dez. 1873.

Zeugengebühren Geb.-O. 30. Juni 1878 Bd. I Anh. Nr. 27; s. Zeugen.

Zeugniß s. Zeugen.

Zeugnisse, Verlesung schriftlicher in der Hauptverhandlung 255 StPO.; falsche 277—279, 363 StGB.; s. Meineid.

Zeugnißverweigerung 340 CPO.; 51—55, 69, 251 StPO.

Zeugnißzwang in Strafsachen 69 StPO.; 355 CPO.

Ziegen in Feldern betroffen 18 Tit. II G. 6. Okt. 1791.

Zinsen, überhaupt 1905—1907, bürgerl. Früchte 584, 586, Anrechnung bei der Zahlung 1254, Hypothek 2151, Verjährung 2277, Z. von Z. 1154 CGB.; 291 HGB.; vertragsmäßige 1 G. 3. Sept. 1807; freigegeben in Handelssachen 27 EG. z. HGB.; gesetzliche Z. 2 G. 3. Sept. 1807; Z. in Handelsgeschäften 288—293, Höhe derselben 287, 293 HGB.; in Handels- und Wechselsachen 27 EG. z. HGB.; Zinsversprechen in Wechseln sind ungültig 7 WO.; Rangordnung 40, 55 Nr. 3, 56 Nr. 1, Zwischenzinsen 58, 63 KO.; Verrechnung und Rückerstattung wucherischer Z. 1 G. 19. Dez. 1850; 3 G. 24. Mai 1880.

Z. von Rückständen und Defekten StRG. 20. Juli 1808.

S. Verzugszinsen.

Zollbeamte, Hülfsbeamte der Staatsanwaltschaft 14 AV. z. GVG.; Prüfung Bkm. 16. Mai 1879.

Zölle, allgemeine Vorschriften VZG. 17. Juli 1871; Erhebung derselben u. Einrichtungen hiefür Abschn. 3, 4, Amtsstellen für die Erhebung und Kontrolirung Abschn. 18, 19 VZG. 17. Juli 1871; Bkm. 3. Aug. 1871; Direktor für die Verwaltung Bkm. 20. April 1872; Ertrag 8 G. 15. Juli 1879; Befreiung von Z. im Grenzverkehr 12 Zus.-Konv. 11. Dez. 1871; s. auch Binnenlinie, Generaldirektor, Vereinszollgesetz, Werthzölle, Zollgrenzbezirk, Zollkartell, Zolllinie, Zollregulative, Zollstraßen, Zoll- und Steuergesetzgebung, Zollvereinsvertrag, Zolltarif, Zuwiderhandlungen.

Z. und Reichssteuern: Abführung zur Reichskasse BRB. 2. Dez. 1871; Kreditirung Anw. 25. Nov. 1871; s. auch Zölle und Tabacksteuer.

Zollgrenzbezirk, Kontrolen innerhalb desselben i. A. Abschn. 15 VZG. 17. Juli 1871; Transportkontrolen innerhalb desselben in E.-L. Bkm. 3. Aug. 1871.

Zollgrenze s. Zolllinie.

Zollkartell zwischen Preußen, Kurhessen 2c. 11. Mai 1833 Bd. III; G. 17. Juli 1871.

Zollkredit, eiserner Bf. 8. Aug. 1871.

Zolllinie, Aufhebung der fr. Anordnung 10. Aug. 1870 Bd. III; Bkm. 26. Aug. 1870 Bd. III; Errichtung einer Z. an der Grenze gegen die Schweiz V. 3. Mai 1871; desgl. gegen Frankreich G. 17. Juli 1871.

Zollparlament 7, 9 ZVV. 25. Juni 1873.

Zollregulative, Begleitscheinverkehr, Eisenbahnverkehr, Postverkehr Bkm. 3. Aug. 1871; Niederlageverkehr auf öffentlichen u. Privatniederlagen Bkm. 5. Aug. 1871; desgl. auf Theilungslägern BRB. 2. Dez. 1871; desgl. mit fremden Weinen Bf. 8. Aug. 1871; desgl. mit Salz Bkm. 22. Nov. 1871; desgl. mit Tabad Regul. 29. Mai 1880; Privattransitläger von Getreide 2c. Regul. 13. Mai 1880; desgl. von Bau- und Nutzholz BRB. 24. Mai 1880; fortlaufende Konten Bkm. 6. Okt. 1871; Waarensendungen aus dem Inland durch das Ausland nach dem Inland BRB. 25. März 1878; Hafenverkehr, Normativbestimmungen 90 VZG. 17. Juli 1871.

Zollstraßen, Errichtung Bkm. 3. Aug. 1871.

Zolltarif, Einführung des deutschen G. 17. Juli 1871; neuer Z. G. 15. Juli 1879; Abänderung G. 6. Juni 1880; Ausführung des G. vom 15. Juli 1879 BRB. 13. Juli 1879; s. auch Tara.

Zoll- und Handelsverträge, Eintritt von E.-L. in die deutschen Erl. 13. Jan. 1872.

Zoll- und Steuergesetzgebung, Einführung der deutschen in E.-L. G. 17. Juli 1871; Bkm. 2. Aug. 1871; Gemeinschaftlichkeit der Z. im deutschen Zollgebiet 3 ZVV. 25. Juni 1873; Einstellung der Herausgabe der „Jahrbücher" 2c. BRB. 4. Juli 1875; s. auch Zölle.

Zollvereinsvertrag zwischen dem Nordd. Bunde, Bayern, Württemberg 2c. 8. Juli 1867 Bd. III; G. 25. Juni 1873; Eintritt von E.-L. Erl. 13. Jan. 1872.

Zollverwaltungskosten 11 ZVV. 25. Juni 1873.

Zinsscheine, Fälschung 2c. 149, 360 Nr. 6 StGB.

Zubehör 522 ff. CGB.; s. Zuwachs.

Zuchthausstrafe 14, 15 ff., 19, Umwandlung 44 Abs. 3, 57 Nr. 3, 157 Abs. 2, Konkurrenz 73, Verjährung 70 Nr. 1—3 StGB.

Zuchthengste G. 5. April 1880; V. 3. Mai 1880.

Zuchtstiere G. über Verwendung 9. April 1878; V. 13. April 1878.

Zuckersteuer, Einführung im deutschen Zollgebiet G. 26. Juni 1869 Bd. III; G. 17. Juli 1871; Bkm. 27. Dez. 1871.

Zufall bei Erfüllung der Verbindlichkeiten 1147 ff., Bedingungen 1169, 1182, Untergang der Sache 1302 ff. CGB.; 395, 607, 694 HGB.

Zündhölzchen, Fabrikation O. 25. Juni 1823.

Zünfte, Abschaffung 7 G. 17. März 1791.

Zurechnungsfähigkeit 51—58 StGB.

Zurückbehaltungsrecht, beim Rückbringen 867, beim Kauf 1612, 1653, 1673, Miethe 1749, Leihe 1885, Hinterlegung 1948, Faustpfand 2082 CGB.; Z. der Kaufleute 313—316 StGB.; Erwerbung eines Z. nach der Konkurseröffnung 12, Vorrecht 41 Nr. 8 KO.

Zurückschiebung, von Eiden 270, 413 ff., 418, 422, 423, 437, 470, 489 CPO.

Zusammenhängende Strafsachen, Zuständigkeit des Gerichts 2—5, Gerichtsstand für zusammenhängende Strafsachen 13, Verbindung derselben zum Zweck gleichzeitiger Verhandlung 236 StPO.

Zusammenstoßen der Schiffe 145 StGB.

Zusammenrotten 115, 122, 124, 125 StGB.

Zusammentreffen strafbarer Handlungen, ideale Konkurrenz 73, reale Konkurrenz 74 ff., Gesammtstrafe bei Verbrechen und Vergehen 74, 76, 79 StGB.

Zuschlagsprotokolle, Ueberschreibung G. 23. März 1855.

Zuschlagszehntel bei der Erhebung verschiedener indirekter Abgaben 232 G. 28. April 1816; G. 14. Juli 1855.

Zuständigkeit, sachliche der Gerichte wird durch das GVG. bestimmt 1 CPO.; der Amtsgerichte 23, 24, der Schöffengerichte 27—29, der Landgerichte, Civilkammern 70, 71, Strafkammern 72—76, Kammern für Handelssachen 101, der Schwurgerichte 80, der Oberlandesgerichte 123, des Reichsgerichts 135, 136, 72, der Staatsanwaltschaft 144 GVG.; Vereinbarung über die Z. 38—40, ausschließliche Z. 12, 25, 92, 629 CPO.; s. Gerichtsstand.

Z. der Gerichte in Strafsachen, sachliche Z. 1—6, Z. nach Maßgabe des Gerichtsstandes 7—21, Z. zur Entscheidung über Anträge auf Ablehnung eines Richters 27, 30, desgl. eines Schöffen oder Gerichtsschreibers 31, ferner über Gesuche um Wiedereinsetzung in den vorigen Stand 46, Z. zum Erlaß des Haftbefehls 124, 125 StPO.

Zuständigkeitsstreit s. Bestimmung des zuständigen Richters.

Zustellungen 152 ff. CPO.; Z. gerichtlicher Entscheidungen, Ladungen u. in Strafsachen 35—41, 44, insbesondere wenn der Empfänger im Auslande wohnt 40, 119, 323, 476, Frist zwischen der Z. der Ladung des Angeklagten und dem Tage der Hauptverhandlung 216 StPO.; Z. in Sachen, welche nicht zur ordentlichen streitigen Gerichtsbarkeit gehören 1 AG. z. CPO.; Z. im Wege der Rechtshülfe 161 GVG.

Zustellungsbeamte 155 GVG.; s. Gerichtsvollzieher.

Zustellungsbevollmächtigte 34, 160, 161, 164, 172 CPO.

Zustellungsurkunden der Gerichtsvollzieher und Postboten stempel- und registrirungsfrei 4 AG. z. GCG.; s. Zustellungen.

Zuwachs 546, 712, Früchte 547—550, bei Liegenschaften 551—564, bei Fahrniß 551, 565 ff., bei vermachten Sachen 1018 ff. CGB.; s. Anwachsungsrecht, Zubehör.

Zuwiderhandlungen, Verfahren bei Z. gegen die Vorschriften über Zölle und indirekte Steuern V. 5. Germ. XII; D. 1. Germ. XIII; G. 15. Juni 35; G. 5. Juli 1872; gegen die Vorschriften über das Oktroi 53 D. 1. Germ. XIII; 75 ff. O. 9. Dez. 14; gegen die Vorschriften über den Uebergangsverkehr G. 30. Juni 1873.

Zuzucht bei Thieren 547, 583, 616, 1802, 1804, 1811, 1819, 1831 CGB.

Zwang bei Verträgen 1109, 1111—1117, 1304 ff., bei Eheschließungen 144, 180 ff., bei Vergleich 2053, bei Besitz 2233, bei Erbtheilung 887, 892 CGB.

Zwangsbefehle gegen säumige Schuldner von indirekten Steuern 43, 45, 52 D. 1 Germ. XIII; 239 G. 28. April 1816; desgl. von Oktroigefällen D. 15. Nov. 1810; Vollstreckbarkeit 17, 18, Einwendungen 19 AG. z. CPO.; Hypothek StRG. 25. Therm. XII; StRG. 12. Nov. 1811.

Zwangsenteignung, Form der Erklärung 1, 14; Voraussetzungen: a) Gesetz oder Verordnung 3 G. 3. Mai 1841; G. 27. Juli 1870; b) Beschlüsse der Präfekten 2, 11 G. 3. Mai 1841; c) Aufnahme eines Parzellarplans, Auslegung und Prüfung desselben 4—12, Verkündung der richterlichen Erklärung 14, 15, Anfechtung derselben 19, Z. gegenüber Handlungsunfähigen 13, 25, 26, 27, Wirkung in Bezug auf Pfand- und Vorzugsrechte 16, 17, 18, Wirkung bezüglich Pächter, Nutznießer 21, 23, Anbieten und Annahme der Entschädigung 21—28, Bildung der Geschworenenbank 29—36, Verfahren vor den Geschworenen 37—41, 44—7, Festsetzung der Entschädigung 39, 48—52, Anfechtung des Spruchs der Geschworenen 42, 43, Zahlung der Entschädigung 53—55, Form der Verträge 56, Gleichstellung der Konzessionsinhaber mit der Verwaltung 63, Ausnahmebestimmungen bei Z. in Dinglichkeitsfällen 65—74 G. 3. Mai 1841.

Erweiterte Befugniß der Verwaltung bei Straßenbauten 2 D. 26. März 1852.

Kosten von dem Direktor der Geschworenen festgesetzt 14, Reisekosten der Geschworenen 18—26, Zahlung der Reisekosten des Direktors 27, Verwaltungsbeamte, welche Gerichtsvollzieherdienst thun 29, Einziehung der Kosten O. 18. Sept. 1833; Gebühren 1, 30 AG. z. GKG.

S. Bergbau, Festungsbauten, Vorverfahren, Gemeinnützlichkeit.

Zwangsvergleich 160—187, kein Z. beim Konkurse einer Genossenschaft 196, von Handelsgesellschaften 200, über Nachlaß 206 KO.

Zwangsverkauf von unbeweglichen Sachen, dahin gehört Nießbrauch an Grundstücken 28, Bergwerke 28 G. 30. April 1880; 41—43 Bergges. 16. Dez. 1873; Antrag 1, Beschluß 4, 5, Ueberschreibung wirkt wie Arrest 26, Versteigerungsbeamter ist Notar 4, Bedingnißheft 8, Bekanntmachung 9, 10, Versteigegerung 11, Benennung des Auftraggebers 15, Kosten 16, Entscheidung über Einwendungen 18, 19, 27, Beseitigung der Hypotheken durch die Ueberschreibung 22, Einwendungen nach dem Zuschlag 23, Sequestration 24, Früchte 25, Konkursverwalter kann einen anhängigen Z. weiter betreiben 30, Zwangsausweisung 21, 68 G. 30. April 1880.

Zwangsversteigerung der zur Konkursmasse gehörigen unbeweglichen Gegenstände 116 KO.

Zwangsverwaltung 116 KO.

Zwangsvollstreckung 644 ff., wegen Geldforderungen 708 ff., in das bewegl. Vermögen 708 ff., zur Herausgabe von Sachen, Erwirkung von Handlungen oder Unterlassungen 769 ff. CPO.; auch in den Gerichtsferien zu bewirken 204 GVG.; unterbricht die Verjährung 2244 CGB.

Z. auf Grund von Eintragungen in die Tabelle 152, aus dem Zwangsvergleich 179, sichert anfechtbare Rechtshandlungen nicht 28 KO.

Z. gegen Fiskus, Gemeinden 15 Nr. 4 EG. z. CPO.; StRG. 12. Aug. 1807; StRG. 26. Mai 1813.

Z. in das unbewegliche Vermögen 1—30 G. 30. April 1880.

S. Zwangsverkauf.

Z. im Verwaltungsverfahren wegen direkter Steuern rc., Zulässigkeit 1, zuständige Kasse 3, Vollziehungsbeamte 4, 5, Verfahren vor der Pfändung 7—21, Z. in das bewegl. Vermögen 22—35 u. 37, Pfändung von Forderungen 38, 39, Ansprüche Dritter 36, Z. in das unbewegl. Vermögen 41, Berechnung und Beitreibung der Kosten 42—44,

Rechte des Vollziehungsbeamten bei Streichungen an seiner Rechnung 45, Exekutionsverhandlungen von Stempel- u. Enregistrementsgebühren frei 46 V. 15 Nov. 1880.
Vereitelung der Z. 288, Widersetzlichkeit 113, Entziehung 137 StGB.
Zweikampf 201—210 StGB.
Zwischenpersonen 911, 1099, 1100, 1596 CGB.
Zwischenstreit, vorbereitender Schriftsatz 122, Ladung zum Termin 191, 462, Verhandlung 312, 331, Eidesleistung 426, Entscheidung 275, 315 CPO.
Zwischenurtheil 68, 126, 248, 275, 276, 289, 352, 426, 473, 562 CPO.
Zwischenwerke 674 CGB.

Berichtigungen.

S. 3 unter **„Gemeinden"** lies: „Abgaben s. Nr. 193" statt: „Abgaben s. Nr. 42".
Daselbst nach „Pachtverträge 61" einzuschalten: „Schenkungen s. Nr. 42".
S. 28 unter **„91. Geschäftssprache"** lies: „1871. 14. Juli rc." statt: „1872. 14. Juli rc."
S. 36 unten lies: „Pulver s. Nr. 109" statt: „Pulver s. Nr. 108".
S. 87 unter **„Abschoßrecht"** lies: „G. 14. Juli 1819" statt: „G. 14. Juli 1879".

Straßburg, Druck von F. H. Ed. Heitz.

Nota.

Ueber das periodische Erscheinen von Ergänzungsheften behält sich die Verlagsbuchhandlung besondere Mittheilung vor.

Gesetze von Elsaß-Lothringen.

Ausgaben mit deutschem Text und französischer Uebersetzung.

Die Elsaß-Lothringischen Ausführungsgesetze und Verordnungen zu den Reichsjustizgesetzen einschließlich des Gesetzes über die **Gewerbegerichte** und des **Forststrafgesetzes.** — **Les lois et ordonnances d'exécution** des lois de justice de l'empire d'Allemagne y compris **la loi sur les Prud'hommes** et le **code pénal forestier.** Deutscher Text mit französischer Uebersetzung und Commentar. 8. (367 S.). 1880. M. 4 —

Schöffenbüchlein für Elsaß-Lothringen. Ein Hülfsbuch für Schöffen, Amtsrichter, Amtsanwälte, Rechtsanwälte, Bürgermeister und Polizeicommissare. — Manuel des Echevins d'Alsace-Lorraine. Guide pour MM. les échevins, juges et procureurs cantonaux, avocats, maires et commissaires de police. 8. 2. Ausgabe. cart. 1881. M. 2 40

Das Elsaß-Lothringische Jagdgesetz. Deutscher Text mit franz. Uebersetzung u. Erläuterungen, herausgegeben von einem Mitgliede des Landesausschusses. 8. cart. 1881. M. — 80

Ausgaben mit deutschem Text.

Die Gemeindegesetzgebung in Elsaß-Lothringen. Zusammenstellung der betreffenden Gesetze, Verordnungen, Ministerialverfügungen u. s. w., übersetzt und herausgegeben von Frh. von Reichlin, Kais. Regierungsrath. 8. IX, 244 S. 1881. M. 3 50

Das Elsaß-Lothringische Gesetz, betreffend das Forststrafrecht und das Forststrafverfahren vom 28. April 1880. Textausgabe mit Anmerkungen. 8. (40 S.). 1880. cart. M. — 60

Separat-Abdruck aus den „Elsaß-Lothringischen Ausführungsgesetzen".

Amtliche Nachrichten für Elsaß-Lothringen. Verordnungen und Bekanntmachungen des General-Gouverneurs, des Civil-Commissars und des Ober-Präsidenten. August 1870 bis Ende März 1879. 4. (XXIV u. 198 S.). 1879. M. 6 —

Das Staatskirchenrecht in Elsaß-Lothringen. Zusammenstellung der betreffenden Gesetze, Verordnungen, Staatsrathgutachten u. Ministerialverfügungen — im Auftrage des Ober-Präsidenten übersetzt und herausgegeben von E. Dursy, Kaiserl. Regierungsrath.
I. Theil. Katholischer Kultus. 8. (XIII u 359 S.). 1876. M. 5 —
II. Theil. Protestantischer Kultus. 8. (XXI und 624 S.). 1879. M. 8 —

Die Gesetze über Enregistrements-, Stempel-, Hypothekengebühren und ähnliche Abgaben in Elsaß-Lothringen. Der Zeitfolge nach zusammengestellt, übersetzt und im Auftrage des Ober-Präsidenten herausgegeben von Karl Jacob, Kaiserl. Finanzassessor. 8. (V u. 459 S.). 1878. M. 6 —

Die Zölle und indirekten Steuern in Elsaß-Lothringen (ausschließlich des Enregistrements und Stempels). Systematische Zusammenstellung der einschlägigen Gesetze, Verordnungen, Regulative, Bundesrathsbeschlüsse und Erlasse, mit Anmerkungen; im Auftrage des Ober-Präsidenten herausgegeben von L. Leydhecker, kais. Regierungsrath. Zwei Bände. 8. (262 u. 671 S.). 1877. M. 10 —

Die in Elsaß-Lothringen geltenden Gesetze über das Fuhrwesen. Uebersetzt u. herausgegeben im Auftrage des kais. Ober-Präsidiums. 8. (52 S.). cart. 1877. M. — 60

Verordnungen und amtliche Nachrichten für Elsaß-Lothringen aus der Zeit von Beginn der deutschen Occupation bis Ende März 1872. Herausgegeben vom Oberpräsidial-Büreau. 8. (XLIII u. 592 S.). 1872. M. 4 —

Verordnungen über die Erfordernisse zur Anstellung im Pfarramte der Kirche Augsburgischer Confession in Elsaß-Lothringen. Nach amtlichen Quellen herausgegeben. 8. (20 S.). 1873. M. — 40

Verordnungen über die Prüfung der Candidaten des höheren Schulamts in Elsaß-Lothringen. Nach amtlichen Quellen bearbeitet. 8. (44 S.). 1873. M. — 60

Bodungen, F. v. (Kaiserl. Oberförster). — **Das landwirthschaftliche Wassergesetz in Elsaß-Lothringen.** 8. (174 S.). 1877. *M.* 2 50

— **Die Waldrechte in Elsaß-Lothringen,** deren Entstehung, Regelung und Ablösung. 8. (VI u. 156 S.). 1873. *M.* 2 50

Förtsch, R. und **A. Leoni** (Landgerichtsräthe in Zabern). — **Sammlung der in Elsaß-Lothringen in Geltung gebliebenen französischen Strafgesetze,** mit Erläuterungen und Sachregistern herausgegeben. Zwei Theile. 8. (VI u. 210; VII u. 432 S.). 1875, 1876.
I. Theil. Presse, Fischerei, Feldpolizei, Vereins- und Versammlungsrecht. (vergriffen.)
II. Theil. Die übrigen Materien enthaltend. *M.* 6 —

NB. Die franz. Gesetze sind im Original wiedergegeben.

Politische, historische und litterarische Werke.

Die Vogesen. Ein Handbuch für Touristen. Auf Grundlage von Schricker's Vogesenführer neu bearbeitet von Curt Mündel. Unter Mitwirkung von Prof. Julius Euting, Präsidenten des Vogesenclubs, und Dr. August Schricker. Mit 12 Karten, 1 Plan, 2 Panoramen und mehreren Holzschnitten. Zweite Auflage. 8. 1881. Elegant gebunden. *M.* 3 —

Alsaticus. — Die Elsässer Liga diesseits und jenseits der Vogesen. 8. (92 S.). 1878. *M.* 1 60

Elsaß-Lothringen, seine Vergangenheit — seine Zukunft. Zweite Auflage. 8. (96 S.). 1877. *M.* 1 50

Elsaß-Lothringen im Reichstag, vom Beginn der ersten Legislatur-Periode bis zur Einführung der Reichsverfassung. Sämmtliche auf Elsaß-Lothringen bezügliche Interpellationen, Gesetzentwürfe, Verwaltungsberichte und Debatten mit sämmtlichen Reden des Fürsten Bismark, sowie in den wichtigeren Reden der Abgeordneten im Wortlaute, einer genauen Wiedergabe des Ganzen der Debatten und Abstimmungen, einem Sachregister und einem Anhang, enthaltend die Reichsverfassung und das Reichswahlgesetz, nach den stenographischen Protokollen und den Drucksachen des Reichstags redigirt und herausgegeben von Dr. Aug. Schricker. Gr. 8. (IV u. 304 S.). 1873. *M.* 4 —

Angelegenheiten, die, von Elsaß-Lothringen. Reichstag 1874. Sämmtliche bisher gehaltene Reden: Teutsch, Bischoff Räß, Winterer, Guerber, Bundescommissär Herzog, Fürst Bismarck, v. Puttkammer, 2c., nach den stenograph. Protokollen. Deutsche Ausg. 1. Folge. 8. (92 S.). 1874. *M.* — 40

Les affaires de l'Alsace-Lorraine. Parlement de 1874. Tous les discours prononcés jusqu'à présent par M. Teutsch, Mgr. Ræss, MM. Winterer, Guerber, le commissaire-fédéral Herzog, le prince de Bismarck, etc. Extraits des comptes rendus sténographiques. Édition franç. Prem. suite. 8. (89 p.). 1874. *M.* — 60

Löning, Edgar (Professor der Rechte). — **Die Verwaltung des General-Gouvernements im Elsaß.** Ein Beitrag zur Geschichte des Völkerrechts. 8. (265 S.). 1874. *M.* 5 —

Du Prel, Freiherr Max. — Die deutsche Verwaltung in Elsaß-Lothringen 1870-1879. I. Lieferung. 8. 1879. *M.* 2 50
Wird vorläufig nicht fortgesetzt.

Rathgeber, Julius. — Die Grafschaft Hanau-Lichtenberg. Ein elsässisches Volksbuch. 8. (272 S.). 1876. *M.* 4 —

— **Münster im Gregorienthal.** Ein Beitrag zur politischen, kirchlichen und kulturhistorischen Geschichte des elsässischen Münsterthales, bevorwortet von August Stöber, Prof. a. Dienst und Stadtbibliothekar in Mülhausen. 8. (VIII u. 192 S.). 1874. *M.* 2 80

Schmoller, Gustav. — Strassburgs Blüte und die volkswirthschaftliche Revolution im XIII. Jahrhundert. Rede gehalten bei Uebernahme des Rectorates der Universität Strassburg am 31. Oktober 1874. 8. (36 S.). 1875. *M.* 1 —

— **Strassburg zur Zeit der Zunftkämpfe und die Reform seiner Verfassung und Verwaltung im XV. Jahrhundert.** Rede gehalten zur Feier des Stiftungstages der Universität Strassburg am 1. Mai 1875, mit einem Anhang, enthaltend die Reformation der Stadtordnung von 1405 und die Ordnung der Fünfzehner von 1433. 8. (XI u. 164 S.). 1875. *M.* 3 —

— **Die Strassburger Tucher- und Weberzunft.** Urkunden und Darstellung, nebst Regesten und Glossar. Ein Beitrag zur Geschichte der deutschen Weberei und des deutschen Gewerberechts vom 13-17. Jahrhundert. 4. (XXI u. 588 S.). 1875. *M.* 25 —

Spach, Ludwig. — Moderne Culturzustände im Elsaß. 3 Bände. 8. (316, 319, 313 S.). 1873—1874. *M.* 13 —

Urkundenbuch der Stadt Strassburg. I. Band. Urkunden und Stadtrechte bis zum Jahre 1266 enthaltend. Bearbeitet von W. Wiegand. 4. 1879. *M.* 30 —
II. und III. Band in Vorbereitung.

FSC
www.fsc.org
MIX
Papier | Fördert
gute Waldnutzung
FSC® C083411

Kolibri 360 GmbH
Ferdinand-Jühlke-Straße 7
99095 Erfurt, Deutschland
produktsicherheit@kolibri360.de